陕西师范大学"一带一路"智库集成

主编＝甘晖
副主编＝游旭群　周伟洲

# 丝绸之路通鉴

## 打造丝绸之路经济带上的战略高地
## 陕西经济发展研究

王琴梅　著

陕西师范大学出版总社

图书代号 SK17N0714

**图书在版编目(CIP)数据**

打造丝绸之路经济带上的战略高地：陕西经济发展研究/王琴梅著. —西安：陕西师范大学出版总社有限公司，2016.12
（丝绸之路通鉴/甘晖主编）
ISBN 978-7-5613-8634-7

Ⅰ.①打… Ⅱ.①王… Ⅲ.①区域经济发展—研究—陕西 Ⅳ.①F127.41

中国版本图书馆 CIP 数据核字（2016）第 224790 号

## 打造丝绸之路经济带上的战略高地：陕西经济发展研究
DAZAO SICHOUZHILU JINGJIDAI SHANG DE ZHANLUE GAODI:SHAANXI JINGJI FAZHAN YANJIU

王琴梅　著

| | |
|---|---|
| 出版统筹 | 刘东风 |
| 责任编辑 | 刘　定　樊茹婷 |
| 责任校对 | 陈君明 |
| 装帧设计 | 杨　柯 |
| 封面插图 | 崔　彬　李文炯 |
| 出版发行 | 陕西师范大学出版总社 |
| | （西安市长安南路199号 邮编710062） |
| 网　　址 | http://www.snupg.com |
| 印　　刷 | 中煤地西安地图制印有限公司 |
| 开　　本 | 720mm×1020mm　1/16 |
| 印　　张 | 34 |
| 插　　页 | 2 |
| 字　　数 | 444千 |
| 版　　次 | 2016年12月第1版 |
| 印　　次 | 2016年12月第1次印刷 |
| 书　　号 | ISBN 978-7-5613-8634-7 |
| 定　　价 | 60.00元 |

读者购书、书店添货或发现印刷装订问题，请与本社营销部联系、调换。
电话：(029)85307864　85251046(传真)

# 《丝绸之路通鉴》序一

中国古代有一条历时久远的经由中亚通往南亚、西亚以及欧洲、北非的陆上贸易通道,通过此道,产自中国的丝、丝织品、陶瓷等物品运送到了以上地区,由于其运送的货物以丝绸制品影响最大,故称"丝绸之路"。1877年,德国地理学家李希霍芬在其出版的《中国》一书中,把"从公元前114年至公元127年间,连接中国和河间地区(指中亚阿姆河与锡尔河之间地带)、中国与印度以丝绸贸易为媒介的这条西域交通道路"命名为"丝绸之路",简称"丝路"。这一称谓被学术界和民间所接受,并广为沿用。其后,德国历史学家赫尔曼在20世纪初出版的《中国与叙利亚之间的古代丝绸之路》一书中,依据新发现的考古资料,把丝绸之路延伸至地中海西岸和小亚细亚,确定了"丝绸之路"的基本内涵,即中国古代经过中亚通往南亚、西亚以及欧洲、北非的陆上贸易通道。

虽然人们在对商代帝王武丁配偶坟茔的考古中,已发现了产自新疆的软玉,证明至少在公元前13世纪,中原已开始和西域乃至更远的地区有商贸往来,但是严格意义上的丝绸之路奠定于两汉时期。西汉张骞出使西域时开辟的以长安(今陕西西安)为起点,经由甘肃、新疆,到中亚、西亚,并连接地中海沿岸各国的陆上通道已经形成,这条通道被称为"西北丝绸之路"。公元前119年,张骞第二次出使西域,经4年时间先后到达乌孙、大宛、康居、大月氏、大夏、安息、身毒等国,扩大了与西域各国的交往。张骞出使西域,最初主要是出于制御匈奴的考虑,后来则演变为"广地万里,重九译,致殊俗,威德遍于四海",即旨在保护疆域和发展经济。汉武帝曾招募大量商人,到西域各国经商,由此吸引了更多人从事丝路贸易活动,极大地推动了中原与西域之间的物质文化交流。之后,汉宣帝于神爵二年(前60),设立了直接管辖西域的机构——西域都护府,屯田于乌垒城(今新疆轮台东),以保障西域商路的通畅。随着汉朝在西域设立官员,丝绸之路日渐繁荣,大量丝帛锦绣源源不断西运,同时西域各国的珍奇异物也输入中原。到魏晋时,东西方商业往来仍然不断,位于丝路咽喉要地的敦煌,就是当时胡商的重要聚集地之一。到公元5—6世纪时,中国南北朝分立,但东西方沿丝路的交往却一直没有中断。北魏建国后不久就派使者前往西域,以后中亚各国的贡使、商人常聚集于平城(今山西大同东北),从事商业贸易。北魏迁都洛阳后,洛阳又成为各国商人的荟萃之地。至隋时,隋炀帝还曾派黄门侍郎裴矩到张掖招徕西域商人,说明当时丝路依然兴旺。

到7世纪后,唐代社会的繁荣使西北丝绸之路再度兴旺。唐王朝借着击破突厥的时机,一举控制了西域各国,并在伊州、西州、庭州三地设立同于内地的州县,在龟兹、于阗、疏勒、碎叶设立安西四镇,作为唐朝政府控制西域的机构,驻兵设防,并新修了玉门关,再度开放沿途各关隘。唐不仅打通了天山北路的丝路分线,还将西线延伸至中亚,使丝绸之路更为通畅。当时的长安、洛阳有大量商胡出入,已呈现出国际大都会的风貌。丝绸之路不仅是东西方商业贸易之路,也是中国和亚欧各国政治、文化交流的通道。西方的音乐、舞蹈、绘画、雕塑、建筑以及天文、历算、医药等,也通过此路先后传入中国。源于西亚、中亚的祆教、摩尼教、景教、伊斯兰教等宗教以及源于印度的佛教,也通过丝路传入中国,产生了深远影响。而中国的纺织、造纸、印刷、火药、指南针、制瓷、绘画以及儒家、道教等，也通过此路传向西方，产生了较大的影响。

从9世纪末到11世纪，中国政治、经济、文化中心向东南沿海转移，加之阿拉伯世界的兴起，东西方海上往来逐渐频繁起来；又由于中国西北地区各民族政权的分裂、对立，丝路安全难以保障，西北这条陆上通道的重要性逐渐降低，而相对稳定的南方对外贸易则明显增加，遂带动了南方丝绸之路和海上丝绸之路的兴起和繁荣，成都和泉州也因此成为南方的经贸大城。中国人此时开始将他们发明的指南针和其他先进科技运用于航海，海上丝绸之路迅速发展起来。

如果从发展的视角和广泛的意义上说，丝绸之路主要有三条：西北丝绸之路、南方丝绸之路和海上丝绸之路。海上丝绸之路是陆上丝绸之路的延伸，形成于宋元时期。海上丝绸之路不仅运送丝绸，还运送瓷器、糖、五金以及香料、药材、宝石等货物。由于运输货物品种的不同，海上丝路也出现了一些别称，如"陶瓷之路""香料之路"等。海上丝绸之路早已存在，《汉书·地理志》所载海上交通路线，实为早期的海上丝绸之路。当时海船载运的"杂缯"，即各种丝绸。海上丝绸之路的起航线可分为东海和南海两支。东海起航线从中国的东南沿海经由朝鲜至日本；南海起航线则从雷州半岛起，途经今越南、泰国、马来西亚、缅甸等国，远航至新加坡、印度等地。到宋代时，泉州、广州和明州成为海上丝绸之路最大的海港，通常将泉州作为海上丝绸之路的起点。南方丝绸之路，起点为四川成都，经"灵关道""朱提道""夜郎道"三路，进入云南，在楚雄汇合后并入"博南古道"，跨过澜沧江，再经"永昌道""腾冲道"，在德宏进入缅甸、印度等地。丝绸之路的多途打通，让中国通往西方的商路更得以扩展。这就将中原、西域与阿拉伯、波斯湾等地紧密联系在一起，向西延伸到了地中海地区，以至可到达法国、荷兰、意大利、埃及，向东到达韩国、日本。不过,这已不同于原来意义上的丝绸之路了,可视其为广义的丝绸之路。

2000多年前兴起的丝绸之路被誉为全球重要的商贸大动脉,有力地促进了东西方的经济文化交流,所以在一定意义上说,它是经济全球化的早期版本。同时,作为东西方商品交易和文化交流的通道,在交往的过程中也加深了沿线各国人民之间的友谊,所以它也是东西方友好往来的历史记录和象征。

历史翻开了新的一页。当世界步入21世纪,贸易和投资在古丝绸之路上再度活跃。2013年9月7日,习近平主席访问哈萨克斯坦的时候,提出用创新的合作模式,共同建设"丝绸之路经济带",以点带面,从线到片,逐步形成区域的大合作。这是中国领导人在国际场合公开提出共同建设丝绸之路的重大战略构想。到2016年10月,这个重大的战略构想越来越丰富,越来越受到许多国家的欢迎。习近平总书记在2016年9月3日杭州G20峰会的开幕式上有这样一段话,他说:"一带一路倡议旨在同沿线国家分享中国的发展机遇,实现共同繁荣。中国对外开放不是要一家唱独角戏,而是要欢迎各方共同参加……不是要营造自己的后花园,而是要建设各国共享的百花园。"

此外,2014年中国国家主席习近平在阐述中国特色外交理念的时候提出打造人类命运的共同体。2015年9月28日,在纽约第七十届联合国大会的一般性辩论阶段,他对这个理念做了系统的阐述,他说:"在联合国迎来又一个十年之际,让我们更加紧密地团结起来,携手构建合作共赢新伙伴,同心打造人类命运共同体。"2015年10月16日,在世界减贫与发展高层论坛上,习近平主席发表主旨演讲,阐述消除贫困是人类共同的使命。

综上所述，可以看出，习近平主席关于推进"一带一路"建设的思想和论述，是在新的历史条件下，关于实现世界和平、发展、繁荣、公平、正义的完整理论。我们需要深入学习、研究。

陕西师范大学地处丝绸之路的起点西安，具有独特的地缘优势，该校学者积极响应国家建设"丝绸之路经济带"的战略构想，充分发挥学校的学科优势和学者各自的专业特长，撰写了"丝绸之路通鉴"丛书，洋洋数万言，从不同角度阐发了"一带一路"所涉及的许多重大理论和实践问题，这是一件有重大意义的事。正如甘晖书记在《总序》中所说，该丛书之所以取名"通鉴"，"意在借鉴历史，透析现状，着眼未来，贯穿千年时域，探求发展趋势；意在立足中国，深入沿线，胸怀全局，经略万里空间，厘清错综关系；意在研究战略，丰富内涵，解决问题，横跨宏观、中观与微观，打通理论与实践；意在聚焦经贸，关注人文，促进合作，智慧应对世界形势变换，为'一带一路'国家战略的推进提供全领域、全视角、体系化的智力支撑"。我认为，如果这些想法得以贯彻，"通鉴"一定能够对"一带一路"战略在理论上有较大推进，且为"一带一路"的实施提供有价值的智力支持。

专注于研究"一带一路"的"丝绸之路通鉴"丛书的撰写，需要多种学科的通力合作。"通鉴"正是从丝路的历史、政治、经济、文化、社会、生态等多个领域来进行研究，带有鲜明的系统性特点。作者聚焦"一带一路"一些重大理论和现实问题，尤其是"一带一路"建设中的一些突出的矛盾和问题，提出了各自的看法、观点，可供参考。该丛书第一批出版的著作，就很有分量，既有学术性，又有实践性。其中《英雄在线：丝绸之路的开辟者和捍卫者》《丝绸之路与文明交往》《丝绸之路最早的东方起点：西汉长安城》《天山廊道：清代天山道路交通与驿传研究》等，从不同角度探讨了丝绸之路的历史;《西北丝绸之路上的汉字流传史》则属于丝绸之路的专门史研究;还有一些是专门研究丝绸之路经济战略的著作,如《打造丝绸之路经济带上的战略高地——陕西经济发展研究》《丝绸之路经济带产业集群价值网络的演化与重构》《丝绸之路经济带上生物多样性的经济价值识别、展示与捕获研究》;而《文化集聚·文化街区·文化地域:重塑丝绸之路的新起点》《丝绸之路上的遗址美术》《汉唐丝绸之路漆艺文化研究》《丝绸之路上的体育交流与发展》《丝绸之路经济带沿线国家体育文化交流问题研究》,则是关于丝绸之路文化交流、文化交流史的专门性著作。

相信该丛书的出版,一定能对"一带一路"的理论深化有所推进,一定能对助力"一带一路"国家战略的实施发挥积极而重要的作用。

# 《丝绸之路通鉴》序二

2000多年前,丝绸之路从长安发端,或从秦岭脚下穿越荒漠、草原,横贯欧亚大陆,或扬帆太平洋、印度洋沿岸众多港口和岛屿并蜿蜒至欧洲,跨越不同文化区域,推动华夏文明、印度文明、伊斯兰文明、欧洲文明的汇通,实现中西方物质特产和精神智慧的大融合。其波澜壮阔与坚韧竞合的画卷,展现了历史的宏伟与多彩。

千百年来,丝路精神薪火相传,成为促进沿线各国繁荣发展的重要纽带,推进了人类文明进步。进入21世纪,世界步入全新阶段,丝绸之路被赋予新的内涵和期望,焕发出新的生机与活力。在这一重要时点,国家提出"一带一路"战略构想,并迅速从规划落地为行动,成为重塑中国未来发展路径与发展空间的战略支点。

经世致用,服务国家,"丝绸之路通鉴"丛书应运而生。

## 一、古丝绸之路是人类历史最珍贵的遗产之一

1868年,德国地理与地质学家李希霍芬对中国地貌和地理进行了规模宏大的考察,发现在古代中国的北方曾经有过一条横贯亚洲大陆的交通大动脉。1910年,德国历史学家赫尔曼《中国和叙利亚之间的古代丝绸之路》一书,完成了对丝绸之路的学术认证,丝绸之路为世人所熟知。1927年,中瑞西北科学考察团到中国西部地区进行综合考察,第一次实现了对丝绸之路沿线珍贵文物的发掘、搜集、整理与保管,古丝绸之路的面貌得以较全面地复原。

丝绸之路因运输西方视同珍宝的中国丝绸而得名。考古资料证明,

丝绸之路早已存在,商周至战国时期,中国的丝绸就经西北各民族之手少量地辗转贩运到中亚和印度。

建元二年(前139),奉汉武帝之命,由匈奴人甘父做向导,张骞率领一百多人出使西域,打通了汉朝通往西域的南北道路,即丝绸之路。神爵二年(前60),汉置西域都护,屯田于乌垒城,以保西域通道通畅。魏晋时期,东西商业往来不断,位于丝绸之路咽喉重地的敦煌成为往来客商的聚集地之一。5—6世纪时,南北朝分立,但沿丝路的东西交往却进一步繁荣。隋炀帝时曾派黄门侍郎裴矩到张掖招徕西域商人。唐时则在伊州、西州、庭州设州,在龟兹、于阗、疏勒、碎叶等安西四镇驻兵,保证丝绸之路畅通。

9世纪末到11世纪,随着中国政治、经济、文化中心向东南沿海转移,及阿拉伯世界的兴起,东西方的海上往来逐渐增多。同时,中国西北地区政权分立,丝绸之路安全难以保障,陆上通道的重要性大大降低。蒙元时期,蒙古西征和对中亚、西亚广大地区的直接统治,使东西驿路再度通畅,丝绸之路又繁荣一时。明清采取闭关政策,虽出嘉峪关经哈密去中亚的道路未断,但陆上丝绸之路已远不如海上丝绸之路重要了。

虽有诸多争论,但大体来看,古丝绸之路主要包括四条路线。第一条是沙漠绿洲丝绸之路。从中国洛阳或长安出发,经甘肃河西走廊,至敦煌,沿昆仑山北麓和天山南北麓分三道,越葱岭通往中亚、欧洲和非洲,兴盛于汉唐时期。该路核心段因位于干旱缺水的亚洲内陆沙漠绿洲之间,故被中外学者称为"沙漠绿洲丝绸之路"。第二条是海上丝绸之路,分东海丝绸之路和南海丝绸之路。历史上有三大航线:东海航线由中国沿海海港至朝鲜、日本;南海航线由中国沿海海港至东南亚诸国;西洋航线由中国沿海海港至南亚、阿拉伯和东非。海上丝绸之路始于周,兴盛于宋元时期。中国通过海上丝绸之路往外输出的商品主要是丝绸、瓷器、茶叶等,运回国内的主要是香料、花草等,因此,亦称"瓷器之路"

"香丝之路"。第三条是西南丝绸之路。从中国四川成都,向西南到印度,再通往南亚、中亚、欧洲国家。因沿途山道崎岖,又称"高山峡谷之路"。第四条是草原丝绸之路。由中原地区向北越过古阴山(今大青山)、燕山一带的长城,西北穿越蒙古高原、南俄草原、中西亚北部,直达地中海北部的欧洲地区。因途径之地主要为游牧地区,故称"草原丝绸之路",又因往来贸易的主要商品是毛皮、金银和茶叶,又称"金银之路""皮毛之路"。

丝绸之路各线尽管起始时间不同,贸易货品不一,却将不同文明由隔绝孤立推向开放交融,成为东西友好交往的象征。它是人类文明竞合融汇的"搅拌器",是世界多样性发展的"分离机"。西方的音乐、舞蹈、绘画、雕塑、建筑等艺术,天文、历算、医药等科技知识,佛教、祆教、摩尼教、景教、伊斯兰教等宗教,通过此路先后传来中国,并在中国产生了很大影响。中国的纺织、造纸、印刷、火药、指南针、制瓷等工艺,绘画等艺术,儒家、道教等传统思想,也通过此路传向西方,产生了持久影响。

丝绸之路给中国和其他沿线国家留下了丰厚的文化遗产。在中国多年引领和推动下,包含中、哈、吉3国33处遗迹的丝绸之路跨国联合申遗在2014年取得成功,成为世界上第一个以联合申报的形式成功列入世界遗产名录的丝绸之路项目,也是联合国教科文组织确定的丝绸之路54个廊道中第一个成功申遗的项目。国家文物局局长刘玉珠2016年9月20日在甘肃敦煌首届丝绸之路国际文化博览会"丝绸之路文化遗产国际论坛"上介绍,在此前陆上丝绸之路申遗成功的基础上,中国正推动海上丝绸之路申遗。

二、新丝绸之路在21世纪焕发出新的生机

作为经济全球化的早期版本,2000多年前兴起的丝绸之路被誉为全球重要的商贸大动脉。岁月变迁,20世纪末21世纪初,贸易和投资在古丝绸之路上再度活跃。如今,旨在强化东亚和中亚联系的"新丝绸之路"(New Silk Road)概念已经成型,并引起了中、美、印、俄等国的重视。

1990年9月12日,中国北疆铁路与苏联土西铁路胜利接轨。这是继苏联西伯利亚大陆桥之后,第二条连接亚欧大陆的通道,沿途连接40余国,是一条名副其实的国际大通道。新亚欧大陆桥的贯通,成为丝绸之路焕发生机的标志性事件,使传播过古老文明和象征传统友谊的丝绸之路再一次焕发光彩。

2013年9月7日,习近平主席在哈萨克斯坦纳扎尔巴耶夫大学发表重要演讲,首次提出了加强政策沟通、道路联通、贸易畅通、货币流通、民心相通,共同建设"丝绸之路经济带"的战略倡议。2013年10月3日,习近平主席在印度尼西亚国会发表重要演讲,明确提出,中国致力于加强同东盟国家的互联互通建设,愿同东盟国家发展好海洋合作伙伴关系,共建"21世纪海上丝绸之路"。"一带一路"战略赋予了丝绸之路崭新的含义,新丝绸之路概念一经提出,便引起全球高度关注和沿线国家的积极响应,亚太主要地区国家也纷纷提出了各自的新丝绸之路构想。

美国的新丝绸之路战略是对2014年后阿富汗和中亚地区的主要战略规划,继承和沿袭了美国历届政府的中亚战略,背后隐藏着美国在中亚地区巨大的地缘政治目标和利益,即在中亚地区排除俄罗斯、中国和伊朗的影响,将中亚国家引向南亚。2011年7月,时任美国国务卿的希拉里在美国学者弗雷德里克·斯塔尔新丝绸之路构想的基础上,提出了新丝绸之路战略,力图在美国主导下形成以阿富汗为中心的"中亚—阿富汗—南亚"交通经贸合作网络,实现这一区域的商品北上和能源南下。这一战略是美国"亚太再平衡"战略的补充。新丝绸之路战略提出后,美国即着手实施该战略并取得一定进展,但由于阿富汗安全形势不佳以及融资、地区国家间的竞争、美国地区战略本身的矛盾性以及气源等问题,美国新丝绸之路战略仍然充满了不确定性。2014年,美国常务副国务卿威廉·伯恩斯在一份政策报告中称,美国新丝绸之路战略的一大核心是为中亚建立一个区域能源市场,重点推进"土库曼斯坦—阿富汗—巴基斯坦—印度"天然气管道建设,打造"中亚—阿富汗—南亚"电力网络,打通中亚通往南亚的能源通道。

印度迄今为止还没有清晰的新丝绸之路战略,并在一定程度上有追随美国的意思。印度是美国中亚战略的重要支持者,作为阿富汗重建的第五大援助国,过去10年的花费超过20亿美元。从印度自身来讲,其新丝绸之路规划相对单纯,主要着眼于能源保障和贸易通道。2012年,印度经历了人类历史上最大的断电事件,6亿多人受到影响,却无法利用近在咫尺的中亚能源。印度总理莫迪自2014年上任以来,与存在历史恩怨的国家开始了前所未有的合作。印度是亚投行的创始成员之一。2015年5月,印度与孟加拉国签署了已搁置40余年的《陆地边界协议》。印度参与新丝绸之路建设的实质动作也越来越多。

2002年,俄罗斯与印度、伊朗联合推出"南北走廊计划",打算建设起始于印度,途径伊朗、高加索、俄罗斯,最后直达欧洲的铁路、公路和海运等。2010年1月1日,俄罗斯、白俄罗斯、哈萨克斯坦三国共同启动建立推动欧亚经济一体化的"俄白哈关税同盟",拟建立统一的关税制度。该同盟对"欧亚联盟"起到了重要的推动作用,一方面有利于欧亚地区经济基础设施的建设,另一方面有利于各地区安全合作框架的构建。2011年10月,俄罗斯总统普京正式提出"欧亚联盟战略",要同独联体国家一同建立关税联盟和欧亚经济共同体,从而推动更高层次的、更广泛内容的一体化组织。这一战略被看作俄罗斯版的新丝绸之路战略。

另外日本、韩国也基于亚欧经济合作提出了丝绸之路构想。主要亚太国家纷纷推进新丝绸之路战略,一方面预示中国的"一带一路"战略将面临全新的博弈与竞争,另一方面也表明新丝绸之路具有巨大的潜力和活力。

### 三、"一带一路"将重新定义中国未来发展空间

2015年3月,国家发展改革委、外交部、商务部经国务院授权发布《推动共建丝绸之路经济带和21世纪海上丝绸之路的愿景与行动》(以下简称《愿景与行动》),阐述了"一带一路"建设的时代背景、共建原则、框架思路、合作重点、合作机制等,为"一带一路"建设指明了方向。仅仅2年多时间,"丝绸之路经济带"和"21世纪海上丝绸之路"就已经从倡议变成实践,从国家战略落地为国家行动,进入务实合作阶段。从筹建亚投行到成立丝路基金,再到国家开发银行的近千个项目,"一带一路"建设取得明显进展,获得多方积极响应,不仅为各方在投资、贸易、金融、文化和旅游等领域的深化合作奠定了坚实基础,也给沿线各国民众带来了实实在在的好处。

从战略上看,"一带一路"将重新拓展和定义中国未来的发展空间。众多学者对此多有著述,可概括为以下几个方面:

首先,"一带一路"将加速亚洲和亚太经济一体化进程,中国将成为推动世界持续发展的新重心。"一带一路"战略将成为亚洲经济一体化的"两翼",有效连接中亚、西亚、东南亚、南亚、东北亚等地区,显著改善区域内的整体基础设施互联互通状况和营商环境。作为世界经济增长的重要引擎,亚洲已日渐成为经济全球化的中坚力量。"一带一路"战略涵盖亚洲26个国家和地区,拥有44亿人口和20多万亿美元的经济规模。在后国际金融危机时代,作为世界经济增长火车头的中国,将发挥自身的产能优势、技术与资金优势、经验与模式优势、市场与合作优势,通过"一带一路"建设促进亚洲国家分享中国改革发展红利,夯实亚

洲经济一体化的基础,成为推动世界持续发展的新重心。

其次,"一带一路"将打破亚欧大陆长期封闭的状态,中国在推动世界均衡发展的同时将获得新的战略发展空间。亚欧大陆是世界上最大的陆地,面积近5000万平方千米,占全球陆地面积的1/3,东西跨度超过1万公里,是世界上最具潜力的经济带。"一带一路"将通过打破亚欧大陆长期封闭的状态,带动内陆国家加快开发开放,实现均衡发展,改变历史上中亚等丝绸之路沿途地带只是作为东西方贸易、文化交流的过道而成为发展洼地的状况,将超越欧美主导全球化造成的贫富差距、地区发展不平衡,形成推动全球均衡发展的新格局。

再次,"一带一路"将打造利益共享的全球价值链,中国将在共同打造全球价值链的过程中获益。当前,世界经济仍处于深度调整期,低增长、低通胀、低需求同高失业、高债务、高泡沫等风险交织,气候变化、能源安全、粮食安全等全球性挑战不断增多,不仅发展中国家需要实现可持续性的经济转型,发达国家也需要促进经济转型。"一带一路"沿海国家多数精于制造业,而内陆国家资源丰富,能源供给充足,庞大的"中国市场"将为沿线国家经济持续增长提供新动力。随着"一带一路"的发展,沿线会形成发达的经济中心、文化中心,通过全方位的国际合作解决自身的问题,更有效地融入全球经济。

最后,"一带一路"将促进人类建设命运共同体,中国将成为推动世界和平发展的重要力量。"一带一路"继承了古丝绸之路开放兼容的历史传统,同时也吸纳了亚洲国家"开放的区域主义"精神,体现了世界各国谋求发展的现实需求。无论从历史还是现实来看,"一带一路"都为人类命运共同体建设提供了重要的路径和战略支撑。"一带一路"不是单一国家的战略,不是把一国利益凌驾于他国利益之上甚至全球利益之上的战略。"一带一路"坚持共商共建、共创共享原则,不搞封闭机制,有意愿的国家和经济体都可参与,成为"一带一路"的支持者、建设者和受益者。"一带一路"将加速人类命运共同体建设,构建各方融合发展的新格局,为各方带来更大发展机遇,共同建造和平、增长、改革、文明的未来世界。

"一带一路"战略是我党十一届三中全会以来,中国对外开放由点到线、由线到面、由面到系统的和平发展战略方针,它将不仅促进经济要素在全球的有序流动和市场的深度融合,而且推进沿线各国的经济政策协调,实现更为和谐的区域经济合作。更为重要的是,"一带一路"战略打开了中国的经贸合作圈、文化合作圈,将大大拓展中国21世纪的发展空间。

### 四、"一带一路"机遇与挑战并存

"一带一路"战略勾画出了中国走向综合性全球大国的路线图,在带给中国和沿线国家重大福利和机遇的同时,在实施过程中也面临诸多挑战,同时也充满了政治风险、经济风险、安全风险、企业经营风险、文化冲突风险。

政治风险。首先,政治体制差异大,一些国家政局不稳。"一带一路"战略涉及60多个对象国、40多亿人口,参与国既有社会主义国家,也有资本主义国家,还有君主制的阿拉伯国家,意识形态上的相互理解不一定成为根本性的障碍,但从历史看确实会成为影响国家间关系的重要因素。其次,沿线的东南亚、南亚、中亚、西亚地区政治形势复杂,政局不稳,对政策的连续性有很大影响。此外,一些国家的政治势力出于自身政治目的,有意煽动"中国威胁论",以阻止或延宕中国战略的实施。再次,大国博弈风险。在"一带一路"的战略布局当中,不同国家基于不同诉求都有其各自的国家战略,这其中甚至还涉及"一带一路"以外的一些国家的战略利益问题。美国、印度、俄罗斯、日本、韩国等与"一带一路"都有一定的竞争关系和利益冲突,如何处理好这些关系事关重大。同时,"一带一路"沿线一些国家其国内始终存在着反华势力,如印度尼西亚、越南等国。随着社交媒体的广泛运用,这些国家的政治越来越受底层民众民粹意识的裹挟,其中一些领导人可能会以中国因素来解释经济失败,以排华的方式来谋求个人政治利益。如果地区安全得不到保证,欧亚地区国家相互之间不能理解,"一带一路"建设就可能付之东流。

经济风险。实施"一带一路"战略存在着众多经济风险或潜在经济风险。首先,经济发展水平不平衡,对接耦合难度大。沿线国家中,一些国家法律较为健全,市场经济程度较高;一些国家较为封闭,主要为传统经济;还有一些国家处于两者之间,这在一定程度上加大了合作的难度和力度。其次,债务违约风险。"一带一路"沿线国的投资环境整体上不如中国与欧美发达国家,部分参与"一带一路"计划的国家存在着巨额的经常项目赤字、较差的经济基本面,这使其成为高风险债务人。第三,项目泡沫化风险。据有关研究,2015年中国各省"两会"政府工作报告中关于"一带一路"基建投资项目总规模已超过1万亿元人民币,涉及项目近1000个。如此庞大的投资能否落地,众多项目投资资金从何而来,通过何种方式去融资,如何保证海外投资的安全等,值得警惕。

安全风险。"一带一路"战略面临着巨大的传统安全风险与非传统安全风险。传统安全风险方面,如大国地缘政治的博弈,领土、岛屿争端,区域内个别国家政局动荡,等。非传统安全风险方面,如经济安全、金融安全、恐怖主义威胁、跨国有组织犯罪等。中国"一带一路"战略与美国的全球战略相比,其根本区别在于中国更侧重于经济、文化的交流,而非谋求军事霸权。这也意味着"走出去"的中国企业与公民很多时候缺乏国家直接的强力保护。

企业经营风险。当前,中国在"一带一路"沿线国家的资本输出,基本上是以企业投资海外基础工程建设为主要途径。与高技术含量、高回报率的经济领域相比较,基础建设存在着投入大、周期长、不确定因素较多等问题。在一些比较落后的区域,铁路、港口等基础建设实际上很难在短时期内见到效益,甚至将在很长一段时期内面临亏损运营的局面。另外,由于不熟悉国外商业习惯和法律环境,一些中资企业往往要承担商业风险。大批"走出去"的中小型民营企业既缺乏信贷、保险方面的制度安排,也往往难以得到有关管理部门的政策指引、信息服务,其在"走出去"过程中面临的信息问题、安全问题都十分严峻。

文化冲突风险。"一带一路"沿线文化繁杂多样,民族宗教问题复杂多变。丝路沿线是世界主要宗教基督教、佛教、伊斯兰教、印度教共生共存的地区,历史上的宗教争斗延续至今,使中东、中亚、东南亚等地区的国际恐怖主义、宗教极端主义、民族分裂主义势力和跨国有组织犯罪活动猖獗,地区局势长期动荡不安。同时,宗教问题时常与民族问题交织叠加,既恶化了当地环境,又增加了沿线各国相互合作的难度。

面对"一带一路"的种种风险,我们应树立防范意识,未雨绸缪,做好预案,采取有效措施,积极应对挑战。

## 五、"丝绸之路通鉴"宗旨与使命

自古以来,我国知识分子就有"为天地立心,为生民立命,为往圣继绝学,为万世开太平"的志向和传统。历史经验告诉我们,知识分子对民族和国家的使命担当,是中华民族实现伟大复兴的希望所在。

2016年5月17日,习近平主席在哲学社会科学工作座谈会上的讲话中指出,当代中国正经历着我国历史上最为广泛而深刻的社会变革,也正在进行着人类历史上最为宏大而独特的实践创新,我们不能辜负了这个时代。习近平主席指出,构建开放型经济新体制,实施总体国家安全观,建设人类命运共同体,推进"一带一路"建设,是党和国家根据新的实践提出的具有原创性、时代性的概念和理论。我国哲学社会科学应该以我们正在做的事情为中心,提炼出有学理性的新理论,概括出有规律性的新实践。

习近平主席的讲话深刻解答了事关我国哲学社会科学长远发展的一系列根本性问题,是指导哲学社会科学工作的纲领性文献,也是发展繁荣哲学社会科学的基本原则和行动指南。围绕国家重大需求,重视应用研究,推进智库建设,着力提升解决重大问题的能力和原创能力,既是陕西师范大学繁荣发展哲学社会科学行动计划(2013—2020年)的核心部分,也是陕西师范大学"十三五"发展规划的重点内容。

近10年来,陕西师范大学在围绕丝绸之路的哲学社会科学研究方面发展迅速,成绩斐然,主要体现在以下几个方面。一是以丝绸之路上的重大理论和现实问题为重点,在不同学科交叉协同的基础上,先后获批并建设了陕西省协同创新研究中心"国际长安学研究院"、陕西省哲学社会科学重点研究基地"一带一路与中亚区域协同创新研究中心"、教育部人文社会科学重点研究基地"西北历史环境变迁和经济社会发展研究院"、陕西省哲学社会科学重点研究基地"中国西部边疆研究院"等一批省部级学术创新平台,已经成为国内外在研究丝绸沿线历史发展与环境变迁、西部国家安全、西部边疆、西北民族与宗教、西夏学、语言学、基础教育发展等重大历史与现实问题的重镇。二是在丝绸之路研究的方面取得了丰硕的成果。早在2006年,陕西师范大学就编纂出版了《丝绸之路大辞典》,收录词目11607条,总字数达230多万,是迄今出版的同类书籍中体系最完整、词目最全面、内容最丰富的一部有关丝绸之路的百科全书,也是一部集学术性、知识性、资料性、实用性为一体的大型工具书。其后,陆续出版了《西北丝绸之路的历史文化研究》《中国丝绸之路经济带生态文明建设评价与路径研究》《丝绸之路经济带建设中的国家形象传播研究》等近百部学术著作,承担国家级、省市级有关丝绸之路的课题30余项,获得资助经费1000余万元。其中《丝绸之路戏剧文化研究》获得教育部第六届高等学校科学研究优秀成果奖,《推进丝绸之路经济带战略实施和区域合作共赢空间发展战略研究》的调研报告获得陕西省第十二次哲学社会科学一等奖等。三是将丝绸之路研究的成果积极服务于国家战略、经济与文化发展。陕西师范大学提交的《推进丝绸之路经济带战略实施和区域合作共赢空间发展战略研究》《关于丝绸之路经济带建设的问题与挑战》《俄美在乌兹别克斯坦的博弈及其影响》《边疆热点地区城市民族关系发展态势与对策研究》《关于喀什"南达经验"的总结报告》《新疆城市居民的社会交往空间:利益机制与民族关系》得到国家领导人及中办、国办和国家有关部委批示和采纳。四是陕西师范大学首次倡导并共同参与成立了"丝绸之路大学联盟"。积极推进阿富汗、乌兹别克斯坦两个国别研究中心的建设,研究与"新丝绸之路经济带"沿线国家的双边、多边人文交流机制,开展民间人文交流活动。其中,2013年9月,在习近平主席和阿富汗时任总统卡尔扎伊的见证下,陕西师范大学与阿富汗喀布尔大学在人民大会堂签署合作谅解备忘录,较好地服务了国家战略层面上的国际合作与交流。

新的历史时期,陕西师范大学积极响应国家建设"丝绸之路经济带"的战略构想,切实推进陕西省"服务国家发展战略,促进互利共赢"的共建思路,以教育合作与文化交流为重点,与"丝绸之路经济带"沿线国家与地区,不断创新合作、扩大开放、共同发展。

"一带一路"战略是一项长期、复杂而艰巨的系统工程,推进过程中必然面临诸多机遇和挑战,其中的许多问题需要学界、政府、企业界、民间、文化界等的高度重视和思考。古代丝绸之路的起点在西安,陕西师范大学具有独特的地缘优势,也给我们发挥智库功能,服务区域社会发展和国家建设,提供了难得的历史机遇。

有鉴于此,陕西师范大学组织一批专家编纂了"丝绸之路通鉴"丛书。本套丛书以丝绸之路为本体对象,聚焦"一带一路"这一重大现实问题和战略问题。取名"通鉴",则意在借鉴历史,透析现状,着眼未来,贯穿千年时域,探求发展趋势;意在立足中国,深入沿线,胸怀全局,经略万里空间,厘清错综关系;意在研究战略,丰富内涵,解决问题,横跨宏观、中观与微观,打通理论与实践;意在聚焦经贸,关注人文,促进合作,智慧应对世界形势变换,为"一带一路"国家战略的推进提供全领域、全视角、体系化的智力支撑。

期望"丝绸之路通鉴"丛书坚持以下标准:

第一,体现继承性、民族性。丝绸之路是人类文明交融互鉴的珍贵遗产,蕴含着取之不竭、用之不尽的物质财富和精神财富。如习近平主席所说:我们要坚持不忘本来、吸收外来、面向未来。既向内看,深入研究关系国计民生的重大课题,又向外看,积极探索关系人类前途命运的重大问题;既向前看,准确判断中国特色社会主义发展趋势,又向后看,善于继承和弘扬中华优秀传统文化精华。期望本套丛书的出版,能更好地传承丝路文明,促进全新历史条件下丝绸之路的政治与经济、民族与宗教、文化与生活、自然与文脉等等的发展。

第二,体现原创性、时代性。理论的生命力在于创新,理论思维的起点决定着理论创新的结果。本书的课题确定与编撰,均应专注"一带一路"建设的突出矛盾和问题,突出主体性、原创性、时代性,不追随他人亦步亦趋,不迷信权威人云亦云,力争形成一系列原创性成果,解决丝路建设的重大现实问题。

第三,体现系统性、专业性。希望本套书能全方位、全领域、全要素地研究丝路历史、政治、经济、文化、社会、生态等领域,打通传统学科、新兴学科、前沿学科、交叉学科等诸多学科,构建"丝绸之路学"基本蓝图、学理逻辑、主要架构与核心内容,推进具有中国特色的丝路研究学科体系、学术体系、话语体系建设,助力"一带一路"国家战略的实施。

出版本套丛书是一项巨大的系统工程。第一批陆续出版的著作涉及丝绸之路历史、丝绸之路专门史、丝绸之路经济、丝绸之路文化交流等,大致勾勒出了本套丛书的面貌,包括《英雄在线:丝绸之路的开辟者和捍卫者》(朱鸿)、《丝绸之路与文明交往》(李永平)、《丝绸之路最早的东方起点:西汉长安城》(肖爱玲)、《西北丝绸之路上的汉字流传史》(冯雪俊)、《打造丝绸之路经济带上的战略高地》(王琴梅)、《丝绸之路经济带产业集群价值网络的演化与重构》(雷宏振、贾妮莎、兰娟丽等)、《丝绸之路经济带上生物多样性的经济价值识别、展示与捕获研究》(裴辉儒、宋伟)、《文化集聚·文化街区·文化地域:重塑丝绸之路的新起点》(薛东前、马蓓蓓)、《丝绸之路上的遗址美术》(高明、王晓玲、程玉萍、朱生云、李慧国)、《汉唐丝绸之路漆艺文化研究》(胡玉康、潘天波)、《丝绸之路上的体育交流与发展》(黄聪)、《丝绸之路经济带沿线国家体育文化交流问题研究》(史兵、崔乐泉、李重申等)、《天山廊道:清代天山道路交通与驿传研究》(王启明)等。

限于编者能力与水平,书中难免有疏漏不足之处,恳请各位方家与读者批评指正。

学术研究的意义不仅在于解释现实与反映现实,更在于改造现实与塑造未来。希望本套丛书所有编撰者筚路蓝缕、创榛辟莽,有淡泊名利、耐得住寂寞的定力,有敢立潮头、勇于创新的勇气,有忧国忧民、为民鞠躬的情怀,积极努力,为实现"两个一百年"奋斗目标与实现中华民族伟大复兴的中国梦做出新的贡献!

是为序。

2016年9月28日

# 前　言

陕西是古代丝绸之路的起点,也必将在"一带一路"建设战略中发挥重要作用。那么,陕西在"丝绸之路经济带"建设战略中的准确定位到底是什么呢？有的说法是"新起点",有的说法是"桥头堡"等等。本书作者根据国家发展改革委、外交部、商务部2015年3月28日发布的《推动共建丝绸之路经济带和21世纪海上丝绸之路的愿景与行动》文件中关于"要发挥陕西综合经济文化优势,打造西安内陆型改革开放新高地,形成面向中亚、南亚、西亚国家的通道、商贸物流枢纽、重要产业和人文交流基地"的表述,尤其是基于本研究团队长期以来对陕西经济的多方面研究,认为陕西全省,尤其是以西安为核心的关中地区,承担着"丝绸之路经济带"建设战略赋予的以改革开放促发展、努力打造经济带上的"战略高地"的重大使命,所以,"战略高地"应该是陕西在"丝绸之路经济带"上的准确战略定位。

那么,什么是"战略高地"？"战略高地"本来是个军事用语,最初出现在《孙子兵法》里,原意是说,在战场上,占领制高点的一方有很大的优势,易守难攻,所以战争的双方都力图捷足先登占领制高点,这种制高点就是战略高地。国务院在2009年的3号文件中指出,重庆等地要建成"内陆开放型经济战略高地"。我们在这里所说的"战略高地",就是指通过改革开放使陕西成为经济发展的高地,使陕西能够对"丝绸之路经济带"上的其他地区的改革开放和经济发展起到示范、带动和辐射作用。

陕西怎样才能使自己成为"丝绸之路经济带"上的"战略高地"

呢？基于陕西的资源禀赋特色、区位条件、历史传承、优势产业基础、可持续发展的需要，尤其是根据"丝绸之路经济带"整体发展战略的要求，本书作者认为，陕西必须重点做好以下三方面的工作：(1)由于任何区域的经济都是由产业来支撑的，因此，陕西要想成为"丝绸之路经济带"上的战略高地，就要充分发挥自己的特色优势产业的支撑作用，努力打造产业上的"三中心三基地"。(2)根据区域增长极及其功能理论，陕西要成为"丝绸之路经济带"上的战略高地，就必须加速现代产业和人口的聚集，大力推进新型城镇化进程，努力使自己成为我国西北地区的一级增长极。(3)资源环境的可持续发展已成为时代发展的迫切要求，也必将成为"丝绸之路经济带"建设面临的重大考验。陕西要想成为该经济带上的战略高地，即在经济带上发挥示范、带动和辐射作用，就必须使自己成为可持续发展的典范，为此，陕西必须调结构、促转型、保秦岭，努力将自己打造成"绿色陕西"。基于这种思路，本书的主要研究内容是：

1. 依据分工和贸易理论，基于陕西的资源禀赋、区位优势和产业基础特色，陕西要打造"丝绸之路经济带"上的经济发展战略高地，就必须首先着力打造"三中心三基地"：(1)发挥西安交通枢纽的区位优势，努力提高西安物流效率，打造丝绸之路经济带上的现代物流中心；(2)发挥以关中为核心的陕西科教文化的优势，努力实现关中科教与经济的协调发展，打造丝绸之路经济带上的科教文化与经济一体化中心；(3)发挥西安区位与金融资源的相对优势，打造丝绸之路经济带上的区域性金融中心；(4)发挥关中装备制造业集群优势，打造丝绸之路经济带上的现代装备制造业基地；(5)发挥关中现代农业科技优势，打造丝绸之路经济带上的现代农业示范基地；(6)进一步提高西安高新区竞争力，打造丝绸之路经济带上的高新技术产业研发基地。这部分内容构成了本书的上篇。

依据发展经济学中关于工业化、城镇化是区域经济发展的必由之路的基本原理,基于陕西城镇化整体滞后于工业化的现实,陕西要打造"丝绸之路经济带"上经济发展的战略高地,就必须加快陕西新型城镇化进程,努力使自己成为西北地区的一级区域增长极。为此,陕西必须做到:(1)打造关中特色优势产业集群,以产业集聚促进关中城市群发展;(2)加速农业现代化进程,以农业现代化推动陕西新型城镇化;(3)大力发展秦岭北麓的乡村生态旅游业、以推动生态旅游资源富集地区的新型城镇化进程;(4)大力发展汉中等秦岭南麓地区的观光农业,以推动城乡一体化进程。这部分内容构成了本书的中篇。

依据资源环境的可持续发展原理,基于陕西各地区的资源环境现实,陕西打造"丝绸之路经济带"上的经济发展战略高地,还必须调结构、促转型、保秦岭,努力打造绿色陕西:(1)针对能源强度居高不下的现实,陕西要通过产业结构的优化和调整,努力提升能源效率;(2)针对资源枯竭型城市实现可持续发展的紧迫要求,陕西要促进铜川等矿产资源枯竭型城市努力寻找接续性的支柱产业,加快产业转型;(3)在保护好秦岭生态环境的前提下,还要同时实现当地农民的增收致富,就要把生态旅游作为兼容秦岭南北麓的环境保护与农民增收的可行路径。这部分内容构成了本书的下篇。

本书坚持以科学发展观为指导,以唯物史观、理论联系实际为方针,综合运用理论与实证分析相结合、定性与定量分析相结合以及一般与特殊分析相结合等方法,在国内外已有理论的基础上,从陕西区域经济发展的实际出发,结合统计分析、抽样分析与实地调查,系统分析了陕西三大区域(关中地区为重点)的资源禀赋与特色优势产业发展、新型城镇化发展以及资源环境的可持续发展的机制、现状及存在问题的原因,给出了提升思路和对策措施等。

本书在学术上的创新表现在:(1)把陕西在"丝绸之路经济带"上的功能和作用定位为"战略高地",并解释了这种"战略高地"的含义。(2)系统探讨了陕西如何打造"丝绸之路经济带"上的"战略高地"问题,认为:首先要从寻求特色优势产业的支撑作用入手,着力打造"三中心三基地";其次是要加速推进新型城镇化,打造西北地区的一级区域增长极;第三要遵循可持续发展的规律,调结构、促转型、保秦岭,努力打造绿色陕西。

本书的不足之处是:(1)陕西省经济作为一个完整的行政区域经济,其发展所包含的内容十分丰富和复杂,而本书仅仅试图从特色优势产业的中心和基地、区域一级增长极和"绿色陕西"这三个纬度去将它打造成"战略高地",难免以偏概全,也可能存在一些欠缺和不足。(2)由于本课题的研究持续时间较长,部分内容完成时间较早,数据的更新和新的实践的概括需要加强。(3)在各部分内容的实证分析中,由于数据的可得性局限,分析结果也许与现实有一定差距。对于这些不足,我们将抱着抛砖引玉的心态,期待与感兴趣的同行一起继续探讨和完善。希望读者和专家批评指正并给予宽容,我们将不胜感激。

王琴梅

2016 年 5 月 15 日于西安明德门

# 目 录

**上篇　发挥陕西资源特色和区位优势,打造"三中心三基地"**

**第一章　打造丝绸之路经济带上的现代物流中心**
　　　　——西安物流效率及其影响因素研究 …………… 1
　第一节　物流效率及其影响因素的理论分析 …………… 3
　第二节　西安物流效率评价 …………………………… 12
　第三节　影响西安市物流效率因素的实证分析 ………… 24
　第四节　进一步提升西安市物流效率的对策建议 ……… 32

**第二章　打造丝绸之路经济带上的科教文化与经济一体化中心**
　　　　——陕西科教文化与经济协调发展研究 ………… 40
　第一节　陕西科教与经济协调发展研究 ………………… 40
　第二节　陕西文化产业投融资多元化的方式创新 ……… 69

**第三章　打造丝绸之路经济带上的现代金融中心**
　　　　——西安构建区域性金融中心研究 ……………… 95
　第一节　区域性金融中心的功能及其形成条件 ………… 95
　第二节　区域性金融中心的形成机理及互联网金融对其产生的影响 …………………………………………………… 102
　第三节　西安构建丝绸之路经济带上的区域性金融中心的优势、现状和制约因素 ………………………………………… 110
　第四节　西安作为丝绸之路经济带上区域性金融中心发展水平的实证分析 ………………………………………………… 115
　第五节　西安构建丝绸之路经济带上的区域性金融中心的对策建议 …………………………………………………… 120

**第四章　打造丝绸之路经济带上的现代装备制造业基地**
　　　　——关中装备制造业集群研究 …………………… 126

第一节　装备制造业及其集群化发展的必然性……………… 126
第二节　基于"钻石模型"的关中装备制造业集群发展条件和基础
　　　　……………………………………………………………… 130
第三节　关中装备制造业聚集度和竞争力分析……………… 135
第四节　关中装备制造业集群存在问题的原因分析及对策建议
　　　　……………………………………………………………… 142

第五章　打造丝绸之路经济带上的现代果业示范基地
　　　　——关中果业产业化发展研究……………………… 148
第一节　果业产业化发展的相关理论基础…………………… 149
第二节　关中果业产业化发展的 SWOT 分析………………… 157
第三节　关中果业产业化发展的组织模式创新……………… 171

第六章　打造丝绸之路经济带上的高新技术产业研发基地
　　　　——西安高新区竞争力研究………………………… 181
第一节　高新区竞争力及其评价指标体系…………………… 181
第二节　西安高新区发展现状及特点………………………… 189
第三节　西安高新区七大产业竞争力评价…………………… 196
第四节　西安高新区与其他国家级高新区的横向对比……… 203
第五节　西安高新区进一步提升竞争力的对策建议………… 207

## 中篇　加快陕西新型城镇化进程,打造西北一级增长极

第七章　以产业集聚促进关中城市群发展研究………………… 214
第一节　产业集聚推动城市群形成和发展的机理分析……… 215
第二节　关中城市群发展和产业集聚的现实基础…………… 231
第三节　关中城市群发展和产业集聚存在的问题及原因分析
　　　　……………………………………………………………… 241
第四节　加速产业集聚,推动关中城市群发展的思路与对策建议
　　　　……………………………………………………………… 249

第八章　陕西农业现代化推动新型城镇化的效应研究………… 260
第一节　农业现代化推动新型城镇化的机理分析…………… 260

第二节　陕西农业现代化和新型城镇化的发展现状…………275
　　第三节　陕西农业现代化推动新型城镇化效应的实证分析……288
　　第四节　提升陕西农业现代化水平以推动新型城镇化
　　　　　　进程的政策建议………………………………………299

第九章　乡村生态旅游对新型城镇化的推动效应研究
　　　　——以西安市长安区为例……………………………………306
　　第一节　乡村生态旅游促进新型城镇化的理论分析…………306
　　第二节　西安市长安区乡村生态旅游促进新型城镇化的实证分析
　　　　　　……………………………………………………………314
　　第三节　长安区上王村乡村生态旅游促进新型城镇化的案例分析
　　　　　　……………………………………………………………325
　　第四节　西安市长安区提升乡村生态旅游发展水平的政策建议
　　　　　　……………………………………………………………335

第十章　观光农业与城乡一体化的互动关系研究
　　　　——以汉中市为例……………………………………………340
　　第一节　观光农业与城乡一体化的互动机理分析……………340
　　第二节　汉中市观光农业与城乡一体化发展现状……………352
　　第三节　汉中市观光农业与城乡一体化互动关系的实证分析
　　　　　　……………………………………………………………363
　　第四节　相应的政策建议………………………………………371

下篇　调结构、促转型、保秦岭，打造绿色陕西
第十一章　陕西产业结构对能源效率的影响研究………………381
　　第一节　产业结构及其变迁对能源效率影响的理论分析………381
　　第二节　陕西省1991—2014年间产业结构和能源效率的变化状况
　　　　　　……………………………………………………………391
　　第三节　陕西产业结构和能源效率关系的实证分析…………397
　　第四节　相应的对策建议………………………………………405

## 第十二章 陕西资源枯竭型城市产业转型中接续性支柱产业发展研究
### ——以铜川旅游业为例 ………………………………… 413

第一节 资源枯竭型城市产业转型中接续性支柱产业的选择理论 ………………………………………………………………… 413

第二节 铜川市产业转型中旅游业成为接续性支柱产业的条件分析 ………………………………………………………………… 423

第三节 铜川市产业转型中旅游业作为接续性支柱产业的可行性分析 …………………………………………… 428

第四节 铜川市发展旅游业的思路和对策措施 ……………… 436

## 第十三章 秦岭南麓生态旅游与农民增收互动关系研究
### ——以安康市为例 …………………………………… 445

第一节 秦岭南麓生态旅游与农民增收互动关系的理论分析 ………………………………………………………………… 446

第二节 安康市生态旅游与农民增收相关性的实证分析 …… 453

第三节 提升安康市生态旅游发展水平的对策建议 ………… 466

## 第十四章 秦岭北麓生态旅游与环境保护及农民增收关系研究 …… 473

第一节 生态旅游与环境保护及农民增收兼容互动的关系机理分析 ………………………………………………………………… 473

第二节 秦岭北麓生态旅游与环境保护及农民增收的现状分析
——以西安市南部四县区为例 ………………… 483

第三节 秦岭北麓生态旅游与环境保护及农民增收相关性的实证分析 ………………………………………………………… 498

第四节 存在的问题、原因及相应的政策建议 ……………… 505

**后　记** …………………………………………………………… 510

# 上篇　发挥陕西资源特色和区位优势，打造"三中心三基地"

在现代社会化大生产条件下，区域经济的发展必须积极融入国内国际的分工协作当中，并充分发挥各区域资源禀赋和产业特色上的优势。依据分工和贸易理论，基于陕西的资源禀赋、区位优势和产业基础特色，陕西打造丝绸之路经济带（简称"丝带"）上的经济发展战略高地，就必须着力打造"三中心三基地"。

## 第一章　打造丝绸之路经济带上的现代物流中心
### ——西安物流效率及其影响因素研究

丝绸之路从古至今都是东西方之间的商品贸易之路、运输之路，也是物流之路。丝绸之路经济带建设"政策沟通、道路联通、贸易畅通、货币流通、民心相通"五大目标的落实程度，都可以通过"物流畅通"体现出来。因此，大力发展物流产业，着力提升物流效率，是丝绸之路经济带建设的重中之重。物流效率的高低是衡量丝绸之路经济带繁荣与否的重要指标。发展丝绸之路经济带上的物流产业、提升物流效率，必须在经济带上打造出若干一流的物流中心和物流中转站，而西安就具备成为这样的一流物流中心和物流中转站的优势和条件。首先，西安具有成为"丝带"上一流物流中心的地理区位优势、历史文化传承和交通运输条件。西安地处我国中西部两大经济区域的结合部,是举世闻名的世界四大文明古都之一,更是古代丝绸之路的起点(东汉时东延至洛阳)。在全国区域经济布局上,西安是连接南北的"大十字"网状铁路交通和陕西省"米"字形铁路交通的重要枢纽,是全国干线公路网中最大的节点城市之一,也是中国六大航空枢纽之一和六大通讯枢纽之一。西安作为亚欧大陆桥中国段——陇海兰新铁路沿线经济带上最大的中心城市,是国家实施西部大开发战略的桥头堡,具有承东启西、连接南北的重要战略地位,是亚欧大陆桥的心脏和中心。2011年西安火车北站正式运营,西安铁路与东北、华东、华南、华中、西南及亚欧大陆桥形成了连接网络,铁路、公路与水路之间已经实现无缝对接,从而构成了西安发展现代物流业的立体交通基础。其次,作为陕西省"十一五"重大建设项目,西安国际港务区的成功竣工,为西安成为现代国际化的物流中心奠定了基础。早在2010年,港务区已建成西安保税物流中心、铁路集装箱中心站、起航公园以及节能示范广场,总投资达10.51亿元人民币。作为西安国际港务区的两大基石,西安铁路集装箱中心站和西安保税物流中心的建成,标志着西安国际陆港口岸服务功能初步成型。现在,西安铁路集装箱中心站向东已与青岛港、连云港港、上海港、天津港,向西已与霍尔果斯、阿拉山口等口岸开展了合作,西安已开通国际班列,已经初步发挥出物流中心的功能作用。第三,西安是我国中西部地区的金融中心、商贸中心、信息中心、人才中心、科研中心、教育中心和旅游中心。这种地域上强聚集和远辐射的核心优势,在发展现代物流产业中显得尤为突出和重要。未来西北地区能源化工、装备制造、高新技术、农副产品等优势特色产业的长足发展,也为西安现代物流业发展提供了强大的内在动力。第四,西安现在集中了几乎陕西省所有大型的仓储、货运企业,物流规模不断扩大,货运总量快速增长,物流产业集群也初具雏形,物流业增加值稳步上升。据"西安现代物流业发展规划"数据统计,2003年到2006年物流成本占GDP的比重每年以1%的速度递减,

2006年到2010年每年以2%的速度递减,2006年物流业增加值达到210亿元,2010年达到340亿元。2006年物流业占全市GDP的比重超过15%,2010年达到17%。[1]这就说明,现代物流业已经成为西安市的主导和支柱产业之一。总之,无论从地理位置、区位条件、历史传承,还是从经济发展水平、金融科技人才支持以及交通运输等基础设施条件各方面看,西安都具备成为"新丝绸之路经济带"上一流物流中心的潜质。

当然,西安想要真正成为"新丝路经济带"上名副其实的一流物流中心,提升物流效率就是关键,因为物流效率直接反映了物流业的发展水平。那么,什么是物流效率?其影响因素有哪些?西安市的物流效率现状到底如何呢?怎样进一步提升西安市的物流效率呢?

## 第一节 物流效率及其影响因素的理论分析

### 一、物流、物流业和物流效率的概念界定

对物流、物流业及物流效率的概念进行界定,是选取准确的效率评价指标、建立适合的评价指标体系的重要前提。

(一)物流的定义

物流这个概念最早出现在美国,其基本含义是指实物的分配或者货物的配送。经过不断的演变,美国物流管理协会(CLM)于2000年对物流进行了详细的定义:物流是供应链过程的一部分,它是以满足客户需要为目的,以高效和经济的手段来组织产品、服务以及相关信息从供应到消费的运动和储存的计划、执行和控制的过程。[2]

日本工业标准将物流定义为物流是将实物从供应者物理性移动到用户这一过程的活动,一般包括输送、保管、装卸以及与其有关的情报等各种活动。[3]

联合国物流委员会的定义是物流是：为了满足消费者需要而进行的从起点到终点的原材料、中间过程库存、最终产品和相关信息有效流动和存储计划、实现和控制管理的过程。[4]

物流概念于20世纪80年代末至90年代初传入中国，经历了传统物流和现代物流两个阶段。传统物流是指产品出厂后的包括运输、储存、搬运、分拣、包装、加工等多个环节在内的活动。[5]现代物流是相对于传统物流而言的，它是在传统物流的基础上，引入现代信息技术，整合运输、包装、装卸、搬运、发货、仓储、流通加工、配送、回收加工及物流信息处理等各种功能而形成的综合性物流活动模式，从而使物流速度加快，准确率提高，库存减少，成本降低，以此延伸和放大传统物流的功能。[6]我国于2001年发布的《中华人民共和国国家标准物流术语》(GB/T18354-2001)中对物流进行了这样的定义：在物品从供应地向接受地的实体流动过程中，根据实际需要，将运输、储存、装卸、搬运、包装、流通加工、配送、信息处理等基本功能有机结合起来实现用户要求的过程。[7]本书下面将使用最后这个物流定义。

（二）有关物流活动的构成要素

基于本书选定的物流定义，物流活动主要包括以下几个要素：(1)运输。运输是物流的基本要素，指借助一定的设备或工具，来完成物品在不同地区内的转移。在这个过程中，运输创造了商品的空间价值[8]和时间价值，是物流过程中最主要的增值活动[9]。(2)储存。储存是物流过程中的一个中心环节，具体来说是在保证物品的品质和数量的前提下，依据一定的管理规则，在一定期间内把物品存放在一定场所的活动。[10]在物品未被消费者最终消费之前，都会经历一个储存的过程，尤其是引入计算机技术之后，这个过程需要的时间就会变短，实现流通。(3)包装。包装是保证整个物流过程得以顺利完成的重要环节之一。它是指在物流过程中保护产品，方便储运，促进销售，按一定技术方法采用容器、材料及辅助物等将物品包封并予以适当的装封标志的工作总称。[11]（4）装卸搬运。它是指在物流过程中随着物品运输和保管而产生的活动。装卸搬运活动是物流各个环节连接成一体的接口，是运输、储存、包装等物流作业得以顺利实现的根本保证，而且也是缩短物流移动时间、节约流通费用的关键，所以装卸搬运质量的好坏，对物流效率的提高是非常重要的。（5）流通加工。它可以看做是流通过程中的生产活动，也可以看做是生产过程中的流通活动。尤其是在以客户需求为目的的现代物流中，通过流通加工能够保证质量和更好地为客户服务，同时更加方便运输和保管。（6）物流信息。物流信息是物流各项活动的形式、内容、过程及变化的反应。由于现代物流业的运作已经电脑化、网络化，因此对物流活动各个环节的信息进行实时采集、分析和传递，建立一个标准的物流信息平台，会极大地提高物流效率。（7）配送。配送作为物流活动的最后一个环节，也是非常重要的。它并不是简单地将物品送至收货人，而是根据不同客户的需求进行备货和配货，并按时送达指定地点的物流活动。建立配送中心，改善配送方式，将会有助于整个物流系统的完善，并在降低物流成本的同时提高了服务质量，有利于物流资源的合理配置。

（三）物流业的定义及划分

什么是物流业？物流业是指从事以上物流活动或各种物流支援活动的产业。[12]对于物流业的范围，不同学者的界定是不同的。一些学者如余泳泽、武鹏（2010）[13]在文章中清楚地界定了物流业的范围，认为物流业的范围包括：货物运输业、仓储业和邮政业三个部门，其中货物运输业包括铁路货运业、公路货运业、管道运输业、水上货运业、航空货运业、其他交通运输及交通运输辅助业。

一般来说，物流业是一个跨行业、跨部门的新兴产业，按物流活动的构成要素及物流业的定义，物流业应包括运输业、仓储业、邮政业、包装业、装卸业、流通加工业、物流信息业等。但是，由于装卸与流通加工活动和运输仓储活动具有高度相关性，是运输仓储活动的附属活动,因此,在各国的物流业分类中,并没有独立的装卸产业和流通加工业。此外,各国的物流产业分类也不包括独立的包装业,包装业被划归为工业,即包装工业;同时,从理论上讲,物流信息产业既可以被划归为物流产业,也可以被化为信息产业,但是目前大多数国家仍将物流信息产业划归为信息产业。因此,在现实的产业分类以及统计年鉴中,物流业基本包括运输业、仓储业和邮政业。另外,在我国的各年实际统计中,交通运输业、仓储业和邮政业对物流业增加值总量的贡献达到了85%以上。[14]基于此,本书将物流业的范围界定为交通运输业、仓储业和邮政业。

(四)物流效率的定义

什么是物流效率?对于物流效率,现在国内外对其并没有给出专门的定义。目前物流效率的定义基本上是从效率的定义衍生出来的。从一般概念来讲,效率在中国大型工具书《辞海》中,是指"消耗的劳动量与所获得的劳动成果的比率,或者是一种机械(原动机或工作机等)在工作时的输出能量与输入能量之间的比值"[15]。而从经济活动来看,西方最具权威的《经济学辞书》认为"效率就是指资源配置效率,而资源配置效率是指在资源和技术条件限制下尽可能满足人类需要的运行状况,即使其有效的投入能获得最大的产出"[16]。意大利经济学家帕累托认为:"如果对于某种既定的资源配置状态,任意改变都不可能使至少有一个人的状况变好而又不使任何人的状况变坏,那么这种资源配置状态为帕累托最优状态"[17],而帕累托最优状态即帕累托效率,这也是经济学中普遍认同的效率概念。随后美国诺贝尔经济学奖第一人萨缪尔森在《经济学》中指出"效率即经济在不减少一种物品生产的情况下,就不增加另一种物品的生产,它的运行便是有效率的,有效率的经济位于其生产可能性边界上"[18]。国内经济学家樊刚在《公有制宏观经济理论大纲》中将经济效率定义为:"经济效率是指社会利用现有资源进行生产所提供的用来满足人们的需要,即资源得到了最充分的利用"[19]。可见,效率主要考察投入与产出之间的关系。而物流效率考察的是物流总投入与物流总产出之间的关系。可用公式表示为:$E = Y/X$。($E$ 代表物流效率;$Y$ 代表物流总产出;$X$ 代表物流总投入)

## 二、影响物流效率的因素分析

在综合考虑各方面意见的基础上,本书作者将影响物流效率的主要因素概括为经济发展水平、物流资源利用率、市场化程度、物流专业人才、区位因素等。

### (一)经济发展水平

一个国家或地区的经济发展水平(近似地用 GDP 表示)对这个国家或地区物流业的发展起着举足轻重的作用。因为物流业作为一项新兴产业,能够发挥第三利润泉的作用,也必将吸引各种经济利益主体向其投资,同时政府在促进国家或地区经济发展的过程中也必将推动物流业的发展。政府除了通过对物流基础设施进行直接投资外,更多地是通过优化制度和机制设计,简化物流程序,促进物流效率,引导民间对物流业投资,促使物流业不断进步发展。可以说,物流业的发展与国民经济的发展具有一定的相关度(见表1-1)。

表1-1 我国国内生产总值、物流量以及增长率

| 年份 | 国内市生产总值 | | 交通运输、仓储和邮政业增加值 | | 货运量 | | 货物周转量 | |
| --- | --- | --- | --- | --- | --- | --- | --- | --- |
| | 实际值(亿元) | 增长率(%) | 实际值(亿元) | 增长率(%) | 实际值(万吨) | 增长率(%) | 实际值(亿吨公里) | 增长率(%) |
| 2000 | 99214.6 | — | 6161.0 | — | 1358628 | — | 44321 | — |
| 2001 | 109655.2 | 10.5 | 6870.3 | 11.5 | 1401786 | 3.2 | 47710 | 7.6 |
| 2002 | 120332.7 | 9.7 | 7492.9 | 9.1 | 1483447 | 5.8 | 50686 | 6.2 |

续表

| 年份 | 国内市生产总值 | | 交通运输、仓储和邮政业增加值 | | 货运量 | | 货物周转量 | |
|---|---|---|---|---|---|---|---|---|
| | 实际值（亿元） | 增长率（%） | 实际值（亿元） | 增长率（%） | 实际值（万吨） | 增长率（%） | 实际值（亿吨公里） | 增长率（%） |
| 2003 | 135822.8 | 12.9 | 7913.2 | 5.6 | 1564492 | 5.5 | 53859 | 6.3 |
| 2004 | 159878.3 | 17.7 | 9304.4 | 17.6 | 1706412 | 9.1 | 69445 | 28.9 |
| 2005 | 184937.4 | 15.7 | 10666.2 | 14.6 | 1862066 | 9.1 | 80258 | 15.6 |
| 2006 | 216314.4 | 17.0 | 12183.0 | 14.2 | 2037060 | 9.4 | 88840 | 10.7 |
| 2007 | 265810.3 | 22.9 | 14601.0 | 19.8 | 2275822 | 11.7 | 101419 | 14.2 |
| 2008 | 314045.4 | 18.1 | 16362.5 | 12.1 | 2585937 | 13.6 | 110300 | 8.8 |
| 2009 | 340902.8 | 8.6 | 16727.1 | 2.2 | 2825222 | 9.3 | 122133 | 10.7 |
| 2010 | 401512.8 | 17.8 | 19132.2 | 14.4 | 3241807 | 14.7 | 141837 | 16.1 |
| 2011 | 472881.6 | 17.8 | 21931.9 | 14.6 | 3696961 | 14.0 | 159324 | 12.3 |

数据来源：国家统计局《中国统计年鉴》(2001—2012年)。

表1-1显示：当经济在增长时，物流业也相应表现出一定的增长。经济增长水平的测量方法目前主要有两种：一种方法是从经济增长规模方面进行测量，即采用国内生产总值（GDP）。这个指标的数据可以从《统计年鉴》中获得，它是指一个国家或者地区在一定时期内所生产的产品和劳务价值的市场价值，能够从宏观数据上全面、综合、定量地反映一个国家或者地区的经济增长规模。另一种方法则是从经济增长速度来进行测量，其中最常用的指标是GDP增长率，这个指标是需要通过计算才能得出，它能清晰地反映一个国家或地区每一年相对于上一年的经济增长幅度。

(二) 物流资源利用率

物流业的发展依赖于物流业基础设施的发展。目前，物流资源的利用主要是体现在物流基础设施的使用上。《国家物流标准术语》将物流基础设施定义为提供物流相关功能和组织物流服务的场所,包括交通运输基础设施、仓储运载设施、计算及通讯设备等。除此之外,本书认为除了这些传统的硬件基础设施外,电子商务也可以被视为基础设施。它作为一个平台,促进物流业在技术方面的迅速发展。只有不断升级和完善这些基础设施,才能改善物流条件,保证物流质量,进而提高物流效率,降低物流成本。

衡量物流效率的有效程度关键在于物流投入和产出之间是否平衡,即在既定的物流投入条件下所能获得的物流产出最大。而只有保证有效地投入,才有可能得到最大产出,因此通过有效地规划、整合、共享不同地区的物流资源,提高物流资源利用率,才能进一步提高物流效率。物流资源的浪费是导致地区物流资源利用率低的一个重要原因,物流资源利用率的提高,意味着能够合理地利用资源,不会造成投入的冗余和浪费,这样才能保证投入的有效性和获得最大产出的可能性,也即保证了物流效率的提高。

在对物流资源利用率进行测量时,如果是仅从投入和产出的角度来考虑,获取确切数据的途径非常有限而物流资源利用率的高低跟基础设施息息相关,鉴于此,本书主要从物流基础设施方面的相关指标(如货运量、货物周转量等)来进行测量。

(三)市场化程度

物流业的发展与一国或一地区的市场化程度有着紧密的联系。市场化程度是指市场在资源配置中所起作用的大小。市场化程度越高意味着市场在资源配置中所起到的作用越大,宏观环境越开放。市场化程度越高将会更有利于物流企业的公平竞争,促进物流业的跨越式发展,进而提高物流效率。

随着西安市物流发展规划的实施,西安市物流业进入深入快速的发展时期,并且保持了较快的增长势头。西安市物流企业的数量在逐步增加,规模也在逐步扩大,而为物流业提供配套服务的基础设施建设、物流技术与装备、物流信息与咨询、物流地产等相关产业也获得了较快的发展。近年来,我国的物流市场环境不断完善,主要体现在:(1)物流市场开放程度进一步扩大。根据加入世界贸易组织的程度,2004年12月11日以后,涉及物流的大部分领域已经全面放开,中国物流业结束了三年半的过渡期,迈向物流业开放的新时代。[20](2)我国的物流及相关市场规模在不断扩大。源源不断的市场需求促进了物流业的发展以及市场规模的迅速扩大,同时也造就了从事运输、包装、储存等相关物流企业的快速发展。(3)第三方物流、第四方物流市场发展迅速。在电子商务环境的支持下,物流模式有了进一步的发展和完善,第三方物流、第四方物流以及绿色物流也应运而生等。

定量地考察市场化程度是比较难,在本书中,我们主要是采用市场化指数来实证测量西安的市场化程度。

(四)物流专业人才

在物流活动中,专业的物流人员能够正确运用自己的知识和判断力,减少一些不必要的浪费,降低物流成本,从而提高物流效率。目前我国物流从业人员数量上具有较大规模,但是人员素质普遍较低。尤其是在物流发展较快的地区,高素质物流人才的缺口更为明显。物流人才的缺乏成为制约物流业进一步发展的瓶颈。

物流人才是物流管理的根本。西安乃至全国在这方面都与国外差距较大。在国外,尤其是像美国这样的经济发达国家,物流业的发展较早,与之相配备的物流人才教育培训体系也已经趋于成熟。这些国家不仅在学校(包括职业学校和全日制学校)设置了非常专业的物流课程教育,而且还设置了相关的从业资格考试。只有考试合格,才能进入物流企业工作。而物流业在中国发展较晚,相比较发达国家来说,我国在人才培养方面还比较落后。虽然国内一些大学已经开设了相关的物流专业课程,但是没有建立一套科学的人才培养体系,尤其是不够强大的师资力量和落后的教学设施,这些都成为了培养物流专业人才的障碍。此外,除了在学校里加强物流人才的培养外,国家还应对物流专业人员设置相应的等级考试制度,不同等级的人才给予不同的薪资鼓励,以激发从业人员的信心。目前西安虽然有很多高校,但是真正开设物流专业的学校不是特别多,设有物流专业研究生教育的学校则少之又少。因此,短缺的物流人才也是阻碍物流业发展的重要因素之一。测量物流专业人才的指标可以选取西安各个院校学习物流专业的学生人数,但是这个数据不易获得,所以在本书中,选取的指标是西安市普通高等教育院校的毕业生人数。

(五)区位优势

区位优势对于发展物流业来说是非常重要的。如果一地区具有良好的区位优势,则有利于以这个地区为中心建立一个较大的物流园区,通过物流园区来带动周围地区的物流业发展,这样可以在很大程度上提高物流效率。一地区是否具有良好的区位优势,关键是看这个地区是否具有相对有利的条件来发展经济并能带动其他地区的经济发展,或者是看这个地区是否具有良好的地理位置以及四通八达的交通运输条件。西安作为陕西的省会城市,积聚了西北地区金融、信息、人才、教育和旅游等资源,在西部大开发中具有重要的战略地位,并且西安将要打造国际大都市,这些有利的条件对西安乃至整个陕西以及整个西部的经济发展都有着重要的意义。从地理位置来看,西安作为连接东西经济区的主要城市以及贯通南北的枢纽,同时还是关中—天水经济区、陇海兰新经济区的核心城市,这种地域上强聚集和远辐射的战略位置对物流业的发展有着不可忽视的作用。另外,西安的交通运输为物流活动各个环节的顺畅运行提供了交通保障,交错互通的运输方式也能极大地减少路途中的损失,降低运输过程中的成本,提高物流效率。

目前,在对区位优势进行度量时,采用的是区位熵法。区位熵能够准确地反映一个地区某个特定产业相对于其他产业在本地所具有的优势。

## 第二节 西安物流效率评价

物流效率的高低直接影响和制约着整个经济效率的高低。物流效率评价有利于加快技术进步,改善物流管理,合理配置资源,减少浪费,提高物流效率。因此,这一节将在建立 DEA 模型的基础上,选取准确、合理的物流评价指标,并建立评价指标体系,对西安的物流效率做出实证评价。

### 一、物流效率的评价方法及选择

虽然现在有很多方法可以用来评价物流效率,但并不是每一种都很合理,所以在评价效率时要选取一种最适合的方法。

#### (一)物流效率的评价方法

国内外学者在进行物流效率评价时,一般会采用以下办法:

1. 作业基础成本法。作业基础成本法最早是由美国学者科勒(Kohler, Eric L.)于 1952 年提出的,后来斯拖布斯(G. T. Staubus)在 1971 年和卡普兰(Robert S. Kaplan)在 1988 年分别对 ABC 理论做了进一步研究。通常情况下,在评价物流效率时,其投入和产出都可以采用一些指标(如时间、质量等)来进行衡量,并通过搜集相关数据而计算得到准确的结果,但是如果要采用成本这个指标时,则核算时需要运用作业基础成本法来避免真实成本的遗漏[21],所以作业基础成本法可以用来评价需要进行成本核算的物流效率。

2. 指标树法。指标树法在评价物流效率时,需要建立一个全面的评价指标体系,其中每个指标下又可以单独建立一个包含子指标的体系,以此类推,子指标也可以包含下一阶子指标。假设每个子指标可以用 $E_i$ 表示,而每个子指标所占总指标的权重用 $\lambda_i$ 表示,则总效率 $E = \Sigma \lambda_i E_i$,其中 $\Sigma \lambda_i = 1$。Ballow 和 Coyel 等都曾列出了仓储、运输、库存和顾客服务方面的效率衡量指标,Fawcett 等人也设置了衡量配送效率的指标,由于他们的工作主要集中在物流过程的某个领域,所以这些指标更适于战术性运作,而不能运用到战略层面上。

3. 层次分析法。它是由美国运筹学家沙旦(T. L. Saayt)于20世纪70年代创立的一种定性与定量相结合的多目标评价决策方法。它本质上是一种决策思维方法,通过把复杂的问题分解为各组成因素,并按其某种相互联系的规则和相互作用的方式进行分组,形成有序的阶梯层次结构。这样就可以把一个复杂笼统的事物或一项含混不清的目标,逐步梳理成若干项比较简单具体的事项或内涵清晰的判断准则逐级支配关系。然后通过各层次上的两两比较判断方式确定每一层次中各个因素的相对重要性,最后在递阶层次结构内进行合成,以得到决策因素相对于总目标重要性的次序[22]。层次分析法解决问题的步骤是分解、判断、综合。所以相对于前两种方法来说,层次分析法能够定量、系统、清晰地评价效率。

4. 前沿效率分析法。该方法的前提条件是已经知道物流效率投入、产出各指标的准确数据,在此基础上,可以构造一条向右上方凸出的生产可能性曲线,使得所有的产出值都能包含在曲线上或者曲线内,其中曲线内(上)的任意一点到该曲线的距离便是该点的效率值。因此,可以看出,前沿效率评价的不是绝对效率而是相对效率。在构造生产函数时,根据不同的需要(如是否需要构造具体的函数形式或者是否需要估计函数中的未知参数),前沿效率分析法派生出两种不同的方法。一种方法是参数法(Parametric),顾名思义是需要构造函数并估计其参数。而参数法最常用的是随机前沿分析法(SFA),它是在构造投入产出函数的基础上,运用一些计量经济学的方法来确定生产前沿的具体形式,并通过分析估算出函数中的未知参数,并考察了随机扰动因素对于生产产出的影响。另一种方法是非参数法,可以不用构造相关函数。其代表是数据包络分析法(DEA),这个方法的优点是只需要知道投入和产出的数据,不需要建立相关的生产函数[23]。

5. 数据包络分析法(DEA)。DEA是由美国运筹学家Charnes和

Cooper 等人于 1978 年提出的评价相对效率的一种线性规划方法,是管理科学、系统科学、数理经济学和运筹学这些学科相互交叉的一个新的研究领域[24]。"它将一个经济系统或者生产过程看成是一个单元在一定的可能范围内,通过决策而投入一定数量生产要素并产生一定数量产品以期获得最大收益的活动,而这样的单元被称为决策单元(Decision Marking Unit,DMU),因此它可以直接评价具有多个输入和多个输出的决策单元之间的相对效率"。[25] 这些决策单元具有以下同质性:有相同的目标或者任务,有相同的外部环境,有相同的输入和输出指标。

当决策单元和输入输出数据满足相应要求后,就可以用 DEA 进行效率评价。其原理是先借助数学中的线性规划法,计算出一个生产可能性边界即效率前沿面,它包含了所有的投入、产出数据,每一组输入、输出数据可视为一个决策单元的观察点,再比较每一个决策单元观察点与这个效率前沿面之间的距离,最后可以得出各决策单元的相对效率值。假设不存在随机性误差,其计算结果一般分为两种情况:(1)效率值为 1,即该决策单元 DEA 完全有效,意味着该决策单元的输入、输出数据组成的这个点完全落在效率前沿面上;(2)效率值分布在 0~1 之间,即该决策单元 DEA 无效,意味着该决策单元的输入、输出数据组成的这个点没有落在效率前沿面上,并且该观测点与效率前沿面之间的距离越长,说明其相对无效率程度越高,反之越低。在计算出每个决策单元的效率值之后,系统还可以进行排序,这样便于决策单元之间相互比较并发现其中的差距,为相应的政策建议提供理论上的依据。同时,由于 DEA 在评价结果中还给出了每个决策单元的规模报酬是处于递增、递减还是不变,这样有利于决策者判断目前的生产规模水平并做出相应的决策。

(二)评价方法的比较及选择

上面介绍的五种评价物流效率的方法,每种都有自己的优缺点。作业基础成本法只适用于考察单个的物流要素如物流装备、仓储等对物流行为的影响,如果涉及多个要素,就不适合了。指标树法将物流系统这样

## 第一章　打造丝绸之路经济带上的现代物流中心

一个有机整体分解后用加权求和的方法进行综合,其局限性在于过于简单化,不能从整体上得出物流效率变动等结果。层次分析法评价物流效率的实质,是把层次分析法作为全面评价物流效率的综合手段,以弥补指标树法的不足,但是在构造判断矩阵时缺乏客观性,影响了评价结果的真实性。而前沿效率分析法中的参数方法(常用 SFA)的缺点是,参数方法通常用回归技术来估计生产函数的参数,这是一种对全部样本数据进行平均化的结果,得到的是一个穿过所有样本观测点"中心"的平均生产函数,估计出来的结果其实并不符合生产函数最优性的定义,因此不是严格意义上的生产前沿。换句话说,就是因为 SFA 法是需要通过构造具体函数来确定相关的生产可能性前沿边界,所以这也导致了它的最大缺点在于只适用于多投入、单产出的效率评价。而 DEA 方法相比其它方法的优点在于不需要事先确定具体的投入产出函数形式,因此可以评价多个投入、多个产出的决策单元,且在评价过程中不会受到主观因素的影响,具有客观性。

通过对上述五种效率评价方法优缺点的比较,本书将选择 DEA(数据包络分析法)作为评价西安市物流效率的方法,原因在于:(1)物流业是一个复合型产业,其中包含了很多的其它产业,这些产业之间也是互相交叉,所以在评价时必须从不同方面选取多个投入和产出指标,并且投入产出之间不存在确切的函数关系;(2)物流系统各个指标数据的计量单位也是千差万别的,而 DEA 方法则可以克服这个问题,不需要通过量纲化来统一计量单位;(3)用 DEA 方法评价物流效率得出的结果包括技术是否有效以及规模效率等,通过分析这些结果,可以得出决策单元无效的原因以及如何改进。这对以后如何提高物流效率,如何促进物流业的快速发展是十分有意义的。

因此,本书将采用 DEA 方法中最具有代表性的 CCR 模型和 BCC 模型。前者用来评价决策单元中规模和技术的总体有效性,后者用于评价纯技术有效性。

打造丝绸之路经济带上的战略高地

## 二、物流效率评价指标体系的建立

建立评价指标体系是评价物流效率工作的第一步,是运用 DEA 方法的关键。

### (一)评价指标的选取原则

在选取评价指标时,应坚持以下原则:

1. 系统性和全面性原则。为了得到准确的评价结果,在选取指标时一定要考虑这个指标相对于其它的指标是否更具有全面性和综合性。评价指标之间应层次清晰,不具备较强的相关性。因此在选取评价指标时,一方面可以从评价对象出发,系统地考察最能反映评价对象的因素作为指标;另一方面,要做到所选取的指标比较全面,不能漏掉指标。

2. 重要性原则。衡量评价对象的指标有很多,再通过系统性和全面性原则进行筛选之后,还应根据每个指标的重要程度进行进一步的筛选,从而剔除掉那些相对不重要且对评价结果不会造成显著影响的指标。

3. 合理性原则。合理性是指输入指标和输出指标之间不存在相关性。若输入指标之间、输出指标之间和输入输出指标之间存在线性相关,则会使每个决策单元的评价结果都是相对有效,这样就失去了评价的意义。因此,在选取指标时不但要求做到全面性,还要考虑到所选取指标的合理性。

4. 适用性和可比性原则。在面对复杂研究对象时,要选取适合评价的指标,做到指标和对象之间存在一定的适用性,同时,每个指标之间具有可比性,例如在形式、时间和计量单位等方面做到有所可比。

5. 客观性原则。评价对象的目的就是要得出评价结果,然后根据评价结果给出建议和决策,所以,评价结果必须真实、客观。这就要求我们在选取评价指标时,必须客观对待,不能删减、添加、更改数据,更要避免评价人员本身的主观倾向性。

**6. 可取性原则。** 在选择输入指标和输出指标时,最后应该考虑的是这些指标的数据是否可以根据一些数据资料直接获得或者通过间接计算能够获得。对于那些不容易获取资料的指标,我们可以选取其它相近、相符的指标来替换。

(二) 评价指标体系的构建

合理、准确的指标体系对于效率评价的结果是非常重要的。根据生产理论,生产投入的要素主要是人力、物力和资本,产出主要是商品或服务。根据上述建立评价指标体系的原则以及结合西安市物流业的实际情况,同时基于本书对物流效率概念的界定和 DEA 方法的应用,本书所选择的物流投入与产出指标如表 1-2 所示。

表 1-2 物流业的投入与产出指标

| 指标类型 | 指标内容 | 指标代码 |
| --- | --- | --- |
| 投入指标 | 交通运输、仓储和邮政业从业人员(万人) | $X1$ |
| | 交通运输、仓储和邮政业固定资产投资(亿元) | $X2$ |
| | 换算后线路运输长度(万公里) | $X3$ |
| 产出指标 | 西安市物流业产值(亿元) | $Y1$ |
| | 西安市货运量(亿吨) | $Y2$ |
| | 西安市货运周转量(亿吨公里) | $Y3$ |

对表 1-2 的说明:(1)输入指标主要从劳动力、物力和资本三方面进行选取。劳动力方面选取的是西安市交通运输、仓储和邮政业从业人员人数;物力方面选取的是换算后的线路运输长度,西安市的主要运输方式是铁路和公路,通过换算后得到一个综合的线路运输长度;财力方面选取了西安市交通运输、仓储和邮政业固定资产投资总额。(2)输出指标主要从规模和质量方面进行选取。在规模方面选取的是西安市各交通运输方式的货运量和货运周转量;[26]质量方面采取的是西安市物流业的产值。

### (三)数据的选取与处理

运用 DEA 法时,可以对一个地区相对于其它地区在同一时间进行横向的效率评价,也可以对一个地区在不同时间段内进行纵向的效率评价。本书是将 2000—2011 年的每一年作为一个决策单元(即 $DMU_1$、$DMU_2$、……$DMU_{12}$),对西安市物流效率进行纵向评价。

西安市物流业发展的投入与产出指标中,从业人员数、投资额、物流业 GDP、货运量和货运周转量可以从 2001—2012 年的《西安市统计年鉴》和《中国统计年鉴》中获得。而换算后的线路运输长度则通过先计算西安市铁路、公路的运输效率,再得到这两个运输效率的比值,最后再换算成线路运输长度。[27]具体过程如下:

1. 通过 2001—2012 年的《西安市统计年鉴》我们可以整理出表 1-3 的数据,其中各运输方式的运输效率即运输能力是分别由货物周转量比线路里程所得到的。

表 1-3 西安市铁路、公路运输效率

| 年份 | 铁路 | | | 公路 | | |
| --- | --- | --- | --- | --- | --- | --- |
| | 货运周转量(万吨公里) | 线路里程(公里) | 每万公里运输能力(万吨) | 货运周转量(万吨公里) | 线路里程(公里) | 每万公里运输能力(万吨) |
| 2000 | 3260392 | 1540 | 2117.14 | 419685 | 3010 | 139.43 |
| 2001 | 3821336 | 1536 | 2487.85 | 398639 | 3298 | 120.87 |
| 2002 | 4073220 | 1543 | 2639.81 | 462961 | 7862 | 58.89 |
| 2003 | 4427166 | 1522 | 2908.78 | 604755 | 8360 | 72.34 |
| 2004 | 5129192 | 1608 | 3189.79 | 708853 | 8360 | 84.79 |
| 2005 | 489454 | 202 | 2423.04 | 745959 | 8500 | 87.76 |
| 2006 | 523716 | 269 | 1946.90 | 815648 | 9530 | 85.59 |
| 2007 | 559576 | 269 | 2080.21 | 902894 | 9672 | 93.35 |
| 2008 | 1575038 | 269 | 5855.16 | 1902693 | 11895 | 159.96 |
| 2009 | 1650050 | 269 | 6134.02 | 2107236 | 12378 | 170.24 |
| 2010 | 1800074 | 269 | 6691.73 | 2487692 | 12378 | 200.98 |
| 2011 | 2089554 | 269 | 7767.86 | 3110908 | 12599 | 246.92 |

注:2005年开始,铁路统计执行新的统计口径。

数据来源:西安市统计局《西安统计年鉴》2001－2012年。

2. 计算每一年铁路与公路运输能力的比值,并换算成最终的线路运输长度。以2003年为例,由表1－3可知,铁路与公路每万公里运输能力之比为2908.78/72.34＝40.21,那么2003年换算后的线路运输长度为(1522×40.21＋8360)/104＝6.96万公里。同理,可以得到其它年份的换算线路长度(如表1－4)。

表1－4 2000—2011年换算后的线路长度

| 年份 | 2000 | 2001 | 2002 | 2003 | 2004 | 2005 | 2006 | 2007 | 2008 | 2009 | 2010 | 2011 |
|---|---|---|---|---|---|---|---|---|---|---|---|---|
| 铁路运输效率与公路运输效率的比值 | 15.18 | 20.58 | 44.83 | 40.21 | 37.62 | 27.61 | 22.75 | 22.28 | 36.60 | 36.03 | 33.29 | 31.46 |
| 换算后的线路运输长度(万公里) | 2.64 | 3.49 | 7.70 | 6.96 | 6.89 | 1.41 | 1.56 | 1.57 | 2.17 | 2.21 | 2.13 | 2.11 |

通过搜集和整理数据,西安市2000—2011年的投入产出数据如表1－5所示。

表1－5 西安市2000—2011年物流投入产出统计表

| 年份 | 从业人员(万人) | 固定资产投资总额(亿元) | 换算后线路运输长度(万公里) | 物流业产值(亿元) | 货运量(万吨) | 货运周转量(亿吨公里) |
|---|---|---|---|---|---|---|
| 2000 | 8.22 | 36.11 | 2.64 | 62.39 | 10191 | 369.20 |
| 2001 | 7.98 | 47.44 | 3.49 | 66.00 | 7728 | 422.94 |
| 2002 | 8.24 | 38.37 | 7.70 | 69.99 | 9484 | 454.40 |
| 2003 | 8.04 | 43.18 | 6.96 | 74.51 | 9392 | 503.77 |

续表

| 年份 | 从业人员（万人） | 固定资产投资总额（亿元） | 换算后线路运输长度（万公里） | 物流业产值（亿元） | 货运量（万吨） | 货运周转量（亿吨公里） |
|---|---|---|---|---|---|---|
| 2004 | 8.54 | 41.45 | 6.89 | 79.92 | 14845 | 585.00 |
| 2005 | 8.56 | 19.25 | 1.41 | 94.02 | 12051 | 124.95 |
| 2006 | 9.4 | 43.54 | 1.56 | 107.36 | 11832 | 135.43 |
| 2007 | 9.7 | 40.68 | 1.57 | 121.09 | 15124 | 147.32 |
| 2008 | 10.17 | 72.80 | 2.17 | 131.26 | 27560 | 349.07 |
| 2009 | 10.25 | 150.54 | 2.21 | 137.82 | 30606 | 376.68 |
| 2010 | 10.38 | 176.94 | 2.13 | 144.36 | 34323 | 430.17 |
| 2011 | 10.89 | 202.58 | 2.11 | 157.64 | 39231 | 521.20 |

数据来源：2001—2012年《中国统计年鉴》和《西安市统计年鉴》。

注：从2005年开始，铁路统计执行新的统计口径，换算后的线路运输长度和货物周转量数据有所下降，但是本文是用DEA对每一年的物流效率进行评价，所以实证结果不受影响。

（四）实证结果及分析

根据表1-5的数据，采用DEAP软件分别以CCR和BBC模型对西安市物流效率进行计算分析。计算结果主要包括西安市物流的总体效率$\theta^*$、纯技术效率$\sigma^*$和规模效率$S^*$。纯技术效率评价的是在一定投入下所能获得最大产出的能力，规模效率反映了西安市当前物流业的发展规模。其具体结果如表1-6所示。

表 1-6 西安市 2000—2011 年物流效率评价结果

| 决策单元 | 总体效率 $\theta^*$ | 纯技术效率 $\sigma^*$ | 规模效率 $S^*$ | 规模效益 |
|---|---|---|---|---|
| $DMU_1$ | 1.000 | 1.000 | 1.000 | 不变 |
| $DMU_2$ | 1.000 | 1.000 | 1.000 | 不变 |
| $DMU_3$ | 0.883 | 1.000 | 0.883 | 递增 |
| $DMU_4$ | 0.953 | 1.000 | 0.953 | 递增 |
| $DMU_5$ | 1.000 | 1.000 | 1.000 | 不变 |
| $DMU_6$ | 1.000 | 1.000 | 1.000 | 不变 |
| $DMU_7$ | 0.910 | 0.968 | 0.941 | 递增 |
| $DMU_8$ | 1.000 | 1.000 | 1.000 | 不变 |
| $DMU_9$ | 1.000 | 1.000 | 1.000 | 不变 |
| $DMU_{10}$ | 0.965 | 0.991 | 0.973 | 递增 |
| $DMU_{11}$ | 0.975 | 1.000 | 0.975 | 递增 |
| $DMU_{12}$ | 1.000 | 1.000 | 1.000 | 不变 |
| 总体均值 | 0.974 | 0.997 | 0.977 | — |

对表 1-6 显示结果的分析说明：

1. 总体效率。西安市物流业 2000—2011 年这 12 年每一年的效率值都是反映该年物流业在当前物流技术水平下实际达到最大可能产出的比例。从表 1-6 的数据来看，2000 年、2001 年、2004 年、2005 年、2007 年、2008 年和 2011 年这 7 年西安市物流总体效率为 1，达到 DEA 有效水平，这说明西安市的物流投入在多数年份得到了合理利用并获得了最大的产出。2002 年、2003 年、2006 年、2009 年和 2010 年的物流总效率都小于 1，为 DEA 无效，表明这 5 年西安市的物流效率偏低，说明西安市物流业投入的资源没有充分得到利用，产出没有达到最优。这可能是因为西安市的大型物流企业较少,由于资金、规模等方面的约束,很多小的物流企业由于没有先进的物流设备和专业的物流人才,导致在物流投入时造成了资源的浪费。这些状况都是可以通过引入专业人才、先进的设备等来得到改善的。况且,这几年的物流效率值均高于 0.9,所以想要提高物流效率也确实是可行的。

2. 纯技术效率和规模效率。DEA 模型评价的最终结果是总的技术效率和纯技术效率,而规模效率则是根据总技术效率除以纯技术效率所得,所以总的效率值无效有以下几种情况:第一种情况是纯技术效率无效而规模效率有效。在这种情况下,意味着技术才是导致无效的根本原因。而技术的改进是一个短期的过程,不需要太长时间。第二种情况是规模效率无效而纯技术效率有效,这意味着目前该系统投入不够,例如企业需要加大固定资产(如建设厂房、购买设备等)的投入来扩大生产规模,而这个过程比较漫长,所以需要的时间也较长。

(1) 从纯技术效率来看,纯技术效率分析的是在不考虑规模因素的情况下,投入资源的利用情况对总效率的影响。从表 1-6 中数据我们可以发现,只有 2006、2009 年的技术效率值小于 1,说明如果不考虑规模大小对西安市物流总效率的影响,则这两年的总效率无效是由物流业技术及管理水平低下导致投入资源的浪费而引起的。而这部分的资源浪费是可以控制和调整的,能够通过提高专业人员素质,改善物流设备、加强物流管理等方式来改善的。

(2) 从规模效率来看,规模效率评价的是投入和产出两者之间的变化关系,如果效率值为 1,则说明两者处于最优的状态;如果效率值不为 1,则说明投入的变化不能引起相应的产出变化。在生产理论中,规模报酬有三种情况:规模报酬递增、规模报酬递减和规模报酬不变。从表 1-6 中数据可以看到,2002、2003、2006、2009、2010 年的规模效率值小于 1,但是规模都处于递增状态,这说明,虽然规模效率的无效导致了总效率的无效,但是通过扩大物流规模如建立物流园区、物流中心等可使其得到改善。

3. 从整体来看,2002、2003、2010年的DEA无效是由于规模效率无效导致,且处于规模报酬递增阶段,当时由于物流业还在发展初期,规模过小,所以适当地扩大物流业的规模能够提高物流效率,而2006年和2009年的DEA无效是由于纯技术效率偏低导致,也就是在一定的投入条件下并没有获得最大的产出,所以应该合理地配置物流资源,提高物流效率。

西安市物流业的平均效率为0.974,平均纯技术效率为0.997,平均规模效率为0.977,并且物流业规模报酬总体上处于规模报酬递增或者不变阶段,这说明西安市整体物流效率较高,通过分析物流业需求,加强物流资源的利用,合理进行配置,做好物流发展规划,可以进一步提高物流效率,进而促进整个西安市乃至全国的经济发展。

4. 物流效率无效的原因分析。为了找出西安市物流业总效率无效的具体原因,我们做进一步的差额变量分析。表1-7为2000—2011年西安市物流业的投入产出分析。

表1-7 西安市2000—2011年物流效率的投入产出分析

| 年份 | 投入冗余 | | | 产出不足 | | |
|---|---|---|---|---|---|---|
| | 从业人员（万人） | 固定资产投资额（亿元） | 换算后线路运输长度（万公里） | 物流业产值（亿元） | 货运量（万吨） | 货运周转量（亿吨公里） |
| 2000 | 0 | 0 | 0 | 0 | 0 | 0 |
| 2001 | 0 | 0 | 0 | 0 | 0 | 0 |
| 2002 | 0 | 0 | 0 | 0 | 0 | 0 |
| 2003 | 0 | 0 | 0 | 0 | 0 | 0 |
| 2004 | 0 | 0 | 0 | 0 | 0 | 0 |
| 2005 | 0 | 0 | 0 | 0 | 0 | 0 |
| 2006 | 0.30 | 5.03 | 0.05 | 0 | 3038.78 | 23.02 |

续表

| 年份 | 投入冗余 | | | 产出不足 | | |
|---|---|---|---|---|---|---|
| | 从业人员（万人） | 固定资产投资额（亿元） | 换算后线路运输长度（万公里） | 物流业产值（亿元） | 货运量（万吨） | 货运周转量（亿吨公里） |
| 2007 | 0 | 0 | 0 | 0 | 0 | 0 |
| 2008 | 0 | 0 | 0 | 0 | 0 | 0 |
| 2009 | 0.09 | 1.36 | 0.27 | 0 | 382.37 | 18.63 |
| 2010 | 0 | 0 | 0 | 0 | 0 | 0 |
| 2011 | 0 | 0 | 0 | 0 | 0 | 0 |
| 均值 | 0.03 | 0.53 | 0.27 | 0 | 285.10 | 3.47 |

从表1-7中可以看出：

投入指标：从业人员人数、固定资产投资额、线路运输长度的投入冗余均值分别为0.03万人、0.53亿元、0.27万公里，这意味着西安市物流业在投入的三项指标上相对其产出均存在过量现象，造成物流效率无效。

产出指标：物流业产值、货运量、货运周转量的产出不足均值，分别为0、285.10、3.47，货运量和货运周转量这两个指标均显示产出不足的情况，这意味着资源的投入并没有转化为相应的产出。

在2002、2003、2010年，物流效率无效，但是纯技术效率为1，规模效率值小于1，这说明对技术效率而言，没有投入需要减少，也没有产出需要增加，所以在表1-7中投入冗余和产出不足均为0。效率无效，是因为其物流业的规模和投入、产出不相匹配，需要增加或者减少规模来适应物流业的发展。

## 第三节 影响西安市物流效率因素的实证分析

在对西安市物流效率进行评价的基础上，本节结合已有的研究和西安市的实际情况，将选择西安市经济发展水平、物流资源利用率、物流市场化程度、物流人才和区位优势这五个基本因素作为影响变量,并通过 Tobit 回归分析来剖析每个变量是如何影响物流效率的。之所以选择这五个因素,是因为经济发展水平的高低决定了一个地区是否有能力发展物流业;物流资源利用率则衡量了物流业投入产出的均衡能力,并且能反应基础设施建设的好坏,是影响物流效率的重要因素之一;市场化程度是考察西安市的市场环境是否支持物流业的发展;西安市开设物流专业的学校很多,能培养一批物流专业人员,物流人才对物流效率会有一定的影响;西安市的区位优势则是体现了西安市发展物流业的有利条件。

## 一、Tobit 回归模型介绍

通过数据包络模型(DEA)计算的效率值具有离散性,其数值分布在 0－1 之间。一般情况下,我们在进行系数回归分析时,常用的方法是普通最小二乘法,但这个方法在对因变量的数值具有离散性的参数进行回归时,则有可能会出现参数估计值有偏且不一致的情况。[28]为防止这种情况的发生,1958 年托宾提出了用最大似然法代替普通最小二乘法的截取回归模型,简称为 Tobit 模型。[29]该模型的主要特征体现在:(1)因变量的数值是截断的,不是连续的,即是以受限的方式被观察的。(2)从理论上讲最大似然法也是一种系数回归方法,用于估计模型中的回归参数,并且目前已经有很多经济学者采用该模型来分析一定的问题,所以理论和实践证明用 Tobit 模型替代普通最小二乘法来进行回归分析是确实可行的,即 Tobit 模型具有很强的替代性和可行性。基于此,由于本文的被解释变量为西安市物流效率值,其数据分布在 0 和 1 之间,具有离散性,所以采用 Tobit 模型进行物流效率与影响因素间的相关性分析。这个模型表示如下:

$$Y = \begin{cases} Y^* = \beta X + \mu & Y^* > 0 \\ 0 & Y^* \leq 0 \end{cases} \quad (1-1)$$

## 二、影响西安市物流效率因素的度量

### (一)经济发展水平的度量方法

本书用 GDP 和其增长率近似表示经济发展水平。GDP(Gross Domestic Product)是指一个国家或地区在一定时期内运用生产要素所生产的全部最终产品(物品和劳务)的市场价值。它不仅能够综合反映一个国家或地区经济发展水平,而且能通过各种产业从不同领域反映经济发展情况。而 GDP 增长率是指实际 GDP 的年度增长率,它是宏观经济的四个重要观测指标之一,[30]所以,本书选取西安市的 GDP 增长率来衡量经济发展水平的高低。其计算公式为:。而西安市每一年的 GDP 可以从西安市统计年鉴中获得。

### (二)物流资源利用率的度量方法

物流资源的利用主要考察的是对物流业的投入情况,目前关于物流资源投入的直接数据很难统计,所以我们必须通过间接地选取一些能够反映利用率的指标,并通过计量方法得到最终结果。由于反映物流资源利用率的定量指标较多,本文主要采用主成分分析法[31],选取西安市单位铁路通过的货运量、单位公路通过的货运量、单位载货汽车的货运量、货运周转量与工业增加值之比等定量指标,提取出物流资源利用率。

### (三)市场化程度的度量方法

在现实中市场化程度表现为市场在资源配置中所起作用的过程,这主要表现在市场规模的扩大,市场体系的构建,市场结构的延伸和市场机制的形成,而且还表现在企业的成熟程度,政府对市场的适应程度,在开放经济中还包括市场的国际化程度等。目前有很多学者对市场化程度的测量进行了研究。陈振华[32]在文章中通过比较国内外学者在测量市场化程度所选取指标体系的不同,并分析不同的原因,最后从市场化程度的三个方面(消费品市场化、生产领域市场化和劳动力市场化)考虑建立一个新的指标体系。鄢杰[33]假设我国已经步入完全市场经济,市场主要由农业、工业和服务业这三个部门构成,每个部门里设置不同的指标进行评价,最后各部门的测量值乘以各自的权重即可得到市场化的整体程度。樊纲、王小鲁[34]采用市场化指数来衡量市场化程度,他们通过建立能够反映市场化程度的一系列指标(这些指标下也可以建立子指标),构成一个完整的指标体系,再采取主成分分析法得出每个指标的权重,并计算得到最终的市场化指数。本书借鉴他们的方法计算西安市的市场化指数,由于处理过程比较复杂,本书不具体赘述了。

(四)物流专业人才的度量方法

在实际情况中,如果要选取物流企业中的专业化人员这个指标,一是数据难以获得,二是人才的流动性较强,所以通常选用比较容易获得数据的指标进行衡量,所以本书选取西安市每一年的普通高等教育院校的毕业人数进行衡量。

(五)区位优势的度量方法

本书采取的就是区位熵法[35]来衡量西安市物流产业的区位优势。区位熵(Location Quotient,简称为LQ)可以衡量某个地区特定行业相对于其它产业在该地区的集聚程度,即某地区该行业的产值在该地区总产值中所占的比重与全国该行业产值在全国总产值中所占比重方面的比率[36]。其表达式为:

$$LQ_{ij} = \frac{L_{ij} / \sum_{i=1}^{n} L_{ij}}{\sum_{i=1}^{m} L_{ij} / \sum_{i=1}^{n} \sum_{j=1}^{m} L_{ij}} \qquad (1-2)$$

其中,$i$ 表示第 $i$ 个地区($i=1,2,\cdots,n$);$j$ 表示第 $j$ 个行业($j=1,2,\cdots,m$);$L_{ij}$ 表示第 $i$ 个地区,第 $j$ 个行业的产出;$LQ_{ij}$ 表示第 $i$ 地区 $j$ 行业的区位熵。$LQ_{ij}$ 值越大,表示行业优势越大。利用西安市物流业产值在其总产值中所占的比重与全国物流业产值在全国总产值中所占比重的比率来计算区位熵。

## (六)数据来源及各影响因素的度量结果

通过2001—2012年的《西安市统计年鉴》《陕西省统计年鉴》和《中国统计年鉴》获取相关的数据,并利用上述所介绍的度量各个因素的方法,本书得到每个因素的最终数据(如表1-8)。

表1-8　各影响因素的统计数据

| 年份 | 经济发展水平(GDP%) | 物流资源利用率(LU) | 市场化程度(Market) | 物流专业人才(People) | 区位优势(LQ) |
|---|---|---|---|---|---|
| 2000 | 11.92 | 2.18 | 3.41 | 3.03 | 1.30 |
| 2001 | 13.73 | 2.79 | 3.37 | 3.69 | 1.17 |
| 2002 | 12.49 | 3.15 | 3.9 | 4.23 | 1.10 |
| 2003 | 14.51 | 3.42 | 4.11 | 6.49 | 1.05 |
| 2004 | 16.45 | 4.55 | 4.46 | 7.66 | 0.96 |
| 2005 | 19.18 | 3.28 | 4.37 | 10.08 | 1.19 |
| 2006 | 17.12 | 4.52 | 4.71 | 11.75 | 1.15 |
| 2007 | 20.64 | 5.64 | 4.82 | 14.33 | 1.16 |
| 2008 | 24.86 | 6.24 | 5.66 | 15.82 | 1.04 |
| 2009 | 17.51 | 7.41 | 5.65 | 15.04 | 0.94 |
| 2010 | 19 | 8.68 | 6.49 | 16.33 | 0.83 |
| 2011 | 19.15 | 9.23 | 7.12 | 17.68 | 0.78 |

## 三、建立模型与实证检验

### (一)建立Tobit回归模型

根据第一节对物流效率的影响因素分析,建立Tobit回归模型,实证分析每个变量是如何影响物流效率的。本书建立的Tobit回归模型如下:

$$LE_i = \beta_0 + \beta_1 GDP\%_i + \beta_2 LU_i + \beta_3 Market_i + \beta_4 People_i + \beta_5 LQ_i + \mu \quad (1-3)$$

其中，$\beta_0$ 表示常数项；$\beta_1$、$\beta_2$、$\beta_3$、$\beta_4$、$\beta_5$ 表示各个自变量的回归系数；$i$ 表示期间，$i=2000$、$2004$……$2011$；$\mu$ 表示回归式的误差项。$LE_i$ 表示物流效率，$GDP\%_i$ 表示经济发展水平，$LU_i$ 表示物流资源利用率，$Market_i$ 表示市场化程度，$People_i$ 表示物流专业人才，$LQ_i$ 表示区位因素。

### （二）Hausman 检验

在进行多元回归之前，需要考虑模型是属于固定效应模型还是随机效应模型，因此使用 Hausman 检验对模型进行检验。Hausman 检验的原理在于实际研究中往往没有全面考虑到所有的变量，所以会出现变量遗漏，这时可能会出现有些自变量与干扰项之间存在相关性的现象，即 $C_{ov}(x_i,u_i)\neq 0$，最终会导致参数的估计值不准确。为了避免这种现象的发生，我们需要对模型进行检验，但是检验是否遗漏了相关变量是比较难的，所以一般直接检验变量与干扰项之间是否存在相关性。

本书利用 Eviews5.1 对该模型进行 Hausman 检验，其统计量的输出值为 81.534718（如表 1－9 所示），相对应的伴随概率为 0.001，明显小于 0.1，说明检验结果拒绝了随机效应模型原假设，应建立固定效应模型。

表 1－9 Hausman 检验结果

| Correlated Random Effects － Hausman Test | | | |
| --- | --- | --- | --- |
| Test period random effects | | | |
| Test Summary | Chi－Sq.Statistic | Chi－Sq.d.f | Prob. |
| Period random | 81.534718 | 5 | 0.0000 |

### （三）实证结果及评价

本书采用 Eviews5.0 对上述所建立的 Tobit 模型进行回归，其结果如表 1－10 所示。

表 1-10 Tobit 模型回归结果

| | 系数 | 标准差 | Z统计量 | 显著性水平 |
|---|---|---|---|---|
| C | 0.160150 | 0.338233 | 1.360456 | 0.1737 |
| 经济发展水平（GDP%） | 0.020023 | 0.006172 | 3.244070 | 0.0012*** |
| 物流资源利用率（LU） | 0.058866 | 0.024458 | 2.406793 | 0.0161** |
| 市场化程度（Market） | 0.040579 | 0.036978 | 1.097364 | 0.2725 |
| 物流专业人才（People） | 0.013195 | 0.007312 | 2.539654 | 0.001*** |
| 区位商（LQ） | 0.456257 | 0.069790 | 6.537566 | 0.006*** |
| 可决系数（R2） | 0.379634 | | | |

注：*代表10%的显著水平，**代表5%的显著水平，***代表1%的显著水平。

对表 1-10 显示结果的分析说明：

1. 西安市 GDP 系数为 0.020023，这说明西安市经济发展水平与物流效率有正相关关系，西安市经济发展水平的提高能带来物流效率的提高。物流业是一个复合型新产业，它涵盖了很多的资源（如运输、仓储、装卸、搬运、包装等），并且这些资源分散在不同的产业中（如制造业、流通业等），它们并不是简单的叠加，而是通过优化整合，才能形成物流业。所以经济发展速度的增快能迅速促进物流业的发展，并且带来物流效率的提高。

2. 西安市的物流资源利用率与物流效率高度正相关，系数为 0.058866，这说明物流资源利用率每提高一个单位，物流业效率就将提高 0.058866 个单位，这从另一个角度也反映了物流资源利用率是提高物流效率的重要原因之一。目前物流资源浪费是普遍存在的现象,主要体现在两个方面:一方面是由于物流过程中信息的不对称性,经销商的管理部门、销售部门,以及产品的生产厂家之间,不能同步得到货物实际需要流通方向的信息而造成了货物的重复搬运和资源的大量浪费;另一方面物流基础设施落后于物流业的发展,这使得物流业在发展过程中遇到较大的阻碍。这对物流效率的提高是极为不利的,所以合理利用物流资源是当前发展物流业的关键。

3. 西安市的市场化程度与物流效率正相关,系数为 0.040579,这说明西安市市场化程度每提高一个单位,物流业效率将提高 0.040579 个单位,市场化程度也是影响物流效率的一个重要原因。我国当前的物流管理体制存在着严重的问题,有关各方难以有效合作与协调;各种行政性乱收费现象到处可见;各种运输方式长期分立发展,没有统一的标准;严重的行业地方保护导致了物流业陷于一种不公平的竞争局面。这些问题都是市场化程度低下的表现,而这也最终会影响物流效率的提高,所以这些问题必须尽快通过改革得以解决。

4. 西安市的物流专业人才与物流效率成正相关,系数为 0.013195,这说明物流人才的缺乏也是物流效率低下的一个影响因素。西安市是全国高校密度和受高等教育人数较多的城市之一,可以说,西安市的教育资源非常丰富,在西部地区乃至全国具有重要的地位。但是目前在西安市的众多普通高校中,虽然开设物流专业的学校已经有一些,但各学校尚未形成比较科学的物流教育目标体系,物流方面的师资和教学基本设施比较缺乏,这些都导致了物流专业人才的匮乏,也制约了西安市物流的发展。

5. 西安市的区位优势与物流效率成正相关,且相关度很高,系数为 0.456257,这说明区位优势是影响物流效率的一个非常重要的原因,西安市所具有的区位优势能不断带来物流效率的提高。西安市具有承东启西、北联南进的地理优势,同时西安地处我国中西部两大经济区域的结合部,是西北地区通往西南、中原、华东和华北的门户和交通枢纽,这种地理位置上的优势为西安市物流业的发展提供了便利的条件。利用这些有利条件,加快促进物流园区、中转枢纽等物流设施的建设,将会极大地提高物流效率。

## 第四节 进一步提升西安市物流效率的对策建议

本章首先采用 DEA 模型,对西安市 2000—2011 年的物流效率进行了评价。评价结果发现西安市物流业总体效率较高,但纯技术效率较低,整体规模报酬处于递增,这说明西安市在扩大物流业的规模时,要同时注重效益和质量,合理配置资源,以期达到投入—产出的平衡状态。本章又采用 Tobit 模型对西安市 2000—2011 年的物流效率与其影响因素间的相关性进行了分析。分析过程中我们发现对西安市物流效率影响较大的因素依次是区位优势、物流资源利用率、市场化程度、经济发展水平和专业人才。针对以上实证结果,我们提出了一些政策建议,以期进一步提高西安市的物流效率。

### 一、充分利用西安市的区位优势,大力推进物流业的发展

1.利用区位优势,继续推进西安市物流规划,并进一步抓好一批重要物流园区和物流中心、配送中心的建设。目前西安市正在建设和完善的物流园区主要有两个:一是国际港务区。这是目前西安市最大的综合性物流园区,具有八大功能(如物流配送、货物周转、商品检验等),可为西安市、陕西省乃至整个西部地区的物流发展提供全方位的服务;另一个是西安咸阳空港物流园区,这个园区借助咸阳国际机场,将西安市和咸阳市的物流业紧密联系在一起,从地域上扩大了园区的范围。同时政府也应

继续加快物流中心、配送中心的建设,形成以西安物流园区为中心,向四面八方扩展的物流服务格局,这样可以极大地降低成本,提高效率。

2. 充分发挥西安市重要交通枢纽的功能,进一步加强交通运输基础设施建设。由于西安市是一个内陆城市,所以目前其主要交通运输方式为铁路、公路和航空,这三种运输方式的基础设施便构成了西安市的整体交通基础。为了适应西安市物流业的发展,政府应不断改善各项交通基础设施,加快交通运输线路的升级。在公路方面,政府要加快高速公路、一级公路的建设,同时合理规划运输线路的分布;在铁路方面,政府应加快铁路网络建设,合理调控好公路主干网路与铁路网络的平行发展,提高运输和周转效率;在航空方面,作为国内六大区域性机场枢纽之一,西咸空港物流园区应加强货运管理,完善航空网络,使航空网络与公路和铁路运输协调合作,提高物流效率。

3. 提升物流企业的档次和规模。西安市缺少大型的物流企业,由于资金规模和企业制度等方面的约束,很多小的物流企业在没有先进的物流设备、专业的物流人才和优良的企业制度下运作,导致资源在物流投入时造成了浪费。因此,这些企业除了需要加大固定资产(如建设厂房、购买设备等)的投入来扩大经营规模外,还需要通过建立现代企业制度、引进高级管理人才提升经营档次和水平。

4. 利用在制造业上的优势,积极发展物流装备制造业。物流装备制造业是将传统的装备制造业运用在物流过程中所演变而来的,其特点是为物流生产中提供各种劳动手段和技术的支持。由于物流业包含了运输、包装、配送、搬运、装卸、加工等行业,所以衍生的物流装备制造业也包含了与物流业各个环节相匹配的行业,如输送设备行业、装卸行业等。这个行业的产生将有助于物流业务的分离,并引导物流管理模式不断创新,促进物流业的升级和完善。但是目前我国物流装备制造业发展还不是很完善,与国外相比还有一定的差距,所以我们可以借鉴外国的经验,并利用西安市在制造业上的优势,来推动和促进物流装备制造业的发展,解决生产力所需要的劳动要素的问题。

## 二、以提升纯技术效率为重点,不断提高物流资源利用率

1. 充分利用新技术,尤其是信息技术发展物流业,实现物流业的互联网+。物流企业应提高各自的物流技术,因为先进的物流技术、信息技术对提高物流效率有着非常重要的推动作用,也是企业提高自身竞争力的捷径。采用 GPS 系统、条码识别系统和 RFID(射频识别)等先进物流技术方法,提高信息传输的速度和准确性,避免造成资源的浪费。另外,政府还应加强物流信息化的建设,实现信息共享和交流,尤其是电子商务在物流中的应用,这样一个标准统一的物流信息化平台对物流企业是非常必要的,也能促进物流企业由传统物流到现代物流的转变。

2. 综合兼顾,协调发展。在西安市物流业的发展过程中,政府一定要防止盲目地加大基础设施的投入,必须适当地调整投入结构以适应整体经济的发展。因为物流业是一个复合型产业,其产业内部以及与别的产业都存在交叉的现象,因此西安市在调整、改善物流基础设施时,可以采取一种适应性的策略。它包括以下两层含义:(1)物流业的发展与经济发展水平是相互影响的关系,因此在调整、完善基础设施时应考虑到西安市整体经济发展的需要,以促进西安市经济发展水平和物流业的共同向前发展;(2)各个产业的发展都有其自身的特点和发展规律,物流业也不例外,所以基础设施的发展也必须符合这样的规律。西安市物流产业基础设施要实行适应性发展战略,就需要加大对物流基础产业中的某些行业与城市物流基础设施的投资力度,加大投资可以通过政府投资或引入外资等方式实现。但是在加大投资的同时,也要避免不必要的浪费。

3. 积极发展第三方物流。近年来第三方物流的不断发展也是促进物流业发展和物流效率提高的重要因素。第三方物流企业是独立于物流供应方和需求方之外而存在的企业,由于它们具有专业化的设备、物流人才

和管理体制,被喻为"专业的物流服务提供者"。与传统物流企业相比,第三方物流企业具有个性化服务、专业化运作、信息技术化、满足顾客需要等优点,所以随着物流业的不断发展和改革,第三方物流企业对于节省物流运作时间、降低物流中间成本、加速物流运转速度和提高物流服务质量等发挥着越来越重要的作用。

### 三、坚定不移地深化各项改革,推进西安市的市场化进程

目前西安市的物流管理体制比较滞后,需要进行以下的改革:

1. 深化物流管理体制改革和创新。着眼于解决西安物流产业发展中存在的条块分割、多头管理的问题,政府必须理顺现代物流管理体制,加强现代物流协调的制度建设,加快交通运输管理体制创新,构建富有竞争力的现代综合物流运输体系,加大对各种运输方式发展的投入和支持力度,尽快建成覆盖地区经济且高效、便捷、多种运输方式齐头并进共同发展的运输格局。同时,政府也要对西安市物流企业进行严格、统一的管理,按照国际物流标准化的要求,从物流用语、技术标准、物流作业标准、服务标准等方面来完善西安市物流业的标准化管理。

2. 加强政府引导和协调服务。加强政府部门的引导,规范各个行业标准,抵制地方保护,为物流业的发展创造一个良好、公平的环境;促进物流企业之间或者物流业与其他行业之间相互协调、相互合作和共同发展,借此刺激市场的活跃度;一些物流园区可以对一些新的物流企业给予技术和资金上的支持,以便吸引更多的物流企业进入到园区和物流中心,促进园区的全面发展。

3. 加强政府对物流业的政策扶持。现代物流的发展离不开政府政策的支持,政府应制定一些比较实惠的政策,如(1)减少一些税收,减少一些公路上的收费,以避免天价路费导致物价上升的现象。(2)对购买建筑用地的物流企业可以实行优惠政策,如减免一些费用或者给予一些补偿,尤其是在建设物流园区需要用地时,这样可以极大地为物流业发展节

省资金成本;(3)继续扶持物流业的发展,在政策上给与一些支持,中国的物流业还处于初期发展中,还需要政府的进一步扶持。

4. 创建公开竞争、公平有序的市场环境。一方面,政府可以参考其他城市的成熟经验,建立物流市场准入机制,并结合西安实际情况制定出相应的规则、标准来严格物流市场准入,减少和杜绝违法经营的现象。另一方面,整顿和规范市场秩序,营造良好的物流市场环境。具体可以仿照银行的信用体系来设置一个适用于各个物流企业的信用评价体系,以此来减少物流企业中的失信行为。这些措施不仅节约了基础设施建设的资金,而且可以促进各个物流企业之间或者物流业与其他行业之间的相互协调与合作,提高市场的活跃度,加快整个区域物流业的发展速度。

## 四、积极推进新型城镇化进程,提升经济发展水平

新型城镇化进程是拉动我国内需,促进各区域经济持续快速增长和发展的有效途径。而要提升西安及周边地区的新型城镇化水平,政府必须构建以西安市为核心的等级结构合理的关中—天水城市群。在城市群发展模式下,城市与城市、地区与地区之间的合作与交流也因为便捷的交通条件和良好的基础设施而变得更容易方便,这也为打造跨国企业提供了保证。在这种模式下,良好的交通条件给城市之间搭起了一座座"桥梁",通过这些"桥梁",各城市的企业实现交流合作,文化实现交流融合,并且西安市作为核心城市,其经济的发展也必然会带动周边城市经济的共同发展。

## 五、提高物流专业人才的培养质量

现代物流产业的发展关键取决于物流专业人才的素质。西安市目前是全国高等院校分布密度较大的几个城市之一,拥有丰富的教育资源,并且也有部分学校开设了物流专业,但是物流专业人才仍然短缺。为此,一方面,西安市应该在更多高校开设物流本科专业,并对已开设物流本科专

业的高校加强学科建设,条件成熟的学校还应设置物流专业的研究生教育来鼓励更多的人进行深造。另一方面,高校应加强与物流企业的交流合作,争取在物流企业内建立高校学生实习基地,让更多学生得到实践的机会,努力把课堂上学到的专业知识应用到实践中。除此之外,对已经从事物流业的工作人员还应该进行在职培训,并使其通过不同等级的考试获取相应的证书,获得证书者企业安排其从事更高层次的物流业相关工作,并获得相应的报酬,这对从业人员努力提高专业水平也是一种激励。

**注释:**

[1]西安现代物流产业发展规划:西安人民政府网。

[2]冯耕中:《现代物流与供应链管理》,西安交通大学出版社,2003年,第46页。

[3]胡燕灵:《电子商务物流管理》,清华大学出版社,2009年,第2页。

[4]齐二石,刘亮:《物流与供应链管理》,电子工业出版社,2007年。

[5]百度百科.[EB/OL].http://baike.baidu.com/view/1490545.htm

[6]刘治学:《现代物流手册》,中国物资出版社,2001年,第37—38页。

[7]张永强:《物流管理概论》,电子工业出版社,2007年,第3页。

[8]空间价值也就是一种"场所效应",这种场所效应是指:同一种物由于空间场所不同,其使用价值的实现程度也不同,其效益亦不同,由于改变场所而更好地发挥物的使用价值,最大限度地提高了投入产出比。

[9]卢国志,董兴林,杨磊:《新编电子商务与物流》,北京大学出版社,2005年,第34页。

[10]宋华:《现代物流与供应链管理》,经济管理出版社,2000年,第214页。

[11]王斌义:《现代物流实务》,对外经济贸易大学出版社,2003年,第137页。

[12]夏春玉:《现代物流管理》,首都经济贸易大学出版社,2004年,第152-153页。

[13]余泳泽,武鹏:《我国物流产业效率及其影响因素的实证研究》,《产业经济研究》,2010年,第1期,第65—71页。

[14]根据2003—2010年的数据计算,全国交通运输业、仓储业和邮政业增加值占物流业增加值的85%以上。

[15]夏征农:《辞海》,上海辞书出版社,1999年。

[16]约翰·伊特维尔:《新帕尔格雷夫经济学大辞典(二)》,经济科学出版社,1992年。

[17]高鸿业:《西方经济学》,中国人民大学出版社,2004年,第329—330页。

[18]萨缪尔森:《经济学》,中国发展出版社,1992年。

[19]樊纲等:《公有制宏观经济理论人纲》,上海人民出版社,1995年。

[20]王瑞:《陕西省物流发展现状及对策研究》,西安理工大学,2006年博士论文。

[21]黄乐恒:《物流成本及物流成本管理》,《物流技术与应用》,1998年,第3卷,第2期。

[22]左元斌:《现代物流企业绩效评价的方法研究》,《管理纵横》,2003年,第14期,第46—48页。

[23]田宇:《物流效率评价方法研究》,《物流科技》,2000年,第2期,第15-19页。

[24]魏权龄:《评价相对有效性的DEA方法——运筹学的新领域》,中国人民出版社,1988年,第2—3页。

[25]马占新:《数据包络分析模型与方法》,科学出版社,2010年,第21页。

[26]货运量是指在一定时期内,各种运输工具实际运送的货物数量。货运周转量是指在一定时期内,由各种运输工具运送的货物数量与其相应运输距离的乘积之综合。

[27]黄勇,徐景昊:《我国中部6省社会物流效率的分析与评价》,《现代物流》,2009年,第31卷第11期,第78—81页。

[28]Greene W H. On the asymptotic bias of the ordinary least squares estimator of the tobit model[J]. Econometrica,1981,(49):505-51.

[29]Tobin, J. Estimation of relationships for limited dependent variables. Econometrica, 1958,26(1):24-36.

[30]四个观测指标分别是:GDP增长率、失业率、通货膨胀率和国际收支。

## 第一章　打造丝绸之路经济带上的现代物流中心

[31]主成分分析也称主分量分析,旨在利用降维的思想,把多指标转化为少数几个综合指标。

[32]陈振华:《衡量市场化进程的指标体系的分析》,《武汉理工大学学报》(信息与管理工程版),2003年,第25卷第3期,第165—167页。

[33]鄢杰:《我国市场化进程测度指标体系构建》,《统计与决策》,2007年,第23期,第69-71页。

[34]樊纲,王小鲁:《中国市场化指数——中国各地区市场化相对进程报告》,经济科学出版社,2006年。

[35]本文利用西安市物流业产值在其总产值中所占的比重与全国物流业产值在全国总产值中所占比重的比率来计算区位熵。

[36]毛加强,王陪珈:《基于区位商方法的陕西产业集群识别与检验》,《兰州大学学报》(社会科学版),2007年,第35卷第6期,第134—137页。

# 第二章 打造丝绸之路经济带上的科教文化与经济一体化中心

## ——陕西科教文化与经济协调发展研究

陕西省,尤其是关中地区,具有很强的科技和教育优势,应该让这种优势成为陕西实现"创新驱动"发展的引擎和翅膀。同时,陕西是中华文明积淀最为深厚的地区,拥有灿烂的人文、历史和文化资源,这些资源应该被合理开发出来并发展成独具特色的文化产业,以此来打造陕西文化软实力,为陕西的现代化进程助力添彩,而不是成为历史的包袱。

## 第一节 陕西科教与经济协调发展研究

陕西高校、科研机构云集,科教优势突出。因此,如何实现科教与当地经济的协调发展,是陕西实现"跨越式反超发展"的关键。因此,研究陕西科教与经济如何协调发展的问题具有重大的理论和现实意义。

### 一、陕西实现科教与经济协调发展的紧迫性

自20世纪80年代末90年代初以来,知识经济初见端倪。在知识经济时代,人力资本和科学技术成为经济增长和发展的主导因素。不同国家或地区经济增长和发展水平的差异,并不是由于自然资源禀赋、物质资本的差异引起的,而是由各自的人力资本积累水平和科技进步速率不同

## 第二章　打造丝绸之路经济带上的科教文化与经济一体化中心

导致的,因此,科教兴国或新区已成为发展战略的时代潮流。也就是说,一个国家乃至地区要摆脱贫穷落后的面貌,赶上知识经济时代的步伐,必须加强教育培训等人力资本投资,提高人力资本存量和人口整体素质,并由此推动技术进步速率。人力资本投资不仅是吸收和利用发达国家的知识、技术和经验的前提条件,也是进行自主创新的前提。

我国在1995年5月6日颁布的《中共中央国务院关于加速科学技术进步的决定》,首次提出在全国实施科教兴国的战略。时任国家主席江泽民在大会上指出:"科教兴国,是指全面落实科学技术是第一生产力的思想,坚持教育为本,把科技和教育摆在经济、社会发展的重要位置,增强国家的科技实力及实现生产力转化的能力,提高全民族的科技文化素质。"同年,中国共产党第十四届五中全会在关于国民经济和社会发展"九五"计划和2010年远景目标的建设中把实施科教兴国战略列为今后15年直至21世纪加速我国社会主义现代化建设的重要方针之一。

就陕西省来说,1995年8月27日,时任省长程安东在陕西省高等学校会议上的讲话中提出"科教兴省"战略,他说,陕西地处内陆腹地,要把经济搞上去,出路在哪里? 出路就是要依靠科技进步和提高劳动者素质,必须在经济发展的指导思想上来一个根本性的转变,从以外延发展为主转向以内涵发展为主。要实现这个根本转变,必须实施科教兴省战略。发挥陕西高校的优势,加速培养优秀人才,加速科学技术向现实生产力转化。一个落后地区,只要依靠和充分发挥教育的优势和科技的力量,就有可能迅速发展成为一个先进地区。[1]这说明,发挥科教优势,建设经济强省,早已成为陕西人的共识。陕西是一个科教大省,有着明显的科教优势。全省拥有各类科研机构1061家,各类专业技术人员110万人,两院"院士"59人,国家级高新区4个,国家工程技术研究中心7个,国家测绘局共有5个测绘大队,其中3个在陕西西安,中国最大的高科技农科城在陕西杨凌。同时,陕西拥有高等院校88所,民办高等教育实体55个,各类高等教育在校生过百万人。[2]大学和科研机构的高密集优势成为陕西经济腾飞的强大动力和保证。

大学和科研机构的高密集优势本来可以成为陕西经济腾飞的强大动力和保证,但是时至今日,陕西的科教优势并没有得到很好的发挥和利用,科教与经济"两张皮"现象仍很严重,科教强省和经济上的弱省的"悖论"仍然没有得到很好的解决,其根本原因就是没有很好地实现科教与经济的紧密结合。当前,在我国经济继续靠劳动力、土地等要素驱动乏力,人口红利释放将尽以及整体面临跨越"中等收入陷阱"大考的背景下,党的十八届五中全会确立了"创新、协调、绿色、开放、共享"的发展理念,全国和陕西省的"十三五"发展规划都把"创新驱动发展"作为新常态下保持国民经济中高速增长的新动力。最近以习近平总书记为核心的党中央又提出了"供给侧结构性改革"新思路,在此背景下,陕西如何破解上述"两张皮"的"悖论",实现科教与经济的协调发展,应该是陕西今后实现"跨越式反超发展"必须解决的首要问题和紧迫任务。

## 二、陕西科教与经济协调发展的理论基础

### (一)科教与经济协调发展的内涵界定

科技,即科学技术的简称。"科学"一词的英文是 science,它源于拉丁语 scientia,意思是学问、知识;"技术"一词的英文是 technology,它源于希腊文,是指经过时间获得的经验、技能和技艺。根据辞典上的解释,科学是关于自然界、社会和思维发展规律的知识体系,技术是指人们进行生产活动或其他活动的专长、手段、技能和设备。[3]

教育是培养人的一种社会活动,它的社会职能主要是传递生产经验和社会生活经验,促进新生一代的成长。决定和影响教育的主要因素,从宏观上看,有社会生产力的发展水平、国家政治经济制度的性质、社会意识形态的特点等。此外,地理环境、人口状况、家庭、宗教、民族性格特征、地方风俗习惯等因素也对教育有影响。[4]

经济发展是指随着产出的增长而出现的经济、社会和政治结构的变

## 第二章 打造丝绸之路经济带上的科教文化与经济一体化中心

化以及社会生产和生活质量的提高。结构的变化包括投入结构、产出结构、产业比重、分配状况、消费模式、社会福利、文教卫生、群众参与等变化。可以说,经济发展是以经济增长为基础的经济社会的全面进步。

科教与经济的协调发展是指科教发展以经济发展为基础和目的,并为经济发展服务,经济发展以科教发展为依靠和动力,并对科教发展不断提出新的要求,两者相辅相成。其内涵主要包括:(1)科技、教育、经济三者之间相互协调发展。一定的科技水平反映一定的教育质量;教育的手段、内容、结构与比例都反映并适应科技和经济的要求;科技革命、教育革命与生产力的变革相互依存,社会经济才得以相应发展;发达的科技教育水平带来经济的高速发展与社会的繁荣昌盛;经济的发展促进科技的进步与教育的发展。(2)形态、规模、结构、产出等方面的协调。一定的经济体制对应一定的教育体制和科技体制;一定的经济形态对应一定的教育、科技形态;一定的社会经济规模对应一定的科技、教育规模;一定的经济发展阶段对应一定的科技、教育发展阶段;一定的经济发展水平对应一定的科技、教育投入的量与规模;科技、教育、经济的产出应当适应科技、教育、经济的发展与需要等。

**(二)基于内生增长理论的科教与经济协调发展的机理分析**

1.内生增长理论的基本内容

20世纪80年代中期,以美国经济学家罗默、卢卡斯为代表的一批经济学家,在对新古典增长模型重新思考的基础之上,提出了长期增长的可能前景,使得经济增长理论的发展在停滞20多年之后又重新引起人们的兴趣。内生经济增长理论又被称为新增长理论,是指不依赖经济外部的力量(如外生的技术进步、外资等)的推动,主要由经济的内在力量(如内生的技术变化、资本积累等)推动的长期经济增长。内生增长理论虽然被称为一个理论,但它其实是一些持相同或类似观点的经济学家提出的诸多增长模型组成的松散集合体,构成内生增长理论的各种模型之间既存在明显的差别,同时又包含一些有别于其他增长理论并体现内生增长理论特色的基本思想。[5]

内生增长理论的基本观点包括:

(1)技术进步内生化。不同于新古典增长理论把技术看成是外生的,是某种随机的、偶然的东西,内生增长理论认为,知识或技术进步如同资本和劳动一样是一种生产要素,并且是"内生"的,是由谋求利润最大化的厂商的知识积累推动的。因此,尽管某些特定的技术突破或知识的出现或许是随机出现的,但技术进步或知识的全面增加与人们为其贡献的资源成正比例。如罗默(1990)强调,决定经济增长的技术进步是经济系统的内生变量,是经济主体利润极大化的投资决策行为的产物,由专门生产思想的研究部门生产,并且知识既不是传统的私人经济品,也不是一般的公共品,而是介于两者之间的、具有非竞争性和部分排他性的产品。这种新知识以两种方式进入生产:一方面技术会用于中间产品,并进而通过中间产品数量和种类的增长提高最终产品的产出;另一方面技术变化会增加总的知识量,通过外溢效应提高研究部门的人力资本生产率,进而实现经济的长期增长。[6]

(2)规模收益递增。内生增长理论将知识、人力资本等因素引入增长模型中,强调特殊的知识和专业化的人力资本可以产生递增的收益并使整个经济的规模收益递增。这就突破了传统增长理论关于要素收益递减或不变的假定,说明了经济持续增长的源泉与动力。罗默(1986)认为,知识的非竞争性决定了一个人对知识的运用并不妨碍其他人对这种知识的运用,而且这种运用的成本相对较低,即知识具有外溢效应,这种知识的外溢效应和知识产生的递增生产力不仅使知识自身形成递增收益,而且使物质资本、劳动等其他要素也具有递增收益,从而会导致无约束的长期经济增长。[7]卢卡斯(1988)认为,人力资本的外部效应——社会劳动力的平均人力资本水平——具有核心作用,并且这些效应会从一个人扩散到另一个人,因而会对所有生产要素的生产率都有贡献,从而使生产呈现规模递增收益,而正是这种源于人力资本外部效应的递增收益

## 第二章　打造丝绸之路经济带上的科教文化与经济一体化中心

使人力资本成为"增长的发动机"。[8]

（3）一国经济增长主要取决于知识积累、技术进步和人力资本水平。内生增长理论认为，资本、土地、劳动等要素受收益递减规律的制约，不可能决定长期经济增长，但知识或技术进步则不同，它决定着不断变化的各种投入要素的组合方式。随着知识的积累和技术的不断进步，即使同样的投入要素也可以以丰富多样的形式加以组合，由此带来边际生产力递增的无限空间。因此，一个国家的经济增长主要取决于知识积累和专业化人力资本水平。同时，由于知识和人力资本具有外溢效应，投资与资本收益率可以是知识存量和资本存量的递增函数，一国既有的知识存量越大，则其投资与资本收益率越高，经济增长率也就越大。这不仅表明了经济长期增长的可能性，而且也表明了既有的知识存量的差异决定了各国投资与资本收益率的差异，进而决定了各国长期经济增长率的不同。

（4）国际贸易和知识的国际流动是一国经济实现持续增长的重要途径。内生增长理论认为，对外开放和参与国际贸易可以产生一种"外溢效应"，即国与国之间开展对外贸易不仅可以增加世界贸易总量，而且可以加速先进技术、知识和人力资本在全球范围内的传递，使知识和专业化人力资本能够在贸易伙伴国内迅速积累，从而提高贸易国的总产出水平和经济增长率。同时，由于知识传播与人力资本的外部效应，国与国之间开展贸易可以节约一部分 R&D 费用，节约的费用间接地增加本国国内的资本积累，从而使各国经济得以更快地发展。就发展中国家而言，通过参与国际贸易可以学习和吸收发达国家的先进技术，加快自身知识、技术和人力资本积累，进而可以形成一种"赶超效应"。

2. 内生增长理论揭示的科教与经济一体化协调发展的内在机理

内生增长理论的基本模型把整个社会的经济划分为三个部门，即研究部门、中间产品部门和最终产品部门，并说明了经济活动在这三个部门间的关系[9]，因而构建了一个产学研高度一体化的科教与经济协调发展的内在机制。其基本机理是：

(1)研究部门(包括大学和科研机构)通过投入人力资本产出新知识、新技术。其人力资本投入与技术知识产出的关系模型为:$\triangle T = tHT$。该模型说明,新的技术知识的生产取决于投入的人力资本和所拥有的技术知识存量($\triangle T$ 为技术知识的进展,$HT$ 为在研究部门中投入的竞争性人力资本数量,$T$ 表示技术知识存量,$t$ 表示生产率参数)。

(2)研究部门人力资本投入和技术知识生产的收益是递增的。传统的生产随要素——资本和劳动的投入,生产率首先是提高,然后随着投入量的增加而下降(递减),而这种规律在人力资本投入和技术知识生产中并不存在。相反,这个要素的投入是收益递增的。因为新产品的开发设计更多地是建立在以往产品开发的经验基础上,即收益递增是由内生的知识累计引起的。

(3)研究部门人力资本投入和技术知识生产的收益递增还会引起产业部门(包括中间产品部门和最终产品部门)收益的递增。因为对于研究部门而言,技术知识具有积极的外部效应;对于中间产品部门而言,新知识引起分工深化。这两个效应都造成最终产品生产的规模收益递增。

(4)内生增长理论揭示了内生的技术进步和人力资本积累是经济增长的主要原因,而技术进步和人力资本积累来自对科技和教育的投入。科技和教育对经济增长的贡献主要表现在两个方面:一是通过教育提升劳动者科学文化和工作技能等方面的素质,培养高素质和高效率的科研人才;二是通过科学研究推动新产品研发、产业升级和经济增长。教育是经济增长的基础,科技进步是经济增长的关键,经济增长与科技进步和教育发展的融合,是经济增长方式创新和经济高效增长的前提。

可见,产学研一体化是研究部门、中间产品部门和最终产品部门之间结合的有效方式,也就是科教与经济协调发展的机制。产学研一体化把学校、科研机构和产业部门三者紧密结合起来,学校通过正规教育为科研机构和产业部门提供高素质的人才保障,学校实验室和科研机构为产业部门提供科研成果和先进技术,为新产品开发和产业结构升级提供科技支持和保障;产业部门对学校实验室和科研机构的科技成果迅速地进行转化,使科技成果为现实生产力服务。

(三)科教与经济协调发展关系机理的进一步分析

教育是基础,科技为动力,科技、教育的良性发展有力地推动经济发展,反过来,经济的发展为科技、教育提供经济保障和物质基础,进而促进科技进步、教育发展,三者相互影响,相互作用。只有科技、教育、经济三者之间形成了良好的互动,才能实现三者的协调发展。

1. 教育与经济协调发展关系机理

教育作为一种社会现象,从它产生一开始就不可避免地与人类物质资料的生产活动紧密联系在一起,与人们的经济活动不可分割。教育与经济的关系主要表现在:

(1)教育具有生产性,它通过再生产劳动力和生产、再生产科学技术而推动经济的发展。21世纪是知识经济的时代,知识和技术是经济增长的关键因素。在知识经济时代,人类生产方式在从"资本积累"向"知识积累和创新"转移的过程中,教育将毫无疑问地具有明显的经济活动性质。"知识产业"成为新的经济增长点和支撑点。一个国家的经济越是走向现代化,科技水平和劳动力素质作用的价值就越大,教育和教育产业对整个经济的作用力就越不可忽视。谁能抢占教育的制高点,就能实现人力资本的知识化、智能化,谁就有可能始终处于不败之地。虽然教育不具备通常意义上的"生产性",但知识经济时代是以人为中心的经济时代,在这种形态下,教育是知识继承、传递、创新的主要途径,这就决定了教育不仅仅是一种消费性投资,更是一种生产性投资,它源源不断地生产创造知识、传递知识和运用知识,这使它具有甚至比其他产业更高效率的"生产性"特征。[10]

(2)经济是教育发展的一个极为重要的要素,经济的发展为教育提供物质基础保障,同时又对教育提出了越来越高的要求。经济对教育起决定作用,经济发展的水平制约着教育发展的规模和速度,制约着教育结构和教育体制的变化,制约着教育的内容和手段。有什么样的经济体制,就会有什么样的教育体制。我国现在是市场经济体制,市场经济体制必然要求教育体制与之相适应,也就是说我国的现代教育不可避免地会面向市场需求培养人才。但是,市场经济最关注的是生产效率,以及投入与产出的比例,因此,它经常又是短视的,很容易忽视社会的长远利益。如果在教育活动中,只按照市场经济的逻辑安排教育实践,最终一定会危害到教育的发展以及社会的稳定与发展。

总之,与经济活动的关系密切是现代教育的重要特征,政府的政策也应当有助于发挥教育服务于经济发展和增强国家竞争力的作用。

2.科技与经济的协调发展关系机理

科技是社会进步的推动力,是经济发展的源泉,但必须看到,科技与经济的关系不是单向的,而是相互联系、相互作用、相互影响的。从某种意义上讲,在科技与经济这一对矛盾中,后者又是主要的[11]。在一定的社会制度范围内,经济制度的性质和经济发展水平常常是决定科技发展方向、规模与效率的主要原因和前提条件。科技的产生与发展依赖于一定的经济制度与经济发展水平的支撑。没有这些支撑,科技也同人类其他社会活动一样,根本就无法展开,更谈不上提高。经济发展的需要是科技进步的动因和起点。发展科技的目的是为人类社会创造更多的财富,其最终目标是要发展生产、改善生活和美化环境。因此,经济发展中遇到的各种问题也构成了科技发展的目标与任务。可以说,发展经济既是科技进步的基础条件,也是它的动因和归宿。

科技是经济发展的关键要素。当今世界,科技飞速发展,科技进步给人类生产、生活方式带来了深刻变革。科技实力成为一个国家的国际地位高低和在国际竞争中成败的决定性因素。从长期看,科技影响经济的方式主要是用新的、更有效的方式提高企业生产的投入产出比,即通过技术创新来影响经济发展的模式和空间;从中短期看,科技进步与创新则通过对需求、产业结构的影响来推动经济发展。科技促进经济增长是通过

## 第二章 打造丝绸之路经济带上的科教文化与经济一体化中心

科技进步实现的:一是通过科技进步提高劳动者素质,劳动者通过科技教育和培训尽快掌握先进的科技知识和技能,提高技术熟练程度;二是通过科技进步,企业改革生产工艺,保证产品质量,提高劳动生产率,降低成本;三是通过科技进步提高装备的技术水平;四是通过科技进步提高经营管理水平。科技进步促进经济增长的结果体现为:产业结构优化与升级;劳动生产率提高;工业经济效益提高,工业经济发展;农业经济发展;能源消耗降低;生活质量和环境质量提高等方面。

3.教育与科技协调发展关系机理

教育和科技作为人类文明的重要组成部分,是推动人类社会不断进步和发展的核心力量。在人类社会不断前进的历程中,教育和科技也获得进步和发展。这种进步和发展包含了教育和科技两者的相互影响、相互促进、相互融合的内容及过程。一方面,科技的发展决定于教育,自然也决定了社会及个人对教育的广泛需求。因为生产科学化首先要求劳动科学化,要求劳动者掌握科技。科技进步的关键在于教育,还表现在教育的发展状况决定着科技队伍的质量、数量和结构,决定着这支队伍的知识更新能力和后备力量的培养。教育发达的地方,科技也发达。随着高新技术的发展,世界上很多国家专门从事高新技术开发的科学园区都以大学为中心不断兴起。

另一方面,科技又推进着社会教育的发展。一是科技本身就是教育的基本内容。教育是传递知识和技能的文化活动,通过教育使上一代的传统文化在下一代人身上得以创造和再生。近现代科技的发展,促进了大学、职业学校、技术学校的扩大,并使学校的教育内容发生了巨大变化。二是科技又为社会教育提供了基本手段,而且随着社会生产能力的发展和科技的进步,社会教育的手段也在不断地更新,并逐步形成了一套教育技术体系。无线电广播、电视、录像、幻灯机等和卫星通讯形成的电化教育系统在教育领域中的应用,使教育打破了空间的局限性;电子计算机和微电子技术在教学中的应用,使科学知识储备的容量大大增加,使教育突破了时间的限制。三是科技促进教育结构的发展与教育形式的扩展。现代科技在教育实践中的广泛应用所产生的社会效益使教育结构和形式朝着多元化方向发展。四是科技为国内外技术交流创造了有利条件。一个国家、一个学校技术水平的高低是其教育水平高低的标志。提高学术水平,进行学术交流是提高教育水平的重要途径,而现代科技为开展国内外学术交流提供了便利条件。

通过以上分析,我们可以得出结论:科技、教育、经济三者之间的良性互动关系揭示了产学研一体化的必要性和必然性。现代科教的发展要求面向和服务于经济发展;科技是第一生产力,人力资本是经济发展的主导因素,现代经济发展迫切需要依靠科技和教育;产学研一体化可以增加科技部门和教育部门的产出,提高企业的整体素质,提升科技成果的转化能力,促进经济发展。因此,构建产学研一体化的互动机制是实现科教与经济协调发展的关键。

## 三、陕西科教与经济协调发展的实证分析

### (一)陕西科教与经济协调发展现状描述

内生增长理论强调技术进步在经济增长中起决定作用,即现代经济增长越来越多地依靠技术进步。据经济学家的研究,劳动和资本的投入在经济增长中所起的作用占整个增长的34%,而剩下的66%则来自于技术进步。可见,科技在经济增长中的贡献占2/3以上,大大超过了资本和劳动的贡献,成为经济增长的第一推动力。

就陕西来看,据统计,陕西现有科研院所1076个,拥有上千个大、中、小型实验室,146个国家级和省级重点实验室及工程技术研究中心,66家普通高校和军事院校,108万名科技人员。2010—2014年,全省共登记重大科技成果10628项,获国家自然科学奖、技术发明奖、科技进步奖145

## 第二章 打造丝绸之路经济带上的科教文化与经济一体化中心

项。科教综合实力位居全国前列,被称为"教育大省""科技大省"。但科技成果转化为生产力的转化率很低,仅为10%左右,教育资源和人力资源没有得到充分利用成为经济发展较慢的最直接的原因之一,陕西经济发展在全国相对滞后。这种现象曾被一些学者概括为"陕西现象"。陕西科教与经济协调发展的概况如表2-1所示。

表2-1 陕西省1990—2014年经济实力和科教实力在全国的排名

| 年份 | 经济实力 | 科学与技术 | 年份 | 经济实力 | 科学与技术 |
| --- | --- | --- | --- | --- | --- |
| 2002 | 25 | 6 | 2003 | 20 | 8 |
| 2001 | 17 | 6 | 2004 | 19 | 8 |
| 2000 | 21 | 6 | 2005 | 19 | 8 |
| 1999 | 20 | 5 | 2006 | 20 | 8 |
| 1998 | 23 | 7 | 2007 | 20 | 10 |
| 1997 | 23 | 6 | 2008 | 18 | 10 |
| 1996 | 26 | 6 | 2009 | 17 | 8 |
| 1995 | 23 | 6 | 2010 | 17 | 8 |
| 1994 | 22 | 6 | 2011 | 17 | 7 |
| 1993 | 26 | 6 | 2012 | 16 | 8 |
| 1992 | 20 | 6 | 2013 | 16 | 8 |
| 1991 | 25 | 7 | 2014 | 16 | 8 |
| 1990 | 25 | 6 | | | |

资料来源:《中国统计年鉴》中国国家统计局

通过表2-1关于陕西省经济实力和科学与技术在全国31个省、市、自治区的排名,我们不难看出,陕西科学与技术实力排在全国前列,基本在第8名左右,而经济实力则排在全国后列。虽然近些年经济实力排名不断提升,但到了2014年也只是排在第16名,还未进入前面的50%内。

可见,陕西的科教优势仍然没有转化为经济优势,科教大省与经济弱省的"陕西现象"仍然严重。

(二)关中科教与经济协调发展的实证分析过程

1. 模型构建和方法选取[12]

为了准确分析科教在经济增长中的作用,我们需要建立相应的经济增长与要素变量之间的关系模型。本文以陕西统计年鉴1991—2014年时间序列数据为依据,利用生产函数原理构建计量分析的研究模型。生产函数模型的一种基本形式是 C - D 生产函数(Cobb - Dauglas production function),它是一种规模报酬不变[13]的生产函数,其数学表达式为:

$$Y = AL^{\alpha}B^{\beta}(0 < \alpha < 1, 0 < \beta < 1, \alpha + \beta = 1)$$

其中,Y 为产出总量,A 为技术因子(综合要素生产率或技术进步率),L 和 B 分别代表劳动力和资本的投入,$\alpha$ 和 $\beta$ 分别为劳动力和资本的产出弹性。以 C - D 生产函数为基础,根据索罗(1957)和卢卡斯(1988)两人的内生增长模型的基本框架,可以构建关中经济增长模型方程为:

$$Y_t = AE_t^{\alpha}K_t^{\beta}H_t^{1-\beta} \tag{1}$$

其中,$E_t$ 为从业人员的平均受教育年限,表示劳动力具有的平均人力资本水平,简称人力资本水平;K 表示物质资本;$H_t$ 表示劳动力生产中的有效劳动投入(人力资本存量),t 为时间。假设每个从业人员的人力资本水平一致,并均以相同的时间提供相同的劳动量,则有 $E_t = H_t/L_t$,$L_t$ 为从业人员总数。该模型不仅充分考虑了人力资本的生产要素功能(内生性),而且充分考虑到人力资本对其他非人力资本要素的积极影响(外溢性),真实地反映了产出总量与要素投入的函数关系,为准确判断关中人力资本在经济增长中的作用提供了可靠的分析模型。

为克服计量模型中可能存在的多重共线性,对方程式(1)两边取对数,则有:

$$LnY_t = LnA + \alpha LnE_t + \beta LnK_t + (1-\beta)LnH_t \qquad (2)$$

假定样本期为1991—2014年,如果估计的回归方程通过显著性检验,通过下式可计算出1991—2014年物质资本、教育所形成的人力资本以及科技投入各要素对经济增长的平均贡献率。

$$\bar{E}_e = \alpha * \frac{\bar{e}}{\bar{y}} \qquad \bar{E}_k = \beta * \frac{\bar{k}}{\bar{y}} \qquad \bar{E}_k = (1-\beta) * \frac{\bar{h}}{\bar{y}} \qquad (3)$$

$$\bar{E}_e + \bar{E}_k + \bar{E}_h + \bar{E}_A = 1 \qquad (4)$$

$E_e$、$E_k$、$E_h$、$E_A$ 分别表示从业人员的平均受教育年限、物质资本、教育所形成的有效劳动投入以及科技进步对经济增长的平均贡献率;$\bar{e}$、$\bar{k}$、$\bar{h}$ 分别表示从业人员的平均受教育年限、物质资本以及教育所形成的有效劳动投入在1991—2014年的年均增长率;$\bar{y}$ 为1991—2014年国内生产总值的年均增长率。

根据线性化得到的方程,利用选取的样本数据,运用 OLS(ordinary least quares)的方法,可以得到参数 $\alpha$、$\beta$ 及常数项 $lnA$。

2. 变量选取和度量[14]

选定研究模型和分析方法后,关键要解决变量的选取和数据度量问题。这些变量指标主要有产出总量、资本投入、人力资本存量和人力资本水平,科研活动等。

(1)产出总量指标

Y 为产出总量,本文将当前的 GDP 以 1990 年为基价通过生产总值指数调整后作为衡量陕西产出总量的指标,见附录 2-1。

(2)资本投入指标

K 为物质资本,本文采用以 1990 年为基价通过固定资产投资指数调整后的实际固定资产投资作为衡量陕西资本投入的指标,见附录 2-2。

(3)人力资本指标

研究人力资本与经济增长的关系时,人力资本指标的选取和度量是一个难题。方法通常包括受教育年限法、劳动者报酬法、学历指数法、技术等级法和教育经费法等[15]。其中,受教育年限法是按照不同劳动力的受教育程度分类,将各级劳动力的平均受教育年限作为权数进行加权求和。用这种方法度量人力资本,不仅简明扼要,数据具有可得性和精确性,而且受教育年限与接受教育或培训的劳动力人力资本投资成正相关,排除了用货币计算人力资本投资时价格因素的影响。本章也将采用受教育年限法来度量陕西人力资本指标。

考虑到陕西人力资本投资的实际情况,并结合统计资料的特殊划分方式,本文将陕西从业人员(各级劳动力)的受教育程度(学历)划分为4类,即小学教育、初中教育、高中教育(包括普通高中教育和各类中等职业教育)和高等教育。计算公式为 $H_t = \sum_{i=1}^{4} L_i h_i$,其中,$H_t$ 为 $t$ 年关中地区人力资本总存量,$L_i$ 为第 $i$ 学历水平的劳动力数量,$h_i$ 为第 $i$ 学历水平的受教育年限(学制)。本章界定 $h_1$、$h_2$、$h_3$、$h_4$ 分别为6、9、12、16年。

整理后的原始数据如表2-2所示。

表2-2 模型相关原始数据

|  | GDP(亿元) | 固定资产投资(亿元) | 小学教育(万人) | 初中教育(万人) | 高中教育(万人) | 普通高等教育(万人) |
| --- | --- | --- | --- | --- | --- | --- |
| 1991 | 436.91 | 109.74 | 363.99 | 104.57 | 43.8 | 17.66 |
| 1992 | 457.92 | 130.7 | 379.08 | 108.83 | 43.09 | 18.66 |
| 1993 | 521.11 | 169.25 | 397.78 | 104.92 | 39.07 | 21.4 |
| 1994 | 593.63 | 189.05 | 425 | 109.05 | 40.08 | 23.03 |
| 1995 | 664.48 | 203.99 | 451.58 | 117.69 | 44.88 | 24.65 |
| 1996 | 702.62 | 219.91 | 474.27 | 128.59 | 47.47 | 26.58 |
| 1997 | 759.53 | 231.56 | 489.93 | 139.12 | 50.41 | 28.76 |
| 1998 | 682.19 | 235.73 | 496.58 | 153.23 | 51.95 | 31.07 |
| 1999 | 675.42 | 238.56 | 492.18 | 169.39 | 57.82 | 32.76 |

## 第二章 打造丝绸之路经济带上的科教文化与经济一体化中心

续表

|  | GDP<br>(亿元) | 固定资产<br>投资(亿元) | 小学教育<br>(万人) | 初中教育<br>(万人) | 高中教育<br>(万人) | 普通高等<br>教育(万人) |
|---|---|---|---|---|---|---|
| 2000 | 692.98 | 247.14 | 480.93 | 187.8 | 64.43 | 42.19 |
| 2001 | 703.42 | 253.58 | 461.57 | 201.65 | 73.85 | 48.68 |
| 2002 | 709.59 | 258.64 | 433.22 | 214.06 | 69.15 | 55.07 |
| 2003 | 728.86 | 262.78 | 401.48 | 221.28 | 81.8 | 87.87 |
| 2004 | 792.24 | 274.35 | 370.97 | 219.23 | 92.9 | 99.7 |
| 2005 | 814.38 | 284.49 | 340.09 | 213.93 | 103.67 | 109.49 |
| 2006 | 888.55 | 291.89 | 325.11 | 211.88 | 111.71 | 120.18 |
| 2007 | 936.81 | 303.57 | 305.53 | 203.76 | 117.66 | 132.76 |
| 2008 | 1077.05 | 332.40 | 286.48 | 194.18 | 120.6 | 120.96 |
| 2009 | 1058.96 | 330.08 | 271.44 | 180.27 | 121.77 | 125.79 |
| 2010 | 1145.02 | 341.96 | 261.04 | 164.32 | 104.58 | 132.98 |
| 2011 | 1242.50 | 362.14 | 253.6 | 149.88 | 121.21 | 134.95 |
| 2012 | 1271.29 | 374.55 | 234.62 | 131.55 | 167.5 | 144.18 |
| 2013 | 1246.98 | 378.98 | 227.33 | 120.19 | 150.5 | 148.55 |
| 2014 | 1240.86 | 383.15 | 226.41 | 111.73 | 135.36 | 151.46 |

资料来源:《陕西统计年鉴》陕西省统计局

通过对原始数据的加工处理,我们得到模型相关变量的数据如表2-3至2-5所示。

表2-3 模型相关变量数据

|  | GDP(亿元)Y | 固定资产投资<br>(亿元)K | 有效劳动投入 H | 平均受<br>教育年限 E |
|---|---|---|---|---|
| 1991 | 436.91 | 109.74 | 3933.23 | 7.42 |
| 1992 | 457.92 | 130.7 | 4069.59 | 7.40 |
| 1993 | 521.11 | 169.25 | 4142.20 | 7.36 |

续表

| | GDP(亿元)Y | 固定资产投资(亿元)K | 有效劳动投入 H | 平均受教育年限 E |
|---|---|---|---|---|
| 1994 | 593.63 | 189.05 | 4380.89 | 7.34 |
| 1995 | 664.48 | 203.99 | 4701.65 | 7.36 |
| 1996 | 702.62 | 219.91 | 4997.85 | 7.38 |
| 1997 | 759.53 | 231.56 | 5256.74 | 7.42 |
| 1998 | 682.19 | 235.73 | 5317.07 | 7.26 |
| 1999 | 675.42 | 238.56 | 5695.59 | 7.57 |
| 2000 | 692.98 | 247.14 | 6023.98 | 7.77 |
| 2001 | 703.42 | 253.58 | 6249.35 | 7.95 |
| 2002 | 709.59 | 258.64 | 6236.78 | 8.08 |
| 2003 | 728.86 | 262.78 | 6697.92 | 8.45 |
| 2004 | 792.24 | 274.35 | 6908.89 | 8.83 |
| 2005 | 814.38 | 284.49 | 6961.79 | 9.07 |
| 2006 | 888.55 | 291.89 | 7120.98 | 9.26 |
| 2007 | 936.81 | 303.57 | 7203.10 | 9.48 |
| 2008 | 1077.05 | 332.40 | 6849.06 | 9.48 |
| 2009 | 1058.96 | 330.08 | 6724.95 | 9.62 |
| 2010 | 1145.02 | 341.96 | 6427.76 | 9.70 |
| 2011 | 1242.50 | 362.14 | 6484.24 | 9.83 |
| 2012 | 1271.29 | 374.55 | 6908.55 | 10.19 |
| 2013 | 3889.10 | 378.98 | 6628.49 | 10.25 |
| 2014 | 4266.30 | 383.15 | 6411.71 | 10.26 |

# 第二章 打造丝绸之路经济带上的科教文化与经济一体化中心

**表2-4 相关变量取对数后的数据**

|      | LnY        | LnK        | LnH       | LnE       |
|------|------------|------------|-----------|-----------|
| 1991 | 6.07972722 | 4.69811393 | 8.2772163 | 2.0043015 |
| 1992 | 6.12669450 | 4.87290462 | 8.3112975 | 2.0019976 |
| 1993 | 6.25596115 | 5.13137691 | 8.3289823 | 1.9954008 |
| 1994 | 6.38625623 | 5.24201153 | 8.3850072 | 1.9928221 |
| 1995 | 6.49900478 | 5.31807097 | 8.4556688 | 1.9960774 |
| 1996 | 6.55481621 | 5.39321837 | 8.5167631 | 1.9992248 |
| 1997 | 6.63269982 | 5.44483902 | 8.5672663 | 2.0045116 |
| 1998 | 6.52530821 | 5.46268708 | 8.5786777 | 1.9817639 |
| 1999 | 6.51533472 | 5.47462085 | 8.6474475 | 2.0245117 |
| 2000 | 6.54100114 | 5.50995498 | 8.7035034 | 2.0501889 |
| 2001 | 6.55595415 | 5.53567936 | 8.7402327 | 2.0735941 |
| 2002 | 6.56468734 | 5.55543713 | 8.7382193 | 2.0898826 |
| 2003 | 6.59148167 | 5.57131718 | 8.8095523 | 2.1344481 |
| 2004 | 6.67486438 | 5.61440466 | 8.8405643 | 2.1776870 |
| 2005 | 6.70242709 | 5.65069810 | 8.8481919 | 2.2054704 |
| 2006 | 6.78959092 | 5.67637702 | 8.8708006 | 2.2258657 |
| 2007 | 6.84248049 | 5.71561223 | 8.8822668 | 2.2493300 |
| 2008 | 6.98198110 | 5.80633906 | 8.8318667 | 2.2495369 |
| 2009 | 6.96504257 | 5.79933505 | 8.8135798 | 2.2635428 |
| 2010 | 7.04317738 | 5.83469377 | 8.7683814 | 2.2717271 |
| 2011 | 7.12488076 | 5.89203088 | 8.7771299 | 2.2854357 |
| 2012 | 7.14778741 | 5.92572531 | 8.8405151 | 2.3215890 |
| 2013 | 7.12847991 | 5.93748343 | 8.7991323 | 2.3274508 |
| 2014 | 7.12355997 | 5.94842656 | 8.7658813 | 2.3281936 |

表 2-5 各项指标的年增长率

| | GDP 年增长率 y（%） | 固定资产投资年增率 k（%） | 有效劳动投入年增长率 h（%） | 平均受教育年限年增长率 e（%） |
|---|---|---|---|---|
| 1991 | - | - | - | - |
| 1992 | 4.81 | 19.1 | 3.47 | -0.23 |
| 1993 | 13.8 | 29.5 | 1.78 | -0.66 |
| 1994 | 13.92 | 11.7 | 5.76 | -0.26 |
| 1995 | 11.94 | 7.9 | 7.32 | 0.33 |
| 1996 | 5.74 | 6.7 | 6.3 | 0.32 |
| 1997 | 8.1 | 5.3 | 5.18 | 0.53 |
| 1998 | -10.18 | 1.8 | 1.15 | -2.25 |
| 1999 | -0.69 | 1.2 | 7.12 | 4.37 |
| 2000 | 2.6 | 3.6 | 5.77 | 2.6 |
| 2001 | 1.51 | 2.6 | 3.74 | 2.37 |
| 2002 | 0.88 | 1.2 | -0.2 | 1.64 |
| 2003 | 2.72 | 1.6 | 7.39 | 4.56 |
| 2004 | 8.7 | 4.4 | 3.15 | 4.42 |
| 2005 | 2.8 | 3.7 | 0.77 | 2.82 |
| 2006 | 12.16 | 2.6 | 2.29 | 2.06 |
| 2007 | 5.43 | 4 | 1.15 | 2.37 |
| 2008 | 14.97 | 9.5 | -4.92 | 0.02 |
| 2009 | -1.68 | -0.7 | -1.81 | 1.41 |
| 2010 | 8.13 | 3.6 | -4.42 | 0.82 |
| 2011 | 8.51 | 5.9 | 0.88 | 1.38 |
| 2012 | 2.32 | 3.43 | 6.54 | 3.68 |
| 2013 | -1.91 | 1.18 | -4.05 | 0.59 |
| 2014 | -0.49 | 1.1 | -3.27 | 0.07 |
| 平均值 | 4.96 | 5.69 | 2.22 | 1.43 |

## 3. 实证结果及分析

**(1) 统计结果**

在样本期内采用 Eviews7.2 进行计量分析,对参数进行 OLS 估计,回归结果如表 2－6 所示：

表 2－6  OLS 回归结果

| Variable | Coefficient | Std. Error | t－Statistic | Prob. |
|---|---|---|---|---|
| C | 1.315945 | 0.258908 | 5.082665 | 0.0000 |
| LNE | 0.815818 | 0.211133 | 3.863992 | 0.0009 |
| LNK | 0.653750 | 0.084843 | 7.705393 | 0.0000 |

$R^2 = 0.953545$　D.W. $= 0.428605$　F $= 215.5251$

$LnY_t = 1.315945 + 0.815818 LnE_t + 0.653750 LnK_t + 0.34625 LnH_t$

**(2) 回归结果分析**

通过对模型方程参数的估计和检验,可以看出：

第一,模型的 $R^2 = 0.953545$,说明该回归方程能够解释残差的 95.35%,仅有 4.65% 的残差由随机误差解释。F $= 215.5251$,说明全部变量与显著性相关。因此,该回归模型整体拟合优度很好。D.W. 为 0.428605,表明该模型各个自变量不存在自相关,经过处理后的各年数据相对独立。

第二,模型中固定资产投资、有效劳动投入和平均人力资本水平的估计系数都为正,且有较高的显著程度,说明固定资产投资、有效劳动投入和平均人力资本水平与国内生产总值成正相关,对经济增长有显著的影响。

第三,由方程(3)分别计算平均人力资本水平、固定资产投资、有效劳动投入和科技进步对经济增长的平均贡献率,得：

$\overline{E}_e = 23.521\%$　$\overline{E}_k = 74.997\%$　$\overline{E}_h = 15.497\%$

由方程(4)得：$\overline{E}_A = 1 - \overline{E}_e - \overline{E}_K - \overline{E}_h = -14.015\%$

由结果可知,1991-2014年,固定资产投资对经济增长的贡献最大,其次是平均人力资本水平;由教育形成的人力资本积累和科技进步对经济增长的贡献率比较低,特别是科技进步对经济增长的贡献率为负,这说明陕西虽然具有科教优势,但科教与经济发展脱节,科教优势没有形成经济优势。

4. 小结

通过对陕西1991—2014年间各要素对经济增长的影响和贡献率的实证分析,我们可以得出以下结论:

(1)生产函数的计量模型显示,把从业人员平均受教育年限、固定资产投资以及按受教育年限法得到的人力资本积累作为对人均人力资本水平、物质资本投入、人力资本积累的衡量指标是合适的。

(2)物质资本投入对经济增长的贡献率高,说明陕西经济发展主要依靠固定资产投资。

(3)平均人力资本水平和人力资本积累对经济增长的贡献率低于物质资本投入,这说明虽然陕西是教育大省,但其教育优势没有得到很好发挥,教育对经济的促进作用比较弱。

(4)科技进步对经济增长的贡献率为负,说明陕西科技优势没有得到充分发挥,科技进步对经济的促进作用比较弱,有待进一步加强。

因此,陕西必须构建产学研一体化的互动机制,实现科教与经济的协调发展,使陕西的科教优势得到发挥,进而促进陕西经济发展。

## 三、陕西科教与经济协调发展程度不高的原因分析

陕西科教与经济发展"两张皮"及科教优势未能得到充分发挥的状况,其根本原因是没有建立完善的产学研一体化的互动机制。具体原因如下:

### (一)历史因素对陕西科教的影响

根据一般统计规律,科教发展是内在于经济的,但陕西科教发展与科教优势却具有非内生的特点,这个特点是在特定的历史条件下政府根据

第二章　打造丝绸之路经济带上的科教文化与经济一体化中心

国家发展战略运用计划手段形成的。

1. 历史因素对陕西教育的影响

考察历史原因就不难发现,陕西高等教育规模能在全国名列前茅首先是因为两个特殊时期的高速增长。第一次发生在1956年全国进行院系大调整,为支援西部建设,国家将大批内地高校西迁至陕西。如原交通大学在1956年将主体由上海迁至西安,从而使陕西高等教育规模从1955年的0.88万人增加到1956年的2.23万人,增幅达到153.41%。第二次发生在20世纪70年代初期(主要是1971—1972年),在当时我国同时与美、苏两个超级大国交恶,战略形势非常严峻,从国家安全的角度,同时也是配合三线工程的需要,中央政府有目的地将一大批高等学校从北京迁至陕西,如北京机械学院(现更名为北京理工大学)迁到汉中,北京农业大学迁到陕西省延安地区的富县。到1972年,陕西高等教育规模已由1970年的0.1万人增加到1972年的0.84万人,增加8.4倍之多。两次的人为扩大高等教育规模奠定了陕西省在全国高等教育的地位,陕西高等教育学校数、在校学生数增幅突出,不仅领先于西北诸省区,而且高于全国平均水平之上。在1999年高校扩招、升级、合并前,陕西省高等教育规模与实力仅次于北京、上海,位于全国第三。由此看来,"高教大省"的来源很大程度上是外在因素的推动,而非自身内在的发展。

由于国家战略调整的需要,陕西省建立了其特殊的高等教育优势,并保持了较长的一段时间,但是,在当代高等教育迅速发展,各地逐渐加速自身高教资源积累的同时,陕西省的教育优势面临巨大挑战,主要在于陕西经济总量水平和财力限制了全省高等教育的发展。"九五"末以来,在高等教育大规模扩招、高等教育管理体制改革和建设高水平大学等政策的引导下,陕西省高等教育事业得到超常发展,办学规模迅速扩大,办学条件逐步改善。但是,陕西是一个经济欠发达地区,虽然陕西省政府近年来千方百计,不断加大对高校的投入力度,但由于陕西省的经济总量和整体财力比较薄弱,"僧多粥少""小马拉大车"的问题显得十分突出。[16]

## 2. 历史因素对陕西科技的影响

在陕西科技经济中起举足轻重作用的科研院所和具有科技开发能力的大中型企业,基本上是"一五""二五"及"三线"建设时期建立或迁入的。"一五"时期,苏联援建的156个重点工程有24个在陕西,占1/6强。"三线"时期又内迁和新进一批。国家以计划方式动员全国的科技资源在"支援大西北"及"三线建设"等背景下进入陕西,这种"战略布局"或者说"计划安排"的科技资源因其外在性质而具有以下特征:一是计划导向。陕西的科技资源是在计划安排下形成的具有明显的计划导向特征,科技力量、规模、结构、布局等不是服从经济或市场规律而是服从于国家计划的指挥棒。二是非地方性。"计划安排"式"战略布局"的科技资源由于其战略布局主体是中央而不是地方,因此,不是从满足地方需求出发而是从国家全局考虑,所以,与地方经济的关联性较低。三是科技内部的非均衡结构。"计划安排"式"战略布局"的科技资源是在国家当初的"赶超战略"下生成的,强调重工业优先发展战略,与此相对应,也形成了科技资源的量的非均衡结构,即向重工业倾斜,适用技术等相对稀缺。四是军工科技优势。陕西科技资源中有相当比重由"三线"建设时期计划配置。"三线"作为一种特定历史时期的产物,从根本上讲是政治军事资源而非经济资源,由此导致陕西科技资源具有极强的军工倾向,而民用技术资源相对不足。

上述特征基本符合计划经济的取向,是传统战略布局下的历史必然,但它与市场经济的需求相去甚远。随着经济的发展与国际形势的变迁,"军转民"成为必然,但"军转民"又需要支付较高的重置式结构调整成本及制度成本等交易成本。加上在经济转轨过程中,由于市场机制不健全以及市场发育本身又需要一个过程,这些因素导致科技与经济形成分离格局,科技资源在经济领域的运用受到限制,科技优势转化为经济优势的问题及科技经济一体化的问题成为陕西有待解决的问题。[17]

第二章 打造丝绸之路经济带上的科教文化与经济一体化中心

**(二)人才、项目、专利流失严重**[18]

陕西高校数量众多,但1999年以后盲目扩大规模,专业设置过于重复,人有我也有,不能真正达到按市场需求培养人才的目的;高校的科研活动与经济发展关联度较低;基础教育、职业技术教育、成人教育力量较薄弱,中小城镇和农村的学校较少,没有形成一个金字塔形的多区域、多层次、多规模的教育网络。因此,陕西的教育难以真正提高陕西劳动者的整体素质水平。加之教育行业本身的产出以及教育界与企业界的横向联系并不密切,教育行业对非教育行业的支撑与拉动作用很弱,对经济增长的贡献率偏低,没有发挥出应有的辐射作用。实施"西部大开发"战略以来,"孔雀东南飞"的现象有所缓解,但是从每年高校毕业生的去向来看,大多数的优秀学生、高层次人才仍然流向东南沿海地区。伴随人才的流失,一些高新技术项目和专利技术被带走,从而造成知识产权流失,甚或科研成果在陕西的研究所内产生,但运用转化却在经济发达的东南沿海进行,这些都阻碍了陕西科教优势向经济优势的渗透与扩散。

**(三)科教活动缺乏在当地经济中的根植性**

科技成果转化率的高低,关系到生产力的发展和社会的进步。陕西的现状是高校科研项目的立项大多没有根据市场需求确定,科研机构承担的课题以政府部门下达为主,特别是中央政府部门下达的课题较多,科研活动基础研究课题少,产品开发课题少,企业委托课题较少,本省企业委托课题更少。而且,陕西的基础和应用研究的发展方向和重点不明确,支持对象和重点不突出。如2002年共组织课题13495项(含军工课题),其中与产品开发有关的课题仅5105项,开展R&D研究课题647项(不含军工课题),两项加起来在研究总项目中占不到一半。[19]教师搞科研的工作重点一直放在片面追求科技成果的学术水平和获奖等级上,而忽略了科技成果的实用价值,具有明显的重论文、重科研、轻生产、轻应用的倾向。科研人员对于科技成果的市场前景、研究、开发、推广的可能性以及科技成果产业化过程中的成本和收益并不关心,因此,大量辛苦研究开发出的科技成果并不具有商业应用价值。

(四)企业在技术创新中的主体地位尚未确立

在市场经济条件下,企业应该是科技开发和投入的主体,是 R&D 活动的投入者,也是 R&D 活动的受益方。发达国家中企业 R&D 活动所占的份额一般都在 50%—80%,我国经济发达的广东已达到88.89%,而陕西仅维持在30%左右,企业自身的 R&D 活动能力不强,企业的技术创新主体的地位远未确立。[20]多数企业靠抢土地、资金、寻租等原始粗放式经营方式谋求短期利益,不重视设备更新、产品开发和技术升级。企业 R&D 投入不足的主要原因又在于其科技创新和成果转化的动力不足。一是企业进行技术创新要投入大量资金且承担着巨大的创新风险,往往只有实力强大的大企业才能承担得起,而陕西地方性企业的普遍状况是企业规模偏小,资金紧缺,技术力量薄弱,难以承担技术创新的成本和风险,根本无能力进行较大规模的技术创新。二是严格的技术专利保护制度的缺失,也很大程度上影响了企业技术创新。

(五)财政科技投入政策的主导作用缺位

科技活动本身投入的高成本以及结果的不确定性决定了政府要主导科技资源的配置。科教优势向经济优势转化的过程中,需要政府运用各种宏观调控政策进行调整、规范、引导和推进,其中财政税收政策是最为重要的政策之一。陕西经济发展水平相对落后,科研活动脱离经济发展的需求,企业创新动力不足,这些现状也与财政科技投入政策的主导作用发挥不足有关:(1)财政资金科技投入的规模和水平不足。陕西科技投入不足,科研经费占 GDP 的比例 2013 年也只达到 2.14%,远远低于北京、上海等地。[21]财政科技投入支持的范围和项目数呈逐年扩大和上升趋势,但平均每个项目支持的经费力度呈逐年下降和减弱趋势,从而影响到科研项目的最终质量。(2)财政资金投入方向与结构不合理。陕西的基础研究和应用研究投入比例偏低,影响全省的科技创新能力和持续发展能力。97%的R&D经费和96.4%的R&D人员都集中在工业企业且主要集中在中央驻陕单位。[22]这些中央驻陕单位承担的科技活动项目成果与军工企业的科研成果主要用于企业自身,多与地方经济关联度不大,对全省经济的辐射作用较小。此外,科技投入导致的部门分割,也造成了重复立项和经费分散、浪费,难以形成优势资源。(3)财政资金投入方式不够规范化。陕西财政科技投入方式由单一项目拨款方式向专项补助、贴息、担保和风险投资等多元化方式转变,这一转变强化了政府财政的引导作用,提升了全社会的科技投入水平,但财政资金投入方式的规范化管理不够,从而降低了财政资金使用效益。

## 四、构建陕西产学研一体化机制的思路与对策建议

产学研结合是知识创新和技术创新与发展的有效途径。只有不断推动产学研结合链条中作为知识创新主体的高校、科研院所与作为技术创新主体的企业之间的紧密合作,加强科技成果推广、转化与产业化,才能真正增强自主创新能力,推动国家创新体系建设。

### (一)构建陕西产学研一体化机制及促进科教与经济协调发展的思路

产学研结合是高校、企业和科研院所在创新人才培养、科技创新和生产经营等活动中,按照一定的形式,基于共同利益和相互需求,寻求共同发展而开展的全方位的合作与交流。[23]产学研结合是推动社会、经济、科技和教育发展,实现"科教兴国""科教兴省"发展目标的战略性措施。产学研结合的主要模式包括产学研合作教育和继续工程教育、高校董事会、企事业博士后工作站、工程研究中心、产学研联合体、委托研发、联合实验室和校内产学研结合以及大学科技园区等,这些模式是产学研结合在创新人才培养方面和科技创新方面的具体体现。

构建陕西产学研一体化互动机制的方法是坚持以市场为导向,以企业为主体,使产、学、研三方找到互惠共赢的结合点并形成良性循环机制。

为此,陕西必须加深产、学、研结合的理论研究,加强政策法规体系建设,加强高校产学研结合的制度创新,构建利益共享与风险共担的产学研结合机制,建立和完善产学研结合的评价体系和中介服务体系。

(二)构建陕西产学研一体化机制及促进科教与经济协调发展的对策建议

1. 对产学研主体进行重新定位[24]

(1)企业的定位

现代企业已不再是单纯的物质生产单位,而应当是以科技为先导,以人才为基础,以产品为支柱,以市场为导向的科技生产经营型主体,是把社会的科技知识生产、人才生产和物质产品生产有机衔接和融合的中介结合体,即"生产、知识、智力"的集合体,亦是把各种投入要素转变为市场所需要的产品和服务的资源转化体。企业不仅要依靠科技部门提供的科技成果和教育部门提供的人力资源,而且它本身还要设立研究开发机构和教育培训机构,因为只有这样,它才能消化、吸收科技成果并将其有效地转化为商品,才能使职工通过继续教育适应科技和生产发展的需要。企业只有以知识再生产和智力再生产为先导,才能推动物质生产的不断发展,提高产品的市场竞争力。

(2)大学的定位

当代的大学已不再是单纯的教学单位,科研成果也不仅仅停留在实验室里和论文中。当代大学应当成为具有高度自主权的市场主体,把智力再生产、知识再生产和物质再生产3个过程有机结合起来,通过技术开发活动直接或间接地参与企业的物质再生产过程。大学应当办成"教育、科研、开发"的综合体。一方面在校内把教学、科研、开发工作作为3项基本职能,另一方面走向社会,面向市场,建立大学、企业和科研院所相结合的不同形式的联合体。

(3)科研院所的定位

现代研究机构亦不再是纯粹出科技成果的单位,而应把科技知识再生产和智力再生产在科研实践中有机结合起来,从科技成果和科技人才两方面直接或间接地推动社会的物质再生产过程。虽然从事基础研究、应用研究、技术开发等不同领域的科研机构,其主要职能各不相同,但主体部分应当面向经济建设的主战场,直接按照市场需要选择科研项目,既要开展科技成果的商品化、产业化等经营性工作,又要培养善于把科技成果转化为商品的复合型人才,把科研院所办成"科研、智能、经营"的结合体,从而形成科技与市场接轨,科技与经济结合,科研院所与企业衔接的运行机制。

2. 加快确立企业在科技创新中的主体地位[25]

(1)完善现代企业制度

企业生产产品,提供服务,创造就业,直接创造着经济价值,是国民经济的中坚力量。技术的开发主要是由企业来实现的,因此企业是技术创新的主要执行者。以企业为主体的技术创新是科技与经济在市场中的结合点,是我们的薄弱环节。完善现代企业制度和现代产权制度,建立反映市场供求状况和资源稀缺程度的价格形成机制,更大程度地发挥市场在资源配置中的决定性作用,提高资源配置效率。这既是社会主义市场经济体制的基础,又是企业成为技术创新主体和开展技术创新的基本环境条件。从外部机制看,要确立企业技术创新的主体地位,必须深化管理体制改革,实现政企分开、政资分开、政事分开、政府与市场中介组织分开,减少和规范行政审批,依靠政策倾斜、法律保护和市场培育等手段,真正使企业成为技术创新的投资主体、利益主体、风险主体、研究开发主体和决策主体。从内部机制看,要确立企业技术创新的主体地位,必须完善公司治理结构,通过企业产权制度、分配激励制度、内部组织制度等方面的改革,推动企业的技术创新。此外,要逐步建立和完善企业经营者市场选择和淘汰机制,建立有效的企业家激励、约束和监督机制,充分发挥企业家在技术创新中的灵魂和核心作用。

(2)切实解决科研成果转化不力的问题

要切实解决科研成果转化不力的问题,必须做好以下几项工作:一是按不同情况决定成果转化的投入方式。公益性的成果开发和应用要以政府投入为主对于公益性的技术创新成果,由政府来主导成果的转化是必要的,而可直接产生经济效益的成果开发和应用要按市场规律运作,引导企业成为投资主体。二是加强成果转化服务体系建设,提高成果转化的中介功能。三是实施促进自主创新的政府采购,鼓励和保护自主创新。应建立政府采购自主创新产品协调机制,可通过政府采购,支持形成技术标准。对国内企业开发的具有自主知识产权的重要高新技术设备和产品,可由政府实施首购政策,为自主创新开辟可预期的市场前景。

(3)为企业自主创新营造良好环境

首先,建立以政府为主导的政策引导和保障体系。政府扶持的创新政策要明确,政府要在体制改革、机制完善、能力建设、财政金融政策扶持等方面加大工作力度,加强鼓励企业技术创新发展政策、法规环境建设,建立多层次的资本市场体系和融资政策。其次,建立技术服务体系。加快技术创新信息基础设施建设,为企业技术创新活动提供及时有效的信息来源。同时,国家要支持国家级企业技术中心、工程研究中心、重点实验室等研究机构的建设和运行。第三,要从国家层面上对企业研发人员予以重视。政府应对企业的技术创新投入给予足够的补偿,对技术创新的企业和个人给予鼓励,完善人才激励机制。建议设立专门面向企业技术创新活动的国家级奖励和面向企业高级科技人才的国家级专家命名。

3. 加大财政投入力度,强化财政投入方式的规范化管理[26]

财政的科教投入是科技进步的重要支持和财力保障。为了适应市场经济的发展,政府应该以科学发展观为统领,按照公共财政的要求,结合关中地区的实际情况,积极主动地发挥财政职能作用,加大资金和政策的

第二章　打造丝绸之路经济带上的科教文化与经济一体化中心

支持力度,引导社会投资,完善投入体系,消除科技创新和成果转化中的瓶颈制约和体制障碍,加快科技成果转化,从而将关中地区的科教优势转化为经济优势,促进关中经济快速发展。

(1)加大财政教育投入,优化支出结构,明确教育性投资的税收优惠措施

作为一个教育处于相对优势地位的教育大省,陕西应该把教育放在优先发展的战略地位,保持和发挥优势。高校要适应国家科技发展战略和市场对创新人才的需求,及时合理地设置一些交叉学科、新兴学科,并调整专业结构。职业技术教育要加强职业教育、继续教育与培训,培养适应经济社会发展需求的各类实用技术专业人才。基础教育要深化中小学教学内容和方法的改革,全面推进素质教育,提高科学文化素养。

(2)增加财政对科技的投入总量,改革财政资金的投入方式

科技投入和科技基础条件是科技创新的物质基础,政府财力保障是关键。通过财政直接投入、税收优惠等多种方式,构建科技基础条件平台,支持市场机制不能有效完成的基础研究、前沿技术研究、社会公益研究,开展重大共性、关键技术研究等公共科技活动,调动社会科技资源配置的能力,并引导企业和全社会的科技投入。为此,政府必须进一步增加财政资金投入总量,明确投资重点,优化财政科技投入结构,改革财政资金的投入方式。

## 第二节　陕西文化产业投融资多元化的方式创新

文化产业是21世纪的朝阳产业,其本身就是文化与经济有机结合、协调发展的有效形式。对于具有深厚历史文化积淀和现实文化资源禀赋的陕西,尤其是关中地区,大力开发文化资源,发展文化产业,无疑是实现科学发展、低碳发展和跨越式超水平发展的可行路径。但是,与国际、国内其他文化资源富集的地区,如巴黎、纽约、东京以及北京、上海等地相

比,陕西的文化产业发展由于投融资的困扰而进展缓慢,这与投融资体制机制不健全,投融资形式比较单一有关。因此,研究陕西文化产业投融资多元化的方式创新具有重要的理论和现实意义。

## 一、文化产业投融资多元化方式创新的相关理论基础

### (一)文化产业的概念、特征及发展的必然性

#### 1.文化产业的概念

"文化产业"一词最早起源于法兰克福学派的德国社会学家西奥多·阿多诺(Theodor Adorno)和马克斯·霍克海默(M. Max Hockheimer)1947年出版的《启蒙辩证法》中的"Culture Industry"一词。阿多诺和霍克海默指出:"文化产业是指生产领域中广为人知的商品逻辑和工具理性,在消费领域同样引人注目。闲暇消遣、艺术作品与一般意义上的文化,为文化产业所过滤;随着文化的高雅目标与价值屈从于生产过程与市场的逻辑,交换价值开始主宰人们对文化的接受。高雅文化所奋力追求的最佳产物,如家庭与私人生活的传统结合形势、幸福与满足的允诺、对完全不同的他者的渴望等,让位于孤立的、受人操纵的大众。而正是这样的大众,参与着具有最低共同点的可替代性的大众商品文化"[27]。从阿多诺和霍克海默对文化产业的解释中可以看出,把文化产业称之为"文化工业"更符合他们的本意。他们既用文化工业这一术语来指认前工业化的产品如书籍和报纸,也指工业化的大众文化产品如收音机和电影。

随着经济与科学技术的快速发展以及各种高科技在文化产业领域中的应用,文化产业的内涵和外延得到了前所未有的拓展。"知识产业""信息工业""文化工业""创意产业""文化创意产业"等说法不断涌现出来。不同国家的学者从不同的角度对文化产业的概念进行界定,然而,直到今天,在世界范围内还没有一个严格统一的说法。各国官方对"文化产

## 第二章 打造丝绸之路经济带上的科教文化与经济一体化中心

业"的称谓不尽相同,如英国、澳大利亚的创意产业(Creative Industries),美国的版权产业(Copyright Industries),欧盟和日本的内容产业(Content Industries)等,各国文化产业包含的范围也有差别。表2-7摘录了一些国家和组织对文化产业的定义以及文化产业所包含的行业范围。

表2-7 各国(组织)文化产业的定义和范围

| | 定义 | 行业范围 |
| --- | --- | --- |
| 联合国教科文组织 | 按照工业标准,生产、再生产、储存以及分配文化产品和服务的一系列活动[28] | 印刷、出版与多媒体、视听、录音与录影制作、工艺与设计、建筑设计、视觉与表演艺术、音乐器材制作、广告和文化旅游等 |
| 英国 | 起源于个体创意、技巧及才能,通过知识产权的生成与利用,而有潜力创造财富和就业机会的产业[29] | 广告、建筑、艺术和文物交易、工艺品、设计、时装设计、电影、互动休闲软件、音乐、表演艺术、出版、软件、电视广播等十三项产业 |
| 澳大利亚 | 以娱乐、放松、解闷和消遣活动,视觉、音乐、写作、动感和戏剧等形式的艺术表现,体育运动技能的应用、训练和开发,文化内容或精神价值的创造、发展、保存和传播,以及为促进和推动上述各项活动而开展的相关活动,以从事文化和休闲活动为目的的行业、产品和服务[30] | 音乐、戏剧、舞蹈、视觉艺术、文学艺术、设计、手工艺制作、艺术教育、出版电影、影像艺术、艺术管理、绘画设计、节日庆典、博物馆、土著及当地的居民艺术及其手工制作、社区及年轻人的艺术作品 |
| 欧盟 | 制造、开发、包装和销售信息产品及其服务的产业[31] | 各种媒介上所传播的印刷内容(报纸、书籍、杂志等),音响电子出版物内容(联机数据库、音响制品服务、电子游戏等),音像传播内容(电视、录像、广播和影院)以及各种数字化软件等 |

续表

| 定义 | 行业范围 |
|---|---|
| 韩国 | 指与文化商品的生产、流通、消费有关的产业[32] | 影视、广播、音像、游戏、动画、卡通形象、演出、文物、美术、广告、出版印刷、创意性设计、传统工艺品、传统服装、传统食品、多媒体影像软件、网络及其相关的产业 |

我国国家统计局2004年在《文化及相关产业分类》中对文化产业的定义是"文化及相关产业是指为社会公众提供文化、娱乐产品和服务的活动,以及与这些活动有关联的活动的集合"。我国文化及相关产业主要包含了新闻服务业,出版发行和版权服务业,广播、电视、电影服务业,文化艺术服务业,网络文化服务业,文化休闲娱乐服务业,其它文化服务业,文化用品、设备及相关文化产品的生产,文化用品、设备及相关文化产品的销售九大类。其主要活动包括文化产品制作和销售活动、文化传播服务、文化休闲娱乐服务、文化用品生产和销售活动、文化设备生产及销售活动、相关文化产品制作和销售活动六大类。我国《文化及相关产业分类》中进一步把文化产业划分为核心层、外围层和相关文化产业层,具体各层所涵盖的行业范围如图2-1所示。

综上所述,各国学者和机构在对文化产业的概念界定上各有见解,所涵盖的行业范围也不尽相同,原因主要在于,不同国家文化的地位存在差异,国家的产业化水平及科学技术的发展水平各不相同,因此在界定本国文化产业的概念和范围时的出发点也有所不同,因而出现概念界定差异以及包涵行业范围的不同是在所难免的。本书中主要研究的是陕西文化产业发展中的投融资问题,因此本文所采用的文化产业的概念和分类标准以我国《文化及相关产业分类》中的规定为准。

# 第二章 打造丝绸之路经济带上的科教文化与经济一体化中心

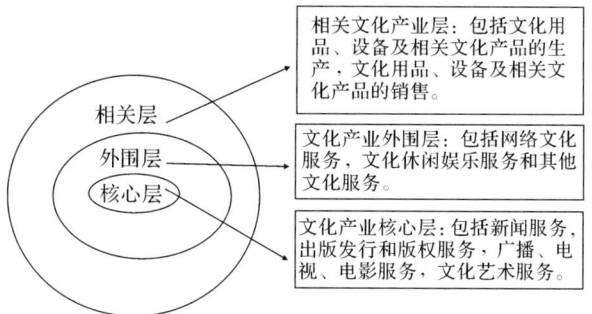

图 2-1 我国文化产业分类

## 2. 文化产业的特征

(1) 高风险产业。所有投资都有风险,但文化产业投资风险更高。文化产业的高风险来源于大众对文化商品使用方式具有的高度不稳定性与不可预测性。受教育程度、文化背景、自身喜好、收入水平等因素都会影响人们对文化商品的选择。伽纳姆(Garnham)就说:不同人会选择不同的文化商品来表明自己独树一帜的一面。因此,即使投入大规模的资金来运营,当红的演员或者作品也可能突然不再受关注,而下一个"成功者"难以预测。1998 年,美国发行了将近 3 万种专辑,但销售量超过 5 万张的不到 2%。纽曼(Henry Neuman)指出了出版业的拇指法则,即 80% 的收益来源于 20% 的产品。卓沃尔和格里斯潘(DriverandGillespie)的报告表明,英国杂志中只有 1/3 到 1/2 达到收支平衡,只有 1/4 能够赢利。

(2) 高研发成本和低复制成本。大部分文化商品都具有高研发成本和低复制成本。例如,唱片的研发制作耗资惊人,因为要制作出创作者和听众都满意的最佳音质唱片,就必须在作曲、录音、混音、编辑等程序上耗费大量的时间和精力。不过一旦"母带"制作成功,复制起来价格极低。文化产业中研发成本与复制成本的高比率意味着畅销作品非常有利可图。

(3) 准公共物品。文化产品在使用中很少会被损坏。它们趋向于担当经济学家所称的"公共物品"的角色——一个人对此物品的消费行为不会减少其他人对它消费的可能性。例如一张CD，一个人听过后借给另外一个人听，并不会改变第二个人对这张CD的体验。由于文化产品的产业化复制方式成本很低，因此文化公司不得不通过人为手段来限制其他人进入文化生产和文化服务领域，以此创造商品的稀缺性，使物品增值。

3. 文化产业发展的必然性

文化产业随着经济的发展而迅速崛起，并且逐步成为了很多国家和地区的主导产业，创造了一个又一个的经济奇迹。美国的电影业、日本的动漫业和唱片业等在全球范围内的影响力非常巨大。文化产业已经成为目前国际间竞争的一个重要方面。

首先，大力发展文化产业能够满足人们不断增长的精神文化需求。无论是马斯洛需求层次理论还是恩格尔定律中体现的规律，都说明了随着社会的发展进步，文化消费会逐步进入到大众的生活中来。科学技术的发展促使生产力水平极大地提高，而生产力水平提高使得人们的物质生活不断丰富，闲暇时间大量增加，进而促使了精神文化消费需求的增长。而要满足人们不断增长的文化消费需求，大力发展文化产业势在必行。

其次，大力发展文化产业对促进经济发展、转变经济结构、提高就业等方面都有非常大的作用，是国民经济新的增长点。文化产业不仅能够满足人们逐渐增长的精神文化需求，而且还可以创造出巨大的财富。随着经济发展和人民生活水平的提高，精神文化产品的消费会占据越来越大的比重，这就使得文化产业的产值会不断上升，成为国民经济中新的增长点，甚至超越传统产业成为国民经济的支柱产业（如美国、日本、英国）。

第三，文化产业能够有效促进就业。文化产业是第三产业中的重要

## 第二章 打造丝绸之路经济带上的科教文化与经济一体化中心

组成部分,西方经济学指出,经济越发达的国家,第三产业的比重以及就业人数也越多。在当今世界范围内的经济结构调整浪潮中,文化产业在促进经济发展和扩大就业以及实现再就业的方面发挥了重要作用。一方面作为新兴的朝阳产业,文化产业能够创造出一批新的就业岗位,能够吸引那些具有独特创意思维的人投入行业;另一方面,在促进下岗职工再就业上,文化产业也能发挥重要作用。

第四,文化产业是可持续发展的绿色产业。在全球环境日益恶化的今天,可持续发展战略无疑成为各国所关注的焦点。文化产业作为知识密集型产业,具有无污染的特点,相对于传统制造业对土地和资源的严苛要求,文化产业对土地和资源的要求非常低,消耗的物质资源少,具有低投入、高回报和效益大的特点。可以说文化产业是无污染的绿色产业,在协调经济发展和保护环境方面具有独一无二的优势,是我国实施可持续发展战略的最有利产业。

(二)投融资及其方式的相关理论

1.资本的概念、形态和特征

投融资的目的是形成资本,所以我们的分析先从资本开始。资本是指能够带来剩余价值的价值,即凡是能够用来生产利润的价值都是资本。概括来说,资本的价值形态主要包括了以下几种:货币资本、人力资本、土地资本、原材料资本、设施设备资本、方法和技术资本、时间资本、信息资本、商誉资本、知识产权资本和市场优势资本等等。资本具有以下三大特征:趋利性、增值性和运动性。

资本的运动性表现在两个方面:一是资本的空间运动。任何投资活动都是资本在空间上的运动,资本在追逐更高收益率的领域中流动时发生了空间上的移动。二是资本的转化运动。转化是资本的高级运动形式,原来不属于资本的资源,如文化资源等,在经过人为的运作后,可以转化为资本。转化运动使资本的活动领域得到了大大的拓宽。

2. 投融资及其特征

投资,从广义上说就是对资本的运用,是人们为了得到一定的未来收益或实现一定的预期目标,而将一定的价值或资本投入经济运动过程中的一种行为。融资通常是指货币资金的持有者和需求者之间通过直接或间接的方式进行资金融通的过程。显而易见,无论是投资还是融资都与资本息息相关,都可以看成是资本的运动过程。

投资是随着生产力和生产关系的发展而产生和不断发展的,它先后经历了产业投资、证券投资与产业投资共存的两个阶段。产业投资就是为获取预期收益,以货币购买生产要素,从而将货币转化为生产资本的投资。在资本市场出现后,拥有货币资本的资本家则可以通过购买股票和债券来获取股份收益和债券利息而这样一来就产生了证券投资,形成产业投资和证券投资并存的局面。融资的产生和发展是随着投资的不断扩大而产生并不断发展的。随着投资规模的不断扩大,单个经济主体很难依靠自身的力量完成整个投资,因此就产生了融资的需求,即融资主体根据资金余缺的客观需求,运用一定的形式、手段和工具,实现资金的筹措、转化、运用、增值和回偿等活动。融资的产生大大促进了投资的发展,使得大规模的投资活动能够短时间内筹措到资金,而投资的发展,又不断产生更大的融资需求,这样一来,又有力地促进了融资的发展。

相对于计划经济,市场经济条件下的投资运行主要表现出以下几个特征:(1)投资主体的多元化及投资决策的独立性。(2)以取得利润为投资目标。(3)财务预算的硬约束。(4)筹资渠道和方式的多样性。(5)个体投资的有计划性与整个社会投资的无计划性。这些特征之间是相互依存和相互影响的。生产资料的所有制形式决定了投资主体的多元化和分散性,不同投资者之间为取得更高利润进行竞争,这就导致了个体投资的有计划性和社会投资的无计划性的矛盾。

## 第二章　打造丝绸之路经济带上的科教文化与经济一体化中心

**4. 企业的融资渠道及周期性**

（1）企业的融资渠道

在市场经济条件下，企业的一般融资渠道如图 2-2 所示，主要分为三类：国家财政资金、内源融资和外源融资。

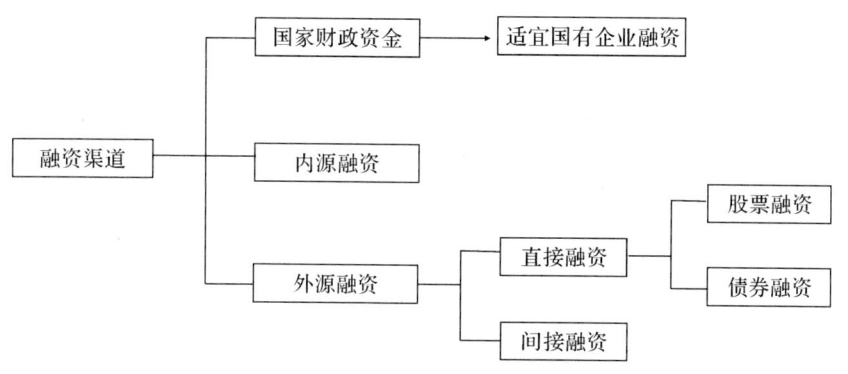

**图 2-2　企业融资渠道示意图**

在图 2-2 中，国家财政资金主要是指国家对国有企业的财政拨款，适用于国有企业。因此，对于绝大多数企业而言，国家财政资金并不属于市场经济条件下的主要融资方式。

内源融资是指在企业内部通过挖掘资金潜力并将其转化为投资的方式。每个企业内部都具有多种资金来源，例如企业出售产品的利润、出售闲置资产的收入、应收账款的回收等等。通过内源融资方式获得的资金自主性强，限制少，并且成本低廉，风险小。但是这种融资渠道对于需要在短时期内筹集大规模资金的企业来说并不合适。

外源融资是指企业在承诺一定的收益回报的条件下，融入其他经济主体的资金，使之转化为自身投资的过程。通过外源融资方式可以为企业在短时间内筹集大量资金以满足企业需要，这是内源融资所达不到的。但是通常情况下，通过外源融资方式募集来的资金在使用成本、融资交易成本和风险上都大大超过内源融资。根据融资渠道的差异，外源融资又可分为直接融资和间接融资两种方式。直接融资就是指不通过金融机构，由资金供求双方直接进行资金融通的方式，具体可表现为发行债券融资、发行股票上市融资、资产重组融资等形式。间接融资就是以金融机构为媒介在资金供求双方之间完成的资金融通。银行贷款是最重要的间接融资方式。

在我国原有计划经济体制下，文化产业的资金来源主要依靠国家和各地政府的财政资金，而进入到市场经济时代，整个文化产业的发展势必要更多地依靠内源和外源融资，而外源融资能够在短时间内提供大量资金的特点注定会使之成为文化产业最主要的融资途径——因为文化产业前期对资金量的需求很大。

（2）企业的融资周期特性

企业有自己发展的生命周期，在不同时期，企业对资金的需求也不一样。如图2-3所示，企业在种子期、创业期、成长期和成熟期都有不同的投资主体和融资渠道。处于种子期和创业期的企业资金来源有中小企业发展基金、孵化器、天使投资者（Angel Capitalist）和风险投资机构。中小企业发展基金和孵化基地能够为初期创业的企业提供一定的优惠资助，但不是市场经济背景下的主要渠道。对于那些处于初创期的企业来说，吸引天使投资者和各种风险投资机构的介入是主要的融资渠道。

天使投资者是典型的个体投资者，主要是指那些在事业上曾经取得辉煌成就的人，他们不仅家财万贯，更具有丰富的经营管理经验，但由于年龄或社会地位等因素的制约，不大可能从零开始再艰苦创业，但是对过去的怀念以及对新挑战的渴望，使他们希望找到志同道合的有为青年，通过后者进一步实现自己的梦想[33]。在国外，天使投资者是企业发展初期的一个重要融资渠道。

风险投资机构主要包括了风险投资基金和风险投资公司。在国外，风险投资机构大部分属于私募性质，它们拥有庞大的资金来源、完善的管

## 第二章 打造丝绸之路经济带上的科教文化与经济一体化中心

理制度、多样化的投资组合以及合理的退出机制。风险投资机构偏爱那些拥有巨大发展潜力的中小型公司,对这类公司的投资方式主要有三种:即直接股权投资、直接股权投资并提供一部分贷款或担保资金以及提供贷款或贷款担保。这里需要说明的是,直接股权投资的方式并不是要对企业进行控股,也不是要经营企业,而是要通过投资和提供增值服务将目标企业做大做强,在达到这个目的后,风险投资机构会通过 IPO、出售股份、兼并收购、股份回购、清理公司等方式退出。

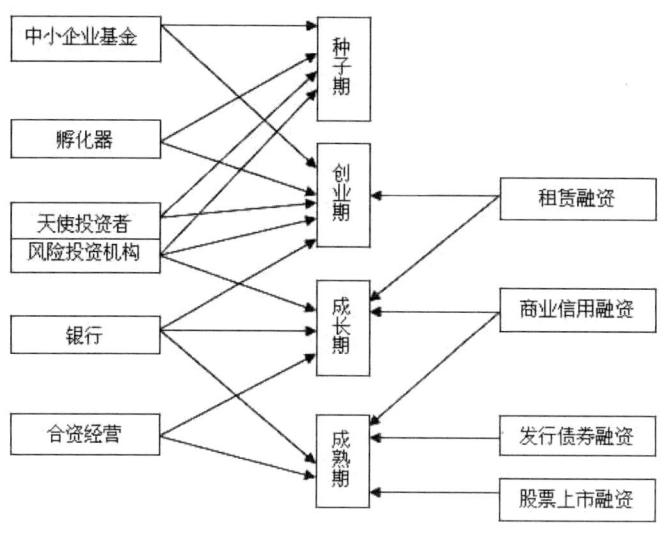

**图 2-3 企业融资周期示意图**[34]

当企业逐步发展起来以后,可选择的融资途径也会不断变化,银行贷款、租赁融资、商业信用融资、发行债券、股票上市等方式都可以为企业提供融资支持。这几种融资方式各有特点,企业可以根据自身的实际情况,选择一种或几种不同的融资方式。

5. 文化产业的投资模式及融资渠道

(1)文化产业的投资模式。文化产业是新兴朝阳产业,文化产业目前没有固定的投融资模式,从西方发达国家的文化产业投融资实践来看,主要有以下几个模式：

第一，政府投资模式。这种模式主要包括政府的财政拨款、设立基金和参与投资中介机构。财政拨款就是政府安排资金，下拨到各个部门，直接对那些政府政策指向的文化产业项目进行资助；设立基金也是政府投资文化产业的一种方式，通过这种方式政府可以有针对性地引导企业发展。参与投资中介机构是指政府参与到那些以推动文化产业发展为目的的中介机构中去，这些机构的职能就是投资或指导文化产业投资。

第二，民营投资模式。民间资本是市场嗅觉最灵敏的投资主体。民间资本对西方发达国家文化产业的发展起到了非常重要的作用。民营投资模式拥有三大特点：一是与政府的政策资源紧密结合，在政府政策允许的范围内充分发挥自身优势，获取丰厚利润。二是体制灵活。民营资本深谙市场经济精髓，能够在体制内外灵活游走，通常在决策、经营等方面的效率比较高。三是企业家个人的精神文化作用显著。企业家的个人文化能够决定整个项目的实施过程，直接影响项目的成功与否。

第三，外资投资模式。外资可以通过收购股权、合资经营等方式进入一国的文化产业领域。

第四，基金会投资模式。基金会源于美国，是介于政府和企业之间的第三方组织。基金会投资模式以非营利组织为主体，主要投资带有"公益"色彩的文化产业部门。在发达国家，基金会对文化产业的发展有着举足轻重的作用。

(2) 文化产业的融资渠道。文化产业的融资渠道也包括了国家和政府财政资金、内源融资和外源融资。从我国文化产业目前发展现状来看，国家和地方政府的财政资金是重要的资金供给源，而这种融资方式对于文化产业的市场化发展非常不利。国外发达国家的文化产业主要依靠外源融资进行发展，例如银行等金融机构融资、上市融资、发行债券融资等方式。各种融资方式各有其特点，不过国家和地区应该根据其实际情况选择不同的融资方式，促进文化产业发展。

# 第二章 打造丝绸之路经济带上的科教文化与经济一体化中心

## 二、陕西地区文化产业投融资现状分析

### (一)陕西地区文化产业投融资概况

陕西文化积淀深厚,历史文化遗产和自然人文资源丰富,科教实力雄厚,人才优势凸显,科技教育文化综合实力位居全国前列。但因地处内陆,交通环境及经济发展制约了其文化产业的发展。表2-8是2005年至2014年陕西重点文化产业的国家资产投资额。

表2-8 陕西重点文化产业的固定资产投资额 单位:万元

|  | 关中地区 | | | |
| --- | --- | --- | --- | --- |
|  | 广播、电视、音像业固定资产投资额(万元) | 文化艺术业固定资产投资额(万元) | 新闻出版业固定资产投资额(万元) | 娱乐业固定资产投资额(万元) |
| 2005年 | 64070 | 38307 | 345 | 33555 |
| 2006年 | 65949 | 40817 | 3636 | 72578 |
| 2007年 | 78016 | 79153 | 2820 | 195776 |
| 2008年 | 55167 | 124934 | 15487 | 187222 |
| 2009年 | 48749 | 219922 | 41799 | 204420 |
| 2010年 | 29317 | 178010 | 22094 | 97823 |
| 2011年 | 48936 | 216936 | 28038 | 103262 |
| 2012年 | 15567 | 882115 | 23718 | 1542699 |
| 2013年 | 77823 | 982563 | 47789 | 2837190 |
| 2014年 | 109263 | 1421925 | 38054 | 4278400 |

资料来源:根据2015年《中国统计年鉴》整理而得。说明:2005—2011年的数据是关中地区的数据。

在表2-8中,我们可以看出从2005年到2014年,陕西重点文化产业的固定资产投资额是逐年递增的,尤其以文化艺术业和娱乐业固定资产投资增幅最大。

打造丝绸之路经济带上的战略高地

关中地区2011年上半年共实现文化产业增加值157.4亿元,占GDP比重的3.02%,创历史新高。"十一五"期间,关中地区文化事业费用支出达到54.7亿元,是"十五"的4.12倍,年均增长28.57%。[35]

伴随着政府大力发展文化产业的相关政策的出台,陕西省发展和改革委员会、国家开发银行规划局、国家开发银行陕西分行共同发布了《关中—天水经济区系统性融资规划2011—2020》。该融资规划旨在紧扣《关中—天水经济区发展规划》实施重点,系统整合融资渠道,打造融资平台,创新融资模式和工具,逐步把关中经济区建设成为内陆金融创新的示范区。据测算2011—2020年10年间,关中经济区需要完成融资总量55545亿元,其中常规性融资供给量41889亿元,资金缺口为13656亿元。据规划测算,作为关天经济区发展的支柱性产业,未来10年文化产业融资需求4968亿元,供给3638亿元,缺口约为1330亿元。针对大多数文化产业企业固定资产较少,融资抵押物不足等问题,"融资规划"通过建立文化旅游产业投资基金,无形资产入股、转让,支持符合条件的企业发行债券,鼓励民间资本参与进行系统化融资,吸引经济区民间投资和经济区外投资。未来10年提供资金总额将不低于1330亿元,用以弥补文化产业资金供求缺口。[36]

表2-9  2010—2014年关中地区各行业投资额  单位:亿元

|  | 全部投资 | 制造业 | 房地产业 | 文化产业 |
| --- | --- | --- | --- | --- |
| 2010年 | 7008 | 1529 | 606 | 40 |
| 2011年 | 8291 | 1867 | 666 | 55 |
| 2012年 | 12501 | 2334 | 3501 | 91 |
| 2013年 | 15583 | 2882 | 4381 | 146 |
| 2014年 | 18357 | 3394 | 4899 | 203 |

资料来源:2011—2015年《陕西统计年鉴》。

## 第二章 打造丝绸之路经济带上的科教文化与经济一体化中心

从表2-9可以看出,文化产业投资额占全部投资比重小,比起加工制造业和房地产行业,这些数字无疑暴露出了关中地区文化产业在投融资方面的弱势。随着《关中—天水经济区系统性融资规划2011—2020》政策和丝绸之路经济带相关扶持政策的出台,关中经济区的文化产业融资前景将非常被看好。

(二)陕西文化产业投融资中存在的主要问题

陕西的文化产业发展在国内排名靠后,与文化资源大省身份极不相称。[37]这在很大程度上是由于投融资的不足造成的。

1. 投资中存在的问题

(1)政府投入不足

政府投入是文化产业发展的基本保证。陕西有很多大型的文化企业是由原来的事业单位转轨而来,在原有计划经济体制下,多数文化事业是非盈利性的,其资金投入由政府全包,政府并没有太多地关注这些投资所带来的收益。这就造成了以下问题:一方面是大量的文化资源集中在原有的文化事业单位,利用率非常低;另一方面是随着人民生活水平的提高,对文化产品消费量日趋增大,政府的直接投资规模已经不能满足产业发展需要,文化资源的大力开发受到资金问题的严重阻碍。为了解决这一问题,全省各地市积极出台解决方案,如西安市政府制定了《西安市文化产业发展专项资金管理暂行办法》,办法规定了在管理和使用专项资金时需要遵循以下原则:第一,全面规划,统筹安排,保证重点,专款专用,社会效益和经济效益并重;第二,集中支持发展势头好,经济和社会效益明显的文化单位和重点文化产业项目。

专项资金主要用于三个方面:第一,列入《西安市加快发展文化产业实施方案》的重点项目,主要有广播影视业、文化娱乐业、新闻出版业、文化旅游业、文物及文化保护业和广告业六大重点行业;第二,支持文化资源的重新整合,提高集约化经营水平和产业集中度,重点发展一批拥有自主知识产权和文化创新能力,竞争力强的大型文化产业集团,扶持打造一批强势文化产业品牌和文化产业集团;第三,市委、市政府确定的文化产业项目。在《西安市加快发展文化产业实施方案》中,计划2006年市财政安排1000万元,从2007年开始每年安排2000万元,以后根据文化产业发展情况逐年递增,专项用于支持发展文化产业。据统计,2006年到2009年三年之中,西安市总共拨付5237.5万元用于建立文化产业发展专项资金,这期间西安市总共申报的文化产业项目达到123个,专项资金扶持的重点项目为37个。然而,虽然政府的财政拨款数额不断增加,但是巨大的资金缺口仍旧存在。

(2)金融机构对文化产业支持不足

银行贷款是文化产业间接融资途径中的重要组成部分。然而,由于文化产业的特点,大部分文化企业很难从银行获得资金。在我国,为了保证贷款的安全性,银行的新增贷款中信用贷款的比例有所减少,而抵押和担保贷款的比重相应增加。虽然理论上很多形式的资产,如土地、建筑物、设备等都可以作为抵押物,但是目前银行最偏好的是以房地产作为抵押。而文化产业的资产主要表现为知识产权和品牌价值等无形资产,难以进行评估,并且存在着风险偏大等特点,因此很难通过抵押的方式获得银行贷款。另外,银行在选择对文化企业进行贷款时,大型文化企业比中小型文化企业更能受到银行的青睐。大型文化企业拥有长远的企业发展规划、良好的信用状况、完善的管理结构,并且这类企业能够获得政府的担保。因此对这类文化企业进行贷款,银行的风险会降低不少。而中小型文化企业则相反,银行在选择向这类企业放款时会非常谨慎。目前关中地区的中小型民营文化企业基本上很难获得银行贷款。西安市大唐西市的有关负责人表示:"银行贷款目录根本没有文化产业专项贷款,只把其归类于商业、地产之类,没有文化产业目录。"由此看出,银行服务和担保服务的不到位已经严重影响了关中地区文化产业的投资发展。

(3)投资主体单一

市场经济条件下投资的一大特征就是投资主体的多元化。文化产业

## 第二章 打造丝绸之路经济带上的科教文化与经济一体化中心

属于高投资产业,理应形成多元化的投资主体;但陕西目前的情况是文化产业的投资主体比较单一,主要依靠政府投资。除了政府投资,其它投资主体的参与非常少,整个文化产业还没有形成多元化的投资主体,民间资本和外资的作用还未充分发挥出来。虽然政府在这几年逐渐放宽了民间资本和外资进入文化产业的限制,但受传统文化观念和文化产业自身高风险性特征的影响,民间资本对进入文化产业的积极性还不高。仅从西安市文化企业的构成来看,虽然绝大多数是中小型民营企业,民间资本在这里发挥了作用,但是这些企业的规模非常小,注册资金不高,经营收入较差,效益偏低。更有一部分文化企业采用家庭作坊式的经营模式,缺少相应的规章制度,经营分散,效率低下。例如,西安影视制片公司的固定资产总值为326万元,2008年收入为269万元,存在少量亏损。从整个产业的角度来说,民间资本和外资在西安市文化产业中发挥的作用还非常有限。

2.融资中存在的问题

(1)文化产业融资渠道单一

纵观国外一些发达国家的文化产业,其发展过程中所需要的资金投入往往来自政府、民间和外资等多种形式。长期以来,陕西作为欠发达地区,经济总量偏小,地方财政支持有限,政府对文化产业的资金投入严重不足,使得民营投资成本较高,外资,由于文化市场准入机制的限制,也较难进入市场。同时,激励社会力量投资文化产业、参与文化活动的创新举措和政策倾斜还比较少,市场化的融资体系尚未完全形成,文化投资仍以政府投资为主,民间力量参与较少,没有形成多元化的融资体系。这种现象与发展文化产业、扩大文化市场所需要的资本扩张要求不相适应。[38]

(2)融资成本高,风险大

由于陕西文化企业大多是中小企业,中小企业融资本来就存在"老大难"的问题,再加上文化企业的特殊性,在融资担保过程中,评估、担保的程序会比较复杂,融资活动所花费的人力、物力、财力都非常多,实际上就会使融资成本增加。同时,文化企业的融资活动还存在风险较大的问题。由于消费者对文化产品的需求存在较大的不确定性,文化企业的预期收益一般也具有较大的不确定性,加之有的企业在发展过程中不能制定适当的风险规避策略,对风险管理和控制能力较弱,不但给企业的长期发展蒙上阴影,更是增加了融资风险。

(3)文化产业融资模式落后

陕西文化产业融资体系尚未完全形成,社会化融资渠道不畅。文化企业资产主要表现为知识产权和品牌价值等无形资产,有形资产少。其在商誉、声望和知名度等无形资产的担保评估体系不健全的情况下,企业价值很难确定,因而银行不敢轻易放贷。金融机构在为文化企业提供金融服务方面,明显存在融资产品创新不足的问题,致使文化企业实际融资规模较小。关中地区文化产业获得金融资本支持的力度远远不够,"融资难"已成为文化产业发展的瓶颈。

(4)文化产业融资结构失衡

陕西文化产业面临着直接融资失衡和间接融资失衡的问题。对于众多的陕西文化企业来说,通过发行股票和债券等直接融资方式筹集资金是非常困难的,因为这些方式对企业各方面的要求非常严苛。陕西多数中小型文化企业很难满足直接融资所需的各种条件,因此,多数文化企业尤其是中小型文化企业只能转而通过间接融资方式来寻求解决发展资金的办法,这就导致了文化企业直接融资和间接融资的失衡。

(三)陕西文化产业投融资存在问题的原因剖析

1.政府文化产业管理理念落后

由于文化与意识形态的关系,在政府管理理念中,文化领域被纳入意识形态的管理范畴。政府往往忽视了文化领域产品的商业价值及从业人员的市场意识、文化产业发展的经济规律、文化产业管理的法律手段、文

## 第二章 打造丝绸之路经济带上的科教文化与经济一体化中心

化产业资本及投融资主体的多样性等方面的规律。这导致了政府对文化产业的投资理念不强,同时也存在其他民间资本难以进入文化产业领域或者是即使进入了也难以享受到公平待遇的问题。政府投资大多偏向于大中型的国有文化企业,以民营企业为主的中小文化企业很难得到与大中型国有企业平等的待遇,另外,过去文化产业不是政府相关优惠政策的支持重点,政府在资金、税收、项目、人才、技术、信息等方面一直没有相关支持政策,广大中小文化企业一直处于边缘化状态,难以吸引资本的注意力。因此,政策导向造成了陕西文化产业融资困难。

2.我国金融市场存在的缺陷

从我国金融市场运行方式来看,首先,我国资金借贷业务主要以银行为主,民间资本难以通过合法渠道进入信贷市场;其次,发行股票等直接融资方式以大中型股份有限公司为主,即使是中小板、创业板,中小文化企业也难以涉足;再次,发行公司债券等融资方式门槛更高,必须经过政府部门严格审批。从配套的金融支撑体系建设来看,首先,商业银行出于风险防范需要,担保机制不断增强,而愿意为文化企业实施担保的担保机构规模偏小,担保能力有限,担保费用较高,如此一来,同等条件下严格控制对文化企业的放贷,就造成了事实上文化企业融资的不平等;其次,文化企业融资规模较小,金融机构审查监管的成本较高,为了避免不利选择及信息不对称,商业银行往往不愿意向文化企业提供贷款。

3.法制建设相对滞后,市场体制不健全

文化产业是市场经济条件下的一种新兴产业形态,因此健全的法制和市场环境是文化产业实现可持续发展的必要条件。然而到目前为止,我国文化产业的法制体系建设还不够完善,投资者所关注的法律地位、权益保护等核心问题还没有得到很好地解决,因而对文化产业的投资存在着比较大的风险,所以这就要求政府主管部门必须通过建立相应的投融资法规体制来为其服务。然而,由于我国文化产业的投融资法制体系建设还相对滞后,文化产业在投融资方面所存在的产权界定、资产评估、资本流转等问题很难得到公正合理地解决,从而导致那些有投资意向的投融资主体大多处于观望状态。

### 三、陕西文化产业投融资多元化的形式创新

#### (一)投资主体多元化的形式创新

市场经济条件下文化产业的发展需要吸引包括政府、企业和个人等更多的投资主体参与进来,多元化的投资主体是美、英、日等发达国家文化产业投融资体系的共同特征,虽然各个投资主体发挥的作用并不一样。如美国主要依靠的是企业和个人投资者,这些投资者通过直接投资或者向基金会进行捐助的方式投资文化产业,而政府主要是制定相关政策措施来保障文化产业的发展。英国和日本则充分发挥政府、企业和个人的作用,政府一方面大力投资文化产业,另一方面积极引导民间各种投资主体参与到文化产业投资中来。

针对陕西文化产业的投资主体单一化问题,今后陕西文化产业的发展必须吸引各种投资主体参与进来,也可以通过 BOT、TOT、PPP、PFI[39]等项目融资的方式,把各种投资主体有机地结合起来,共同投资文化产业。对于政府来说,其直接投资首先要投入到那些非营利性的文化产业基础设施中去,以解决公共物品在市场机制下供给不足和投资短缺的问题。政府投资还应该充分发挥示范性作用,投资那些其它投资主体还较少进入的文化产业领域,以增强其它投资主体投资文化产业的信心。对于那些政府没有明令禁止私人进入的竞争性文化产业领域,政府要积极鼓励民间投资主体参与进来。

#### (二)融资渠道多元化的形式创新

1. 扩大内源融资和外源融资渠道

鼓励上规模的文化企业积极进行内源融资,着力支持中小文化企业进行外源融资。企业通过内源融资获得的资金具有很大的自主性,不受外界因素的制约和影响。然而这种融资方式受企业自身积累能力的影

响,只有那些规模较大的文化企业能够从这种融资方式中获益。因此,对于中小型文化企业居多的关中地区来说,文化企业应该着重转向外源融资。外源融资不受企业自身积累能力的限制,能够在短时间内聚集起闲散的资金,迅速满足企业的融资需求,具有高效性的优点。

2. 调整融资结构,平衡直接融资和间接融资

一方面,就上市发行股票直接融资而言,截至目前,我国国内通过股票上市进行直接融资的文化企业数量非常少,关中地区就更少,这就有巨大的空间等待文化企业参与进来。就发行债券进行直接融资而言,目前,我国公司发行债券的门槛还较高,一般文化企业难以达到独立发行公司债券的要求,但公司集合债券则开辟了文化企业新的融资思路。公司集合债券打破了债券发行是"大公司"专利的格局,解决了文化企业由于规模小、变动快、风险高、担保不足,难以叩开债券发行公司大门的问题。因此,关中地区文化企业可以尝试在政府的指导支持下发行公司集合债券,创新直接融资渠道。

另一方面,鉴于目前银行等金融机构对陕西文化产业支持不足的现状,政府需要尽快完善相应的法律法规以及担保制度,改善中小文化企业的间接融资环境。

(三)不同生命周期阶段的文化企业应采用不同的投融资方式

处于种子期和创业期的文化企业有许多不确定因素,因此很难通过银行贷款、信用融资等方式获得资金。此时主要的融资渠道有政府的中小企业创业基金、孵化基地、天使投资者和风险投资机构,而天使投资者和风险投资机构是国外发达国家文化产业的最主要的两个投融资渠道。处于成长期和成熟期的文化企业,银行贷款、商业信用融资、租赁融资、发行股票和债券融资等各种形式的外源融资是其主要的融资方式。近些年来,知识产权抵押融资模式在美国、日本等国也逐渐发展起来,开创了文化产业融资的新途径。

陕西文化产业要根据文化企业不同发展阶段的融资需求,采取不同

的融资方式。目前情况下,对于那些处于发展初期的文化企业,政府应该牵头加快设立相应的中小文化企业创业基金、扶持基金以及孵化器,对文化企业进行融资支持;对于那些上规模、发展成熟的文化企业,一方面政府应当大力引导金融机构为其提供融资支持,另一方面政府要促进这些企业与资本市场进行对接,通过发行股票、债券等方式进行直接融资。

### (四)发展各种文化产业基金和担保机构

从发达国家文化产业发展的经验来看,各种公募和私募的产业基金对文化产业发展贡献巨大。美国和英国的产业投资基金主要采取私募形式,这些私募产业投资基金拥有完善的管理制度、严格的风险控制以及合理的退出机制,在保证基金安全运作的同时,支持文化产业的发展。彩票基金是一种新型的文化产业投资模式,英国彩票基金拥有完善的基金分配体系,有专门的机构来进行管理和运作,并设立专项资金资助文化产业。陕西也可以借鉴这些经验,设立符合现状的文化产业基金,将政府和民间各种投资主体的资金汇集起来,严格筛选目标文化企业进行投资。

文化产业受制于其自身的特点,其在融资过程中需要各种形式融资担保的支持。美国和日本等国都拥有相应的融资担保制度,美国的完工保证机制、日本的信用保证协会都为中小企业的融资提供了有力保障。目前陕西几乎没有为文化企业融资提供担保服务的机构,这大大增加了文化企业的融资难度,其中一个重要的原因是陕西缺少相应的文化产业评价体系。公平合理的文化产业评价体系一方面能够为担保机构提供可靠的担保依据,另一方面可以帮助文化企业通过知识产权抵押模式进行融资。因此,陕西文化产业应该由政府牵头,在为那些具有发展潜力的文化企业提供担保的同时,积极发展民间的文化产业担保机构和评价机构,为文化企业的融资保驾护航。

### (五)充分利用丝绸之路经济带建设战略,融通国内外资金

丝绸之路经济带建设为陕西文化产业积极利用外资提供了一条重要途径。首先,从产业投融资体系本身来说,外资是其中的一个重要组成部

## 第二章 打造丝绸之路经济带上的科教文化与经济一体化中心

分,是资金的一个重要来源;其次,外资进入到我国文化产业中来,会带来国际上更为先进的设备、技术以及管理理念,能够提高我国文化产业发展进程;再次,外资的进入能够促使我国的文化产业以更快的速度融入到国际文化产业的发展中去。当前国内的经济形势受到全球金融危机的影响,外资的投资力度减小,并且在项目选择上更加谨慎。而陕西拥有许多在国际上知名度较高的文化资源。尤其是历史文化资源,这些资源具有非常大的开发价值。陕西的文化企业要借丝绸之路经济带建设战略,加大对外宣传力度,通过各种手段来提升各种文化资源的知名度,召开大规模的文化产业博览会,从而吸引外资的眼球,为文化产业的发展助力。

**注释:**

[1]赵小荣:《陕西省教育、科技与经济协调发展的历史分析》,《西安欧亚学院学报》,2006年,第2期。

[2]赵可金:《向西门户的机遇期已到来,陕西机不可失》,《文琳资讯》,2016年2月18日。

[3]赵小荣:《陕西省教育、科技与经济协调发展的历史分析》,《西安欧亚学院学报》,2006年,第2期。

[4]孙绍荣,伍彦,朱君萍:《科技、教育、经济协调发展的研究》,上海科技教育出版社,2001年,第1—12页。

[5]张筱峰,刘剑:《内生增长理论及其对我国的启示》,《理论月刊》,2004年2月。

[6] Romer, P. M. Endogenous Technological Change[J]. Journal of Political Economy,1990,(10).

[7] Romer, P. M. Increasing Returns and Long-Run Growth[J]. Journal of Political Economy,1986,(10).

[8] Lucas, R. On the Mechanics of Economic Development[J]. Journal of Monetary Economics,1988,(7).

[9]陈秀山,张可云:《区域经济理论》,商务印书馆,2003年,第222—223页。

[10]叶茂林:《教育发展与经济增长》,社会科学文献出版社,2005年,第28—65页。

[11]孙绍荣,伍彦,朱君萍:《科技、教育、经济协调发展的研究》,上海科技教育出版社,2001年,第153—158页。

[12]姚益龙:《教育对经济增长贡献的国际比较》,中山大学出版社,2003年,第105—110页。

[13]生产函数的规模报酬不变是指:若有任意的 $\lambda > 1$,如果对于生产函数中的劳动力、资本等非技术要素投量同时增大 $\lambda$ 倍,则产出量也增大 $\lambda$ 倍,即 $Y = F(A, \lambda L, \lambda K, \cdots) = \lambda F(A, L, K, \cdots)$。

[14]王鹏:《新经济增长理论与台湾经济增长研究》,厦门大学,2006年博士学位论文,第47—50页。

[15]王金营:《人力资本与经济增长——理论与实证》,中国财政经济出版社,2001年,第58—62页。

[16]许丽君:《陕西省高等教育对经济增长的贡献研究》,西北大学,2007年硕士学位论文,第13—14页。

[17]王忠民,郭立宏等:《科技优势与经济滞后——求解陕西发展之谜》,陕西人民出版社,1999年,第86—91页。

[18]武永义,贺忠厚,刘慧荣:《陕西省科教资源对经济增长贡献度的实证分析及财税对策》,《经济研究参考》,2007年,第34期,第22—27页。

[19]武永义,贺忠厚,刘慧荣:《陕西省科教资源对经济增长贡献度的实证分析及财税对策》,《经济研究参考》,2007年第34期,第22—27页。

[20]武永义,贺忠厚,刘慧荣:《陕西省科教资源对经济增长贡献度的实证分析及财税对策》,《经济研究参考》,2007年第34期,第22—27页。

[21]新华网2014年10月23日。

[22]武永义,贺忠厚,刘慧荣:《陕西省科教资源对经济增长贡献度的实证分析及财税对策》,《经济研究参考》,2007年第34期,第22—27页。

[23]戚湧:《内生增长理论与高校产学研结合创新研究》,《江苏高教》,2007年

## 第二章 打造丝绸之路经济带上的科教文化与经济一体化中心

第 2 期,第 134—136 页。

[24]彭未名,王颖:《科教兴鄂的产学研一体化理论构想》,《区域经济与社会发展》,2004 年第 12 期,第 61—63 页。

[25]张伟:《如何发挥企业在技术创新中的主体地位》,http://www.tyqtj.gov.cn/fxbg/ShowArticle.asp? ArticleID = 31,2006 - 09 - 06。

[26]武永义,贺忠厚,刘慧荣:《陕西省科教资源对经济增长贡献度的实证分析及财税对策》,《经济研究参考》,2007 年第 34 期,第 28—30 页。

[27]迈克·费舍斯通:《消费文化与后现代主义》,译林出版社,2000 年,第 19—20 页。

[28]刘玉珠:《文化市场学:中国当代文化市场的理论与实践》,上海文艺出版社,2004 年,第 13 页。

[29]张胜冰等:《世界文化产业概要》,云南大学出版社,2006 年,第 73 页。

[30]林拓等主编:《世界文化产业发展前沿报告 2003—2004》,社会科学文献出版社,2004 年,第 322—323 页。

[31]林拓等主编:《世界文化产业发展前沿报告 2003—2004》,社会科学文献出版社,2004 年,第 323 页。

[32]张胜冰等:《世界文化产业概要》,云南大学出版社,2006 年,第 136 页。

[33]李惠:《走进私募基金》,经济科学出版社,2001 年,第 49 页。

[34]厉无畏:《创意产业导论》,学林出版社,2006 年,第 172 页。

[35]资料来源:《中国新闻网》

[36]数据来源:《西安日报》

[37]余秀丽,陈爱玲:《陕西文化产业投融资发展现状分析》,《价值工程》,2011 年第 11 期,第 1—2 页。

[38]杨尚勤,石英,王长寿:《陕西文化发展报告(2011)》,北京:社会科学文献出版社,2011 年,第 82—83 页。

[39]BOT( Build - Operate - Transfer)方式是指政府就某个基础设施项目与非政府部门的项目公司签订特许协议,授权签约方的项目公司来承担该项目的投资、融资、建设、经营和维护,在协议规定的特许期限内,这个项目公司向设施使用者收取适

### 打造丝绸之路经济带上的战略高地

当的费用,由此来回收项目投入融资、建造、经营和维护的成本,并取得合理回报;政府部门则拥有对这一基础设施项目的监督权、调控权;特许期满,签约方的项目公司将该基础设施无偿移交给政府部门。TOT(Transfer – Operate – Transfer)方式是指政府把已经投产运营的基础项目在一定期限内的特许经营权移交给民间投资人,通过在约定期限的经营,民间投资人收回全部投资和合理回报,待特许经营期结束后,政府再将项目的所有权收回。PPP(Public – Private – Partnerships)方式就是公共部门与民营企业合作模式,是公共基础设施建设中发展起来的一种优化的项目融资与实施模式,是一种以各参与方的"双赢"或"多赢"为合作理念的现代融资模式。PFI(Private – Finance – Initiative)模式是指利用私人或私有机构的资金、人员、技术和管理优势进行公共项目的投资、开发建设与经营,政府对私人部门提供的产品和服务进行购买,也可以以合营方式或者以授予私营部门收费特权的形式出现。

# 第三章 打造丝绸之路经济带上的现代金融中心

## ——西安构建区域性金融中心研究

众所周知,金融是现代经济的核心,能为实体经济的发展提供强有力的资金支持。丝绸之路经济带沿线区域和国家之间进行能源合作、经贸合作及基础设施等重大工程的建设、合作等都离不开资金的支持。虽然我国已经发起并建立了亚洲基础设施投资银行和丝路基金,但仅仅有亚投行和丝路基金是远远不够的,多渠道的资金来源才是解决资金问题的可靠保证。金融中心具有聚集金融资源并辐射周边地区的功能,因此,建设丝绸之路经济带上的区域性金融中心就势在必行。西安是古丝绸之路的起点,也是现代新丝绸之路经济带的新起点和核心区段,无论在经济发展水平、地理区位还是国际合作方面,西安在西北五省中都占据领先位置。因此,西安有条件、有潜力成为丝绸之路经济带上的区域性金融中心,并利用金融中心辐射西北五省及中亚地区,以此推动丝绸之路经济带的建设。

## 第一节 区域性金融中心的功能及其形成条件

### 一、金融中心、区域性金融中心的概念界定

金融中心能够聚集大量的金融资源,全面集中地开展资本借贷、债券发行与交易、外汇交易及保险等金融服务。那么,什么样的城市才能称得

上是金融中心呢？Charles Kingdleberg（1974）从金融功能的角度对金融中心的概念进行了界定,他指出,金融中心不仅可以跨时结算个人或企业的储蓄与投资,将资金从存款者手中转移到投资者手中,还可以影响不同地域之间资金的交付与转移。银行与金融中心充当了资金交易的媒介,而国际金融中心则提供了专业化的国际借贷和国家之间支付的服务。Dufey. G 和 I. H. Giddy（1978）的研究表明,金融中心是金融聚集的大都市,是一国范围内或区域范围内金融交易的清算地,它拥有区位、信息、金融服务的便捷性等优势。Yossef Cassis（2013）认为,金融中心是在一个特定的城市空间、由一定数量的金融服务组成的集合体。金融中心承担了协调金融交易和安排支付清偿的工作。[1]饶余庆（1997）认为金融中心是银行与其他金融机构的高度集中,各类金融市场能自由生存和发展,金融活动与交易较任何其他地方更能有效地进行的都市。[2]谢太峰（2006）认为,金融中心是资金融通活动密集的地方,这样的地方一般是城市。金融中心应该是交易成本最低、交易效率最高、交易量大的一个资金交易集聚地。[3]余秀荣（2009）的研究认为,从根本特征的角度讲,金融中心就是金融资源聚集和辐射功能发挥作用的地域。[4]

本章在借鉴前人研究成果的基础上,对金融中心做了以下界定:金融中心就是能够聚集大量的金融资源,拥有活跃的金融市场,能够高效低成本地开展资本借贷、债券发行与交易、外汇交易及保险等金融服务的都市。区域性金融中心就是在一定区域内能够聚集大量的金融资源,拥有活跃的金融市场,能够高效低成本地开展资本借贷、债券发行与交易、外汇交易及保险等金融服务的都市。

学者 Reed, H. C（1981）依据金融中心的腹地范围的不同,将金融中心分为五个等级:地方性金融中心——服务范围为其直接腹地;区域性金融中心——服务范围为直接腹地外更大的区域;国家性金融中心——服务范围为整个国家;国际区域性金融中心——服务范围为邻近国家和政治属地;全球性金融中心——服务范围为全球。[5]本章所研究的"丝带"

上的区域性金融中心主要服务范围为我国西北地区及"丝带"上的沿线近邻国家,如中亚。

## 二、区域性金融中心的功能

### (一)金融集聚功能

区域性金融中心在形成过程中会伴随着大量金融机构及相关辅助性行业的集聚,这些金融服务业的集聚,自然而然会吸引大量的金融资源聚集于此。同时,区域性金融中心,一般也是经济发达、交通通讯等基础设施便利的地区,且该地区拥有良好的投资环境及大量投资机会,能够吸引金融机构和金融资源源源不断地流向该中心。需要注意的是,随着金融创新的层出不穷、金融机构的多样化、金融服务的完善化,金融聚集功能不仅仅表现为金融机构及金融资源在量上的积累,更表现为金融机构及金融资源在种类上的增多及质量上的提升。金融集聚功能的发挥有利于区域性金融中心实现金融业的规模经济,金融中心通过促进金融业的良性竞争,推动金融创新,拓宽投融资渠道,降低金融交易成本,方便跨时跨地结算,活跃多层次的金融市场,提高金融资产的流动性等途径提升金融中心的质量,繁荣当地经济。余秀荣(2009)的研究就发现,金融集聚功能是金融中心的核心功能之一,金融中心形成的标准之一便是在其腹地范围内发挥金融集聚的功能。[6]因此,金融集聚功能是区域性金融中心最基本的功能,是金融中心配置金融资源、辐射腹地等功能发挥的前提。

### (二)金融辐射功能

区域性金融中心的另一大功能便是金融辐射功能。金融辐射功能可以理解为区域经济学中所论述的"扩散效应",主要是指金融中心作用于当地及周边地区经济的过程。金融是经济的核心,金融中心通过聚集金融资源,形成巨大的金融能量,并通过金融中心与各地之间的经济联系把金融能量输送到腹地,渗透到腹地的经济中去,以此带动腹地甚至是全国、全球经济的发展。余秀荣(2009)的研究认为,金融中心通过聚集金融资源,形成巨大的经济能量和金融"辐射源",金融辐射源通过金融传递媒介向其他地区传递其经济能量,对其他地区的经济和金融活动产生渗透、推动、引领的作用。[7]由于各地之间的经济联系日趋紧密,金融辐射功能是伴随着金融中心整个发展过程的,且与金融集聚功能联系紧密。金融集聚功能越强,金融中心所蕴藏的金融能量越大,金融中心的辐射功能也就越强,也就意味着金融中心对其腹地辐射的广度和深度越大。

### (三)有效配置金融资源的功能

区域性金融中心形成的条件之一是形成活跃的多层次的金融市场。金融市场能够有效地吸引社会游资及闲散资金,并为企业提供融资平台和多种融资渠道,通过金融市场所反映的货币供求,将资金在各部门之间重新分配。同时,活跃的金融市场加速了金融交易,无形中提高了金融资源的流动性,且资金总是追逐高收益的,因此,在金融市场上,资金总是从效率低的部门流向效率高的部门,资金的流向从整体上提高了资源的利用效率,实现了金融资源的有效配置。金融业既是一个流通范畴,也是一个分配范畴,但从本质上来说更是一个分配范畴。金融业从经济发展的战略出发,通过信贷、利率、汇率等经济杠杆和金融资产证券化、重组兼并等手段,实现对金融资源的优化配置,其核心内容所涉及的主要是金融市场上金融产品的定价。[8]

### (四)金融创新功能

创新能为企业带来不竭的生命力,而创新依靠人才,没有人才便没有创新的源泉。金融中心聚集着大量的高素质金融人才,同时也面临着腹地多种多样的金融需求,为了满足不同的金融需求,也为了追逐利润,金融中心的创新活动便非常频繁,相对应的金融产品也层出不穷。同时,金融中心大量金融机构的聚集及活跃的金融市场,也为金融创新提供了有利条件,金融创新也为金融中心提供了旺盛的生命力。

### (五)风险管理功能

现代经济的发展离不开金融,金融已然渗透到各行各业,而金融是风险与收益并存的行业。由于金融本身的高风险性及金融风险的"多米诺骨牌"效应对整个社会的经济来说,金融业高效稳健的运行是至关重要的,而金融风险又会酝酿金融危机,一旦发生金融危机,则会波及整个经济,造成巨大损失。吴晓求(2010)认为,现代金融的核心功能是为整个经济体系创造一种动态化的风险传递机制,使风险能够通过金融体系来转移。[9]金融中心能够利用其活跃的金融市场、多种金融机构的集聚等优势保障金融资产有序、高效地流动,提高风险的配置效率,为金融风险提供有效的转移机会。同时,通过建立一套相对完善的金融监管体系及法律体系,金融中心能够监督金融活动,降低金融风险。

## 三、区域性金融中心的形成条件

金融中心具有强大的功能。那么,什么样的地方才能成为金融中心呢?或者说,金融中心形成的条件是什么呢?Charles P. Kindleberg(1974)认为,金融市场组织中的规模经济是金融中心形成的向心力,这种向心力不断吸引新的金融资源聚集于该区域,从而导致金融空间集聚规模的进一步扩大。Henry Kaufman(2001)认为,具有严格信息披露制度和较为完善的法律体系,是形成金融中心应该具备的最重要的条件。胡坚(1994)认为资金的供求是国际金融中心形成的先决条件,而历史地理等天然赋予的优势则是国际金融中心形成的必要条件。[10]唐旭(1996)指出形成金融中心必须具备的条件,即比较完整的金融市场体系、众多的金融机构、便利的相关基础设施、广阔的信息腹地、足够多的优秀的金融专业人才、宽松的经济金融政策、较为雄厚的经济基础和稳定的政治环境。[11]赵晓斌等人(2002)从金融地理学的角度考察,认为金融业可被理解为"高增值"的信息服务业,"信息流"和"不对称信息"是金融中心发展的先决条件。[12]黄运城和杨再斌(2003)指出,便利的交通与发达的基础设施、繁荣的经济、完善的金融市场、金融机构的大量聚集、完善的法律体系及稳定的政治形势是金融中心存在与发展的基础条件。[13]李义奇

(2011)认为经济腹地是金融中心存在的基础,金融中心具有其腹地范围内其它中心所不具备的功能优势,准确的功能定位是建设金融中心的前提。[14]

概括上述各种观点,运用相关基本原理,我们发现,区域性金融中心形成的基本条件包括以下几方面:

(一)发达的腹地经济

区域性金融中心的建设应以发达的腹地经济和稳定的经济增长为依托。一方面,腹地经济的发达在一定程度上反映出门该地区人民收入水平及生活水平的提高,从而直接提高了储蓄水平;另一方面,收入水平的提高也使该地居民更倾向于投资理财,增加了对金融产品的需求。因此,发达的腹地经济从这两方面增加了金融中心的资金供给。同时,腹地发达的经济使金融中心所在地区的经济环境优化,吸引了更多的贸易和投资机会,吸引国内外企业入驻,从而产生大量的资金需求。发达的腹地经济所产生的巨大的资金供给与需求便为金融中心的建设提供了源源不断的推力与拉力。

(二)金融机构及相关服务业的大量聚集

一个金融中心必定聚集着大量的金融机构,诸如纽约、新加坡、东京等金融中心都聚集着大量证券公司、银行、保险公司等金融机构。Charles Kingderberg(1974)就认为,银行和高度专业化的金融中介的集聚,形成了金融服务中心。[15]金融机构的集聚能够使金融中心的金融业达到规模经济,也能使金融机构之间的合作与信息交流更加方便,降低成本并分散风险。随着金融机构的聚集,其相关服务业如会计事务所、律师事务所、审计等机构也会随之聚集,为金融中心提供多种服务。同时,不同的金融机构能够提供多种多样的金融业务,满足不同的投融资需求,吸引更多的投资者及筹资者,活跃金融市场。金融市场承载着各种各样的金融活动,一个完善的金融市场体系应包括货币市场、资本市场、黄金市场、外汇市场、保险市场及衍生性金融工具市场。一个金融中心只有具备了活跃的金融市场,才能够吸引更多的资金,成为金融资产的集散地,也才能提高金融资产的流动性及资金的配置效率。

### (三)方便发达的交通、通讯网络等基础设施

发达的交通不仅能够便利商贸活动,而且能增加对投融资的需求,因而,发达的交通有利于金融中心的形成。金融中心是金融活动的发生地和金融信息的聚散地,金融市场行情瞬息万变,获得信息稍有延迟,便可能带来巨大的经济损失,因此金融中心对人员、信息的流动性要求很高。随着信息技术的发展,金融的网上交易越来越频繁,越来越多的投资者倾向于绕过金融中介,通过手机、网络等设施直接进行交易,这样不仅降低了交易成本,同时也加快了信息的流动。总而言之,在 21 世纪,一个金融中心的形成必然离不开便利的交通、通讯网络等基础设施。

### (四)完善的法律、政策等制度软环境

金融中心在形成过程中离不开法律法规及相关政策的支持。完善的法律体制能够规范经济、金融活动中各参与方的行为,保障经济活动、金融活动的顺利发生,维护各方的合法权益,为金融监管提供便利,降低风险。政府出台的相关有利政策能够吸引境内外企业、金融机构入驻该地,为金融中心提供资金来源及需求。因此,完善的法律法规、宽松的政策等制度支持能够为金融中心的形成提供有力的支持。

### (五)源源不断的人才供给

人才是金融创新的源泉,人才的质量直接关系到金融中心发展的质量。从统计数字来看,金融行业的高学历人才比一般行业多,而金融中心的金融人才又比其他地方的金融行业高学历人才比例大。[16]金融中心不仅仅需要大量的金融人才,对会计、管理、信息技术及法律等方面的人才也有较高需求。因此,源源不断的高质量人才供给,也是金融中心形成的必要条件之一。

## 第二节 区域性金融中心的形成机理及互联网金融对其产生的影响

### 一、区域性金融中心的形成机理

在区域性金融中心形成机理的探讨上，Park(1982)将区域经济学中的区位理论应用于金融中心的成因分析上，指出国际金融中心形成的主要依据是区位优势。E. philip Davis(1990)首次把企业选址理论应用到金融中心形成的研究中去，从供给因子、需求因子和外部经济三个角度分析了金融企业如何进行选址。Thomas Gehrig(1998)证明了金融实体和金融行为具有地理上的集聚趋势和发散趋势并存的现象，他认为对信息较为敏感的金融交易更可能集中于信息集中与交流充分的地区，从而形成金融中心。Kristen Bindemann(1999)指出区位理论对供给、需求、沉淀成本、内部和外部规模经济以及规模不经济、交通成本、心理成本、信息和不确定问题等因素的意义，使之成为解释金融中心形成和发展的重要基础理论之一。Martin(2000)认为，制度是历史的携带者，制度把路径依赖传授到经济过程，不同的地区制度路径不同，从而导致金融景观产生差异。结合制度环境和制度安排及两者的关系，可以更好地解释金融中心的形成及其演化路径。潘英丽(2003)从金融机构的空间集聚角度分析了金融中心的形成条件，重点分析了金融中心的集聚效应与外部规模经济效益，并将区位选择理论运用到了金融中心的形成原理中。[17]冯德连、葛文静(2004)通过对规模经济学、区位经济学和金融产品流动性理论以及三大国际金融中心成长的理论流派分析，提出了国际金融中心成长机制的"轮式模型"。该模型认为，科学技术和经济发展两种拉力，供给要素、历史因素与城市因素三种推力以及地方政府的公共政策的作用力合力推动了国际金融中心的形成。[18]薛波(2009)指出，规模经济是金融中心产生和发展的主要推动力，集聚经济是金融中心存续的重要原因，规模经济学理论是区位经济学理论在集聚经济效应方面的扩充性说明。他强调了在影响国际金融中心形成的诸多因素当中,集聚经济效应所造成的巨大影响。[19]王保庆(2014)用地理区位、金融集聚和制度供给三大理论解释金融中心演化的一般路径。他认为金融中心建设应综合分析城市所处区位、金融业的集聚和制度供给等因素。[20]闫彦明、何丽和田田(2013)认为是"政府"和"市场"这两种不同的力量相互作用,共同推进了国际金融中心的形成,并将国际金融中心划分为政府主导型和市场主导型两类模式。[21]

下面我们将运用区位理论、聚集理论和增长极理论等理论,分析区域性金融中心的形成机理。

(一)区位优势带来的工商业产业的大量聚集是金融集聚产生的需求拉力

根据阿尔弗雷德·韦伯(1909)的工业区位论和埃德加·M.胡佛(1931)的运输区位论等理论,工商业产业的企业总是选择在那些交通运输和通讯信息条件好的地理区位落户和聚集,并逐渐形成了产业聚集、人口聚集的中心,也就是城市。这种工商业产业和人口的聚集形成了发达的城市经济,既为银行等金融机构的进入和聚集形成了服务需求和拉力,同时也为它们的发展创造了很好的条件。费农(1966)在研究金融集聚的原始动机时也指出,城市不断涌现的商机对于那些具有很大不确定性的产业和服务业有着巨大的吸引力。金融中心的形成离不开工商业产业的集聚,世界上已有的金融中心如伦敦、纽约、东京等总是位于工商业高度发达的经济中心城市,经济的高度发展会派生出对金融产品及金融服务的需求,进而吸引金融机构的入驻,逐渐形成金融集聚。以纽约的集聚过程为例,纽约港吸引了大量的批发商,批发商又有着巨大的资金需求及大量业务往来,这又吸引了大量的金融机构前来,形成金融集聚区。金融中心也就是大量金融机构的聚集区。金融中心的形成离不开金融产业的集聚,一个金融中心城市必定包含数量众多、功能齐全且种类多样的金融机构。金融产业的集聚是各类金融机构及其辅助性行业集中发展的结果。通过促进金融业的良性竞争，推动金融创新，拓宽投融资渠道，降低金融交易成本，方便跨时跨地结算，活跃多层次的金融市场，提高金融资产的流动性，更加高效地配置资本等多种途径，金融产业的集聚能够推进产业优化升级，支持企业发展，促进经济繁荣。从这一角度来讲，金融集聚的形成是经济在区位条件好的地区发展到一定阶段的产物，并促进经济进一步聚集和发展。

(二) 政府在区位条件和资源禀赋优越的地区进行金融聚集的制度安排

有的地区的金融集聚主要是由政府强力的支持和推动而形成的。政府利用当地的区位及资源禀赋等优势人为地设计相关制度、优惠政策，鼓励金融机构的入驻，因而，在较短的时间内某地区可以形成具有多种功能的金融集聚区。政府推动形成的金融集聚具有超前性，并不是经济发展到一定阶段的产物，在一定程度上先于经济的发展水平，而后带动经济的发展，如新加坡的金融集聚便是典型的政府推动形成的。新加坡独立之初，国内经济萧条，失业率高，新加坡政府就利用其有利的区位优势及时区条件，制定低税收等政策吸引国内外金融机构入驻新加坡，鼓励金融业在新加坡的发展。新加坡的金融集聚在政府的有力推动下很快形成，多层次的金融市场亦随之出现，因此，新加坡在20世纪末便成为世界主要的金融中心之一。新加坡的经济也在金融业的推动下，获得了长足的发展。

(三) 金融集聚自身具有的积极的内部效应和外部效应

金融集聚使金融业内部产生规模效益，能够降低行业的生产成本，并逐渐培育出影响巨大、实力雄厚的金融机构，其在促进行业自身发展的同时又强化了金融集聚。实践已经证明，凡是在金融领域拥有话语权的国家或地区，往往拥有规模巨大、影响力深远的金融机构群。法国经济学家弗朗索瓦.佩鲁在20世纪50年代论证了经济增长发源于一个"推动型单位"的命题，"推动型单位"具有自身规模巨大，相对于其他部门具有强大优势，同其他部门有紧密联系，有强劲的经济增长能力等特点。因此，在金融业已经形成规模聚集的核心城市，金融集聚内部效应的发挥最终将

第三章　打造丝绸之路经济带上的现代金融中心

导致金融业成为该地区的推动型单位,即区域经济的部门增长极。

金融集聚在形成内部效应的同时,也会形成巨大的外部效应。外部效应是指一个经济主体的行为对另一个经济主体的成本升降或收益增减的影响。作为部门增长极的金融业,不仅通过自身的发展促进该地区经济的增长,同时,通过与其他部门的紧密联系还把增长刺激扩展到其他经济部门。一方面,金融集聚会吸引相关辅助性行业如律师事务所、会计事务所等的集聚,推动这类服务业的发展;另一方面,金融集聚能够加速资金周转,提高金融资产的流动性,形成多层次的金融市场,为投融资提供便利,使金融集聚蕴藏的经济力量辐射至其他行业和周边地区,带动腹地经济的发展。

概括而言,金融集聚是区域金融中心形成的基础。纵观金融中心的发展史,我们不难发现,区域金融中心的形成无不伴随着金融集聚,没有金融集聚,便不可能形成金融中心,金融集聚是金融中心形成的微观基础。金融集聚能够满足经济发展对资金的需求,通过扩散效应、溢出效应等外部效应带动本地区相关行业的发展,为企业提供投融资的便利条件,推动本区域经济的快速发展。而实体经济的快速发展又内生出对金融更大的需求,从而进一步强化了金融业及其相关辅助性行业的集聚水平,使金融业的产值不断升高,逐渐成为该区域的核心产业,且随着金融集聚,相关的金融交易、金融资源、金融活动也逐渐聚集于此。当一个城市随着金融集聚慢慢承担金融资产交易中心、定价中心、信息传播中心以及金融相关服务中心等诸多重要角色之后,该城市作为区域金融中心的地位也就随之确立。[22]

## 二、互联网金融对区域性金融中心形成的影响

### (一)互联网金融的内涵

随着信息技术革命的推进,互联网已渗透到各行各业。近年来,以阿里巴巴、腾讯集团等为代表的互联网公司,着力于借助互联网形式逐渐向金融领域渗透,第三方支付、在线理财、P2P、电商小贷、众筹等金融模式

进入大众视野,互联网金融已然成为了一个新金融行业,并为普通大众提供了更多元化的投资理财选择。那么,什么是互联网金融呢?互联网金融是近些年出现的现象。Manuchehr Shahrokhi(2008)认为,互联网金融不仅仅是一个新的领域,更是与以商业银行为核心的间接资金融通模式以及以资本市场为核心的直接融资模式相并列的新兴金融模式。谢平、邹传伟(2012)认为,互联网金融模式是随着以互联网为代表的现代信息科技,特别是移动支付、社交网络、搜索引擎和云计算等的发展,出现的既不同于商业银行间接融资,也不同于资本市场直接融资的第三种金融融资模式。[23]吴晓求(2014)更为细致地指出,互联网金融指的是以互联网为平台构建的具有金融功能链且具有独立生存空间的投融资运行结构。所谓互联网金融是一种借助于互联网技术、移动通信技术,实现资金融通、支付和信息中介等业务的新兴金融模式。戴险峰(2014)则明确指出,中国的所谓"互联网金融"业务,只是传统金融在监管之外的一种生存形态,互联网只是一种工具。金融的本质没有变,也没有产生可以叫做"互联网金融"的新金融,"互联网金融"的提法并不科学。[24]殷剑峰(2014)也指出,"互联网金融"是"电子金融"的一种类型,其本质无非是利用互联网来提供金融服务。[25]

概括以上各种观点,我们发现,大多数学者认为,互联网金融是既不同于以银行为主的间接融资模式,也不同于以资本市场为主的直接融资模式的新的融资模式,是互联网技术与金融业相结合的产物。互联网金融依托大数据和云计算挖掘信息,在互联网平台上提供各种金融服务,并有可能形成以互联网为基础的金融市场体系、金融服务体系及金融监管体系。

互联网金融立足于客户体验与需求,利用自身强大的数据资源与技术平台优势,大大降低了金融交易过程中的交易成本和信息不对称;同时,互联网金融利用互联网技术、移动通信等技术使交易时间大大缩短,交易范围更加广阔,从而提高了金融交易的速度与效率,使金融活动对空

## 第三章 打造丝绸之路经济带上的现代金融中心

间地理的依赖程度越来越低,为传统金融业的发展带来更多的机遇与挑战。

**(二)互联网金融对区域性金融中心形成的冲击**

如前所述,金融中心的形成主要源于金融集聚及发展,金融集聚的主要表现就是金融机构在地理空间上的集聚,而互联网金融的出现将对金融机构的集聚带来冲击,即互联网金融通过影响金融机构地理上的集聚来影响区域性金融中心的形成。

1. 互联网金融弱化了金融机构媒介投资者与融资者的功能

我们知道,银行等金融机构产生和存在的最主要原因就是充当投资者和融资者之间的中介。在现实经济生活中,市场上有众多的投资者和融资者,金融机构作为媒介,联系着投融资者,使资金能够从资金盈余者流向资金短缺者手中。但现在,互联网金融为客户提供了互联网这一开放的平台,使投融资者能够绕过金融中介机构直接进行配对交流,进行投融资活动,更好地提高资源配置效率。因此,互联网金融的发展对金融机构功能的发挥带来了不利影响,弱化了金融机构的功能,冲击了金融机构的相关业务(如银行的存贷款业务、证券公司的经济业务、投资理财业务等),传统金融机构从事的某些业务甚至可能消失。

2. 互联网金融能够极大地方便投资者与融资者之间的直接信息沟通

本来,金融中介机构的存在是因为它有规模经济和专门的信息处理能力,能够缓解投资者和融资者之间的信息不对称以及由此引发的逆向选择和道德风险问题,能够降低资金融通的交易成本。但互联网金融利用大数据、云计算、搜索引擎等技术工具,使其在信息的搜集处理方面拥有绝对优势,能够极大地降低交易成本及信息不对称程度,对传统金融机构及聚集提出了挑战。

3. 互联网金融弱化了金融机构在地理空间上聚集的重要性

在互联网金融背景下,客户可以足不出户,仅仅在电脑或手机上进行几步简单的操作便可完成金融交易。互联网金融的普及性、方便性及快捷性,使网络银行、网上证券发行与承销、网上开户、金融产品的线上交易等逐渐成为发展趋势,这将导致金融机构的物理网点及地域优势不再明显,甚至可能会使一些金融机构关闭掉某些地区的分公司。互联网金融这种创新性的金融业态从萌芽到蓬勃发展时期,一直都是通过互联网这一平台进行金融交易,使其对地域的依赖性更小。当地域优势对金融机构不再有吸引力时,金融机构便不会发生集聚,没有金融机构的集聚,就不可能有金融中心的形成。

综上所述,互联网金融对传统传统金融机构的功能和业务都会带来不小的影响,最终的结果可能是大量金融机构物理网点的关闭、金融机构业务的缩减、甚至某些金融机构的直接倒闭。金融机构之间、金融机构与客户之间将更加依赖互联网,这将使以证券公司为主的直接融资和以银行业为主的间接融资对地域位置的依赖减弱,转而通过互联网进行投融资活动。

## 三、互联网金融的局限性

虽然互联网金融发展迅速,应用广泛,然而其自身依然具有很大的局限性。

### (一)具有普惠金融优势,然而却无法满足多样化的金融需求

很多小投资者由于资金较少,无法购买银行等金融机构的金融产品进行理财,互联网金融能够有效地整合这些社会闲散资金、社会游资,为小投资者的资金提供理财渠道。据调查,我国90%左右的中小、小微企业无法从银行或其他金融机构获得贷款。互联网金融利用大数据、云计算等技术能够很好地分析客户的信用水平,其门槛相对较低,资金的可得性和便捷性更高。互联网金融以其"开放、平等、协作、分享"的精神特质集聚和扩散金融资源,解决长期被传统金融所忽视的"长尾市场"融资难的困境。因此,互联网金融是具有普惠金融优势的。然而,由于互联网的虚拟性,互联网金融目前面临比较大的风险,因此互联网金融的投资多数

只是短期性、临时性、金额较小的投资,而无法满足长期性、金额较大的投资需求,如建设丝绸之路经济带的巨大的较长时期的资金需求它是无法满足的。

**(二)潜在的金融风险巨大**

互联网金融是互联网技术与金融相结合的新的金融业态,它利用大数据、云计算等技术搜集和处理网络上的海量信息,对互联网技术的依赖性非常强,而且,客户的相关重要信息都在网络上保存,非常容易泄露或被盗取,这些都给金融安全带来极大隐患,一旦出现网络故障或遭遇黑客攻击,将很可能造成意想不到的后果。比如我国自2013年开始兴起互联网金融以来,由于缺乏相关的监管经验和法律法规监管存在困难等问题,致使一些不法分子利用监管漏洞,利用互联网非法集资,给投资者造成巨大损失。同时,我国互联网金融企业的准入门槛不明确,监管不严格,因此,虽然自2013年以来,大量互联网金融企业成立,从事P2P、众筹等业务,但由于质量良莠不齐,有些企业甚至不能独立地处理其面对的风险,最终很多相关企业倒闭,我国互联网金融的发展受到重创,广大中小投资者损失巨大。这样风险巨大的金融平台,不可能成为丝绸之路经济带建设所能依赖的投融资渠道。

**(三)互联网金融无法提供全方位的服务**

金融业是对信息高度敏感的服务业,有些金融活动是需要金融中介与客户之间进行面对面交流的,而互联网金融仅仅提供的是基于网络的交流,这样容易导致信息在传递过程中出现偏差甚至重大错误,给投资者带来巨大损失。尤其是像丝绸之路经济带这样的跨国性的区域经济地带,沿带涉及的地区、民族、国家众多,语言不通,交通通讯不发达,且沿线国家的互联网发展水平、监管水平不一,甚至有些地区还很落后,试图仅仅利用互联网平台为丝绸之路经济带提供金融支持是远远不够的。只有建设经济带上的区域性金融中心,才能很好地带动腹地经济的发展,为经济带上的各地区及各国在贸易、能源、旅游、文化等方面加强合作与促进共同繁荣提供资金保证。

## 第三节　西安构建丝绸之路经济带上的区域性金融中心的优势、现状和制约因素

### 一、西安在我国西北乃至整个"丝带"上的优势分析

丝绸之路经济带中国段东起连云港,西至新疆,东部地区有北京、上海这两大国内金融中心来支持其建设,而西北地区毗邻中亚,发展水平相对较低,缺乏像上海这样具有较大影响力的金融中心。因此,在我国西北地区以及毗邻的中亚地区需要区域性的金融中心来为这些地区的发展提供金融支持,而西安就是最有潜力也是最有实力担当此重任的地方。因为,西安具有以下方面的优势:

(一)区位交通优势

西安是新亚欧大陆桥和新丝绸之路经济带上的核心城市,在地理上处于中国的中心地区,也是联通西部经济区与东部发达经济区的关键门户。目前西安已是我国贯穿东西、连接南北的"大十字"型网络铁路交通的重要枢纽,拥有发达的铁路系统;西安也是全国干线公路网中最大的节点城市,共有七条国道干线公路在西安交汇,形成"米"字型交通网络;西安航空港是全国六大航空枢纽之一,已开通90多条国内航线,20多条国际航线。西安到中亚的发达交通系统是经济发展的基础产业,西安发达的交通网络方便了西安的对外交流与合作,极大地促进了西安经济中心、金融中心的建设。

(二)历史文化优势

西安作为我国的十三朝古都,历史悠久,文化积淀深厚,与雅典、开罗、罗马并称为世界四大古都。西安形成了别具特色的主导产业——旅

游业,并吸引了大量的国内外游客,在世界上享有盛誉。西安将有潜力被打造成国际化大都市和国内外游客的旅游目的地。西安是古丝绸之路的起点,陕西"丝绸之路"文化资源的类型多、品质高、规模大(如建设陕西丝绸之路新起点文化品牌),西安能以"丝绸之路"这一文化优势为平台充分发展旅游业,并依靠高等院校和科研机构众多的条件,加强对外学术交流和人才培养,同时以此为契机增进丝绸之路经济带沿线国家间的经贸往来、文化交流和旅游合作,促进经济带上各国、各民族的民心相通。这些都将提高西安对外开放水平,增强其国际国内影响力。

(三)人才优势

陕西省拥有各类科研机构1061家,各类专业技术人员110万人,两院"院士"59人,国家级高新区4个,国家工程技术研究中心7个,国家测绘局总共5个测绘大队,其中就有3个在陕西西安。中国最大的高科技农科城在陕西杨凌。陕西拥有高等院校88所,民办高等教育实体55个,各类高等教育在校生过百万人。[26]这些高校和科研机构大多聚集在西安。由此可见,西安是我国高等人才的培养基地之一,也是西部最大的科研基地,蕴藏着巨大的创新潜力。在经济全球化的趋势下,综合国力的竞争越来越集中在科技创新的竞争和人才的竞争上,西安可充分利用其人才优势和研究能力优势,加大招商引资的力度,吸引各类企业及金融机构入驻西安。

(四)经济基础优势

西部大开发以来,西安经济增长速度加快,尤其是"十一五"期间,西安经济总量增长率一直保持在13%以上,进入"十二五"后,西安经济依然保持高速增长的态势,总量每年以超过10%的速度增长。至2014年末,西安GDP达到5492.64亿元,是2000年的9倍多,人均GDP由2000年的9484元上升到2014年的63794元。对外开放方面,西安实际利用外商直接投资额由2000年的1.54亿美元增加到2014年的37.31亿美元;进出口总额由2000年的17.37亿美元增加到2014年的249.42亿美元。[27] 2008年西安国际港务区正式成立,以开展现代物流、国际贸易和出口加工为主要业务,为丝绸之路经济带上的对外贸易提供了操作平台。这一系列的数字及项目表明,西安经济充满了活力,且其未来发展充满光明。目前,西安也在紧锣密鼓地进行"西安自贸区"项目的申请,力争将西安建设成内陆地区改革开放新高地。同时,西安正积极推进新技术产业、装备制造业、旅游业、现代服务产业和文化产业这五大主导产业的发展,这五大产业为其经济繁荣注入了永久的动力。西安经济的蓬勃发展,使西安快速成为西北地区的经济增长极,并具有较强的集聚和辐射能力,带动了周围腹地的发展,产生了大量的金融需求,为金融中心的建设奠定了坚实的物质基础,提供了强有力的需求支撑。

## 二、西安作为西北地区金融中心的现状

2014年,西安金融业实现增加值489.92亿元,占生产总值比重达8.95%,比2009年提高1.65个百分点,已成为经济中的优势产业。截至2014年底,银行类金融机构33家,分支机构达1849家;证券公司3家,证券营业部68家;保险类金融机构总数130多家。这些数据显示金融产业集聚初具规模,西安已初步建立起以数量众多的各类银行、证券公司和保险公司为市场主体,以信托公司、融资租赁公司、财务公司、农村信用社等为补充的功能较为齐全的金融组织体系。[28] 同时,西安在推进风险投资和创业板市场建设、拓展债券市场、增加机构数量、发展期货市场等方面加大了力度,基本形成了以人民银行宏观调控、银行信贷市场为主导,证券市场、保险市场以及其他融资渠道协调发展的金融市场体系。再者,由银行监管、证券监管和保险监管构成的金融调控监管体系日趋完善,金融发展的生态环境得到了优化。目前,互联网金融在中国方兴未艾,而西安正加快总投资为165亿的下一代互联网示范城市重点项目建设[29],构建

以西安为中心的丝绸之路经济带城市信息交换枢纽,这无疑为西安互联网金融的发展提供了基础设施支撑。西安金融业的健康发展很大程度上满足了居民和企业的需求,也带动了经济的发展,为西安建设区域性金融中心奠定了良好基础。

综上所述,西安已经具备了建设区域性金融中心的基本条件,2014年8月发布的第六期"中国金融中心指数"排名中,西安已经成为全国十大区域性金融中心城市之一。西安市政府出台的一系列文件明确了西安区域性金融中心的定位——立足大西安、带动大关中、引领大西北,服务区域合作与发展,成为具有能源、科技、文化特色的金融中心。[30]随着丝绸之路经济带构想的提出,西安区域性金融中心的辐射范围将由西北地区延伸到丝绸之路经济带沿线其他近邻国家。这将有助于把西安进一步建设成为区域性的国际金融中心。

### 三、西安构建"丝带"上的区域性金融中心的制约因素分析

西安在建设丝绸之路经济带上的区域性金融中心的过程中,也不可避免地会遇到一些制约因素,主要是:

**(一)西安建设丝绸之路经济带上的区域性金融中心的理念尚未形成**

虽然西安目前正积极建设区域性金融中心,然而在此过程中,西安金融中心的建设并未和丝绸之路经济带的建设联系在一起,二者似乎在独立地进行着,政府也并没有积极出台相关政策,如国家发展改革委、外交部、商务部2015年3月发布的"推动共建丝绸之路经济带和21世纪海上丝绸之路的愿景与行动"中就没有把西安定位为"丝带"上的区域性国际金融中心。西安是丝绸之路经济带上经济相对发达的地区,西安建设区域性金融中心是必须要辐射到丝绸之路经济带上的沿线地区和国家的,仅独立地建设金融中心,而忽略与丝绸之路经济带的建设联系,必然会降

低西安金融中心的影响力,制约西安金融中心的建设。

**(二)缺乏有影响力的金融业集聚区,辐射程度低**

2014年,西安金融业产值为534亿元,而上海的金融业增加值在2014年已达到3400亿元,两者相差甚远。[31]同时,西安的金融业并没有典型的金融集聚区,也没有规模大、影响力广泛的大型金融机构。因此,西安金融的聚集程度还远远不够,需要大力发展金融业,鼓励多种金融机构入驻,形成诸如北京的金融街、上海的陆家嘴等有影响力的金融集聚区。

全国性股份制银行、证券公司、保险公司等金融机构在西安设立的分支机构与国内其他金融中心相比较少,且西安缺乏实力强、辐射范围广的大型金融机构,缺乏大型金融机构作为载体增强西安的金融辐射能力。[32]由于西安金融集聚程度比较低,相对应的西安金融的辐射力度也很低,西安金融业的辐射广度多数依然在陕西省内,对省外的辐射相对比较薄弱。而且,西安金融业对农业的支持力度不够,农产品加工企业参与资本市场融资的机会很少,这些都制约了作为金融腹地重要组成部分的农村金融的发展。

**(三)金融业的开放程度比较低**

西安金融业的开放程度比较低,不能有效地利用外资。2014年,西安实际利用外资额为37.03亿美元,而上海2014年实际利用外资额为181.66亿美元,二者相差悬殊。[33]同时,西安外资金融机构少,在国际金融市场上的投融资交易较少,不能使西安金融中心的影响力扩展到国外。因此,西安要建设成为丝绸之路经济带上的金融中心,必须先提高其金融开放程度,引进境外金融机构入驻西安,利用建设丝绸之路经济带所产生的大量金融需求及人民币加入SDR的优势,提高西安在西北及中亚地区的金融影响力。

**(四)缺乏金融创新**

金融创新能使金融中心永葆活力,是金融中心跟上时代发展的动力。

西安目前的金融中心建设只是初具雏形,金融产品单一,缺乏为中小微企业提供服务的金融服务产品,不能满足多样的金融需求。金融业作为服务性行业,金融创新依靠人才。虽然西安聚集着大量高校,但是地处西部,相对于东部来说,其经济比较落后,金融发展缓慢,很难留住高校所培养的高端金融人才,当地金融行业从业人员整体素质也不高,既懂国内金融又懂国际金融的国际化金融人才缺乏,金融创新方面进展缓慢。[34]因此,从根本上来讲,金融创新方面,西安缺乏的是——人才。

## 第四节 西安作为丝绸之路经济带上区域性金融中心发展水平的实证分析

为了进一步弄清西安作为"丝带"上的区域性金融中心的现有发展水平,我们需要进行定量的实证分析。

### 一、实证分析方法、指标体系的设计与数据来源

#### (一)实证分析方法

本章使用主成分分析法来测评西安金融中心的综合水平。主成分分析法旨在利用降维的思想,将一组数量较多的相关变量通过线性变换转换成另一组不相关的数量较少的变量。主成分分析法能够利用较少的变量解释原来资料中的大部分数据,且能够消除变量间的相互影响,指标权重的确定更加客观、合理,在实际应用中,主成分分析法被证明是一种有效的评价综合发展水平的方法。

#### (二)指标体系的设计与数据来源

1. 指标体系的设计

当前,西安正在加快推进区域性金融中心建设。《西安区域性金融中心发展规划(2013-2020)》指出:西安市要打造以西安金融商务区为核

心,以高新科技金融服务示范园区和曲江文化金融示范园区为侧翼的"一区两园"格局。目前,该格局已初具雏形,但西安的金融中心建设仍处于起步阶段,还有很大发展潜力。本章秉着理论的科学性、数据的可获得性等原则,设计了西安区域性金融中心发展水平的评价指标体系,该指标体系包括金融发展环境及金融自身发展水平两个一级指标,金融发展的外部环境、金融聚集程度、金融创新能力、金融开放水平及金融风险管理能力五个二级指标以及人均GDP、固定资产投资、利用外资水平、外贸依存度等十八个三级指标,如表3-1所示。

表3-1 区域性国际金融中心发展水平评价指标体系

| 一级指标 | 二级指标 | 三级指标 |
| --- | --- | --- |
| 金融发展环境 | 经济水平 | 人均GDP、固定资产投资、利用外资水平、外贸依存度 |
| | 基础设施水平 | 交通业生产总值、电信业生产总值、互联网用户数 |
| 金融自身发展水平 | 金融集聚程度 | 金融机构总数、金融相关率、金融业从业人员比例、金融效率、金融业贡献率 |
| | 金融市场发展 | 货币市场、期货市场、保险市场、证券市场成交总额 |
| | 金融风险管理 | 不良贷款率、保险市场赔付率 |

2. 数据来源

本章的原始数据均来自2005—2015年的《西安市统计年鉴》及西安市《国民经济及社会发展统计公报》。

二、实证分析过程

在实证分析中,本章采用SPSS20.0软件对西安市2004—2014这11年的金融中心发展水平进行主成分分析。

(一) 主成分提取

通过各指标间的相关系数矩阵发现,其相关系数在70%以上的占大多数,因此,各指标间存在较高的相关性,它们之间有信息上的重叠,很适合做主成分分析。表3-2为提取的主成分及方差贡献率。

表3-2 主成分提取分析表

| 主成分 | 初始特征值 | | | 主成分提取项 | | |
|---|---|---|---|---|---|---|
| | 特征值 | 方差百分比 | 累积方差百分比 | 特征值 | 方差百分比 | 累积方差百分比 |
| 1 | 12.651 | 70.286 | 70.286 | 12.651 | 70.286 | 70.286 |
| 2 | 2.028 | 11.266 | 81.552 | 2.028 | 11.266 | 81.552 |
| 3 | 1.692 | 9.402 | 90.954 | 1.692 | 9.402 | 90.954 |
| 4 | 0.727 | 4.038 | 94.992 | | | |
| 5 | 0.394 | 2.186 | 97.179 | | | |
| … | … | … | … | | | |

主成分的提取原则是选取特征值大于1的主成分。根据表3-2,有三个主成分的特征值大于1,因此,我们选取三个主成分来解释多有指标。其中,第一主成分对方差的解释率占70.286%,第二主成分占11.266%,第三主成分占9.402%,三个主成分对方差的总贡献率达到90.954%。这些数据表明,三个主成分几乎能够代表所有的原始数据,能够很好地说明问题。

(二)各主成分得分计算模型

$$F_i = \lambda_{i1}X_1 + \lambda_{i2}X_2 + \cdots + \lambda_{ij}X_j \tag{1}$$

其中,$i=1、2、3,j=1、2、3\cdots18$。$F_i$代表第$i$个主成分,$X_j$代表第$j$个指标,其数据是经过标准化后的数据,$\lambda = A_{ij}/\sqrt{B_i}$,$A_{ij}$表示第$i$个主成分与第$j$个指标间的载荷量,$B_i$表示第$i$个主成分的特征值。按照公式(1)计算,其结果如表3-3所示。

表3-3 西安市金融中心发展综合水平2004-2014各主成分得分及排名

| 年份 | 第一主成分得分 | 排名 | 第二主成分得分 | 排名 | 第三主成分得分 | 排名 |
|---|---|---|---|---|---|---|
| 2004 | -4.091 | 11 | 2.675 | 1 | 1.871 | 2 |
| 2005 | -3.594 | 10 | 0.961 | 8 | 0.750 | 4 |
| 2006 | -3.728 | 9 | -0.036 | 4 | -0.332 | 7 |
| 2007 | -2.696 | 8 | -0.429 | 5 | -1.379 | 9 |
| 2008 | -1.947 | 7 | -1.123 | 9 | -1.582 | 10 |
| 2009 | -0.809 | 6 | -1.919 | 11 | -0.296 | 6 |
| 2010 | 1.305 | 5 | -1.458 | 10 | 1.879 | 1 |
| 2011 | 2.26 | 4 | -0.785 | 7 | 1.090 | 3 |
| 2012 | 2.726 | 3 | -0.553 | 6 | 0.630 | 5 |
| 2013 | 4.559 | 2 | 0.867 | 3 | -0.602 | 8 |
| 2014 | 6.016 | 1 | 1.801 | 2 | -2.029 | 11 |

观察表3-3的数据,可以看出,第一主成分从2004年到2014年逐年增长,第二、第三主成分的变化并无规律可循,但是可以看出,第二主成分的得分从2009年开始便逐年增加。

(三)西安市金融中心发展水平综合评价模型

$$F = a_1 F_1 + a_2 F_2 + a_3 F_3 \quad (2)$$

其中,$a_1$、$a_2$及为第一、第二、第三主成分的方差贡献率,$F_1$、$F_2$及$F_3$分别为第一、第二、第三主成分的综合得分。按照公式(2)计算结果,排名情况如表3-4所示。

表 3-4 西安金融中心发展水平得分情况

| 年份 | 西安金融中心发展水平得分 | 排名 | 增长率 |
|---|---|---|---|
| 2004 | -2.648 | 10 | —— |
| 2005 | -2.592 | 9 | 2.11% |
| 2006 | -2.932 | 11 | -13.11% |
| 2007 | -2.289 | 8 | 21.93% |
| 2008 | -1.815 | 7 | 20.71% |
| 2009 | -0.897 | 6 | 50.58% |
| 2010 | 1.027 | 5 | 14.49% |
| 2011 | 1.77 | 4 | 72.35% |
| 2012 | 2.112 | 3 | 19.32% |
| 2013 | 3.583 | 2 | 69.65% |
| 2014 | 4.843 | 1 | 35.17% |

表 3-4 显示,从 2006 到 2014 年,西安的金融中心发展水平得分在逐年上升,且增长速度均维持在 10% 以上,2011 年的增长速度甚至达到了 72.35%,2014 年达到近年来的最高分,为 4.843。

### 三、实证结论总结

本章利用主成分分析法对西安市作为区域性金融中心的可行性进行了实证测算,得出以下几点结论:(1)从衡量金融中心发展水平的 18 个相关性比较高的指标中提取出 3 个主成分,3 个主成分对总方差的贡献率达到 90.954%,能够解释最初的 18 个指标。(2)经实证分析发现,第一主成分上因子载荷值较高的几个指标是人均 GDP(0.995)、利用外资水平(0.973)、固定资产投资(0.993)、金融相关率(0.706)、证券市场成交额(0.78)、货币市场(0.945)、金融业从业人员比例(0.848)、金融效率

(0.859)、期货市场(0.815)、金融业贡献率(0.854)、保险市场(0.941)、金融机构数目(0.939)、不良贷款率(0.851)、电信业贡献率(0.832)、互联网用户数(0.993);第二主成分上因子载荷值较高的指标为外贸进出口依存度(0.783)、交通业贡献率(0.744);对第三主成分影响比较大的指标是保险市场赔付率(0.661)。(3)第一主成分上载荷值较高的指标比较多,解释的总方差为70.286%,且近年来逐年上升。第二主成分对总方差的贡献率为11.266%,自2009年以来也呈上升趋势。第三主成分对总方差的解释率为9.402%。(4)西安市金融中心发展综合水平得分自2006年以来,逐年增加,且增长势头强劲。

## 第五节 西安构建丝绸之路经济带上的区域性金融中心的对策建议

结合以上理论及实证的分析结果,我们建议西安今后在建设丝绸之路经济带上的区域性金融中心的过程中应重点加强以下几方面工作。

### 一、抢抓"丝带"建设机遇,提高西安金融的辐射广度与深度

雷蒙德·费农在研究金融集聚的原始动机时指出,城市不断涌现的商机对于那些具有很大不确定性的产业和服务业有着巨大的吸引力[35]。西安近年来人均收入水平的大幅增加,为西安金融中心的发展提供了经济基础。丝绸之路经济带的发展将产生大量的金融需求,西安应抓住此机遇,将金融业务拓展到丝绸之路经济带沿线省区及国家,并与沿线国家加强金融合作,引进境外金融企业入驻,鼓励本土金融企业在国外设立分支机构,逐渐开放本土的金融市场,促进资本在国际间的流动,大力发展离岸金融业务,提高西安金融的开放程度。同时,西安应利用人民币加入SDR的机遇,积极开拓人民币相关业务,把西安建设成为丝绸之路经济带上人民币交易中心,逐渐提高西安金融的辐射广度与深度。

## 二、统一政府理念,发挥主导作用,推动金融产业集聚区的形成

无论在经济上还是金融上,在我国西北地区西安均占优势。然而,西安现在的发展并不像纽约等金融中心初期发展那样面临巨大的金融需求,西安仅仅依靠市场和需求形成金融中心并不现实。因此,为了加快西安丝绸之路经济带上区域性金融中心的建设,西安应该在政府层面上达成共识,统一上下理念,并加大政府的引导力量,推动西安金融中心的建设。从国际经验来看,一个金融中心必定聚集着大量的金融机构,诸如纽约、新加坡、东京等金融中心,都聚集着大量证券公司、银行、保险公司等金融机构以及会计事务所和律师事务所等服务机构。金融机构的集聚能够使金融中心的金融业达到规模经济,也能使金融机构之间的合作与信息交流更加方便,还能降低成本并分散风险。同时,不同的金融机构能够提供多种多样的金融业务,满足不同的投融资需求,吸引更多的投资者及筹资者,活跃金融市场。而从目前西安金融机构的情况来看,西安仍缺乏具有较强影响力的金融机构,也没有形成像上海陆家嘴那样的金融集聚区。因此,政府应加强自己的主导地位,吸收新加坡、东京等政府推动形成金融中心的建设经验,对西安的金融业发展进行整体规划,制定相关优惠政策,吸引国内外金融机构入驻西安,推动金融资源向西安相对集中的区域集聚,对西安建设丝绸之路经济带上的区域性金融中心给予战略支持,积极促成西安金融集聚区的形成。

## 三、积极推进金融业的改革与创新

改革是一个金融中心"永葆青春"的行之有效的方法。西安应结合我国西北及丝绸之路经济带沿线国家的特色,改革与之不适应的制度,制定相应的金融政策,在制度上进行创新,支持金融中心的建设。

创新是金融中心持续发展的不竭动力,金融创新不仅仅指金融产品的创新,也指金融服务、金融制度与金融体系的创新。西安金融中心的发

展必须要依靠创新,对此,西安应从以下几方面努力:(1)要积极引进各种金融机构入驻,引进丰富的金融产品,活跃金融市场,为金融创新营造良好的环境与氛围;(2)积极主动地鼓励本地金融机构走出去,在西北其他省区甚至中亚设立分支机构;(3)创新要依靠人才实现,西安应通过保护知识产权、提高人才的待遇、优化整体发展环境等措施吸引金融高端人才的集聚,为金融创新提供原动力。

## 四、大力发展互联网金融,推动普惠金融的发展

由于贷款门槛高、资本市场的准入条件严苛,大部分中小微企业无法从银行获得贷款,也无法从资本市场上进行融资,因而,金融对中小微企业的渗透力微弱,这严重制约着我国中小企业的发展。互联网金融依靠其对信息的超强搜集与处理能力,能很好地服务于中小微企业等"长尾市场",有效解决中小微企业融资难的问题,是我国普惠金融的重要依托。在建设丝绸之路经济带上区域性金融中心的过程中,西安应积极引进金融高端人才,并推动金融业与互联网的合作与融合,发展互联网金融,集聚社会零散资金,有效解决传统金融业忽略的"长尾市场"融资难的问题,促进普惠金融的发展。

## 五、加强金融监管,防范金融风险

加强金融监管,防范金融风险,保持金融稳定健康发展,是西安建设金融中心的基础。进入21世纪后,经济一体化的发展趋势越来越明显,世界各地经济金融相互渗透,联系紧密,一个地区发生金融危机、经济危机,将会波及其他地区,甚至影响全球经济。因此,西安在建设丝绸之路经济带上区域性金融中心时,要着重加强金融风险管理。在此过程中,政府仍然要发挥主导作用,建立相应的风险预警体系及重大风险应对机制,增强金融市场的透明度,严厉打击金融犯罪。政府还要积极发挥"一行三会"的监管力度,宏观上规范金融业的同时,也要着重监管金融企业等金

## 第三章 打造丝绸之路经济带上的现代金融中心

融微观主体的金融活动,全方位地预防金融风险。再者,政府应加强与其他地区的金融合作,共同监管金融市场,避免金融风险的大范围传播。

**注释:**

[1]凯西斯著:《资本之都:国际金融中心变迁史:1780—2009》,陈晗译,中国人民大学出版社,2013年。

[2]饶余庆:《香港——国际金融中心》,商务印书馆有限公司,1997年。

[3]谢太峰等:《国际金融中心论》,经济科学出版社,2006年。

[4]余秀荣:《金融中心与金融中心功能研究》,《商业现代化》,2009年第12期。

[5]Reed,H. C. The Preeminence of Financial Centers[M]. Praeger Publishers, New York,1981.

[6]余秀荣:《金融中心与金融中心功能研究》,《商业现代化》,2009年第12期。

[7]余秀荣:《金融中心与金融中心功能研究》,《商业现代化》,2009年第12期。

[8]深圳大学中国经济区研究中心:2003年中国经济特区论坛:《特区发展与国际化问题学术研讨会论文集》,2003年12月5日。

[9]吴晓求:《中国构建金融中心的路径探索》,《金融研究》,2010年第8期。

[10]胡坚:《国际金融中心的发展规律及上海的选择》,《经济科学》,1994年第2期。

[11]唐旭:《论区域性金融中心的形成》,《城市金融论坛》,1996年第7期。

[12]赵晓斌,王坦,张晋熹:《信息流与不对称信息是金融与服务中心发展的决定因素:中国案例》,《经济地理》,2002年第4期。

[13]黄运成,杨再斌:《关于上海建设国际金融中心的基本构想》,《管理世界》,2003年第11期。

[14]李义奇:《略论建设金融中心的一般路径》,《金融理论与实践》,2011年第

6 期。

[15] Kingdleberg, C. P. The Fornation of Financial Centers: A Study of Comparative Ecomnic History[J]. Princeton, 1974.

[16] 张云,孙桂芳,程丽萍:《国际金融中心的形成模式和条件及对上海的启示》,《改革与战略》,2007 年第 9 期。

[17] 潘英丽:《论金融中心形成的微观基础——金融机构的空间集聚》,上海财经大学学报,2003 年第 1 期。

[18] 冯德连,葛文静:《国际金融中心成长的理论分析》,《中国软科学》,2004 年第 6 期。

[19] 薛波等:《国际金融中心的理论研究》,上海财经大学出版社,2009 年。

[20] 王保庆:《中国西部区域金融中心发展格局研究》,陕西师范大学 2014 年博士学位论文。

[21] 闫彦明,何丽,田田:《国际金融中心形成与演化的动力模型研究》,《经济学家》,2013 年第 2 期。

[22] 王保庆:《中国西部区域金融中心发展格局研究》,陕西师范大学 2014 年博士学位论文。

[23] 谢平,邹传伟:《互联网金融模式研究》,《金融研究》,2012 年第 12 期。

[24] 戴险峰:《互联网金融的真伪》,《财经》,2014 年第 7 期。

[25] 殷剑峰:《土地经济不可持续》,《资本市场》,2014 年第 3 期。

[26] 赵可金:《向西门户的机遇期已到来,陕西机不可失》,《文琳资讯》,2016 年 2 月 18 日。

[27] 数据来自 2015 年《西安统计年鉴》。

[28] 数据来自 2015 年《西安统计年鉴》。

[29] 王卫平:《西安投资 165 亿元建设国家下一代互联网》,华商报,2013 年 9 月 4 日。

## 第三章 打造丝绸之路经济带上的现代金融中心

[30]《西安区域性金融中心发展规划(2013—2020)》,2013年。

[31]数据分别来自《西安2015年统计年鉴》和《上海2015年统计年鉴》。

[32]罗慧媛:《西安构建区域金融中心研究》,四川省社会科学研究院2010年硕士学位论文。

[33]数据分别来自《西安2015年统计年鉴》和《上海2015年统计年鉴》。

[34]同勤学:《丝绸之路经济带视域下构建西部区域金融中心的设想》,《宝鸡文理学院学报(社会科学版)》,2015年第5期。

[35]王保庆:《中国西部区域金融中心发展格局研究》,陕西师范大学2014年博士学位论文。

# 第四章 打造丝绸之路经济带上的现代装备制造业基地
## ——关中装备制造业集群研究

关中—天水经济区(简称关天经济区)是我国四大装备制造业基地中独具特色的一部分,装备制造业是关中地区的特色优势产业。以集群化的方式发展关中地区的装备制造业,提高其产业竞争力,打造现代装备制造业基地,是陕西建设丝绸之路经济带战略高地的理性选择。

## 第一节 装备制造业及其集群化发展的必然性

### 一、装备制造业的概念、基本特征和分类

#### (一)装备制造业的概念

"装备制造业"一词是我国在 20 世纪 90 年代首先提出的,是指为国民经济各部门进行简单再生产和扩大再生产提供技术装备的各制造工业的总称。截至目前,国外尚没有"装备制造业"这一提法,但从其内涵可知,国外很多学者关于产业的研究都涉及了装备制造业,如马克思(Karl Marx)《资本论》中的第 I 部类即生产资料生产部类,其实就是装备制造业部门;又如德国经济学家霍夫曼(Hoffman)在《工业化的阶段和类型》(1931)中讲的资本品工业,也就是提供机器设备等资本品的工业,其实也就是装备制造业。

# 第四章 打造丝绸之路经济带上的现代装备制造业基地

综上可知,装备制造业可以简单地定义为"为国民经济各行业提供技术装备的战略性产业"。在我国的《国民经济行业分类与代码》表中,装备制造业主要包括六大行业:金属制品业、通用设备制造业、专用设备制造业、交通运输设备制造业、通信设备制造业、计算机及其他电子设备制造业。关中地区装备制造业集群除了上述六大行业外,还包括仪器仪表及文化办公用品制造业,所以本文研究的装备制造业包括七大行业。

(二)装备制造业的基本特征

1.产业关联性强。装备制造业产业链较长,涉及行业众多,从上游的原材料供应业到中场零部件、元器件生产商,再到其他间接的配套企业,构成了一个紧密联系的生产网络。企业之间相互依赖,相互推动。装备制造业的这一特点也决定了其是最适合采用产业集群发展模式的产业,高度的产业关联是产业集群效率提高的助推器。

2.技术含量高。装备制造业的发展水平在一定程度上决定了一国的经济发展水平和综合国力,属于知识、技术密集型产业。国家的很多研发投资都集中在了装备制造业领域,尤其是为了在新世纪抢占制高点,国家大力支持诸如航天、航空等产业的发展。而且,与其他产业相比装备制造业与高等院校、科研院所的联系,更为紧密。这都充分体现了装备制造业是一国国民经济的基础性和战略性产业。

3.资金密集型产业。装备制造业是典型的资金密集型产业,首先表现在研发上,装备制造业产品的研发不仅需要巨额的资金投入,而且风险较大;其次在生产上,装备制造业产品生产线的投入需要富足的资金支持,尤其是成套设备的生产对资金的需求更是强烈。

4.垄断优势明显。装备制造业的核心企业往往都是大企业、大集团,如陕西汽车集团、西电集团等。核心企业可以根据其优势获得规模经济和垄断利润,这是由其技术密集、资金密集的产业特点所决定的。由于装备制造业对资金的大量需求以及研发的高风险,很多实力不足的企业被拒之门外,因而,装备制造业具有较高的行业壁垒。

打造丝绸之路经济带上的战略高地

(三)装备制造业的分类

表4-1 装备制造业的分类

Table4-1 Classification of the equipment manufacturing industry

| 分类标准 | 分类 | 内容 |
| --- | --- | --- |
| 装备的功能和重要性 | 重大的先进基础机械 | 数控机床、柔性制造单元、计算机集成制造系统、工业机器人、大规模集成电路及电子制造业设备等等 |
|  | 重要的机械、电子基础件 | 先进的液压、气动、轴承、密封、模具、刀具、低压电器、微电子和电力电子器件、仪器仪表及自动化控制系统等等 |
|  | 国民经济各部门科学技术、军工生产所需重大成套技术装备 | 采矿设备、电力成套设备、超高压输变电成套设备、化工成套设备、金属冶炼设备、民用飞机、高速铁路、地铁及城市轨道车、汽车、船舶等交通运输设备、大型环保设备、大型医疗设备、通信、航空设备等 |
| 装备的知识含量和技术密集度 | 通用类装备 | 工程机械、农业机械、运输机械等 |
|  | 基础类装备(核心) | 以机床工业为代表,主要包括机床、工具、模具、量具、仪器仪表、基础零部件、元器件 |
|  | 成套类装备[1] | 超高压输变电设备、交通运输设备、农业机械及现代设施农业成套设备、先进大型的军事设备等等 |
|  | 安全保障类装备 | 国家保障自身国防安全和经济安全的装备 |
|  | 高技术关键装备 | 如超大规模集成电路生产中的单晶拉伸、硅片切抛、封装测试等核心技术装备 |

资料来源:根据刘平《中国装备制造业国际竞争力研究》,中国财政经济出版社2006年版,第12—13页,整理所得。

## 二、装备制造业集群及集群化发展的必然性

装备制造业集群是指在某一特定的地域,装备制造业企业(包括龙头企业、配套协作企业等)、中介服务机构(如装备制造业行业协会、银行及非银行金融机构、培训机构等)以及高等院校、科研单位等集中分布,并且

## 第四章 打造丝绸之路经济带上的现代装备制造业基地

彼此间紧密联系,相互竞争与合作,并形成不可分割的联系网。

装备制造业集群化就是指装备制造业在具备一定的发展条件下在某一特定地域内的集中,是装备制造业产业内的相关企业、机构和要素在某一空间范围内不断集中的一个动态过程,它是指众多同类产业的企业或者相关产业的企业以及相关机构在某一地区的一般性集中与聚合。装备制造业集群化发展,就是指具备一定条件的区域,基于自身装备制造优势和资源禀赋,集中打造一到几个以特色优势装备制造业带动的包括装备制造企业在内的其他相关企业及机构,并使这些企业和机构相聚集为产业集群的过程。

根据波特的国家竞争优势理论,装备制造业集群化发展的动因和意义在于获得规模经济、聚集经济、范围经济、分工的益处和降低交易成本,从而获取竞争优势,提升地区或国家的竞争力。

成熟产业集群的形成需要具备的条件是有关产业的产品或服务具有较长的产业链,且易于分解(毛凯军,许庆瑞,2003)。波特在《国家竞争优势》中指出,产业集群的发展方式最适合于劳动密集型和资本密集型产业,而装备制造业就属于典型的劳动密集型和资本密集型产业。装备制造业具备采用集群发展方式的条件,具有集群化发展的必然性:

第一,从装备制造业产业链来看,产业集群是装备制造业最理想的发展模式。从装备制造业的特点可以看出,其产业链较长,涉及行业众多,产业关联性强。通过产业链的延伸,分工的深化,装备制造业可以分化出众多的机器设备、零部件制造业以及相关的服务性行业。这些行业都位于装备制造业产业链上,且较易于分解。较长的产业链为装备制造企业的分工协作提供了基础,企业之间在生产工艺上密切分工协作,并形成紧密的协作关系。正是基于存在专业化协作关系的企业在同一区域集中进行装备制造品的研发、设计和生产,才形成了装备制造业集群。

第二,从装备制造品的设计和制造来看,"模块化"生产和制造已经成为现代装备制造业发展的趋势和主流。根据日本产业经济学家青木昌彦(2003)的研究,模块[2]是指可组成系统的、具有某种确定独立功能的半自律性的子系统。从本质上来看,集群本来就是系统的概念,这就意味着集群系统内部成员之间存在着各种各样、千丝万缕的联系。分工有利于提高效率,但是过于细化的分工也会导致效率的损失,模块化的生产方式既有利于提高效率,也避免了高额的交易费用。装备制造业的设计和制造朝着模块化发展,产业链上的各企业以模块为单位进行知识技术与经验的交流、合作和竞争,大大提高了系统的竞争力。

## 第二节 基于"钻石模型"的关中装备制造业集群发展条件和基础

本节将以波特的"钻石模型"为基础,从基本要素和辅助要素两方面分析关中地区装备制造产业集群化发展的条件和现实基础。

### 一、"钻石模型"简介

"钻石模型"是美国哈佛大学的迈克尔·波特教授在1990年的《国家竞争优势》一书中构建的优势产业集群形成的要素条件及其相互关系机理体系。该体系包括四个基本要素——生产要素(指资源禀赋,包括先天的初级要素和后天的高级要素),需求条件(指众多挑剔的客户,是产业冲刺的动力),相关及支持性产业(构成优势网络),企业战略、结构和同业竞争,以及两个辅助要素——机会,政府。这些要素之间的相互关系构成了一个钻石形状的体系,如图4—1所示。

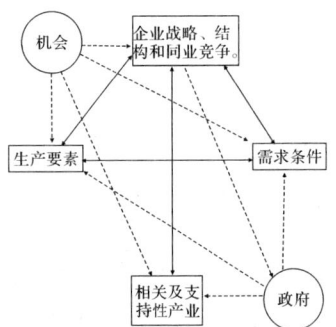

图4-1 钻石模型

Figure4-1 diamond model

第四章　打造丝绸之路经济带上的现代装备制造业基地

在产业集群的形成过程中,生产要素是指一个产业最上游的竞争条件,包括初级和高级生产要素。初级生产要素包括天然资源、气候、地理位置等;高级生产要素包括现代化通信的基础设施、高等院校、科研院所等。波特指出需求条件是产业冲刺的动力,挑剔客户的存在能更快促进产业集群的发展。相关及支持性产业会形成一个休戚与共的优势网络,一个产业的成功往往是因为与其相关产业具有竞争优势。企业战略、结构和同业竞争是指企业在产业集群中如何管理,实施什么发展战略与竞争战略。波特指出竞争对手的存在能为企业提供改进和创新的动力。政府是行业标准的制定者,产业发展的规划者,企业与高校、科研机构的居间者,信息供给者等。波特在谈到政府在产业集群中的角色时指出,它应该在干预和放任之间寻找平衡。而机会是产业集群发展的外在条件,良好的机遇会促进集群的成长。钻石模型的各个要素相互影响,一个国家或地区拥有钻石模型体系中的每一项优势,并不一定拥有了竞争优势,要想拥有竞争优势,就要将这些要素综合交错使用,形成一个不断强化的动态变化模型。

## 二、基于"钻石模型"的关中地区装备制造业集群发展的条件分析

下面我们将依据波特"钻石模型"六要素,具体分析关中地区装备制造业集群化发展的良好条件。

(一)基本要素条件

1. 生产要素

波特认为的生产要素是指一个产业最上游的竞争条件,生产要素可以分为初级和高级生产要素,初级生产要素是一国或一地区先天、自然拥有的资源,而高级生产要素是经济可持续发展的关键要素。

(1)初级生产要素

初级生产要素包括天然资源、地理位置、气候、普通劳动力资源、普通基础设施等方面。关中地区是陕西工农业发达区和人口聚集区,号称"八

百里秦川",地处欧亚大陆中心,是我国贯穿东西的陇海铁路线上的节点城市,有着优越的地理位置和良好的运输条件。[3]

(2)高级生产要素

高级生产要素包括资本市场发展情况、所拥有的高等教育人力以及各大学、研究所的情况。关中地区的核心城市——西安,拥有的高等院校数量在全国名列前茅,具有丰富的教育资源。2009年西安市全市共有各级各类办学机构和学校6507所;研究生培养单位46个,在校研究生7.24万人;普通高校49所,在校学生63.22万人。装备制造业具有资本密集和技术密集的特点,经济区现存的和潜在的要素条件都为装备制造业的集群发展提供了很大的动力。

2. 需求条件

需求条件是产业冲刺的动力。关中地区发展装备制造业面临旺盛的市场需求。如地区内基础设施的建设对工程机械、通信设备的需求,西北能源基地的建设对采掘设备、石油钻井设备、发电设备、输变电设备的需求,尤其是丝绸之路经济带沿线国家和地区的开发和发展对装备制造产品的需求,等等。加上关中地区作为我国军事装备制造业基地,可以实施差异化发展战略,错位发展,从而在区域竞争中拥有相对优势。

3. 相关及支持性产业

波特指出,一个产业的成功是因为它的相关产业具有竞争优势;反之,有竞争力的产业,必然也会带动相关产业的竞争力。关中地区是我国老工业基地,工业基础雄厚且门类齐全,其装备制造业主要包括七大行业:金属制品业、普通机械制造业、专用设备制造业、交通运输设备制造业、电气机械及器材制造业、电子及通信设备制造业、仪器仪表及文化办公用品制造业。目前,装备制造业是关中各市区的主导产业,并已形成了具有一定优势的制造基地。如西安已经形成了十大装备制造业集群:重大的电力装备生产基地、汽车生产基地等,宝鸡的数控机床生产基地、重

## 第四章 打造丝绸之路经济带上的现代装备制造业基地

型工程机械装备生产基地。而且,各市(区)装备制造业相互关联,如西安市的陕西汽车集团,在宝鸡市有生产基地,还在铜川新区投资5亿元,建设大型汽车零部件生产基地。

4.企业战略、企业结构和同业竞争

集群内企业之间既相互合作,又相互竞争,而企业之间的竞争能提供企业改进和创新的原动力,但过度的竞争又会妨碍规模经济的形成,所以在集群化发展过程中,企业要选择适合自己的发展战略,同相关企业展开适度的良性竞争。

关中地区装备制造业集群可以实施大集团大公司战略,装备制造业各企业之间通过联合重组、整合产业资源等方式成立大型企业,形成产业集群的龙头企业,形成一批具有较强市场竞争力、自主创新能力和自主品牌的核心企业。如目前的陕汽集团、西电集团等。

表4-2 2009—2010年关中地区装备制造业企业数

| 地区 | 西安 | 铜川 | 宝鸡 | 咸阳 | 渭南 | 杨陵 |
|---|---|---|---|---|---|---|
| 企业数量 | 527 | 17 | 87 | 53 | 60 | 16 |

数据来源:根据http://www.gf.com.cn/commons/infoList.jsp?docId=536604和流金岁月企业网整理所得。其中西安、铜川、杨凌数据为2009年。

关天经济区装备制造业企业数量较多,由表4-1可知,西安市2009年规模以上装备制造业企业共527家,占规模以上工业企业数的46.6%;2009年宝鸡市装备制造业企业共76家,占全市规模以上工业企业数的14.39%。西安市装备制造业主要集中在莲湖区、高陵区、长安区和未央区。2009年,这四个区共有装备制造业企业193家,实现工业产值1023.11亿元,占全市装备制造业产值的59.6%。由此可知,装备制造业在关中地区具有较高的产业集中度,市场占有率较高。

(二)辅助要素条件

1.政府

在产业集群的发展过程中,政府是行业标准的制定者,产业发展的规划者,企业与高校、科研机构的居间者,信息供给者等。关中地区作为我国重要的军事装备制造业基地,国有经济所占的成分很大,如陕西装备制造业85%是国有,所以政府在装备制造业集群发展过程中所起的作用应该更加突出。如2006年陕西省人民政府发布了《陕西省人民政府关于加快振兴装备制造业建设国家制造业基地的意见》和《陕西省装备制造业"十一五"发展规划》;国家2009年公布的《装备制造业振兴和调整规划》;为加快装备制造业发展,西安市市委、市政府制定了《西安市加快发展装备制造业实施方案》;天水市政府也公布了《天水市装备制造业发展规划》。

2. 机会

机会是可遇而不可求的,机会事件的发生会打破原有的状态,提供新的竞争空间。引发机会的事件会影响到钻石体系中的各要素,从而推动产业集群的成长。关中地区装备制造业集群发展面临着很好的机会:一是在西部大开发第二个十年,国家加大了对西部新一轮的投资和政策优惠。胡锦涛在2010年西部大开发工作会议上发表的讲话指出,今后10年西部要建设国家重要的能源基地、装备制造业基地和战略性新兴产业基地,并提出对西部地区属于国家鼓励类产业的企业,减按15%税率征收企业所得税;对煤炭、原油、天然气等资源税由从量征收改为从价征收;[4]二是2009年6月关天经济区发展规划作为国家战略获批,并且把装备制造业作为六大主导产业之一;三是国家发布《装备制造业振兴和调整规划》,为我国装备制造业做大做强提供了机遇;四是国际国内产业转移以及我国工业化进入中期阶段以后,装备制造业等资本品工业必然加速发展;五是"一带一路"建设战略的启动,为关中地区装备制造业"走出去"提供了空前巨大的机遇。

总之,无论是从基本要素条件看,还是从辅助要素条件看,关中地区装备制造业都具有集群化发展的良好基础和条件。

第四章　打造丝绸之路经济带上的现代装备制造业基地

## 三、关中地区装备制造业集群发展的现状基础

近年来,关天经济区装备制造业工业增加值不断增加,产销率较高,发展态势良好。如2009年,西安市规模以上装备制造业企业共527家,比2000年增加了214家,占规模以上工业企业数的46.6%,完成销售产值1421.20亿元,产销率达97.0%,其中交通运输设备制造业产销率高达99.5%,通用设备制造业产销率为98.3%,金属制品、电器机械、专用设备、仪器仪表制造业的产销率分别为95.1%、93.7%、92.7%和91.2%。而且绝大多数主要产品的产量都呈现增长态势,其中汽车产量达50.68万辆,比2008年增长89%。[5]装备制造业也是宝鸡市的四大产业之一,2009年宝鸡市装备制造业企业共76家,完成产值320.58亿元,增长16.7%。装备制造业是咸阳市七大支柱产业之一,2009年完成工业产值143.5亿;渭南市装备制造业完成产值29.53亿元,增长13%。[6]这都为关中地区装备制造业集群的发展打下了良好的基础。

## 第三节　关中装备制造业聚集度和竞争力分析

装备制造业是关中地区重点发展的六大产业之一,六大产业具体包括金属制品业、通用设备制造业、专用设备制造业、交通运输设备制造业、通信设备、计算机及其他电子设备制造业、仪器仪表及文化办公用品制造业等七大行业。

## 一、关中地区装备制造业集群发展概况

目前,关中地区的装备制造业规模不断壮大,门类齐全,技术不断进步,并形成了自己的品牌优势,在区域经济发展中的支柱作用明显,在国际国内竞争中的优势较为明显。其现状特征可以概括为以下几个方面:

## 1. 装备制造业企业众多,且已出现装备制造产业集群

关中地区装备制造产业企业数目众多,如2009年西安有该行业企业527家,铜川有17家,杨陵有16家,宝鸡有87家,咸阳有53家,渭南有60家(宝鸡、咸阳和渭南是2010年的数据)。而且,关中装备制造业已初步形成产业集群。如以西电公司为龙头的输变电设备产业集群,以陕西秦川机床工具集团、宝鸡机床为中心的数控机床产业集群,以陕汽集团为核心的重型汽车产业集群,以陕西建设机械股份有限公司为中心的工程机械产业集群以及电子通信设备元器件产业集群、航空航天产业集群等。

## 2. 装备制造业企业市场占有率高,优势明显

经济区各大中型装备制造业企业生产的产品,在市场上具有较明显的优势地位,企业销售收入较高,全国排名靠前,市场占有率较高。如拥有17家子公司的陕西汽车集团,是国内最先进的重型车桥生产基地,2010年陕汽集团营业收入313.7亿元,在中国汽车工业30强中排名12位。西安电力机械制造公司是我国高压、超高压输配电设备的研发生产基地,也是国内唯一一家具有输配电一次设备成套生产能力的企业。2010年西电集团营业收入157.4亿元,在机械工业百强中排名20位。陕西鼓风机(集团)有限公司作为我国风机行业的骨干企业,其生产的轴流压缩机市场占有率达到95%以上。宝鸡石油机械有限责任公司是国内最大的石油钻机生产企业,国内市场占有率50%以上。西安标准工业股份有限公司工业缝纫机的国内市场占有率为30%左右。陕西法士特汽车传动集团生产的汽车变速器市场占有率为55%,其中8吨以上重卡市场占有率超八成。

## 3. 装备制造企业技术创新能力增强,品牌优势逐步形成

经济区装备制造业企业在发展过程中,一直重视企业创新能力的培养,在关键技术和领域不断加大研发投入。如陕西省装备制造业省级以上的技术中心研发投入占销售收入的比重达到了2.8%,投入的增加使得企业技术创新能力大大提升。目前,陕西全省共有13个国家级企业技

术中心,装备制造业占到10个。随着技术创新能力的增强,关中地区装备制造业企业在激烈的市场经济竞争中,形成了自己的品牌优势,屹立于行业之列。如陕汽集团重卡汽车、西电集团的输配电设备、秦川机床工具集团的数控机床、西飞集团的军民用飞机(军用飞机如"中国飞豹"、轰六系列,民用飞机主要有运七系列)等。

4. 装备制造业产业实力雄厚,基础良好

2010年,西安市规模以上装备制造业实现增加值430亿元,是2005年的2.9倍,同时呈现出向高端发展的新趋势;宝鸡市装备制造业企业共87家,占全市规模以上工业企业数的17.5%;咸阳市装备制造业企业共53家,占全市规模以上工业企业数的7.9%;渭南市装备制造业企业共60家,占全市规模以上工业企业数的11.4%。[7]

表4-3 2010年西安市规模以上装备制造业工业总产值和工业增加值(亿元)

| 行业 | 金属制品业 | 通用设备制造业 | 专用设备制造业 | 交通运输设备制造业 | 电器机械及器材制造业 | 仪器仪表及文化、办公用品制造业 |
|---|---|---|---|---|---|---|
| 工业总产值 | 36.10 | 139.34 | 225.55 | 562.2 | 341.24 | 71.18 |
| 工业增加值 | 7.3 | 31.15 | 37.28 | 220.81 | 47.32 | 8.08 |
| 工业增加值比上年增长(%) | 25.4% | 28.8% | 19.8% | 25.9% | 16.1% | 12.8% |

数据来源:《西安市2010年国民经济和社会发展统计公报》和2011年《西安市统计年鉴》。

5. 装备制造产业结构不断优化,与区域经济联系增强

"一五"时期和三线建设时期,国家基于整体战略的考虑,在关中地区布置了大量装备制造业企业,即关中地区的装备制造产业属于国家嵌入型,因此,与当地经济发展联系不紧密,根植性不强。为了实现资源整合,从"七五"开始,关中就开始对分散的企业进行了调整搬迁改造。如陕西法士特集团公司的成立就是陕齿总厂与湘火炬强强联合的结果。

2009年陕西汽车集团完成了铜川东风车桥公司和汉江汽车公司的重组,组建成立了陕西通家公司。又如西电集团重组宝光、陕开,控股济变,成功上市融资103.25亿元,成为我国高压、超(特)高压交直流成套输配电生产企业中产品电压等级最高、品种最多、全国最大的成套输配电设备制造企业。目前,装备制造业已经成为关中地区各市(区)的支柱产业,成为带动经济发展的引擎。2010年陕西装备制造业规模以上工业总产值占全省工业的比重达23.4%,比"十五"末的2005年提高了2.76个百分点,利润总额在全省工业中排第二位。从从业人员的角度来看,2010年,陕西装备制造业从业人员达到了44.22万人,占全省工业人数的30%,是城镇职工就业的主渠道,也是政府财政收入的主要来源。

## 二、关中地区装备制造业聚集度分析

为了更好地认识关中装备制造产业现状,我们用市场集中度和区位熵两个指标来计算关中装备制造产业集聚度。由于陕西装备制造业95%集中在关中地区(曾昭宁),考虑到数据的可得性,本书以陕西省装备制造产业各行业的数据来衡量关中地区装备制造产业集聚度。

(一)市场集中度分析

1. 衡量指标

本文主要采用行业集中度来分析陕西省装备制造业的市场结构。行业集中度是指行业内规模最大的前几位企业的有关数值占整个市场或行业的份额。计算公式为

$$CR_n = \frac{\sum_{i=1}^{n} X_i}{\sum_{i=1}^{N} X_1} \tag{1}$$

式(1)中:$CR_n$表示产业中规模最大的前$n$位企业的行业集中度。$X_i$表示产业中第$i$位企业的产值、产量、销售额、销售量、职工人数或资产总额等数值。

## 第四章 打造丝绸之路经济带上的现代装备制造业基地

$n$ 表示产业内的企业数($n$ 通常取4或8)。

$N$ 表示产业的企业总数。

### 2. 陕西装备制造业产业集中度

基于行业集中度的计算公式,结合贝恩关于市场结构的分类,本文通过选取2000—2010年陕西装备制造业前八名企业的销售收入,计算了前八名企业的销售收入占全行业销售收入的比重,即陕西装备制造业的行业集中度。2000—2010年陕西装备制造业企业销售收入各年排名不一,但涉及的主要企业有陕西汽车集团有限责任公司、西安电力机械制造公司、中国一航西安飞机工业(集团)有限责任公司、陕西法士特汽车传动集团、陕西鼓风机(集团)有限责任公司、宝鸡石油机械有限公司、陕西秦川机床工具集团有限公司、西安比亚迪汽车有限公司、西安西玛电机(集团)有限公司、陕西压延设备厂等。相关数据见表4-4。

**表4-4　2000—2010年陕西装备制造业前八名企业销售收入（单位:亿元）**

| 排名 | 2000 | 2001 | 2002 | 2003 | 2004 | 2005 | 2006 | 2007 | 2008 | 2009 | 2010 |
|---|---|---|---|---|---|---|---|---|---|---|---|
| 1 | 26.12 | 32 | 36.4 | 48.6 | 56.5 | 60.8 | 81.21 | 157.11 | 204 | 221 | 300 |
| 2 | 26 | 26.2 | 29.0 | 48.5 | 50.7 | 50.09 | 79.77 | 105.68 | 136.17 | 215 | 261 |
| 3 | 16.6 | 11.23 | 26.5 | 38.49 | 50.1 | 65 | 74.72 | 100.9 | 106.8 | 159 | 200 |
| 4 | 9.74 | 4.6 | 8 | 36.45 | 25.1 | 25.14 | 36.5 | 57.53 | 80 | 110 | 186 |
| 5 | 4.22 | 4.1 | 6.02 | 26.61 | 19.1 | 21.81 | 36.08 | 45.91 | 65.92 | 75 | 180 |
| 6 | 3.41 | 3.2 | 4.8 | 17.4 | 7.8 | 14.31 | 30.14 | 38.48 | 50 | 53 | 126 |
| 7 | 3.22 | 3.17 | 2.5 | 11.7 | 6.2 | 14.09 | 26.10 | 31.95 | 43.67 | 37 | 115 |
| 8 | 2.05 | 3.05 | 2.3 | 8.16 | 6.1 | 11 | 13.53 | 23.83 | 10.85 | 36 | 107 |
| 合计 | 91.36 | 87.55 | 115.54 | 235.91 | 221.6 | 262.24 | 378.05 | 561.39 | 697.41 | 906 | 1475 |
| 行业收入 | 207.93 | 269.73 | 359.39 | 437.41 | 545.91 | 672.39 | 878.15 | 1216.05 | 1561.00 | 1854 | 2607.01 |

数据来源:根据《陕西经济贸易年鉴》(2002、2003)、《陕西工业年鉴》(2001)、《陕西工业交

通年鉴》(2004)、《陕西企业年鉴》(2003)、《陕西统计年鉴》(2001—2011)及中国机经网、陕西省工业信息化厅网站整理所得。

根据公式(1),n取8,计算出2000—2010年各年前八名企业销售收入合计占整个装备制造业行业销售收入的比重,得到各年的行业集中度,计算结果见表4-5。

表4-5 2000—2010年陕西装备制造业行业集中度(%)

| 年份 | 2000 | 2001 | 2002 | 2003 | 2004 | 2005 | 2006 | 2007 | 2008 | 2009 | 2010 |
|---|---|---|---|---|---|---|---|---|---|---|---|
| $CR_8$ | 43.94 | 32.46 | 32.16 | 53.93 | 41.59 | 39.00 | 43.05 | 46.17 | 44.68 | 48.87 | 56.58 |

贝恩依据产业内前八位企业的行业集中度指标,对不同的垄断与竞争结合程度的产业的市场结构进行了分类,按照贝恩的分类,当$CR_8 \geqslant 85$时,市场结构为寡占Ⅱ型;当$75 \leqslant CR_8 < 85$时,市场结构为寡占Ⅲ型;当$45 \leqslant CR_8 < 75$时,市场结构为寡占Ⅳ型;当$40 \leqslant CR_8 < 45$时,市场结构为寡占Ⅴ型;当$CR_8 < 40$时,市场结构为竞争型。

由计算结果表4-5可以看出,陕西装备制造业2000—2010年行业集中度基本处于当$40 \leqslant CR_8 < 45$,只有极少数年份行业集中度超出或未达到这个区间,如2001年和2002年陕西装备制造业行业集中度分别为32.46%、32.16%,而2003、2007、2009、2010年分别为53.93%、46.17%、48.87%和56.58%。总之,根据计算结果可以判断,陕西装备制造业行业集中度较高,基本属于寡占型,而且近年来,行业集中度还呈现出提高的趋势。

(二)区位熵分析

1.计算方法

区位熵是空间分析中用以计量所考察的多种对象相对分布的方法。公式为:

$$LQ_{ij} = \frac{\dfrac{X_{ij}}{\sum_i x_{ij}}}{\dfrac{\sum_i x_{ij}}{\sum_i \sum_j x_{ij}}} \quad (2)$$

式中:$i$ 为第 $i$ 个产业;$j$ 为第 $j$ 个地区。公式从上到下,$x_{ij}$ 表示第 $j$ 个地区的第 $i$ 个产业的产出指标;$\sum_i x_{ij}$ 则是该 $j$ 区的总产值;$\sum_j x_{ij}$ 是第 $i$ 个行业在全国或大区的总产值;$\sum_i \sum_j x_{ij}$ 则是大区或全国各行业的总产值。当 $LQ_{ij} \geq 1$,则表示 $i$ 部门在 $j$ 地区的专业化生产水平大于全国或大区的平均水平。当 $LQ$ 值越大,则专业化程度越高。当 $LQ_{ij} \leq 1$ 时,意味着 $j$ 地区的 $i$ 产业专业化生产水平低于全国的平均水平。当 $LQ_{ij} = 1$ 时,意味着 $j$ 地区的 $i$ 产业的生产水平与全国平均水平相当。[6]

2. 计算结果

表4-6　2010年陕西省和上海市装备制造业区位熵

| 行业 | 企业个数 | | 工业总产值 | | 资产合计 | | 产品销售收入 | | 利润总额 | | 年平均从业人数 | |
|---|---|---|---|---|---|---|---|---|---|---|---|---|
| | 陕西 | 上海 | 陕西 | 上海 | 陕西 | 上海 | 陕西 | 上海 | 陕西 | 上海 | 陕西 | 上海 |
| 金属制品业 | 0.73 | 1.13 | 0.39 | 0.63 | 0.42 | 0.77 | 0.38 | 0.60 | 0.36 | 0.67 | 0.35 | 1.09 |
| 通用设备制造业 | 0.96 | 0.98 | 0.77 | 1.07 | 0.70 | 1.38 | 0.79 | 1.05 | 0.74 | 1.27 | 0.77 | 1.12 |
| 专用设备制造业 | 1.59 | 1.04 | 1.52 | 0.69 | 1.51 | 0.81 | 1.56 | 0.66 | 0.99 | 0.72 | 1.63 | 0.92 |
| 交通运输设备制造业 | 0.95 | 0.87 | 1.96 | 1.05 | 1.59 | 1.09 | 2.04 | 1.15 | 1.86 | 1.79 | 2.33 | 0.99 |
| 电器机械及器材制造业 | 0.96 | 0.99 | 0.88 | 0.64 | 0.89 | 0.66 | 0.80 | 0.61 | 1.08 | 0.78 | 0.62 | 0.88 |
| 通信电子设备制造业 | 0.80 | 0.92 | 0.33 | 1.46 | 0.46 | 1.10 | 0.29 | 1.42 | -0.02 | -0.07 | 0.45 | 1.03 |
| 仪器仪表及文化办公用品制造业 | 1.27 | 1.10 | 1.25 | 0.75 | 1.35 | 0.73 | 1.26 | 0.73 | 0.92 | 1.16 | 1.28 | 0.90 |

数据来源:根据2011年《陕西统计年鉴》、2011年《上海统计年鉴》和2011年《中国统计年鉴》以及公式(1)计算所得。

从表4-6可以看出,陕西装备制造业七大行业除了专用设备制造业、交通运输设备制造业、仪器仪表及文化办公用品制造业各项指标的区位熵值接近于1以外,其他各行业的指标基本小于1,甚至小于0.5,如金属制品业除了企业个数区位熵大于0.5以外,其他5项指标区位熵均小于0.5,而通信设备制造业区位熵均小于1,且利润总额为-0.02。

比较陕西和上海装备制造业各指标的区位熵可知,陕西省在专用设备制造业、交通运输设备制造业、仪器仪表及文化办公用品制造业各项指标的区位熵大于上海市,如陕西专用设备制造业的销售收入区位熵是1.56,而上海是0.66,陕西比上海高出0.9;电器机械及器材制造业区位熵基本接近于上海市;金属制品业、通用设备制造业和通信电子设备制造业区位熵则显著低于上海市,如陕西通信电子设备制造业的工业总产值区位熵是0.33,上海是1.46,是陕西的4倍。

关中地区装备制造业的企业个数区位熵较高,表明装备制造业企业较多,但表示企业效益的产品销售收入和利润总额区位熵较小,基本都小于企业数区位熵,表明关中地区装备制造业集群量的优势明显,但是效益较低。

## 第四节 关中装备制造业集群存在问题的原因分析及对策建议

前面的分析告诉我们,关中地区装备制造业的企业个数区位熵较高,表明装备制造业企业数量较多,装备制造业集群量的优势明显,但企业效益的产品销售收入和利润总额区位熵较小,表明关中地区装备制造业集群效益较低,竞争力还不足。

### 一、存在问题的原因分析

#### (一)生产要素支撑作用尚未充分发挥

波特指出,一个国家或区域要获得有竞争力的精密产业,除了劳动力、土地、资本等初级生产要素发挥作用外,还需要高级生产要素的支撑,如技术劳动力或科技基础。国家会在最能创造生产要素的产业上成功。但是受不完善市场经济体制的制约,关中地区生产要素对装备制造产业集群的支撑作用还没有完全发挥。不完善的市场经济体制导致装备制造

## 第四章 打造丝绸之路经济带上的现代装备制造业基地

业集群的发展仍然过多地依赖初级生产要素,高级生产要素的产生和作用的发挥缺乏土壤,如表现为金融市场发展缓慢,科教资源未能充分利用,产学研结合不紧密,科研成果没能及时、较好地的转化为生产力,所以才会出现"科教大省,经济弱省"的局面。

**(二)相关企业缺乏合作**

成熟的装备制造业集群应该是纵向上形成由原料供应商、零部件和元器件等配套企业、核心企业、物流企业、销售商和代理商以及终端客户群构成的完整的产业链,横向上要形成以龙头企业为核心,周围众多的一级、二级及以下配套企业组成的体系。成熟产业集群的重心就是核心企业(龙头企业),但同时也要重视中小企业的发展,要形成紧密的配套协作体系。但关中地区装备制造业企业仍然是"大而全"的组织结构,实施封闭式发展战略,专业化分工不足,而且企业包袱过重,缺乏市场灵活度,龙头企业效益不高。同时由于重视大企业的发展而忽视了中小配套企业的发展,没有围绕龙头企业培育协作体系导致中小企业技术水平低下,资质低,不能满足大企业的配套需求,以陕西重型企业有限公司为例,其省外配套率高达72%。[8]

**(三)支持性产业的环境支持不够**

波特指出,在某个地点上竞争的企业,其生产力和精密程度会受到当地产业环境品质的重大影响。如果说当地没有高质量的交通设施,集群内企业生产的产品就不能很好地实现企业与市场的衔接;如果企业不能雇佣到高级人才,则无法拓展业务。成熟的装备制造业集群在环境层次上,应该是以装备制造业企业为中心,同时由科研机构、高等院校、中介机构和政府机构构成一个完整的体系,提供丰富的技术资源、良好的基础设施和特殊的优惠政策,即形成核心企业和支持性产业协作体系。但是,关中地区产学研结合不紧密,企业缺乏研发能力,高等院校和科研机构没有与企业达成合作协议,加上中介机构,如银行、证券公司、保险公司等服务落后,这些因素都制约了装备制造业集群竞争力的提升。

### (四)统一规划不够,阻碍资源优化配置

根据产业集群的发展动力,可以将产业集群分为自发型和政府推动型。自发型产业集群的发展需要有完善的市场经济体制,考虑到关中地区市场经济体制不完善,加上关中装备制造业主要以军事装备制造为主,所以关中装备制造产业集群的发展仍然需要充分发挥政府的作用。

关中地区的"五市一区",装备制造业经过长期的发展,呈现出遍地开花的现象,各市(区)均把装备制造业作为主导产业发展。由于行政体制分割,各市(区)为了自己的利益,各行其是,各自为政,没有站在全局的角度规划产业的发展,出现了争资源、争市场的局面,装备制造业项目重复建设,各市(区)的开发区和工业区产业结构趋同现象严重。这些都严重阻碍了装备制造业在整个关中地区内资源的优化配置,导致产业集群只是实现了地理上的集中,集群内部的分工协作还不够紧密。

## 二、促进关中地区装备制造业集群良好发展的对策建议

关中地区装备制造业集群的发展对于关中地区经济的发展,以及区域竞争优势的获得和强化至关重要。因此,针对其存在问题的原因,我们提出促其良好发展的对策建议。

### (一)充分利用和培育生产要素,创造经济效益

关中地区的装备制造业不仅要充分利用现有的初级生产要素,更要积极培育高级生产要素,创造经济效益。(1)资本市场是促进产业集群发展的重要高级生产要素,对于资金密集型的装备制造业来说更是如此。装备制造业是典型的资金密集型产业,对资金的需求量大,单靠政府的单一投入是难以满足装备制造业企业发展的需要。要填补企业资金缺口,政府必须大力发展资本市场,充分利用各种资金,建立多渠道投入的投资体制。(2)充分利用关中科教资源优势,建立人尽其才和人才脱颖而出的人才机制。装备制造业也是典型的人力资本和技术资本密集型产业,

## 第四章 打造丝绸之路经济带上的现代装备制造业基地

关中地区正好拥有丰富的科教资源。要把这种科教资源优势有效地转化为经济发展优势,政府需要建立人才脱颖而出和人尽其才的人才机制,增强企业技术创新意识和能力。

**(二)加强企业分工协作,建立成熟的产业链和配套体系**

成熟的产业集群首先要有完整的产业链。在产业集群的发展过程中,政府要注意从装备制造业的原材料供应商、零部件中间商、核心企业、物流、代销商等环节进行组合,从而建构一个完整的纵向上的装备制造业产业链。从横向来看,装备制造业集群的发展还需要以龙头企业为核心,发展众多中小配套企业。这样一方面缩短了龙头企业的配套半径,降低了生产成本,另一方面也有利于中小企业与核心企业实现资源共享,提升配套企业的技术创新能力,实现核心企业和配套企业的双赢。

**(三)促进相关及支持性产业合理布局,提升服务档次**

相关及支持性产业是产业集群发展的重要条件,可为产业集群提供创新和升级的良好环境。因此,政府必须要充分发挥金融机构、高等院校、科研院所和行业协会等中介机构的支持性作用。(1)银行及其他非银行金融机构要发挥好资金提供者的作用。目前,关中地区的资本市场已经有所发展,如2009年西安市全年证券市场各类证券成交额13841.70亿元,比上年增长85.8%。其中股票成交额13096.47亿元,基金成交额71.74亿元,债券成交额11.58亿元。年末股票市场累计开户数147.54万户,比上年末增长10.5%。[9]为了实现企业的可持续发展,政府需要进一步发挥金融机构的金融支持作用。(2)建立产学研一体化的科研机制。在装备制造业集群的发展过程中,高等院校和科研院所主要发挥智力支持的作用,即为装备制造业企业的发展提供技术创新的来源。关中地区拥有丰富的科教资源,如在全国排名靠前的西安交通大学、西北工业大学、西安电子科技大学、长安大学等高等院校,还有众多的科研院所,如中国兵器工业集团公司的202、203、204、205、206、212、213研究所,中国航空工业第一集团公司的603、618、623、630、631研究所,中国航天科技集团公司的第四研究院、第五研究院504所等。高等院校和科研院所要积极与企业合作,满足装备制造业企业对技术的多元需求,逐步建立起产学研相结合的技术研发机制。(3)充分发挥装备制造业协会的作用。行业协会是介于政府和企业之间的非营利的民间组织。首先要在市场和政府的推动作用下,推动关中——天水经济区装备制造业行业协会的建立。在装备制造业集群的发展过程中,装备制造业行业协会要代表装备制造业企业的共同利益,要向政府传达企业的要求,同时协助政府制定和实施行业发展规划、产业政策,要对装备制造业企业的产品和服务质量、竞争手段进行严格监督,维护行业的信誉,坚决打击违法违规行为。

(四)统一规划,进一步优化资源配置

要打破关中装备制造业各自为营的局面,进一步优化资源配置,打造和谐产业集群,需要政府统一领导规划,发挥重要作用。(1)成立关中装备制造业集群发展领导小组。关中地区包括"五市一区",且各市(区)装备制造业都有一定的发展基础,为了避免重复建设和资源浪费,政府需要突破行政划分的限制,站在整个区域的高度,成立专门的装备制造业集群发展领导小组,整合经济区内装备制造业集群资源,实现要素合理、自由流动,最终实现产业资源的优化配置。(2)制定统一的关中装备制造业集群发展规划。政府要制定一系列有利于产业集群发展的优惠政策,如财政补贴、贷款优惠、税收返还等政策,以支持性政策促进经济区装备制造业集群的发展。总之,省政府要站在全局的高度统一规划和协调,打破地区封锁和市场分割,尽力为装备制造产业集群的发展提供良好的软件与硬件环境。

**注释:**

[1]成套装备类是指通过工艺和设备系统集成,软硬件集成,机件、传动和控制集成,形成为用户所需的整体功能的一种解决方案。

第四章　打造丝绸之路经济带上的现代装备制造业基地

［2］转引自刘平：《中国装备制造业国际竞争力研究》，中国财政经济出版社，2006年，第119页。

［3］《关中—天水经济区发展规划》。

［4］《西部大开发工作会议举行胡锦涛温家宝发表重要讲话》，中国网 http://news.china.com.cn/rollnews/2010-07/06/content_3066636_2.htm

［5］《西安制造业把握国家政策机遇，强力助推全市经济》，广发网，2010年9月13日，http://www.gf.com.cn/commons/infoList.jsp?docId=536604

［6］宋保顺：《领跑装备制造，启动经济引擎》，2010年3月31日：http://www.tstv.cn/Article/shizheng/201003/167727.html

［7］数据来源于2011年《西安统计年鉴》、2011年《宝鸡统计年鉴》、2011年《渭南统计年鉴》和2011年《咸阳统计年鉴》。

［8］曾昭宁，林岚：《西部装备制造业产业集群的若干问题研究》，《经济问题探索》，2007年第6期，第106—110页。

［9］西安市2009年国民经济和社会发展统计公报。

# 第五章 打造丝绸之路经济带上的现代果业示范基地

## ——关中果业产业化发展研究

农业现代化是工业化和城镇化推进的必然要求,只有农业现代化,才能为工业化和城镇化的顺利推进提供粮食、劳动力、工业品市场等各方面的支撑。但是,由于历史与现实各方面的原因,我国的农业仍然以小农生产方式为主,农业现代化滞后,这些状况严重制约着新型城镇化和新型工业化的进一步发展,并成为经济良性可持续发展的短板。因此,加速推进农业现代化进程已经成为我国的当务之急。陕西省自然条件优越,尤其是关中平原地区,自古以来就是"十年九收"的农业发达地区,作为全国重要的果业基地,特别是苹果,栽培历史悠久,已逐渐成为国内外知名品牌,成为陕西省经济发展的优势特色产业。全省已经建立了27个优质苹果基地县,而20个就属于关中地区,一方面由于日照充足,土层深厚,昼夜温差大等自然优势,苹果品质极佳;另一方面由于工业少,对大气、土壤、地下水等生态环境污染小,这也是关中苹果品质佳的另一个原因。可以说关中地区是我国生产无公害苹果的最佳产区。联合国世界粮农组织计划开发署、欧共体、中国科学院果树研究所、陕西省果树研究所以及英、法、俄、日、美、德、新、澳等上百批国内外专家及学者实地考察后一致认为,这里的自然生长条件属于世界最佳的苹果优生区。果业在关中农业和农村经济发展中具有独特的地位和优势。20世纪90年代以来,随着

## 第五章 打造丝绸之路经济带上的现代果业示范基地

农业结构的调整,农业现代化的推进,果业作为一项重要产业,成为农民增收的重要来源。但是在市场经济的大潮中,尤其是自从我国2001年加入WTO以来,关中与全国其他地区一样,果业迅速被推向了瞬息万变的国际市场。由于农户市场地位弱小,大多数果农处于无组织状态,势单力薄,谈判地位低,果农没有力量同外来的侵权行为相抗衡,加之个体生产经营者本身的组织缺陷,分散的果农与社会化的大市场的矛盾越来越突出,果农增收困难,无法保护自身的合法权益。在大力推进果业产业化经营的进程中,如何改造传统农业经济组织资源,如何创新产业化经营运行机制,如何完善产业化经营模式以促进果业市场竞争力的提升,这些都成为关中果业迫切需要解决的问题。

### 第一节 果业产业化发展的相关理论基础

#### 一、相关概念界定

(一)产业和果业

在不同场合"产业"一词被广泛地使用,但其中所包含的意义和侧重点不完全相同。"产业"是产业经济学中的一个基本概念和专门术语,其内涵是指所有从事赢利性经营活动并提供同一产品和劳务的企业群体,是一个居于微观经济主体与宏观经济整体之间的中观层次"企业集合概念"。果业即是指与果产品生产经营相关的企业群体集合,简称"果业"。按照传统的分类方法,广义农业包括农业种植业、林业、畜牧业、副业、渔业五个方面;狭义农业专指种植业,包括粮食作物、经济作物和其他作物种植。果品生产是包含在经济作物生产范畴内,即完全包含在农业的范畴内。因此,所有有关农业产业化的理论都适合于果业产业化的研究。

### (二)农(果)业产业化

农业产业化或农业产业化经营在国外类似的叫法为农业一体化、农工商综合经营。最早提出一体化概念的是20世纪20年代的苏联。1924年,苏联经济学家恰亚诺夫院士提出了苏联农业经营体制的发展方向是,要走农业纵向一体化的合作社与农村地区工业化紧密结合的道路。1957年,美国经济学家戴维斯(J. H. Davis)和戈德堡(R. A. Goldberg)根据美国农业产业化的发展,将农业产业化经营的载体定义为"农业综合企业(Agribusiness)",这一定义开创了农业产业化的新模式称谓,迅速被世界各国效仿。按其实际内容,农业产业化就是把农业各种生产资料的提供及技术和经营方面的指导、农产品的运输、加工、储存和销售同农业生产本身有机地结合或综合起来,即通常所说的农业生产的供产销三方面业务的有机结合,并形成一个共同体。

在我国,农业产业化的概念最早是由时任山东省农委主任的王渭田在《产业化是发展市场农业的重大战略》文章中提出的,这篇文章分别于1993年7月12日、8月19日刊登在《农民日报》上,并且一经刊登,随即引起广泛关注。农业产业化的内涵最早由《人民日报》1995年12月11日社论《论农业产业化》给出,该文认为农业产业化是以国内外市场为导向,以提高经济效益为中心,对当地农业的支柱产业和主导产品实行区域化布局,专业化生产,一体化经营,社会化服务,企业化管理,把产供销、贸工农、经科教紧密结合起来,形成一条龙的经营机制(转引自杜肯堂,1997)。随着研究的深入和各地实践的丰富,学者们纷纷从自己的研究角度出发阐述了关于农业产业化的内涵,归纳起来,主要有以下几种观点:(1)利益共同体论。该观点认为农业产业化是以某种或某几种产品的市场生产为龙头,将其产前、产中、产后的企业以合同或协议的形式连接起来,组成一个统一经营的综合体,其最主要的是在综合体内,各方结成较紧密的经济利益关系。(2)产业系列论。该观点认为农业产业化就是把一个农产品开拓为一个系列,使农业成为包括种植、养殖、加工、流通在内

## 第五章 打造丝绸之路经济带上的现代果业示范基地

的完整的产业系列。其基本形式是市场牵龙头、龙头带基地、基地联农户,实行专业化生产、系列化加工。(3)农工商一体论。该观点认为农业产业化就是作为国民经济一个部门的农业与农业前部门和农业后部门相结合,形成一种相对独立的综合经济系统。(4)规模论。该观点认为农业产业化是相对产品而言的,当某种农产品的市场份额大到一定程度时,或有一系列相关产品时,就叫产业化。

以上各种见解,都是不同学者从不同侧重点理解的农业产业化的涵义。其实,我们对于农业产业化的理解,与国外"农工商一体化""农工商综合经营"没有什么本质区别,只不过叫法不同而已。因此,对其理解可以从两个角度来看:(1)作为一种过程,可以把农业产业化理解为农业由农、工、商割裂的弱质产业,变成农、工、商一体化协调发展的强质产业的过程。(2)作为一种经营形式(手段、体系),农业产业化可以称之为农业生产部门与其关联部门(工业、商业、服务业),在专业化和协作的基础上紧密联系在一起,互相协调发展,在经济上和组织上联结为一体的经营形式。

具体到果业产业化,就是以农户家庭承包经营为基础,以国内外市场需求为导向,以经济效益为核心,各类农业经济组织依靠其经济实力和掌握的市场信息,围绕一个或多个相关的果业产品项目,通过一定的方式与农户在生产、加工、销售各环节建立某种利益联接机制,实行区域化布局、专业化生产、一体化经营、社会化服务、企业化管理,把产供销紧密结合起来,形成一条龙的生产经营体制。其特征是产前、产中和产后三领域整体化,中心环节形成"龙头企业",以它带动生产基地和果农联合进入市场;其核心是形成企业与果农利益共享,风险均担的经济共同体;其关键是培育带动力强的各类果业经济组织;其基础是通过农民参与建立生产基地,形成主导产业;其本质是发展市场农业,使果业向现代化迈进。实行果业产业化经营,有利于带动农户进入市场,增强果业经营主体的市场竞争能力;有利于果业区域化、专业化生产,提高果业规模效益;有利于加快科技进步,推进传统农业向现代农业转变;有利于带动果业结构调整,促进果业结构优化。

## 二、农(果)业产业化经营的原因

农(果)业产业化经营的原因,理论界观点还是比较一致的。从世界农业发展情况而言,农业产业化的出现原因有:

### (一)农(果)业获取分工益处的需要

农业生产的高度发展促进了社会劳动的分工和协作,农业内部不仅划分越来越多的行业和部门,而且彼此之间相互紧密衔接,从而组成一个包括从农用物资的生产和供应,到农业生产、收购、运输、加工、包装和销售各个环节在内的有机体。

### (二)农(果)业获取规模经济效益的需要

农(果)业要获取规模经济效益必须实行规模经营,而经营规模较大的农场要使生产得到稳步发展,必须建立一个稳定的供销关系。根据产业组织理论,产业组织就是指产业内企业与市场的合理组织,即在市场机制作用下,既要使企业充满竞争活力,实现有效竞争,又要充分利用规模经济性,避免过度竞争带来的低效率。产业组织理论研究不完全竞争市场条件下产业组织行为和经济绩效关系的命题,研究的范式是市场结构—组织行为—市场绩效。其基本的观点是市场结构决定企业(组织)行为,市场结构和企业行为共同决定了市场运行的绩效。尤其是对农业而言,产业化组织不仅能及时满足农户生产资料、资金和技术的需要,而且能帮助农场主加工和销售农产品,这样就大大解决了农场主供销方面的难题,有利于生产的稳步发展。

### (三)形成利益共同体的需要

威廉姆森(O. L. Wlliamson)认为,企业是连续生产过程之间不完全合约导致的纵向一体化。威廉姆森全面地探讨了影响或决定交易成本的因

## 第五章　打造丝绸之路经济带上的现代果业示范基地

素,并将这些因素归纳区分为不同性质的两类:第一类因素是人的因素,即关于人性的两个特点——有限理性和机会主义倾向;第二类因素主要涉及市场环境和交易的技术结构,即"交易特征",为了详细了解交易的特性,威廉姆森提出了三个维度:第一个是资产专用性。按照威廉姆森的说法,当一项耐久性的投资被用于支持某种特定的交易时,这部分资产就具有专用性。一项专用性资产如果转到其他用途或其他人使用,则其生产价值会降低。在资产专用性强的情况下,交易双方契约关系的连续性意义特别重大,因为交易双方有一方投入了专用性资产,另一方一旦采取机会主义行为提前终止交易或要挟,投资一方可能蒙受重大损失。显然,资产专用性越强,交易双方维持交易的持续性愿望也就越强烈,客观上,交易双方要求建立起某种保障机制。第二个是交易的不确定性。它既包括事前只能大致甚至不能推测的偶然事件的不确定性和交易双方信息不对称的不确定性,而且包括可以事先预料,但预测成本或在契约中制订处理措施的成本太高的不确定性。不确定性一般有两种:一种是由于自然的随机变动和消费者的偏好不可预料的变化所带来的初级不确定性;另一种是由于缺乏交流引起的次级不确定性。在此之外,威廉姆森特别强调指出了第三种不确定性,即行为的不确定性,它的产生是由于人的机会主义行为以及这种行为的可能方式千差万别而无法预料。第三个是交易发生的频率。因为一种治理结构的确立和运转是有成本的,这些成本在多大程度上能被所带来的收益抵消,取决于这种治理结构中所发生的交易频率。多次发生的交易,较之于一次发生的交易,更容易使治理机构的费用得到补偿。可见,交易频率是通过影响交易成本而影响交易的契约安排的。

具体到果业产业化,由于果树是周期性和季节性比较长的经济作物,因而果品交易在果农和企业组织之间是一种偶尔行为,不可能经常发生,大多都集中在果品成熟季节。在实际的果品交易过程中,虽然企业和农户之间签有协议,但还是经常会出现违约现象,这是因为市场行情变化后,企业和农户作为追求自我利益的"契约人",极易出现机会主义行为。

在种植果树过程中,果树生产周期长,果农一次投入后果品生产就具有了一定强度的资产专用性;对于专门从事果品销售、加工的企业组织来说,大量专用资产的投入使得果品销售加工等也具有了一定强度的资产专用性,包括场地专用性、物质资产专用性、人力资产专用性和专项资产专用性。资产专用性越强,违约现象越容易发生。当市场价格高于合约价格时,农户一般会选择直接拿到市场出售或者要求企业提高收购价;当市场价格低于合约价格时,企业又会选择直接到市场上去收购,或者压价收购。那么怎样避免这种现象的发生呢?很显然,交易双方要建立某种约束机制来保障合约的履行。农(果)业产业化生产具有互相制约的机制,通过合同或企业关系,把企业与农场主紧密地连在一起,使参加产业化生产的各个部门有机结合。

**(四)连接小农户和大市场、降低交易费用的需要**

让成千上万的小农户成为农产品市场上的主体,有利于调动他们生产经营的积极性和责任心,但科斯(K. R. Coase)1937年发表的《企业的性质》一文中首次指出了市场不是万能的,它的运行是有成本的,并提出了交易费用概念。在1960年发表的《社会成本问题》一文中,科斯进一步指出交易费用包括度量、界定和保障产权的费用,以及发现交易对象和交易价格的费用、讨价还价的费用、订立交易合同的费用、执行交易的费用、维护交易秩序的费用等。科斯认为,企业与市场是两种可替代的资源配置方式。由于市场机制在诸多方面是不完善的,利用市场机制要支付很高的交易费用,而企业的建立可以将原来通过市场的交易内部化,通过企业组织的指挥与协调来减少市场的交易费用,这样在资源配置中内部一体化企业组织就成了市场的替代物。本章分析的果业产业化经营组织模式就是企业或组织和农户基于减少交易费用和规避市场风险而自然形成的,是一种纵向一体化组织。尤其是中国农民商品经济意识淡漠,市场信息闭塞,参与和驾驭市场的能力弱,而农业产业化可以通过贸工农有机结合,互惠互利,在一定程度上抵消农业的弱质因素的制约,把农民直接导向市场。

## 三、国内外农(果)业产业化组织的一般模式

### (一)国外模式

西方发达国家的农业产业化,按其涵盖程度划分,可以分为两种基本类型:完全的一体化和不完全的一体化。完全的一体化是以入股入社或完全一体化合同形式出现的,而不完全的一体化是仅有合同关系的松散型一体化。国外农业一体化组织的主要模式有:

1. 公司制一体化。这是二战后新出现的工厂式的农业生产单位,主要由大企业或公司直接介入农场,从事大规模的农业生产,并与产品加工、贮运、销售以及生产资料的生产与供应结合在一起,形成完整的经济体系。这一组织形式在美国比较普及,一体化农业企业早在1978年就已占到农场总数的2%,销售额的22%。

2. 股份制一体化。由工商、金融及农业企业等多种资本以股份形式混合而成的联营公司,一般以一两个控股企业为核心。以这种形式联合的企业涉及面较广,实际上是农业合作社的一种形式,与一般运销合作社不同的是,它可以收购和销售非社员的产品。

3. 合同制一体化。农业有关部门以合同形式连接起来,以一两个工商企业为核心,这是发达国家农工商一体化最普遍的形式,在农业市场上占最大比重。美国谷物的一半、法国牛奶产量的一半均由私人加工厂按合同收购。

4. 合作制一体化。合作社是发达国家很流行的一种农业一体化形式,是一种产销服务组织,其特点在于农民既是农产品的生产者,又是加工、销售或农业服务合作社的社员。农业合作社是发达国家数量最多、规模最大的乡镇企业,控制一半以上的农村经济网点。在国外,合作社是农产品和食品的最大出口者,它带动一批基层社转向国际贸易,使农村地区直接同国际市场接轨,合作社不仅推动了农村城市化,而且也推动了农业

经贸国际化。

5.专业协会。这是一种由社会团体牵头,把分散的农场或农户通过市场开拓和技术、信息服务等环节联结起来,形成利益结合、互相依赖的社会化市场和销售服务体系。如日本的农协即是以农民为主要成员,共同出资建立的自我服务组织,业务范围包括信贷、购买、销售、市场指导和共济活动等。农业一体化不仅保证了购买和销售渠道的畅通,减少了流通环节和中间商的剥削,降低了交易成本,而且一定程度上消除了过剩危机,农业一体化堪称二战后西方发达国家农业流通体制改革的最大成就。

(二)国内模式

由于我国地区发展不平衡,因而农业产业化组织的模式也呈现出多样化的局面,主要的组织模式有:

1."公司+农户"模式。以农业资源优势为依托,以农产品开发为目标,以商办企业或企业集团为龙头,以综合服务为保障,把有关部门和农户联结成集团利益共同体,对区域支柱产品的生产、加工、销售,进行一体化经营。

2."专业市场+农户"模式。围绕优势产业的发展,健全完善市场体系,发展农产品专业市场,拓宽商品流通渠道,通过市场的导向作用,带动优势产业扩大生产规模,发展与其相配套的加工业和运销业,进而形成一条龙经营格局,提高农产品的运销效率和经济效益。

3."科技组织+农户"模式。科研单位或科技组织运用高新技术进行名、优、特、新产品的开发和传统产品的更新换代,建立高科技示范基地,发展科技示范户,形成以高科技为支撑的农产品一体化开发经营,由此推动生产、加工配套发展,开拓新的生产领域。

4."合作经济组织+农户"模式。围绕某项产品的开发与生产建立专业协会等合作经济组织,把农民组织起来,通过向会员提供技术、生产资料供应、产品销售等服务,把生产、科技和市场紧密地结合起来,扩大生产规模,减少会员进入市场的障碍,提高经济效益,以促进会员的共同

第五章　打造丝绸之路经济带上的现代果业示范基地

致富。

5."示范园+农户"模式。以现代化的高效园区为龙头,通过园区的高效示范作用,引导、带动农户发展农产品生产,形成专用农产品基地。园区为基地农户提供种苗、技术和产品销售服务,农户按照合同要求进行产品生产,通过园区外联市场、内联基地的形式实行一体化经营。

## 第二节　关中果业产业化发展的 SWOT 分析

关中不仅具有适宜果树生长发育的生态环境条件,而且有丰富的果树资源。据初步考察,苹果、梨、猕猴桃、红枣、柿、杏、葡萄等在关中都有相当的生产规模。苹果与梨、枣和猕猴桃被称作陕西"水果四宝",特别是苹果,个大色艳、酸甜适中、细嫩多汁,是全球苹果产品中的佼佼者。果业现已发展为关中农村经济的支柱产业之一,其中,苹果栽种面积、苹果原产地域保护面积、猕猴桃栽种面积和产量、果汁加工生产能力和出口量、绿色果品基地面积等数项果业生产指标已居全国前列。临潼的石榴,未央的桃,户县的葡萄,礼泉的沙红桃、酸石榴,乾县、合阳、华阴的红提,大荔、临渭的冬枣,铜川新区的大樱桃等特色时令水果初具规模。关中已形成了渭北苹果优势产业带、秦岭北麓猕猴桃优势产业带、大中城市周边时令特色水果优势产业带,苹果、梨这些大宗水果以及包括枣和猕猴桃在内的小杂果构成了关中果业全景图,而苹果产业的发展则成为关中果业发展的一个缩影。

### 一、关中果业产业化发展的优势

#### (一)自然生态条件优良

果树资源的分布受气候条件的限制。果树具有生命周期长的特点,在其萌芽、生长、开花、结果到休眠的每个阶段都要受各种气候要素的影响。如气温是影响果树生长发育最关键的因素,果实的品质与着色面积大小也与其有密切关系;光照除直接影响果树的光合作用外,对果实着色及外观质量的影响也极为突出;降水量大小则影响着水果产量及果实的口感、品质。

关中盆地是由河流冲积和黄土沉积形成的,其位于陕西省中部包括西安、宝鸡、咸阳、渭南、铜川五市及杨凌示范区,西起宝鸡,东至潼关,东西长约350公里,面积约为3.6万平方公里,约占全省总面积的19%,平均海拔约500米,年降水量500-800毫米,年平均气温12℃,为暖温带半干旱或半湿润气候区。[1]这里地势平坦,光照充足,昼夜温差大,空气湿度低,土层深厚,质地疏松,富含钾、钙、镁、锌、硒等多种微量元素,完全符合优质苹果生产的7项气象指标,是世界公认的苹果最佳优生区。与美国华盛顿、日本青森等世界著名苹果产区相比,这里远离工业区,污染少,生产的苹果色彩艳丽、质脆肉细、酸甜适口、风味浓郁、营养丰富。得天独厚的区位条件和气候条件,为关中发展果品产业提供了有利的基础条件。

(二)社会条件良好

1. 丰富的劳动力资源

表5-1 2014年陕西省人口分布[2]

| | 总人口 | 农业人口 | 非农业人口 |
|---|---|---|---|
| 西安市 | 8152948 | 3971391 | 4181557 |
| 铜川市 | 840529 | 394864 | 445665 |
| 宝鸡市 | 3838387 | 1812857 | 2025530 |
| 咸阳市 | 5266828 | 3426121 | 1840707 |
| 渭南市 | 5614285 | 3147922 | 2466363 |
| 杨凌示范区 | 190322 | 74859 | 115463 |
| 关中地区 | 23903299 | 12828014 | 11075285 |
| 全省 | 39405902 | 24210797 | 15195105 |

第五章　打造丝绸之路经济带上的现代果业示范基地

根据上面的数据,进行整理分析,得出陕西省人口分布的柱形图如下:

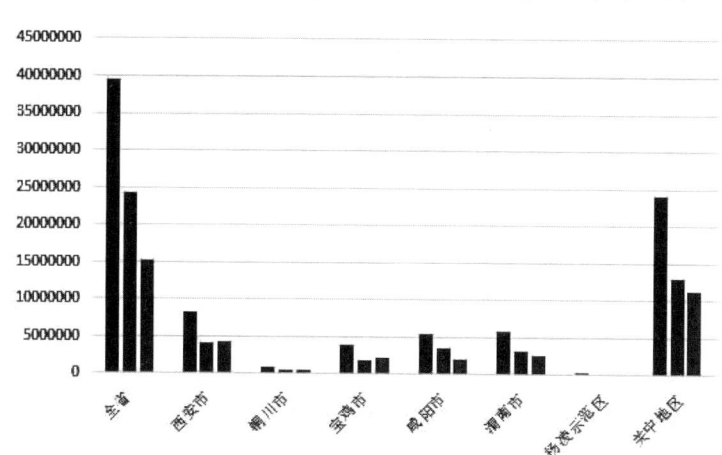

**图 5-1　2014 年陕西省及关中地区人口分布柱形图**

由图 5-1 可以看出,截至 2014 年,陕西省及关中地区均是农业人口比例大于非农业人口。下面具体分析关中地区的人口分布情况:

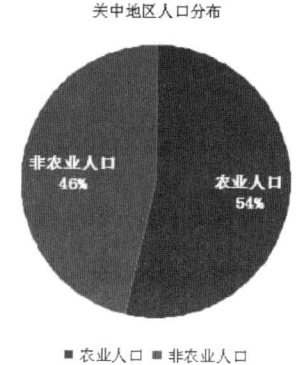

**图 5-2　2014 年关中地区人口分布饼状图**

由图 5-2 可以看出,2014 年在关中地区的人口分布中,农业人口占总人口的 54%,而非农业人口占总人口的 46%。农业人口大于非农业人口。

果品产业是典型的劳动密集型产业。我国劳动力资源分别是美国和日本的5倍和11倍。陕西省是典型的农业省份,有着丰富的劳动力资源,关中总人口2390万(见表5-1),占陕西省总人口的61%;关中农业人口1283万,占陕西省农业人口的53%。关中地区农业人口的绝对优势为大力发展陕西省水果种植、加工、销售提供了极为充沛的劳动力资源。果业发展还将拉动第二、第三产业发展和劳动力转移,果业的发展还增加了农业内部消化吸收大量剩余劳动力的能力。

2. 雄厚的科技实力

科技是第一生产力,果业产业化的发展离不开雄厚的科技实力做支撑。陕西省拥有国内最强的苹果种植管理科技力量。陕西有以西北农林科技大学为引领的涉果农业院校6所,果业科研机构20个,苹果试验站8个,杨凌作为我国唯一的国家级农业高新区,汇聚了国家苹果产业技术体系首席科学家和三分之一的功能研究室岗位专家。陕西创造了"大改型、强拉枝、巧施肥、无公害"优果生产4项技术,初步建立了果业生产技术标准和产品质量标准体系。

2013年10月15日,为了加强技术交流与合作,充分利用西北农林科技大学在苹果、猕猴桃等水果产业上的科技优势,运用现代高新技术改造传统产业,推动陕西果业持续健康发展。陕西省果业管理局与西北农林科技大学签署了"陕西果业发展科技合作框架协议",双方将在全省范围内合作共建各种果树试验示范站并以此为平台进行果树新品种、新技术、新方法的试验示范与推广应用,培训高素质的果树技术骨干和果农技术人员。共建的试验示范站,将及时向省果业局报告果树生产中出现的新情况、新问题及各种重要生产信息。[3]

3. 种植资源丰富

2014年,陕西省各级政府果业主管部门和果农积极采取有效措施,应对夏季高温干旱及秋季秋淋等灾害气候的不利影响,全省果业生产稳步提升,水果产量再创新高。果业区域布局进一步优化,果园管理水平不断提高,果品销售价格持续攀升,果农丰产增收。初步核算,2014年全省果业增加值368亿元,比上年增长5.5%,占全省种植业增加值的31.8%,比上年提高1.6个百分点。

(1)园林水果生产规模和生产水平

2014年,全省园林水果面积1836.79万亩,比上年增长2.6%;园林水果产量1553.98万吨,比上年增长4.5%。[4]

表5-2  2014年陕西省主要果品产量及增长速度[5]

| 名称 | 水果产量(万吨) | 比上年增长(%) |
|---|---|---|
| 苹果 | 988.01 | 4.8 |
| 梨 | 101.50 | 4.4 |
| 柑桔 | 50.36 | 5.6 |
| 桃 | 72.49 | 2.4 |
| 猕猴桃 | 120.59 | 16.7 |
| 葡萄 | 59.51 | -1.9 |
| 枣 | 64.46 | -4.7 |
| 柿子 | 39.56 | -0.2 |
| 杏 | 18.41 | -9.6 |
| 石榴 | 9.49 | -3.4 |
| 樱桃 | 11.88 | 5.7 |

由表5-2可以看出,陕西省水果种类丰富,产量最高的是苹果,其次是猕猴桃,梨产量紧随其后。苹果产量稳步增长,而猕猴桃的产量急速增长,生产规模迅速扩大。

表5-3  2014年果园面积、挂果面积及增长速度[5]

| 名称 | 果园面积(万亩) | 比上年增长(%) | 挂果面积(万亩) | 比上年增长 |
|---|---|---|---|---|
| 苹果 | 1022.70 | 2.5 | 658.24 | 2.9 |
| 梨 | 72.96 | -1.3 | 61.44 | -2.7 |
| 柑桔 | 57.27 | 1.4 | 36.73 | 3.8 |

续表

| 名称 | 果园面积（万亩） | 比上年增长（%） | 挂果面积（万亩） | 比上年增长 |
|---|---|---|---|---|
| 桃 | 53.18 | 10.7 | 39.98 | 2.5 |
| 猕猴桃 | 93.0 | 1.7 | 54.79 | 13.8 |
| 葡萄 | 69.92 | 15.9 | 47.80 | 16.5 |
| 枣 | 277.97 | 1.9 | 223.82 | 3.3 |
| 柿子 | 45.05 | -1.3 | 35.01 | -14.1 |
| 杏 | 82.60 | -3.2 | 42.53 | 21.4 |
| 石榴 | 6.98 | 0.8 | 5.96 | 18.0 |
| 樱桃 | 14.46 | 16.3 | 8.82 | 25.6 |

由表5-3可以看出,作为"苹果之乡"的我省,苹果种植规模已经达到了1022.70万亩,且保持着持续的增长。其他水果的种植规模也在不断地增长。

表5-4　2014年主要果品亩均产量及增长速度[7]

| 名称 | 亩均产量（公斤/亩） | 比上年增长（%） |
|---|---|---|
| 苹果 | 1501 | 1.8 |
| 梨 | 1652 | 6.9 |
| 柑桔 | 1371 | 1.7 |
| 桃 | 1813 | -0.2 |
| 猕猴桃 | 2201 | 2.5 |
| 葡萄 | 1245 | -15.8 |
| 枣 | 288 | -7.7 |
| 柿子 | 1130 | -16.1 |
| 杏 | 433 | -25.5 |
| 石榴 | 1592 | -18.1 |
| 樱桃 | 1347 | -15.8 |

**(2)果品主产区生产规模和生产水平**

2014年,果业主产区(基地县)引领全省果业生产,果业主产区规模化生产及技术示范作用进一步提高,果品主产县辐射带动作用进一步扩大。

表5-5　2014年基地(生产)县果园面积、果品产量及占全省比重[8]

| 名称 | 面积(万亩) | 占全省比重(%) | 产量(万吨) | 占全省比重(%) |
| --- | --- | --- | --- | --- |
| 苹果 | 844.22 | 82.5 | 940.81 | 95.2 |
| 梨 | 40.23 | 55.1 | 61.17 | 60.3 |
| 柑桔 | 25.72 | 44.9 | 25.93 | 51.5 |
| 猕猴桃 | 67.44 | 72.6 | 96.76 | 80.2 |
| 红枣 | 190.71 | 68.6 | 45.64 | 70.8 |

**4.方便快捷的交通运输**

2014年,陕西省高速公路突破了4400公里,全年在建规模超过1000公里。通车总里程达到4473公里,通达全省93个县(市、区);干线公路新改建2000公里,安排专项资金8.7亿元,支持建设28个县城过境公路项目,建设规模约225公里;农村公路新改建10000公里,重点实施建制村通畅、重要县乡公路改建、一般县乡公路改造、通村公路完善及桥涵配套等工程。提前一年安排完集中连片特困区重要县乡公路项目。[9]

不仅如此,在"一带一路"的推动下,陕西省与宁夏、甘肃、青海和新疆联合开展丝绸之路经济带交通运输发展战略研究工作,并建立与周边八省区高速公路路况信息共享机制。陕西省在交通运输方面取得的种种成就,都为果业大发展提供了便利的交通条件,为加快流通奠定了基础。

**二、关中果业产业化发展的劣势**

**(一)龙头企业少、弱、小**

2015年11月18日,陕西省农业厅公布了本年度监测合格的省级农业产业化龙头企业名单,经过审核和专家评审,在456家省级重点龙头企业中保留了监测合格的385家龙头企业,剔除掉71家不合格企业,取消其龙头企业资格,并递补了83家企业为省级重点龙头企业。所以,我们在目前陕西省的468家省级农业龙头企业中,找出属于经营果业的63家企业,它们的具体分布见表5-6所示。

表5-6 2015年陕西省果业龙头企业分布

| 龙头企业所在地 | 龙头企业个数 | 龙头企业所在地 | 龙头企业个数 |
| --- | --- | --- | --- |
| 宝鸡市 | 10 | 西安市 | 4 |
| 商洛市 | 1 | 咸阳市 | 8 |
| 铜川市 | 3 | 延安市 | 8 |
| 渭南市 | 23 | 榆林市 | 6 |
| 全省龙头企业总数 | 63 | | |
| 关中地区龙头企业个数 | 48 | | |

从表5-6我们可以看到,在全省63个果业龙头企业中,关中地区就有48个,占76%。

如果只在陕西省范围内比较,关中地区貌似挺占优势的,可是在全国范围内比较的话,就能发现目前存在的问题。2015年农业部最新公布的我国农业大省前五名分别为山东省、河南省、江苏省、四川省、河北省。将这5个农业最发达的地区与陕西省进行对比,根据2014年农业部公布的全国各省份国家级农业龙头企业名单,可以得到表5-7:

表5-7 2014年陕西及五大农业大省国家级龙头企业个数[10]

| 省份 | 农业龙头企业个数 | 果业龙头企业个数 |
| --- | --- | --- |
| 陕西省 | 34 | 8 |
| 山东省 | 89 | 17 |
| 河南省 | 59 | 13 |
| 江苏省 | 60 | 10 |
| 四川省 | 59 | 11 |
| 河北省 | 44 | 10 |

# 第五章 打造丝绸之路经济带上的现代果业示范基地

由表 5-7 可以看出,陕西省的农业龙头企业与其他五省对比,个数相对较少,不及农业最大省——山东省的一半,果业龙头企业也仅有 8 家为国家级以上果品重点龙头企业。龙头企业实力不强,且规模小,对农户的带动能力弱。

## (二)企业与农户的利益联结机制不完善

目前,陕西省内的一部分果业龙头企业与农户采用合同契约、股份合作形式,与农民建立了比较稳定的经济关系,初步形成了"风险共担、利益共享"的经营机制。但是仍有为数众多的龙头企业和农户之间没有签订合同,龙头企业只是较定期地到主产区按市价向农户一次性收购,这样造成的后果,可能是龙头企业到收获期不来收购,农户不能及时出售果品而受到损失,或者是龙头企业因农户惜售,不能及时收购到果品而造成原料短缺,甚至停机、停工。有些地方由于政府干预过多,还出现了硬性将龙头企业与农户捏合到一起的现象。由于没有有效的保障机制和利益联结机制,导致了龙头企业与农户之间的摩擦增多,这必然会削弱了龙头企业和农户双方抗御自然风险和市场风险的能力。[11]

## (三)商业化处理和深加工水平落后

先进的苹果鲜食生产都要经过机械化清洗、打蜡、分级、包装,再投放市场,而关中地区果业商品化处理率比较低。据统计,陕西省苹果加工产值与采收产值的比例仅为 1.56∶1,远低于美国 3.7∶1 和日本 2.2∶1 的水平。另外,冷链建设还比较滞后,发达国家果品冷藏能力达到总产量的 80%,陕西省仅为 30%,高标准气调库仅占总冷藏能力的 20% 左右,占苹果总产量的 6% 左右;国外果品采摘后商品化处理率接近 100%,陕西省不足 10%;欧美国家农产品冷运率高达 90%、腐损率不超过 5%,我国分别约为 10% 和 35%,而陕西省这两项指标尚不及全国平均水平。出口苹果量最近两年大幅度提高,但占总产量的比例远远低于国内山东省和其他国家。果汁加工虽然是陕西省的优势,但产品大都是浓缩苹果汁生产,出口的只是原料,属于初级产品。80% 的果品都以初级果出售,经过包装的高端果品少,果品商品率低,附加值没有得到充分挖崛提升,影响了果农收入和果业产值。[12]

(四)资金投入不足

龙头企业特别是果品加工企业,由于一次性投入大,果品收购时间集中,占用资金时间长,数额大,周转慢等因素,普遍感到周转资金不足。虽然银行贷款对一些重点龙头企业来说可能比较容易,但对于那些量大面广的中小企业就比较困难。而合作经济组织多数还没有自己的独立资产,也没有形成自我服务创收、自我积累发展的运营机制。一般合作经济组织多按提供的中介服务,收取少量服务费用作为组织经费开支,但仍有较大缺口。行业协会由于是非营利组织,只能收取少量会费或政府资助维持协会运行。因此,资金的缺乏制约着林果业产业化经营组织的生存与发展。

## 三、关中果业产业化发展的机遇

(一)"一带一路"建设战略提供了机遇

多年来,陕西一直致力于海外市场开拓,目前水果已经出口至64个国家和地区,遍及五大洲。作为中国水果生产第一大省,陕西的水果近年来愈发受到海外市场的青睐。自"一带一路"建设战略实施以来,陕西一直力图加强与沿带沿线国家的果业交流合作,其水果向西出口的力度日益加大,并一路向西,将陕西苹果、猕猴桃等优质水果分享给"一带一路"沿线的更多国家和地区民众。2013年,陕西仅向哈萨克斯坦出口鲜果就达4954吨,较上年增长203%。2014年,陕西企业自营出口鲜果货值4526.5万美元,加工产品5998吨,货值1137.3万美元。陕西果业局最新数据显示,2015年前三季度,陕西出口水果3131批10.17万吨,货值1.29亿美元。[13]

随着中国政府"一带一路"建设战略的持续推进,作为丝绸之路沿线重要的苹果产区,陕西已建成国内最大的苹果单品电子商务聚集平台,并以中国(陕西)—哈萨克斯坦苹果友谊园为契机,加入国际大循环,拓展向西、向南通道。未来,陕西还将组织企业、合作社在新疆口岸城市、哈萨克斯坦的阿拉木图开设陕西苹果专卖店,并以此为中转,开辟通往中亚其他国家以及进入俄罗斯和欧洲国家的水果出口之路。

(二)"互联网+"提供的机遇

近两年,"互联网+"作为一个经济热词,频频出现在人们的视野中。的确,随着信息技术的发展,我们的生活与互联网的关系也越来越密切。同理,我们也可以将互联网技术与陕西水果营销联系起来,从而拓宽果品的销售渠道,这不仅能给顾客提供便捷,也会为销售商带来巨额利润。

事实证明,搭乘互联网快车,陕西果业已经得到了强劲的发展。陕西作为中国水果大省,种植面积和总产量均居全国前列。陕西省统计局数据显示,2015年陕西省猕猴桃种植面积和产量分别达到93万亩和120.59万吨,分别较2010年增长31.3%和91.6%,均居全国第一,成为继苹果之后陕西果业的又一大亮点。陕西齐峰果业是眉县猕猴桃产业发展的典范,仅2015年"双十一"期间销售额就达300多万元,该企业目前是全国最大的集猕猴桃种植、收购、储藏、销售为一体的企业。该公司现有气调保鲜库126座,储存量12000吨,包装生产线17条,日分拣量300吨以上,有7000多平方米的标准化包装车间两个,自有猕猴桃生产基地3000多亩,实现了果业的品牌化发展。搭互联网快车,眉县猕猴桃产业成功打造了"数据+平台+服务"的农业电子商务服务平台,培育品牌水果电商主体,助推电子商务健康发展。[14]

(三)"十三五"规划提供的机遇

2016年,我国迎来了为"实现全面小康社会"的目标努力奋斗的最后一个五年计划,也就是"十三五"规划。"十三五"规划有十个任务目标,其中多个目标都是与农业息息相关的,例如调整优化产业结构、加快农业现代化步伐、推进扶贫开发,要促进农业发展,维护农村稳定,改善农民生活。

## 打造丝绸之路经济带上的战略高地

2014年,陕西省农民人均纯收入7932元,在全国排名第26位。[15]"三农"问题仍然是制约陕西省实现全面小康的一块短板。为此,政府要把解决"三农"问题作为实现陕西全面小康的重中之重,推进一二三产业融合发展,为全省经济社会发展打下坚实基础。破解这一难题将围绕"农民增收"这个主线进行。未来五年,陕西省将用现代工业、流通、金融、生态理念来发展农业,发挥杨凌示范区辐射带动作用,提高农业生产标准化水平和科技含量,大力发展农业电子商务,培养新型职业等,这些举措都会极大地促进果业发展。

### (四)人民生活水平不断提高对水果需求的增大

随着我国经济的不断发展,我国人均GDP已经达到世界中等收入水平,人民的生活水平在不断地提高,人们也越来越注重养生,追求生活的品质和健康的生活方式。俗话说"一天一苹果,医生远离我",所以对水果的需求量也逐渐增大。据有关资料显示,2015年我国亚健康人群占到70%,七成以上的人都处于亚健康状态,人们因为吃肉太多,营养结构出现问题,得"富贵病"的人数也逐渐增加。动物脂肪摄入太多,就容易引起肥胖和三高病症的发生。而经常食用水果,可增加营养来源途径,保证营养全面均衡,改善膳食结构,从而促进人体健康。我国营养学家、生理学家和社会学家拟出一套符合中国人膳食结构的小康营养标准,提出每人每天吃一个水果。一个水果若按150克计,每人每年需消耗水果54公斤。按此标准,目前若按13.6782亿人口计,每年需消耗水果7386万吨。这么大的水果需求量,会进一步刺激果业的种植规模。

## 四、关中果业产业化发展面临的威胁与挑战

### (一)国内市场的挑战

陕西省果业虽取得长足发展,但与果业产业化程度高的省份相比,生

## 第五章 打造丝绸之路经济带上的现代果业示范基地

产规模和总量都还较小,地位较低,因而,陕西省果业的发展必将受到果业产业化发达省份的冲击。首先最大的竞争对手是山东省。山东不论鲜用果,还是果汁加工品产量都高居北方水果主产省首位,在出口贸易方面地位也非常突出。陕西果业的主要问题在于宣传推介不够,知名品牌较少。目前,虽然陕西省也有为数不少的果品品牌,但总体来看品牌多、乱、杂,档次低。在基地认证、品牌申报和果品宣传等方面,虽然政府不断出台激励政策,搭建宣传平台,但果农和合作组织只顾眼前利益,参与的积极性不高,出现了政府热情很高而群众冷漠的现状,以致于在果品销售季节,经常出现果农套用甘肃、山东等外地市品牌的现象。品牌不亮,知名度不高,制约了果品外销和价值。同时,对于与电商合作,通过网络渠道销售水果,陕西省同样不占优势,新疆的大枣,烟台的苹果、库尔勒的香梨都比陕西省的水果品牌在网上的知名度高。

(二)国际市场的挑战

据有关资料统计,1980年我国水果总产量排名世界第10,而从1993年开始,我国果树栽培的面积和果品的总产量稳居世界第一位,并呈逐年增长的趋势。中国已成为世界第一水果生产大国,但就产品深加工上,同其他发达国家相比还处于落后水平,表现在果品消费仍以鲜食为主,果品加工比重尚不足总产量的10%。作为世界上最有潜力的消费市场,随着国民经济的发展和人民生活水平的不断提高,中国必将成为世界各国竞相争占的果业市场。自入世以来,关中果业面临国际、国内两个市场的双重竞争。近年来由于互联网技术的不断进步,人们可以动一下手指就可以在网上买到任何你能想象到的东西,因此进口的水果也成为陕西省水果销售的竞争者,在进口水果和国内水果价格不差上下的时候,我们就得通过提高品质来争取优势。

(三)生态环境的挑战

随着工业化进程的加快,工业污染、大气污染向农村转移的问题难以

## 打造丝绸之路经济带上的战略高地

有效遏制,加上化肥、农药使用过多,造成土壤盐渍化、毒化严重,水质恶化,农业生态环境面临严峻挑战。随着城镇化的不断推进,农业用地正在不断地缩减,这都对农业的发展造成了威胁。如何依靠科学技术进步迎接经济、社会和环境三大挑战,突破资源、人口和风险约束,再造陕西省农业新优势,这是农业科技面临的重大问题,也是制定关中果业产业化发展战略的时代背景。

通过SWOT分析,关中全面发展果业产业化,有其自然生态环境方面的优势,又有着劳动力、科技实力、交通等方面的优势,这些都为关中果业产业化奠定了基础,但同时关中地区又存在诸如龙头企业少而弱小,经营主体联结机制不完善,商业化水平落后,资金投入不足以及政策支持不到位等一系列的问题,这些都成为关中果业产业化发展的阻碍。但是随着科技的不断提升,"互联网+"的运用,"一带一路"的建设,十三五规划重视农业发展以及人民生活水平不断改善,这些又为果业产业化带来了新的机遇,但挑战也随之而来,国内、国外竞争的不断加剧,生态环境不断恶化,在这种情况下,关中要实现果业全面产业化发展,就必须考虑各种因素,整合现有资源,充分发挥自身优势,建立符合自己特点的果业产业化经营组织模式。

2015年,习近平总书记来陕视察时强调:"要提高生产标准化水平和科技含量,延长产业链条,推动果业发展迈上新台阶。"这一重要指示,点准了陕西果业发展的穴位和兴奋点,为我们加快果业转型升级、提质增效指明了方向。贯彻落实好总书记的指示精神,对于陕西省来讲,就是要紧扣"果业强、果农富、果乡美"目标,突出苹果、梨、葡萄、冬枣四大板块,加快实施"四大工程",推进果业市场化、品牌化和产业化发展,努力建设现代果业强省。

# 第五章 打造丝绸之路经济带上的现代果业示范基地

## 第三节 关中果业产业化发展的组织模式创新

果业产业化需要一定的组织形式来维系,并按照相应的制度来运行。由于传统果业的组织制度不适应现代果业产业化发展的要求,因此,在外部力量冲击和内部因素发育的过程中,果业现代化要求在果业内部进行一系列的组织和制度创新。由于生产力发展水平的多层次性,以及资源优势与市场优势的差异,果业产业化经营组织形式的创新也必须多样化。

### 一、模式创新的目标

农(果)业产业化组织创新所要解决的核心问题是果农如何进入市场和如何与市场接轨的问题,因此果业产业化的组织载体必须始终以果农为立足点。较典型的组织载体是"公司+农户",或"农户+中介组织+市场"等。果业产业化不仅要注意果农主体,而且要解决果品加工和贸易主体经营的低绩效问题,所以果业产业化应包括果农主体以及与加工及贸易组织有关的所有组织的整合,其目的是为了提高果业产业交易组织乃至整个产业的经济绩效。从这个意义上说,果业产业化的实质就是产业组织结构的调整。在理论上,果业产业化则属于制度变迁范畴。所谓果业产业化就是指果业产业组织制度创新,即通过构建新的产业组织结构,果业产业运行效率和产业自身的发展能力得到提高,因而果业产业化是一种扩张性的组织重组。在形式上,果业产业化主要表现为果业产业经营主体在纵向和横向上的重新整合。其中,纵向整合是指通过"非市场安排"等方式来实现产业组织内部的一体化经营。横向整合指通过规模经济等方式来提高整个产业的市场集中度。

(一)一体化经营目标

著名经济学家科斯和威廉姆森都认为,在交易主体间引入非市场交易关系,避免了市场交易情况下必须支付的交易成本,并通过成本分摊,降低了经营成本。同时,纵向关系中的非市场关系的建立,降低了交易的不确定性,规避了市场风险。从这个意义上说,纵向一体化经营的战略收益,包括增强垄断能力、创造市场势力、降低交易费用、提高技术效率、确保供应和消除外部性、防止被封阻等方面,因此,纵向一体化是果业产业化经营的主要目标之一。

**(二)市场集中度目标**

从产业组织理论角度分析,适度集中垄断的市场结构是有效竞争的前提,市场组织的集中度和行业的经济绩效有正的相关性。新古典经济学的技术规模理论同样认为,相对特定的技术存在着有效规模点,当组织规模没有达到一定程度时,技术优势得不到充分发挥。换句话说,就是在一定技术条件下,通过扩大规模,能降低单位产出的成本。因此,推进果业产业组织的横向整合,努力提高产业主体的市场集中度,壮大市场势力,不仅有利于果业产业的市场结构由完全竞争、过度竞争向垄断竞争转变,而且适应了在时代背景下果业改革发展的根本要求,是果业产业化经营的又一重要目标。

总体而言,构建有利于产业化经营的果业组织模式,旨在促进果业各经营主体之间的集中和联合,以提升自身的市场竞争能力和地位。其基本目的是便于果品开发者、生产者和经营者在横向和纵向上建立或松或紧的长期合约,以取代现行市场上相应的一系列临时性交易关系,消除由当前果业产品市场结构的完全竞争性质所引发的破坏性和过度、无序竞争行为,实现由完全竞争向适度的垄断竞争转变,使果业走出普遍的内部规模不经济,获得外部规模经济。

## 二、关中果业产业化经营模式创新的优化选择

产业化经营的模式主要是指产业活动得以畅通、高效进行的组织依托形式,是对产业经营中关键环节和框架关系的概括。果业产业化经营模式的创新与优化应以生产力发展水平和果业特点为依据,以提高产业比较效益和增加果农收入为目标。鉴于关中果业的现实状况,果业产业化组织模式选择和创新必须兼备两点,即既要坚持农户家庭生产的组织

## 第五章　打造丝绸之路经济带上的现代果业示范基地

合理性,发挥其灵活性和有效管理的优势,又要克服单个农户经营的组织分散性、规模不经济性以及难以有效参与市场竞争的弱点,提高其比较效益和社会地位。

目前关中果业大多数采用"公司+农户"这一产业化经营的基本形式,这种形式存在许多不足和缺陷,如农户与公司之间很难真正形成"风险共担,利益均沾"机制,因此,它需要在产业发展过程中不断发展,创新,不断完善。而"公司+协会+农户"和"协会+农户"方式,由于协会存在技术起点低、规模小、资金实力不足等缺陷,不可能将"公司+农户"的局限性完全解除,因此,也还需要再发展和再创新。借鉴美国、日本等发达国家果业产业化经营的一般共性,如以完善的市场经济体制为基础,以包括各种协会、科研等机构在内的发达的社会化服务体系为保证,以专业化、规模化和集约化经营为核心,以降低生产成本和流通销售中的交易成本为最终目标,结合关中的经济发展状况、农业经济的特点、资源禀赋、制度环境、产业结构及其调整方向、市场发育程度以及社会传统等实际情况,考虑产业化经营各个方面的因素,我们认为关中果业应选择适合自己的产业化发展组织模式,这就是图5-3所示的网状经营模式。

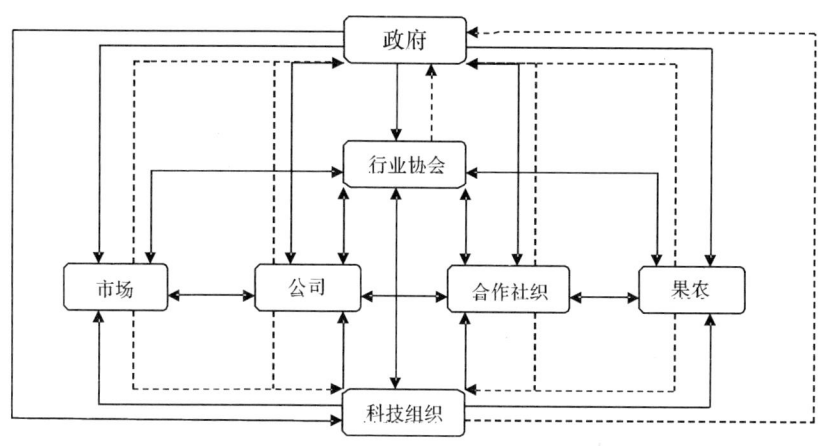

**图5-3　关中果业产业化经营的网状模式**

图5-3显示的"市场—公司(企业)—合作社—果农+政府+行业协会+科技组织"的果业产业化经营网状模式,可以概括为一横一纵两条

线。一横指"市场—公司（企业）—合作社—果农"，它是网状模式的主线；一纵指"政府＋行业协会＋科技组织"，作为横线的补充和完善。这种网状组织模式的含义是面对风险与机遇并存的国内外果业大市场，专业市场、龙头企业、合作社和果农有机地联系在一起，在政府、行业协会和科技部门等提供完善的社会化服务的基础上，该模式一方面可以发挥整体优势，增强抗风险能力，另一方面又可以较合理地保证和体现产业主体经济利益。发展这种网状模式，既可以在产业化经营中最大化地配置社会组织资源，又能使产业化运营机制最优化；既可以加快区域经济的产业化进程，又可以为质量和效益、优化产品等提供必要的保证；既有利于果业产业先进技术的引进、创新和推广，又可以有效地解决从计划经济向市场经济过渡过程中广大农户进入市场的风险问题。

## 三、构建关中果业产业化组织新模式的对策建议

### （一）培育龙头企业

**1. 鼓励龙头企业集团化发展**

龙头企业是果业产业化经营的"龙头"，是联接农户与市场的桥梁和纽带，是提高农产品比较效益、延长产业链、实现多次增值的关键。为此，关中果业不仅要敢于打破地域界限、部门界限、所有制界限，优化资源配置，按照相对集中发展和规模经济的要求，发展果业产业化龙头企业，而且可以以资本为纽带，通过市场机制和低成本来扩张，让龙头企业与国内外涉农大公司、大集团进行联合，形成具有较强竞争力的跨地区、跨行业、跨所有制和跨国经营的大型龙头企业集团。

**2. 鼓励企业科技创新**

提高科技含量是果业发展的生命力，要把增加科技投入作为提高关中果业产品质量的战略性措施来抓。这样既能提高产品的科技含量，又能使产品更具特色，为创名牌打下良好的基础。在科研投资和产品开发方面，一方面企业可以根据营利能力设定固定的科技投资比例；另一方面

## 第五章 打造丝绸之路经济带上的现代果业示范基地

企业可以鼓励、引导社会资金向现有企业的技术部门投资,形成面向市场的新产品开发和技术创新机制。企业还可以和农业科研院所建立互助合作的利益机制,发挥彼此的优势,共同实现产品开发和组织发展。

3. 实施品牌战略

国内外经验表明,果业产业化发展应以优势果品品牌建设为中心。实施品牌战略是果业走向市场必不可少的一环,是提高果业竞争力的重要基础,更是实施绿色营销的内在要求。为此,我们必须充分认识树立品牌意识的重要性,并围绕关中的优势品种,进一步加大培育和竞争名牌的工作力度,形成一批果品及其加工品的名牌群,并实施规模化、专业化和标准化生产,提高名牌产品、优质产品的比重。对已确立的名牌产品要加大宣传力度,制定名牌营销策略,搞好商标注册,制定商品标准,进行高标准的产后处理。要改变把名牌产品当作一般商品销售的做法,重新对名牌产品进行市场定位,走名品变精品、抢占市场制高点的路子。

4. 建立现代企业管理制度

许多龙头企业规模小、带动能力弱、盈利差,主要是因为企业管理水平落后,有些还停留在家族管理的阶段。所以要按照"产权明晰、责权明确、政企分开、管理科学"的现代企业制度的要求,将企业的改制、改组、改造与加强管理结合起来,进行综合治理,逐步把龙头企业建设成为管理水平先进、技术力量雄厚的现代化企业,使之能充分发挥辐射带动作用。

(二) 规范中介组织建设

1. 农民专业合作社

合作经济组织是涉及某一产业且具有某种共同经济需要的一群农户、消费者,或者是市场经济中其他分散弱小的实体,为了抗衡经济领域各环节的垄断力量,自愿联合形成的共同所有、民主控制、风险利益共享的团体。合作经济组织是农民的联合自助组织,其所有者与其服务的对象都是合作社员自身,以为社员农业生产服务为主,不以自身营利为目的。农业合作社的发展是农业产业化的必由之路。发展合作社,要始终以农民意愿为前提,不能强迫农民,要按照社会主义市场经济原则和合作制要求,深化管理体制改革,坚持政府引导、自愿联合、民主管理、共同受益原则,同时要改革内部经营机制,实行自主经营、自负盈亏、自我管理、自我发展,真正做到民办、民管、民受益。政府对农民专业合作社的扶持可实施比农业龙头企业更加优惠的税收政策,并为专业合作社提供财政经费补助,经费补助主要用于管理者培训、技术培训,以及配备一些基础性装备。

2. 行业协会

行业协会是中介服务组织,是完善农业社会化服务体系中必不可少的条件。在农业产业化经营发展中,农户和企业都需要中介组织的服务。就果业行业协会来说,它在产业经济活动中的重要作用主要有以下几个方面:(1)为果农和龙头企业提供包括信息在内的各种服务,如价格协调;(2)通过游说,联合或影响政府管理者制定和实施政策,有时还要协助政府管制经济和实施援助计划;(3)介绍和引进国际上先进的技术,发展深加工项目,进行技术推广和促进行业技术进步;(4)加强与国外有关组织的联系,协调国际纠纷;(5)创立许可程序并设定安全、质量和竞争的标准,建立治理市场行为规范。

政府对行业协会的支持和鼓励主要表现在:(1)对组建行业协会不加以限制,只有在这些组织违反法律规定时,才依法处理;(2)政府每年从财政经费中拨出一定的经费来支持行业协会的活动;(3)政府对行业协会的活动提供法律保护和必要设施。(4)将一些不宜由政府承担的业务转移到协会运作,增加行业协会的功能性作用;(5)加强行业协会工作人员培训工作,加强行业协会与科研院所的联系与合作,提高行业协会的服务能力。

(三)完善政府宏观调控

1. 深化林果业管理体制改革

随着果业产业化经营的纵深发展和横向联系,经营组织必将突破部

## 第五章 打造丝绸之路经济带上的现代果业示范基地

门分割、地区分割、条块分割的制约和所有制的限制。所以政府要深化林果业管理体制改革,抓紧改革目前部门分割、行业垄断,果品生产、加工、流通与内外贸脱节,管理部门职能重叠、管理环节过多的林果业管理体制。政府还要进一步深化流通体制改革,采取有效措施,杜绝乱设卡、乱收费现象,开辟全面性的水果运销"绿色通道",减少流通环节,降低流通成本,全面搞活流通。政府要加强各方面协调,逐步形成果品生产、加工、销售、对外贸易一体化管理体制,为果业经营组织发展扫清障碍。

2. 营造良好的市场环境

市场是商品交换的场所,是交换关系的总和,是连接产品生产与销售的桥梁。市场建设是果业产业化经营的重要组成部分,其吸附和辐射能力影响着果品基地的生产、企业的加工和整个产业链的运转。企业可以通过行业自律,自行规范市场行为,但一些投机企业还是会出现机会主义行为,所以企业需要政府出面,制定相关政策和法律法规,给企业营造一个良好的市场交易环境,提供一个公平、公正的自由竞争平台。要坚决制止低价出口、内部恶性竞争、相互倾轧和争抢资源的现象,政府需要:一是建立激励机制,强化政府的政策导向作用,利用产业政策扶持、引导林果业产业化健康、有序地发展,还可以通过信贷支持、政策支持等,使企业能够有所预期地规范发展;二是建立惩罚机制,使企业有所畏惧,不致无视市场竞争法则而无序发展。

3. 加大扶持力度

果业是一项系统的工程,又是一个易受自然风险和市场风险制约的弱质产业,需要各级政府的大力扶持。一是在资金上扶持。各级财政、金融、税收部门应当对优质苗木繁育与推广、出口商品基地建设、科技示范园建设、农民专业合作组织建设、龙头企业建设、信息网络建设等方面予以倾斜支持;在信贷上,对于果业龙头企业用于基地建设和技术改造项目的贷款,商业银行要给予优先安排;在融资上,政府要支持龙头企业多途径吸引、筹集资金;在税收上,政府在政策允许的范围内制定出具体的税收优惠政策。在财政上,政府设立果业产业化发展专项资金,重点用于龙头企业的启动发展以及对有影响力的中介组织予以补助。二是在人力资源上扶持。政府应制定相关的优惠政策,鼓励大学生特别是农业院校毕业的大学生到农业企业及农村组织就业。政府应让急需人才的农民中介组织申报岗位以公务员考试的形式吸引人才,鼓励大学生到基层工作。这样一方面人才学有所用,用有所得;另一方面为众多的中小企业及组织输入了新鲜的血液,注入了先进的科技和管理知识,从而能更好的发展。

4. 加强法律保障制度建设

市场经济是法制经济,任何组织没有法律的承认和保护就没有合理存在和发展的根基。在实际发展中,中介组织没有像企业一样到规定的部门去申办成立,故其在运作过程中呈现出混乱的状态。所以,当前急需的是加快中介组织的立法问题,使其能够按照现代企业要求,实行公司制,以法人身份,与其他市场主体开展业务。另外,政府还应加强涉农法制建设,以法律法以及规规范果业产业化经营组织的行为,并加强合同契约管理,强化组织与农户的法制意识,把果业产业化经营纳入市场化和法制化轨道,为果业产业化经营创造良好的法制环境。

(四)农业科技部门体系创新

在产业化经营过程中,如何使农业科研单位、高等院校、技术推广部门等科技要素(教学、科研、示范、推广)与金融要素、人力要素有机结合,是我们面临的一个全新课题。根据全国果业优势区域规划,我国拟建立果业技术创新与推广体系,其中技术创新体系包括:优良品种选育、病虫害监控、栽培体制创新、深加工关键技术、工艺创新和技术培训。而技术推广体系包括:完善现有的省(市)级、县(区)级和乡镇级三级农业技术推广体系;扶持加工和包装业主参与对果农的技术指导;扶持建立果农协会,直接对果农进行技术和市场服务;支持教学科研单位直接服务于业主和果农,开展技术咨询和推广。

## 第五章 打造丝绸之路经济带上的现代果业示范基地

农业科研单位、高等院校、技术推广等部门以多种形式与龙头企业、行业协会、农户等产业化经营主体,在互利互惠的基础上建立起长期稳定的协作关系,携手开发和推广新产品、新技术。科研教学单位应积极参与产业化经营,在行业主管部门的组织下,发挥科研教学单位的优势;定期对果农进行栽培管理技术培训,并结合农时定期编发栽培管理技术资料。政府应努力促进科技进村入户,鼓励以技术入股等方式承包经营果园,将技术推广落到实处,增加果品的技术附加值,开拓国际和国内市场。

**注释:**

[1] 数据来源:百度百科,网站,http://baike.baidu.com/link? url

[2] 数据来源:陕西省统计局网站,http://www.shaanxitj.gov.cn/site/1/html/126/more.htm

[3] 陕西传媒网-陕西日报网站,2013年10月15日,http://www.sxdaily.com.cn/GB/266/index9.html

[4] 数据来源:陕西省统计局网站,http://www.shaanxitj.gov.cn/site/1/html/126/132/141/10697.htm

[5] 数据来源:陕西省统计局网站,http://www.shaanxitj.gov.cn/site/1/html/126/132/141/10697.htm

[6] 数据来源:陕西省统计局网站,http://www.shaanxitj.gov.cn/site/1/html/126/132/141/10697.htm

[7] 数据来源:陕西省统计局网站,http://www.shaanxitj.gov.cn/site/1/html/126/132/141/10697.htm

[8] 数据来源:陕西省统计局网站,http://www.shaanxitj.gov.cn/site/1/html/126/132/141/10697.htm

[9] 数据来源:陕西省交通运输厅网站,http://www.sxsjtt.gov.cn/jtxw.html

[10] 数据来源:中国人民共和国农业部网站,http://www.moa.gov.cn/zwllm/tzgg/

打造丝绸之路经济带上的战略高地

［11］陈国芳:《新疆林果业产业化经营组织模式研究》,新疆农业大学 2006 年硕士学位论文。

［12］数据来源:陕西省果业信息网,http://www.guoye.sn.cn/info/1/4019/10

［13］数据来源:陕西省果业信息网,http://www.guoye.sn.cn/info/1/4019/10

［14］数据来源:陕西省统计局网站,http://www.shaanxitj.gov.cn/site/1/html/126/132/141/10697.htm

［15］数据来源:陕西省统计局网站,http://www.shaanxitj.gov.cn/site/1/html/126/132/141/10697.htm

# 第六章 打造丝绸之路经济带上的高新技术产业研发基地
## ——西安高新区竞争力研究

科技的迅猛发展,在世界范围内促进了大量高新技术企业的诞生和发展。高新技术企业由于创新要素的地理集聚而集中,形成了高新技术产业开发区(简称高新区),并产生了显著的社会效益和经济效益,其中最杰出的代表就是美国的硅谷。现在,高新区已经成为技术创新和知识创新的中心,也日益成为区域经济活动的高地和经济增长的核心,高新区竞争力更是成为推动区域经济发展的强劲动力。西安要打造丝绸之路经济带上的经济发展高地,也必须充分发挥西安高新技术产业开发区的功能,着力提升西安高新区的竞争力。本章主要对西安高新区的竞争力进行实证研究。

## 第一节 高新区竞争力及其评价指标体系

### 一、核心概念界定

#### (一)竞争力

竞争力(competitiveness)是一个非常复杂的概念,有些学者认为,竞争力是不可触知、不能度量、难以管理的[1]。尽管如此,近几十年来对竞争力的研究却越来越引起了国际学术界的广泛重视,这是因为经济全球化的加速发展使得任何国家、任何区域和企业都无法回避激烈市场竞争的挑战。根据研究对象的不同,可以把竞争力划分为不同的层次,如国家竞争力、区域竞争力、产业竞争力、企业竞争力、产品竞争力以及本章将探讨的高新区竞争力。现代竞争力理论主要是从对企业竞争力的探讨和对国家竞争力的研究发展起来的。而后许多学者将企业竞争力和国家竞争力的理论和方法应用到产业或区域等层面,逐步发展起产业竞争力理论和区域竞争力理论。

本章对竞争力的界定如下:竞争力是参与双方或多方的一种角逐(或比较)而体现出来的综合能力。它是一种相对指标,必须通过竞争才能表现出来,笼统地说,竞争力有大有小有强有弱,但真正要准确测度出来又是比较难的,尤其是企业竞争力。[2]

(二)区域竞争力

区域竞争力作为一个专业术语直到近年才被学者们广泛使用。学术界对区域竞争力理论的研究尚处于起步阶段,由于区域竞争力本身是"一个很难界定的概念"或是"一个具有明确直观含义却又不易精确地把握的概念",加上研究者研究视角的差异,因而对于区域竞争力的概念至今尚未有一个统一的界定。在国际上,对竞争力研究的权威机构当属WEF(瑞士日内瓦世界经济论坛)和IMD(瑞士洛桑国际管理发展学院),[3]两家于1989年联手对竞争力问题进行研究。他们认为,国际竞争力是一国或一企业在世界市场上均衡地生产出比其竞争对手更多财富的能力,它是竞争力资产与竞争力过程的统一。国际竞争力 = 竞争力资产 × 竞争力过程。所谓竞争力资产,是指固有的(如自然资源)或创造的(如基础设施)的竞争力。所谓竞争力过程,是指将资产转化为经济结果(如通过制造),然后再由国际化(在国际市场中测量的结果)产生出来的竞争力。国际化是建立在吸引能力或输出扩张能力,或两者兼而有之的基础之上

## 第六章 打造丝绸之路经济带上的高新技术产业研发基地

的能力,这一概念的最大特点是用经济的产出来直接衡量区域竞争力的强弱。(由于 WEF 与 IMD 观点的差异,他们于 1996 年分道扬镳,独立从事研究。)

国内学者对区域竞争力定义的研究大体上可概括为几类:①"财富创造论"。持这一观点的研究者强调,区域竞争力就是区域创造财富的能力。他们认为,区域竞争力是一个区域在一定的社会经济制度和人文自然条件下,创造出比其他地区更多的有效经济财富增加值的能力;或是一个国家在世界市场的环境和条件下,与世界整体各国的竞争比较,所能创造增加值和发展的系统能力水平等等。[4]这类定义与上述提及的 IMD 和 WEF 的定义一脉相承,突出区域经济的产出层面,用经济的产出直接衡量区域竞争力。②"产品提供论"。持这一观点的学者将区域竞争力定义为区域向大区域提供产品与服务的能力。[5]他们认为,城市竞争力是一个城市在一定区域范围内集聚生产要素,提供产品和服务的能力;经济竞争力的实质就是比较生产力的竞争,是一国特定产业通过国际市场上销售其产品而反映出的生产力。这一类型的定义属于一种狭义的区域竞争力概念,此类观点把竞争的注意力集中到产品或服务市场的竞争上。事实上,区域之间的竞争不仅仅表现在区域产品和服务之间在大市场中的竞争,还表现为区域之间为区域经济发展所需的各种战略性资源的争夺。因而,这一类定义不能表述区域竞争力的全部内涵。③"经济实力论"。持这一观点的学者用区域经济实力来定义区域竞争力。在他们看来,区域竞争力是一个地区与国内其他地区在竞争某些相同资源时所表现出来的综合经济实力的强弱[6]。"区域经济实力即区域竞争力"之说法极易引起争议,在 IMD 和 WEF 的竞争力构成体系中,经济实力被列为竞争力构成要素之一。④"资源配置论"[7]。持这一观点的学者强调区域配置资源的能力即为区域竞争力。他们认为,区域竞争力就是一个区域争夺大区域市场和资源的能力,是指区域内各主体在市场竞争的过程中表现出来的争夺资源或市场的能力。这一类定义侧重于投入与过程层面,力求反映经济学的本质内容——稀缺资源的有效配置。如何合理地选择衡量资源优化配置强度的指标来分析区域竞争力强弱,是使这一概念具有实际应用价值的关键。[8]

借鉴以上各种观点,我们将区域竞争力的概念理解为一个区域在其从属的大区域中争夺资源和市场的能力。这里的区域,既可以是一般意义上的区域,如一个国家,一个省,一个市,一个县,甚至是一个乡或一个村,也可以是特殊意义上的区域,如高新区。

(三)高新区竞争力

国内学者李琳(中南大学 2005)将高新区竞争力表述为高新区与其他高新区相比(这里主要指国家级高新区),在市场竞争中所表现出来的争夺资源和市场的能力;或者说,高新区在竞争的市场环境中,通过配置或创造资源,在占有市场、持续发展等方面与其他高新区在市场竞争中的比较能力[9]。

综上所述,本章研究的西安高新区竞争力,既包括本区内产业的竞争力,又包括与国内其他国家级高新区相比的比较竞争力。

## 二、高新区竞争力评价指标体系的构建

### (一)评价指标选择的思路

1. 突出高新区竞争力的主要特征

高新区作为一种由高新技术产业群集而成的特殊区域,其竞争力不同于一般工业园区或其他区域,也不是单个企业竞争力的简单叠加,而是有着自己独有的特征。

(1)技术创新是高新区竞争力的本质特征。高新区是一种由众多行为主体(高新技术企业、大学、研究机构、地方政府、中介服务机构、金融机构等)相互作用而形成的复杂的创新系统,技术创新是其本质特征,技术

## 第六章　打造丝绸之路经济带上的高新技术产业研发基地

创新能力是其竞争力的核心。这是高新区区别于一般工业园区和其他区域的本质特征。而且,高新区作为一种复杂的创新系统,其创新行为不是单个企业创新行为的总和,而是表现为众多创新主体相互作用、相互依赖形成的网络化合作创新形式,其中,产学研合作创新是其重要表现形式。

(2)产业集群是高新区竞争力的基础。产业集群是高新区发展的显著特征,是高新区获取竞争优势的有效模式,这已被世界成功高新区的发展实践所佐证。产业集群不仅通过成员企业之间的专业化分工与协作、彼此间的互惠信任获取基于外部经济效应和低交易成本效应的低成本优势,更重要的是通过知识溢出和协同创新获取基于技术创新的动态竞争优势,以此来影响和提升高新区竞争力。

(3)良好的发展与创新环境是高新区竞争力的重要支撑。高新区的发展与技术创新,不仅需要有良好的交通、通讯、信息网络、生活环境等硬环境条件,更需要完善匹配的中介服务机构、独特的创新文化或创新氛围、较为密集的风险投资机构等软环境的支撑,其中,独特的创新文化或创新氛围、风险投资机构的发育程度对于高新区企业的技术创新尤为重要。

(4)地方政府的作用是高新区竞争力的重要影响因素。中国绝大多数高新区是在政府主导下建立并发展起来的,政府的作用对于高新区竞争力的形成与发展有着不可低估的影响。政府通过支持高新区企业的R&D投入,提高办事效率和服务水平,增加有利于企业创新与发展的制度供给,创造公平的竞争环境和完善的法律环境等途径,来影响高新区竞争力的形成与发展。

(5)持续发展能力是高新区竞争力状况的显性表现。持续发展能力可通过高新区的经济发展状况、对所在城市乃至全国的辐射力强弱、产品在国际市场上的占有份额、对外资的吸引力(国际化程度)等方面的显性指标来体现。

## 2. 体现高新区竞争力的构成要素

由以上分析可知,高新区竞争力主要由3个方面的能力构成,即技术创新能力,产业集群力,环境支撑力。其中,技术创新能力是核心,是决定高新区竞争力强弱的关键要素;产业集群力是基础,产业集群又对技术创新能力产生影响;环境支撑力是条件,是影响技术创新能力和产业群集力的关键环境背景和制度背景要素。这3大竞争要素相互影响、相互作用,共同构成高新区竞争力系统。

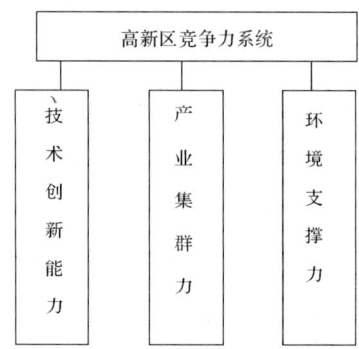

图 6-1 高新区竞争力结构系统

高新区竞争力评价指标体系的构建,应根据高新区竞争力的基本特征和构成要素,选取一些能反映其本质特征的协调一致的指标,从不同方面对竞争力进行科学、合理地衡量。

(二)指标体系的构成

在本研究中高新区竞争力评价指标体系由3个一级指标、7个二级指标和27个三级指标构成。3个一级指标分别为技术创新能力、产业群集竞争力、环境支撑竞争力。其中,技术创新能力可分解为创新投入、研究孵化、创新产出3个领域层;产业群集竞争力可分解为产业集中度、产业聚合度2个领域层;环境支撑竞争力可分解为硬环境、软环境2个领域层。这样就形成了 7 个二级指标。

1. 技术创新能力指标

技术创新能力主要通过创新投入、研发孵化、创新产出三个方面来衡量。反映创新投入的关键指标有 R&D 经费总额、R&D 经费占产品销售总额比例、R&D 人员数、R&D 人员占从业人员比例、硕士以上人员占从业人员比例。反映研发孵化的关键指标有在孵企业数、孵化场地面积、孵化企业毕业率。反映创新产出的主要指标有申请专利权、自主知识产权产品数、新产品占全部产品比例、技术交易合同数额、产学研互动水平。

需要指出的是,高新区作为一种由众多行为主体相互作用而形成的复杂的创新系统,其创新行为不是单个企业创新行为的简单叠加,而是表现为相关行为主体(企业、大学与研究机构、政府、中介服务机构等)相互作用、相互依赖形成网络化合作创新形式,其中产学研合作创新是其重要表现形式。因此,本研究中设置了技术交易合同数额、企业间合作项目数、产学研互动水平这 3 个指标用来表征高新区网络化合作创新特征与创新能力。

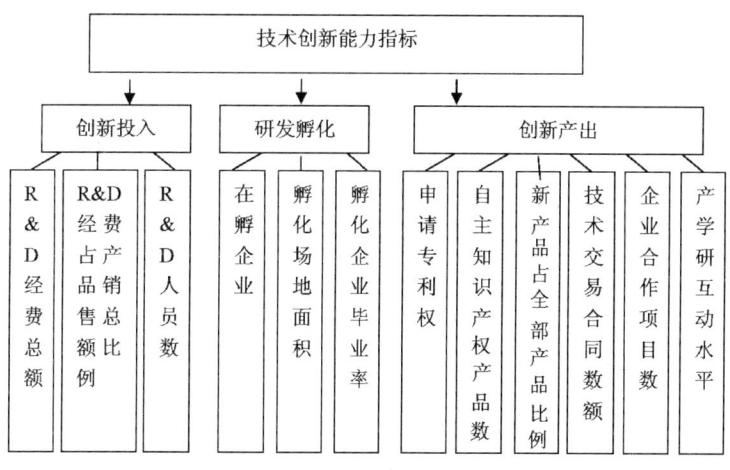

图 6-2 技术创新能力指标体系

2.产业集群竞争力指标

产业集群竞争力主要通过产业集中度、产业聚合度两个方面来反映。集中度主要用来衡量高新区内各种要素及行为主体的集中程度,聚合度主要用来衡量高新区内各种要素及行为主体之间有机聚合、协同创新的程度,对于高新技术产业集群来说,聚合度较集中度更重要。反映产业集中度的关键指标有区内企业数、主导产业产值占高新区工业总产值比重、大学研究机构数量、中介服务机构数量。反映产业聚合度的主要指标有新企业的诞生速度、企业间非正式交流程度、企业与中介服务机构的联系程度、人员流动率。

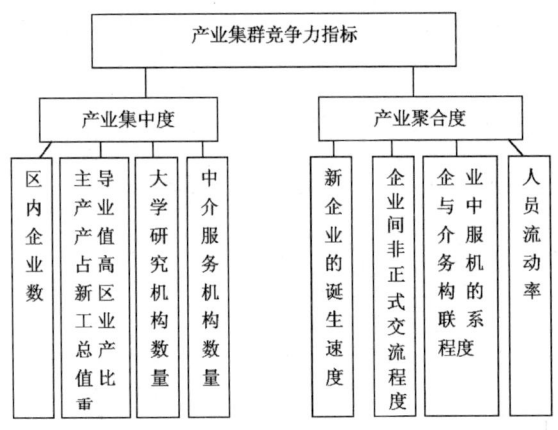

图6-3 产业集群竞争力指标体系

3.环境支撑竞争力指标

环境支撑竞争力主要通过硬环境与软环境两个方面来衡量,对于高新区来说,软环境状况较硬环境更重要。反映硬环境状况的主要指标为交通状况、信息网络状况、生活环境质量。反映软环境状况的主要指标有中介服务机构的服务水平、风险投资的支持程度、地方文化的支撑程度、企业的创业精神。

# 第六章 打造丝绸之路经济带上的高新技术产业研发基地

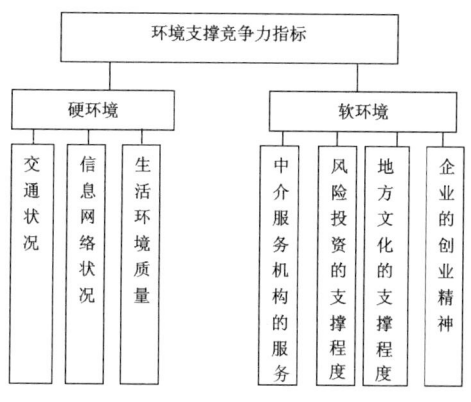

图 6-4 环境支撑竞争力

## 第二节 西安高新区发展现状及特点

西安高新技术产业开发区属于我国首批建成的国家级高新技术产业开发区,于 1991 年 3 月正式成立。西安高新区的发展战略布局是根据行政区域进行划分,目前已经形成了"两带四区七园(基地)"[10]的布局。西安高新区的发展是以和谐环境保障发展为理念,以科技创新为前提,以招商引资为动力,通过板块开发带动发展,促进经济水平提升。以此建立西部最大的总部经济聚集区,其目标是建设世界一流科技园区。西安高新区 1997 年在国务院的批准下,成为首批加入 APEC 科技工业园区组织网络的开发区之一。2001 年西安高新区被评为我国"十五"期间重点建设的五个国家示范高新区之一。2003 年被国家统计局、中国诚信建设组委会列入"中国 50 家投资环境诚信安全区"。2004 年被国家环保总局、科技部联合授予"ISO14000 国家示范区"称号。2005 年被国家知识产权局授予"国家知识产权试点园区"。2006 年被国家列为重点,要把其建设成为"世界一流科技园区"的六个高新区之一。2010 年被国家标准委评为"国家高新技术产业标准化示范区"。西安高新区在发展的这 25 年里,经济指数不断增长,整体发展迅猛,在全国范围内的近 115 个国家级开发区中名列前茅。除此以外,西安高新区在发展的过程中形成了一定的特色和优势,不断创新技术,自主研发。据统计,西安高新区累计科技成果近一万项,其中百分之九十以上有自主知识产权。[11]根据科技部统计,西安高新区的各项指标均居全国高新区前列,尤其是知识创新、产业规模、可持续发展能力和税收贡献等。

# 一、西安高新区发展现状

## (一)交通通讯等基础设施完备

西安市作为陕西省的交通中心,已经形成了以航空、铁路、高速公路为主的四通八达的交通网络。从高新区内部看,其道路已形成棋盘式网络,在东、西、北方向与太白南路、丈八北路、南二环等城市主干道路紧密相连,道路间距在250米—500米之间,主要道路宽度为40米—60米,次要道路宽度20米—30米,并规划有给水、雨水、污水、电力、电信、热力、天然气七种管线,与道路同步建设。西安高新技术产业开发区距市中心7千米,距飞机场35千米,距火车站11千米,交通设施十分便利。

高新区以西安曲江水厂为主供水源,有大型蓄水池三座(总库容量为2400吨),大型加压泵站两座,全区年供水量300万吨,能充分满足高新区的用水需求。高新区在西安电网的地理位置十分优越,东、南、西、北共有五座变电站向西安高新区提供供电电源。截至目前又建成高新北110千伏变电站和5座10千伏开闭所,高新南110千伏变电站正在建设当中。已投运的高新北变电站,其容量仍有较大富余,高新南变电站的建成完全能够满足未来高新区的发展以及各类用户用电量、用电可靠性的需求。高新区目前已建成总吨位130蒸吨锅炉房图四座。供暖面积72.63万平方米,月供汽量7158吨,年供汽量85896吨。

陕西邮电管理中心、中国联通陕西分公司总部、中国移动陕西分公司总部以及陕西通讯数据处理中心均已在区内建设完成。除此以外,高新

第六章　打造丝绸之路经济带上的高新技术产业研发基地

区内部配置电话25万门,且投资建设的1000兆宽带光纤通讯网已投入使用。数字化园区建设进展顺利。

（二）科技教育发达

在高新区的运作中,大学和研究所是培养人才、研究成果、创新思路的摇篮。西安市有普通高等院校50所,"211"工程院校8所,985工程院校3所,同时西安市有市级以上科研机构672家,国家重点实验室、技术研究中心和行业测试中心130多个,有各类科研技术及创新机构3000多家。这些科研单位和高等院校为高新区的发展提供了充足的科技人才资源和科技开发支撑服务,也为高新区的产业化奠定了良好的基础。截至2014年,在西安高新区内的从业人数统计已经达到了346679人,其中大专文凭以上的从业人数276585人,这两项数据在全国高新区范围内都位于前列。另外,西安高新区累计引进高层次人才115354人,海归3769余人,参与高新区创新创业的两院院士68名,入选国家"千人计划"的科学家8名,入选陕西省"百人计划"的科学家有16名。[12]西安高新区还是全国首批"海外高层次人才创新创业基地"和"大学生创业基地"。

（三）西安高新区自主研发能力雄厚,重大创新成果丰厚

2011年,西安高新区新增知识产权申请数17113件,其中发明专利申请3467件。西安高新区涌现出GPS芯片组、WAPIIP核芯片、柔性运营资源管理平台FORP、SP30超级程控交换机、片式压电陶瓷变压器、磁光电流互感器、GMS和CDMA移动天线、650nm塑料光纤传输系统、1.2万米交流变频超深井钻机电控系统等一大批重大科技成果,并参与创制了TD-SCDMA、WAPI等15项重要国际技术标准,制定或拥有国家及行业标准371项,被授予全国首批"国家标准化示范区"和"国家知识产权试点园区"。[13]

（四）企业孵化器发展良好

1993年,西安高新区正式成立国家级创业园发展中心,是我国规模

较大的国家级科技企业孵化器之一。西安高新技术产业开发区与陕西省8所"221工程"高校和6个工程园开展产学研合作,已经成功建立了4个大学科学院、近200家研发机构和技术工程中心、8个国家级专业孵化器、20个本土专业孵化器,整体孵化面积早已超过100万平方米。西安高新区不但形成了"综合孵化器+专业孵化器+企业加速器"的分阶段、分领域、网络化的专业企业孵化培育模式,还获得了"高新技术产品出口创新基地"和"中国最具投资潜力十强高新区"等称号,荣获了中国大陆地区首个"亚洲孵化器大奖"。截至2012年,西安高新区创业基地已经发展为12个,由孵化基地、综合性功能园区以及产业化基地共同组成,其中留学人员企业740家,总面积57.41万平方米。累计孵化毕业企业405家,转化科技成果1000多项,园区企业785家。目前,西安高新区已拥有各类孵化器22家,国家级孵化器8家,总孵化面积110多万平方米,在孵企业超过2200家。开发区内的企业还成功地在创业板上市,西安高新区创业板上市企业居西部首位。

(五)产业集群形成

西安高新区还被评为国家通信高新技术产业化基地和国家生物医药火炬特色产业基地等。西安高新区的培育重点是高新技术产业,其四大主导产业依次是先进制造、现代服务业、生物医药和电子信息,电力设备与能源技术以及电子元器件等产业被作为西安高新区大力发展的八大产业集群。经统计,西安高新区2014年的年收入是5222.33亿元,四大主导产业收入占整个园区总收入超过80%,这也凸现了高新区产业实力、规模和产业集群的优势。[14]

(六)自主创新优势突出

经过20多年的发展,雄厚的科技实力、完善的科技企业孵化条件、良好的投资环境、优质的贴心服务,都给西安高新区的自主创新提供了广阔的平台。自2010年开始,西安高新区平均每个工作日成立企业16家,转化科技成果6项,平均每家企业拥有2项专利。2012年新增知识产权申请30842件,同比增长34.4%,其中专利申请22754件,同比增长44.69%;知识产权累计申请量突破10万件(其中专利申请6.3万件),连续六年增幅超过30%。[15]

## 二、西安高新区产业发展特点分析

### (一)主导产业专业性强

陕西省是我国重要军事物资储备基地。作为省会的西安市内大部分科研院所、高校机构都与国防军事有关。如高新区附近的西北工业大学、西安电子科技大学、航空618所等储备了大量的航空航天科技人才,人才储备使许多高新技术产业在发展中就形成了从研发、设计到制造、检验等各个阶段极具竞争力的专业优势。高新区内也有几十家民营企业从事着国防装备的研究。以航空、航天技术产业为例,陕西是我国集航空航天科研、设计、生产、试验、测控、试飞和人才培养于一体的重要基地,陕西代表着我国航空航天工业相关专业领域的国家级水平。在航空领域,大中型飞机、航空发动机、航空机载设备等方面,形成了较强的多学科、多专业、工艺齐全、技术力量雄厚的科研生产能力;在飞机总体设计、飞行控制、惯性导航、强度试验、飞行试验、机载计算机、发动机燃油调节系统等领域,均居国内领先地位。在航天领域,在火箭推进技术、航天微电子技术、高精度惯性制导技术、空间计算机及其应用技术、空间电子、超精密加工、仿真技术、特种化工、复合材料、密封技术、传感技术、气动燃烧技术等方面处于国内领先地位;在运载火箭和星载设备的制造技术、测控体制、测控技术与国际兼容等方面,均达到世界先进水平,并具有通讯转发系统、测控答应系统、天线系统及通信卫星地面站、卫星遥感系统等方面的设计及制造能力。

目前,西安高新区已经具备了包括电子信息、光机电一体化、软件、航空、半导体、电信设备、医药、新材料等在内的并具有一定规模的七大产业集群。专业化的特性有利于产业形成比较完善的产业链,而在某一区域形成比较完善的产业链则有利于该区域内企业之间形成良好的合作机制和相互信任的产业氛围。良好的合作机制和相互信任的产业氛围有利于知识的创新、共享和沟通,从而加快创新的步伐,形成整个区域整个产业的领先优势。

### (二)区内企业具备根植性

就陕西省而言,高新技术产业的发展与陕西省的整体社会经济发展状况和环境是分不开的。长期以来,陕西省的社会经济发展形成了自己特有的文化和方式,在高新技术产业发展中具体表现为对陕西省传统工业、军工企业群体以及高校和科研院所的一种相互依赖、相互影响。实力雄厚的传统工业为高新技术产业的发展提供了很好的发展基础。高新技术产业的发展一部分是由于基础学科的重大突破,使得某些技术产生了革命性的改变,从而带动了对相关产业的需求,并促进了这一产业的发展;而另一部分在很大程度上是在对传统产业进行改造和优化的过程中逐步发展起来的。[16]陕西省拥有几十年发展传统工业的历史,并且已经拥有了一大批实力雄厚的工业企业,一方面它们的发展有赖于高新技术产业的支持,另一方面它们也为高新技术产业的发展提供了一个比较开阔的平台。军工企业对于高新技术的高投入和高需求催生了高新技术产业的蓬勃发展。军工企业的高研发投入使得高新技术更容易出现突破,并带动整个产业的快速发展;同样,军工企业对于高新技术的高度需求也为当地高新技术产业创造了良好的发展空间。[17]高校以及科研院所雄厚的科研实力为高新技术产业的发展不断地创造机会,为高新技术产业的发展提供坚实的保障。而像西安高新区近年来日益强大的软件业,也是由于其根植于西安高新区附近雄厚的科研实力,从而使其不断扩展市场,成为当前国内四大软件基地之一。

### (三)各部门间网络化程度高

西安高新区是国内高新区发展状况比较良好的高新区,其综合实力

## 第六章　打造丝绸之路经济带上的高新技术产业研发基地

2003年在全国高新区中排第四位。与国内其他同类型高新区相比,西安高新区具有先进的管理体制,较强的科研开发实力,完善的服务部门,可以说,在一定程度上西安高新区已初步形成了相互联系的柔性网络。

西安高新区的管理体制属于政府委托管理型模式。高新区设立领导小组,建立"省市共管,以市为主"的管理体制,即省上负责管理,并由市委主要领导担任组长,市政府和省市有关部门及区政府的主要领导为成员,组成高新区建设领导小组,负责高新区发展思路和长远规划,确定发展目标。西安高新区在高新区管委会、党工委的领导下,于2002年组成高新区咨议委员会,该委员会由区内企业家、从业人员、居民和部分学者组成,从而使高新区在管理行为上更为民主科学。[18]在具体的园区经营服务上,高新区自成立就设立了高科集团,专门负责高新区的基本建设并提供园区配套服务,把政府职能和企业化运作相结合。在资金方面,西安高新区针对企业成长的不同阶段,设计了不同的资金供应方式,配套及吸引资金投入。除此之外,西安高新区于2001年元月出台了《西安高新区关于鼓励和吸引创业资本投资高新技术产业的政策》鼓励民间创办风险投资公司,支持科技创业。科研方面,西安高新区位于全国科技密度最大的城市,其科研开发有着雄厚的基础,政府也制定了相关的政策从多角度促进产学研的相互转化。可见西安高新区内部各方面网络节点已初步形成,且具有了一定的聚集效果。

### (四)有明显的地理集中性

产业集群的一个基本特征就是众多企业在某一区域的积聚,即地理集中性。波特在提出产业集群概念的时候解释了集群的地理集中特性[19]。众多企业地理的集中可以降低交易成本,有效促进信息的沟通。理论上,更为开放的全球市场和更加快捷的交通运输与通讯系统应当削弱地理位置在竞争中的作用。当今,对于任何一家公司而言,通过运用全球市场和互联网,可以从遥远的地方有效地获取任何东西,因而,从根本上说地理位置不再是竞争优势的来源。然而,在考察了世界上一些最有竞争力的产业之后,波特发现了即便是在日趋全球化和信息化的当今时代,地理的集中性仍然对区域经济产生深远的影响。聚集在某一地理区域的产业集群往往会给群内的相关个体提供动态的业界信息、专业化制度及区域品牌名声等集体财富,从而构筑起区域的竞争优势。

从地理集中特性而言,陕西省高新技术产业已经拥有了很好的集群轮廓。陕西省一线两带区域集中了全省90%以上的高新技术产业。作为一线两带领先者的西安高新区规划面积34平方公里,目前已完成20平方公里的建设,园区内聚集着3025家科技企业,与同处西部且发展良好的成都高新区相比(规划面积67平方米,企业总数4022家),密度大于后者。[20]可见,在国内,西安高新区产业集群可以说已经初具规模。

## 第三节 西安高新区七大产业竞争力评价

### 一、竞争力评价模型的构建

#### (一)数据来源

西安高新区产业集群竞争力评价模型中的定量数据主要来源于科技部火炬中心编制的《中国火炬计划统计资料》和《中国统计年鉴》《中国科技统计年鉴》《中国工业报告》以及相关的网站。

#### (二)模型的构建

本章将利用结构方程来评价西安高新区的产业竞争力,模型的构建可归纳为以下步骤:

1. 定义潜在变量和观察变量

技术创新竞争力为潜在变量 $LV_1$,假定它可以用 $k$ 个观察变量 $O_{1i}$($i$

$=1,2,\cdots k)$ 来评价,则定义这 $k$ 个观察变量为潜在变量 $LV_1$ 的 $k$ 个评价指标,$O_{1i}$ 的权重记为 $U_{1i}$,$LV_1$ 将变量的权重记为 $a_{41}$。

产业集群竞争力为潜在变量 $LV_2$,假定它可以用 $k$ 个观察变量 $O_{2i}$($i=1,2\cdots k$)来评价,则定义这 $k$ 个观察变量为潜在变量 $LV_2$ 的 $k$ 个评价指标,$O_{2i}$ 的权重记为 $U_{2i}$,将变量 $LV_2$ 的权重记为 $a_{42}$。

环境支撑竞争力为潜在变量 $LV_3$,假定它可以用 $k$ 个观察变量 $O_{3i}$($i=1,2\ldots k$)来评价,则定义 $k$ 个观察变量为潜在变量 $LV_3$ 的 $k$ 个评价指标,$O_{3i}$ 的权重记为 $U_{3i}$,将变量 $LV_3$ 的权重记为 $a_{43}$。

2. 产业竞争力评价的数学模型

利用结构方程写出产业竞争力评价模型:

$$LV_1 = \sum_{i=1}^{k} O_{1i} u_{1i}, u_{1i} > 0 (i=1,2\cdots\cdots k) 且 \sum_{i=1}^{k} u_{1i} = 1$$

$$LV_2 = \sum_{i=1}^{k} O_{2i} u_{2i}, u_{2i} > 0 (i=1,2\cdots\cdots k) 且 \sum_{i=1}^{k} u_{2i} = 1$$

$$LV_3 = \sum_{i=1}^{k} O_{3i} u_{3i}, u_{3i} > 0 (i=1,2\cdots\cdots k) 且 \sum_{i=1}^{k} u_{3i} = 1$$

$$LV_1 = LV_1{}^* a_{41} + LV_2{}^* a_{42} + LV_3{}^* a_{43}$$

3. 数据标准化和变量的权重计算

(1)原始数据标准化方法

由于指标体系使用的数据繁多,且各项指标的量纲不同,需要首先进行标准化的综合集成,所有指标数据都必须进行无量纲化处理。

本章采取两种方法:标准化法和阈值法。

标准化公式为:$X_i = \dfrac{x_i - \bar{x}}{Q^2}$

其中:$x_i$ 为原始数值,$\bar{x}$ 为平均值,$Q^2$ 为方差,$X_i$ 为标准化后的数据。

阈值计算法的公式为:

$$X_i = \frac{x_i - x_{min}}{x_{max} - x_{min}}$$

其中 $x_i$ 为原始数值，$x_{max}$ 为最大样本值，$x_{min}$ 为最小样本值，$X_i$ 为标准化后的数据。

(2)权重系数的计算

权重是表示各指标在目标评价体系中的相对重要程度，权重的确定对总评价结果有重要影响。权重配赋的方法有多种，尽量选择人为因素影响小又较易操作的方法是权重确定的基本准则。根据这一准则要求，本章利用 SPSS 软件对标准化后的数据进行主成分分析，找出各项指标对竞争力指标的贡献程度，以此作为权重系数。

4. 计算潜在变量的分值

每一个潜在变量都有自己的观察变量，将各个观察变量的得分乘以各自的权重，便得出各个潜在变量的分值。

比如，技术创新竞争力的分值为：

$$LV_1 = \sum_{i=1}^{k} O_{1i} U_{1i} LV_1$$

5. 计算产业竞争力的理论分值

将上一步计算出的各个潜在变量 $LV_1, LV_2, LV_3$ 的分值分别乘以各个潜在变量的路径权重再求和就得到竞争力的理论分值，公式如下

$$LV_1 = \sum_{i=1}^{k} O_{1i} U_{1i} LV_1{}^* a_{41} + LV_2{}^* a_{42} + LV_3{}^* a_{43}$$

## 二、对西安高新区七大产业的竞争力评价

### (一)西安高新区七大产业的指标得分

通过上述模型的计算，我们可以得到的数据如表 6-1 所示。尽管西安高新区产业集群模型各要素标准值表(各指标加权平均)的数据已经非常明显地反映出西安高新区产业集群现有的七大产业的状况，但是为了分析和研究方便，我们仍然对这些数据进行了百分变换，得到西安高新区产业集群模型各要素标准值表(百分线性变换)的数据。

# 第六章 打造丝绸之路经济带上的高新技术产业研发基地

表6-1 西安高新区产业集群模型各指标标准值（百分线性变换）

|  | 光机电 | 电信设备 | 医药 | 软件 | 半导体 | 航空 | 电子信息 |
| --- | --- | --- | --- | --- | --- | --- | --- |
| R&D经费总额 | 44.80 | 25.65 | 15.30 | 26.49 | 23.13 | 43.61 | 100.00 |
| R&D经费占展品销售总额比 | 3.32 | 51.16 | 79.78 | 48.65 | 100.00 | 28.87 | 51.20 |
| 人员数 | 28.80 | 60.41 | 55.84 | 26.35 | 4.03 | 82.30 | 100.00 |
| 在孵企业 | 43.73 | 70.51 | 26.02 | 79.20 | 97.28 | 9.44 | 100.00 |
| 孵化场地面积 | 73.55 | 42.70 | 67.04 | 12.59 | 39.78 | 66.76 | 100.00 |
| 孵化企业毕业率 | 100.00 | 6.17 | 71.09 | 95.44 | 68.83 | 15.49 | 42.23 |
| 申请专利 | 63.60 | 23.89 | 100.00 | 54.40 | 5.59 | 82.32 | 77.28 |
| 自主知识产权成品数 | 73.00 | 86.63 | 78.70 | 13.48 | 14.63 | 15.84 | 100.00 |
| 新产品占全部产品比例 | 12.25 | 100.00 | 77.88 | 30.89 | 27.64 | 49.56 | 21.74 |
| 技术交易合同数额 | 2.44 | 48.97 | 100.00 | 34.87 | 41.44 | 34.85 | 72.55 |
| 企业合作项目数 | 47.99 | 84.01 | 72.68 | 55.88 | 100.00 | 47.49 | 48.84 |
| 产学研互动水平 | 70.72 | 100.00 | 54.36 | 24.20 | 66.37 | 77.25 | 45.95 |
| 区内企业数 | 89.98 | 91.33 | 96.89 | 100.00 | 88.89 | 100.00 | 92.90 |
| 主导产业产值占高新区工业总产值比重 | 8.94 | 76.86 | 59.65 | 85.41 | 40.24 | 100.00 | 31.43 |
| 大学研究机构数量 | 73.86 | 93.32 | 4.10 | 95.47 | 39.35 | 100.00 | 22.49 |
| 中介服务机构数量 | 48.07 | 17.77 | 46.59 | 42.39 | 11.76 | 100.00 | 66.03 |
| 新企业的诞生速度 | 19.16 | 54.16 | 14.67 | 100.00 | 2.45 | 92.77 | 5.95 |
| 企业间非正式交流程度 | 86.46 | 29.72 | 28.50 | 100.00 | 34.78 | 36.35 | 75.01 |
| 企业与非中介服务机构的联系程度 | 100.00 | 60.92 | 16.43 | 66.20 | 54.77 | 57.79 | 31.81 |
| 人员流动率 | 24.75 | 69.28 | 58.98 | 100.00 | 9.97 | 80.62 | 72.99 |
| 交通状况 | 7.24 | 86.29 | 2.25 | 100.00 | 37.43 | 47.67 | 97.69 |

续表

|  | 光机电 | 电信设备 | 医药 | 软件 | 半导体 | 航空 | 电子信息 |
|---|---|---|---|---|---|---|---|
| 信息网络状况 | 47.99 | 84.47 | 79.82 | 30.33 | 100.00 | 8.66 | 62.74 |
| 生活环境质量 | 66.32 | 83.04 | 31.80 | 100.00 | 70.73 | 73.54 | 67.76 |
| 中介服务机构的服务水平 | 33.13 | 78.00 | 39.37 | 27.45 | 100.00 | 29.26 | 95.07 |
| 风险投资的支撑度 | 23.04 | 24.80 | 76.56 | 72.64 | 100.00 | 80.63 | 65.49 |
| 地方文化的支撑程度 | 94.28 | 98.53 | 1.09 | 97.81 | 76.68 | 82.29 | 100.00 |
| 企业的创新精神 | 34.87 | 55.64 | 74.82 | 77.02 | 100.00 | 86.73 | 17.72 |

(二)对西安高新区七大产业的竞争力排序

我们对西安高新区各产业集群模型的各个二级指标分别给予相同的权重,依据以上模型的得分对以上各产业排序进行计算,得到西安高新区各产业集群竞争力排名表,如表 6-2 所示。

表 6-2 西安高新区产业集群竞争力排名

| | | 光机电 | 电信设备 | 医药 | 软件 | 半导体 | 航空 | 电子信息 |
|---|---|---|---|---|---|---|---|---|
| 技术创新能力指标 | 创新投入 | 43.06 | 48.06 | 31.49 | 55.16 | 82.69 | 34.93 | 100.00 |
| | 研发孵出 | 82.75 | 100.00 | 13.77 | 57.36 | 9.88 | 54.30 | 78.79 |
| | 创新产出 | 100.00 | 99.03 | 89.85 | 66.78 | 86.11 | 68.29 | 76.45 |
| 产业集群竞争力指标 | 产业集中度 | 69.57 | 100.00 | 47.95 | 77.07 | 83.46 | 60.02 | 90.52 |
| | 产业聚合度 | 93.37 | 84.70 | 62.47 | 79.77 | 81.40 | 100.00 | 90.91 |
| 环境支撑竞争力指标 | 硬环境 | 19.85 | 8.24 | 16.92 | 100.00 | 17.93 | 29.93 | 8.46 |
| | 软环境 | 89.39 | 100.00 | 92.58 | 82.06 | 87.13 | 83.18 | 97.93 |
| 综合指标 | 平均值 | 73.714 | 62.469 | 50.695 | 69.914 | 65.201 | 66.798 | 78.313 |
| | 排名 | 2 | 6 | 7 | 3 | 5 | 4 | 1 |

## 第六章　打造丝绸之路经济带上的高新技术产业研发基地

**(三)对西安高新区七大产业排名的分析解释**

从综合指标的分数值中可以看出,电子信息产业、光机电一体化产业和软件产业优势明显,是七大产业中的支柱产业。这三大产业分别占到了整个园区的31%、25%和18%。西安高新区的一大特色就是世界500强知名公司的迅速聚集,这些公司包括很多软件开发、设备制造业和现代服务方面的公司,它们入驻西安高新区,为西安高新区产品的国际化推广以及技术、管理的国际化接轨创造了条件。

航空、半导体、电信设备、医药等四个产业虽然在指标分值上略低于前三个产业,但也是西安高新区较为活跃的主导产业。

从上面可以看出,以集成电路、通信、软件为核心的IT产业优势突出,发展强劲,已初步形成具有高成长性和强竞争力的产业规模。集成电路产业聚集了德国英飞凌、美国爱尔、美光、应用材料、西岳电子等近五十家企业,这些企业正在形成以集成电路设计业为基础,以加工制造业(含封装测试)为支撑的异军突起、蓄势待发的集成电路产业。2005年集成电路产业产值就超过35亿元(含电子元器件)。通信产业形成了以大唐电信、海天天线、华为、中兴、嘉载通讯、西电捷通、宇龙、韩国三星电子等企业为代表,以NEC、富士通、电信十所、电信四所等研究机构为支撑的通信产业,特别是3G技术商用步伐的加快为西安高新区通信产业带来了新的机遇。2005年通信产业营业收入突破15亿元。软件产业发展强劲,集群效应进一步显现。2006年软件产业实现营业收入80亿元,有上市企业3家,国家规划布局的重点软件企业3家,年销售收入过亿元的企业9家,拥有100人以上的企业60家,通过CMM2以上认证企业5家,全区软件及相关产业从业人员2万多人。

以制冷和电力设备为主的装备制造业稳步增长,西安高新区已成为我国制冷产业和电力设备制造的重要基地。随着庆安制冷技改扩建的完成,其产能将扩大到年产压缩机1200万台,产值达45亿元,高新区的制冷产业的产值有望在"十一五"末达到120亿元。电力装备以电力控制和传输、互感设备为主,有西开高压、西变中特、中扬电气、沙尔特宝电气等80家企业,2006年营业收入达到55亿元。

以现代制药为雄厚基础的中药提取和生物医药产业发展迅猛。2006年化学药销售额达105.6亿元;中药企业依靠本地资源优势也有了较快发展,GMP改造全部完成;植物药提取企业发展迅速,皓天、慧科等一批企业成立时间虽短,但销售业绩在两三年内就接近了1亿元,产品全部出口。恒生堂制药的"解毒维康片"获得了国内唯一一个中药治疗白血病的批文;金花股份的"泰格虎骨粉""金天格胶囊"获得国家一类新药证书;千禾药业历时四年通过了欧洲MHRA认证,已和英国签订10年的药品生产合同;绿谷制药的双灵固本散已获得美国FDA临床认证。东盛等企业品牌优势更为明显,企业规模不断扩大。这些都说明西安高新区经过多年的不懈努力,区内产业集群化发展已经取得了一定的成绩。

近年来,西安高新区相继被列为国家通信高新技术产业化基地、国家生物医药火炬特色产业基地、高新技术产品出口创新基地。2013年,高新区不断加大企业扶持力度,全年支持财政资金超过10亿元,其中兑现各类产业政策5.15亿元,再创历史新高。目前,高新区在册口径营业收入过千亿企业1家(陕煤化);过百亿企业达到17家,比上年新增3家(高科、星王、法士特);过50亿企业26家,比上年新增1家;过10亿企业83家,比上年新增4家;过亿元企业321家,比上年新增16家。目前,西安高新区已经完成战略性新兴产业布局,并逐渐形成四个千亿级产业格局,即以三星为龙头的千亿级的半导体产业链,以三星、华为等为龙头的千亿级的通信产业,以IBM、Intel、NEC等23家世界500强企业形成的千亿级的软件与信息服务产业以及以强生为代表的千亿级生物医药产业。[21]

# 第六章 打造丝绸之路经济带上的高新技术产业研发基地

## 第四节 西安高新区与其他国家级高新区的横向对比

通过构建高新区评价模型,我们实证分析了西安高新区在国家级高新区中所处的位置和排名,并以此说明西安高新区竞争力在国内的真实情况。

### 一、非线性模型的构建

模型的指标体系仍然沿用上一节所使用的指标体系,这样可以具有一致性和对比性,但由于是对全国 54 个国家级高新区竞争力进行排序,所以,在原有的结构方程模型的基础上,我们还需将原有的 3 级指标合成为综合指标,这样才更具有横向对比性。

在各级指标合成的过程中,采用了非线性加权综合法。

非线性加权综合法的指标合成公式如下:

$$y = \prod_{j=1}^{m} x_j^{m_j}$$

其中:$w_j$ 为权重系数。

### 二、数据来源

模型中的定量数据主要来源于科技部火炬中心编制的《中国火炬计划统计资料》《中国统计年鉴》《中国科技统计年鉴》《中国工业报告》以及相关的网站。

### 三、对我国 54 个国家级高新区竞争力的排名

利用指标合成的计算方法算出各单项指标的分值后,统计出各分项指标的排名,再利用该公式对三类指标体系进行一次计算,算出综合竞争力的最终排名。

计算结果如表6-3:(考虑到表格美观性,高新区名称用所在城市名替代)

表6-3 我国54个国家级高新区竞争力指标体系

| 高新区名称 | 综合竞争力 | 环境支撑竞争力 | | 产业集群竞争力 | | 技术创新能力竞争力 | | |
|---|---|---|---|---|---|---|---|---|
| | | 硬环境 | 软环境 | 产业集中度 | 产业聚合度 | 创新投入 | 研发孵化 | 创新产出 |
| 北京 | 1 | 2 | 1 | 1 | 3 | 1 | 3 | 1 |
| 上海 | 2 | 1 | 2 | 3 | 2 | 2 | 2 | 2 |
| 深圳 | 3 | 3 | 3 | 8 | 1 | 4 | 1 | 3 |
| 广州 | 4 | 4 | 4 | 2 | 4 | 3 | 6 | 4 |
| 苏州 | 5 | 9 | 6 | 5 | 5 | 10 | 10 | 6 |
| 无锡 | 6 | 5 | 7 | 6 | 7 | 12 | 5 | 8 |
| 西安 | 7 | 7 | 5 | 4 | 21 | 5 | 15 | 5 |
| 杭州 | 8 | 8 | 11 | 7 | 8 | 13 | 9 | 16 |
| 南京 | 9 | 10 | 13 | 13 | 16 | 11 | 18 | 7 |
| 天津 | 10 | 22 | 8 | 12 | 11 | 9 | 17 | 12 |
| 大连 | 11 | 13 | 10 | 9 | 6 | 6 | 13 | 9 |
| 长春 | 12 | 18 | 14 | 24 | 26 | 17 | 14 | 15 |
| 成都 | 13 | 6 | 9 | 10 | 17 | 8 | 11 | 10 |
| 武汉 | 14 | 16 | 20 | 11 | 15 | 23 | 7 | 11 |
| 青岛 | 15 | 15 | 18 | 19 | 9 | 7 | 12 | 14 |
| 沈阳 | 16 | 11 | 12 | 14 | 23 | 16 | 20 | 13 |
| 厦门 | 17 | 12 | 15 | 16 | 14 | 18 | 19 | 19 |
| 合肥 | 18 | 19 | 23 | 25 | 27 | 21 | 30 | 17 |
| 宁波 | 19 | 20 | 16 | 15 | 10 | 19 | 16 | 18 |
| 珠海 | 20 | 21 | 21 | 17 | 20 | 22 | 4 | 22 |
| 长沙 | 21 | 14 | 17 | 23 | 22 | 15 | 22 | 20 |
| 佛山 | 22 | 24 | 19 | 20 | 25 | 14 | 8 | 25 |
| 淄博 | 23 | 25 | 25 | 26 | 33 | 30 | 31 | 26 |
| 中山 | 24 | 17 | 22 | 18 | 13 | 20 | 24 | 23 |

## 第六章 打造丝绸之路经济带上的高新技术产业研发基地

续表

| 高新区名称 | 综合竞争力 | 环境支撑竞争力 | | 产业集群竞争力 | | 技术创新能力竞争力 | | |
|---|---|---|---|---|---|---|---|---|
| | | 硬环境 | 软环境 | 产业集中度 | 产业聚合度 | 创新投入 | 研发孵化 | 创新产出 |
| 重庆 | 25 | 29 | 24 | 21 | 31 | 28 | 29 | 21 |
| 吉林 | 26 | 28 | 31 | 31 | 32 | 24 | 38 | 29 |
| 太原 | 27 | 26 | 26 | 34 | 28 | 29 | 36 | 30 |
| 济南 | 28 | 23 | 30 | 31 | 18 | 25 | 21 | 24 |
| 潍坊 | 29 | 27 | 34 | 29 | 30 | 34 | 39 | 32 |
| 惠州 | 30 | 33 | 35 | 27 | 19 | 35 | 34 | 37 |
| 常州 | 31 | 32 | 27 | 28 | 29 | 33 | 25 | 35 |
| 郑州 | 32 | 35 | 32 | 32 | 34 | 32 | 26 | 28 |
| 威海 | 33 | 30 | 28 | 22 | 12 | 26 | 28 | 27 |
| 哈尔滨 | 34 | 31 | 29 | 33 | 24 | 31 | 23 | 31 |
| 南昌 | 35 | 36 | 36 | 35 | 35 | 27 | 27 | 33 |
| 石家庄 | 36 | 34 | 33 | 36 | 40 | 36 | 32 | 36 |
| 鞍山 | 37 | 37 | 37 | 41 | 36 | 38 | 42 | 34 |
| 大庆 | 38 | 38 | 41 | 40 | 42 | 37 | 35 | 38 |
| 包头 | 39 | 42 | 47 | 39 | 49 | 45 | 37 | 42 |
| 襄樊 | 40 | 39 | 42 | 49 | 39 | 39 | 41 | 46 |
| 昆明 | 41 | 46 | 43 | 48 | 41 | 42 | 33 | 40 |
| 宝鸡 | 42 | 40 | 38 | 37 | 48 | 40 | 43 | 41 |
| 洛阳 | 43 | 41 | 46 | 50 | 38 | 41 | 52 | 43 |
| 南宁 | 44 | 53 | 53 | 46 | 53 | 43 | 53 | 51 |
| 株洲 | 45 | 45 | 44 | 38 | 54 | 50 | 40 | 44 |
| 桂林 | 46 | 48 | 50 | 45 | 52 | 52 | 54 | 52 |
| 杨凌 | 47 | 47 | 45 | 47 | 37 | 49 | 46 | 49 |
| 福州 | 48 | 49 | 51 | 51 | 51 | 51 | 44 | 53 |
| 保定 | 49 | 43 | 39 | 44 | 46 | 53 | 51 | 50 |
| 兰州 | 50 | 50 | 48 | 52 | 47 | 54 | 50 | 54 |

续表

| 高新区名称 | 综合竞争力 | 环境支撑竞争力 | | 产业集群竞争力 | | 技术创新能力竞争力 | | |
|---|---|---|---|---|---|---|---|---|
| | | 硬环境 | 软环境 | 产业集中度 | 产业聚合度 | 创新投入 | 研发孵化 | 创新产出 |
| 绵阳 | 51 | 44 | 40 | 43 | 43 | 44 | 45 | 47 |
| 海南 | 52 | 51 | 49 | 53 | 44 | 46 | 47 | 45 |
| 贵阳 | 53 | 54 | 54 | 54 | 50 | 48 | 49 | 48 |
| 乌鲁木齐 | 54 | 52 | 52 | 42 | 45 | 47 | 48 | 39 |

对表6-3进行归类,得出表6-4如下:

表6-4 高新区竞争力层次分析

| 类别 | 高科技园区名称 |
|---|---|
| 第一类 | 北京,上海 |
| 第二类 | 深圳,广州,苏州,无锡,西安,杭州,天津,南京,大连,长春,成都,武汉,青岛,沈阳,厦门 |
| 第三类 | 贵阳,南昌,郑州,淄博,桂林,保定,鞍山,大庆,潍坊,常州,南宁,包头,绵阳,福州,株洲,佛山,宝鸡,洛阳,珠海,威海,中山,惠州,石家庄,长春,重庆,哈尔滨,兰州,太原,吉林,长沙,济南,襄樊,合肥,昆明,杨凌,乌鲁木齐,海南,宁波 |

## 四、对我国54个国家级高新区竞争力排名的综合分析

通过分析的结果可以看出54个国家级高新区发展参差不齐。北京、上海的综合经济实力遥遥领先其他地区,居于第一梯队。而第二梯队变化频繁,依据不同时期的国家政策,处于第二梯队的地区有很大变化。但是从近年的变化趋势并结合其综合得分来看,苏州、无锡、深圳、广州、西安、大连、天津、广州、南京这几个城市经济发展良好,综合实力处于国内领先地位。长春、成都、武汉、杭州、合肥、沈阳、厦门这几个城市也处在高速发展阶段,经济增长势头迅猛。

第六章　打造丝绸之路经济带上的高新技术产业研发基地

从表6-3和表6-4中不难看出,54个国家级高新区竞争力排名的前十位中,西安排名第七。

## 第五节　西安高新区进一步提升竞争力的对策建议

西安高新区在发展中也凸显了一些问题。从产业发展规模来看,相当一部分企业规模偏小,产品技术含量和附加值偏低,单位土地面积的投入强度和产出水平不高,产业集群虽有雏形,但更多的是企业空间上的聚积,产业分工不明显,专业化程度不高,产业链不完善,企业之间的产业和技术关联不高,企业整体的竞争力不强。因此,西安高新区在今后的发展过程中要进一步提升竞争力,就应该紧紧围绕十八届五中全会提出的"创新、协调、绿色、开放、共享"的发展理念,以加快建设世界一流科技园区和国家自主创新示范区为目标,明晰具有国际竞争力的先进制造创新中心和"一带一路"创新之都的战略定位。除此外,西安高新区还应以创新改革为主线,紧抓国家建设丝绸之路经济带、全面创新改革试验区的重大发展机遇,依托创新驱动、国际化提升和产城融合三大发展方式,启动并实施科技创新引领、主导产业跃升、高端人才跨越、国际化水平提升和环境承载能力改善等一系列重大发展战略规划,着力研发和转化国际领先的科技成果,把西安高新区建设成为创新驱动发展引领区、大众创新创业生态区、军民融合创新示范区、对外开放合作先行区。[22]

### 一、聚力构建高端产业体系

产业是区域腾飞的跳板,提升竞争力必须打造有竞争力的产业集群。为了形成优势和特色明显的产业集群,西安高新区要以科学的发展观为指导,走新型工业化道路,科学地选择发展方向,充分地利用可行的手段与措施大力围绕产业链进行横向和纵向聚集。

打造丝绸之路经济带上的战略高地

(一) 找准产业定位

发展产业集群要以发展特色主导产业为突破,要聚合各种生产要素进行重点培育,还要利用龙头企业带动相关行业的发展。无论是从地方的经济发展来看,还是从国家的高新技术发展来看,政府都要做好高新区产业发展规划。那么有了科学的发展规划,要避免以堆带群,促进产业集群健康的发展,还要抓住一些机遇,在全国形成一些有影响力的产业集群。发展产业集群要以龙头企业为依托,全力扶持和培育有特色的龙头企业,使龙头企业成为集群的主体。通过龙头企业进行带动相关的企业聚集和配套,高新区就能实现上下游企业的聚集和产业链的延伸。"十三五"时期,新一轮技术革命与我国经济转型升级出现历史性交汇。西安高新区必须着力优先打造具有全球重要影响力的半导体全产业链,做大做强下一代汽车、能源装备和创新型服务业三大特色产业,培育发展生命健康、网络空间安全和机器人三大新兴产业竞争优势,构筑"优势突出、特色明显、布局高端"的现代产业体系。[23]

(二) 建立分工协作的产业网络体系

大而全、小而全是计划经济的特征,但是因为西安地区市场发育不完善,企业创建之后自然而然地就沿用了计划经济时期的做法,企业规模不大,即便大而不专。所以政府要打断企业的产业链,引导企业进行专业化的分工,进行专业化的生产。企业应摒弃宁作鸡头不做凤尾的观念,缩短营销半径,在自己的专长领域做专做强。

产业布局要坚持分工协作,结网形成企业集群来开发项目,努力形成大中小企业紧密结合,专业分工与协作完善的网络体系。要建立以产业集群为重要载体的科技创新体系。西安高新区是集创业、创新于一体的科技园区,到目前为止,产业的85%是由本地科技人员和企业所支撑的。企业都是通过创新成果的产业化由小到大成长起来的。创新是西安高新区的动力,所以政府必须围绕中小企业的成长,为创新提供平台,支持企业的发展。政府还要用市场化的方式进一步加大企业创新,进行科技与企业资本的有效结合,加速西安高新区的转化。

**(三)加强政府职能作用的转化**

政府应利用自身的调节职能,制定产业的政策法规,同时创造产业环境。二次创业之后,政府已经由过去的对于高新区的招商引资政策转变为产业环境的建设。当然产业环境建设也需要政策的支撑,这个支撑就是培育企业如何做大做强。对于企业发展来说这个支撑就是根据创新的能力、水平、成长速度给予支持,特别是围绕产业集群出台一些政策,以优化产业的发展,这是二次创业之后的一次重大的转变。

**(四)建立促进高新区产业集群发展的区域文化**

文化对于一个科技园区的发展至关重要。围绕科技园区文化的建设,一些团队也在从事着相关方面的研究。高新区和西安交通大学、西北大学都有多方面的合作关系,特别是在经济和产业发展方面,合作双方每年都会提出一些很好的课题并取得很好的成果。在区域文化建设方面也有很多研究的项目,而且项目的成果会及时地在高新园区加以应用。所以高新区要推动园区内的企业建立联系,促进企业间进行联系和交流,并在企业内部创造良好的文化氛围,激发每个员工的创新能力。

**(五)进一步推进人才高地战略**

西安是个人才培养的基地,目前在校生有100多万人。但是高新区的快速发展,还需要很多的高端人才,而这些人才西安还是缺乏的,所以根据产业化的进程和进一步技术创新的需求,西安高新是要在全国范围内和世界范围内请进高端人才。利用他们回老家探亲的机会,吸引一批优秀的高级人才。希望通过人才高级战略的实施,西安高新区能够进一步做大做强,特别是产业集群的建设、整合,没有高端人才的引进就无法实现这样的目标。要通过这样的人才引进对资源进行整合,对大企业的发展提供人才支持。

## 二、着力构筑自主创新体系

构筑自主创新体系、提升自主创新能力,是我国经济进入新常态、跨越"中等收入陷阱"的必然选择,是我国经济转型升级的保障。为此,西安高新区应该走在前列,率先突破。从现在开始,西安高新区应全面推进自创区进入实质性建设阶段的各项工作,充分发挥西安自创区作为西安全面创新改革试验核心区和陕西创新型省份先行先试区的作用,全面完成西安市全面创新改革试验区方案中高新区的各项重点任务,着力构筑自主创新体系。西安高新区要通过实施创新引领工程,聚力构建以企业为主体、科技服务平台为支撑、军民融合为特色、科技金融为助力的科技创新体系,提升自主创新能力。

(一)进一步完善创新研发园

西安高新区要进一步完善创业研发园"苗圃+孵化器+加速器"梯级创业孵化体系,依托陕西天使投资基金,支持企业、高校院所、投资机构等社会力量建设创业咖啡、创客学院等创业苗圃,不断完善"众创示范街区"在推进"大众创业、万众创新"中的聚集和示范作用。

(二)进一步明确企业创新为主体

西安高新区应通过提升骨干企业的自主创新能力,围绕产业链打造创新链,培育一批具备国际竞争优势的知识产权示范企业。政府鼓励有条件的中小微科技型企业建立研发机构,并参与产业共性关键技术研发,加快构建覆盖经济社会发展各领域的多层次、高水平的标准体系,使企业在重点领域成为国际标准的引领者。

(三)坚持军民融合为特色

西安高新区应完善区内军民融合资源库服务平台建设,在军地融合发展、军民科技协同研发孵化、军地基础设施共建共享、军地人才培育使用、军地需求信息服务等方面积极探索,加快拥有自主知识产权的军民融

第六章　打造丝绸之路经济带上的高新技术产业研发基地

合企业在西安高新区快速成长。

(四)构筑科技金融服务体系

西安高新区将积极完善多层次科技金融服务体系,通过紧抓国家金融改革的机遇,实现科技与金融深度融合。高新区还将落实《中国人民银行西安分行支持西安国家自主创新示范区建设的指导意见》和《西安高新技术产业开发区与中国进出口银行陕西省分行战略合作协议》,在项目推荐、盘活存量资产、制定"融资融智"计划、创新企业融资模式等方面进行先行先试,提高园区的金融开放水平。

(五)坚持以制度改革促技术创新

西安高新区将加快统筹科技资源改革,通过加速形成"政、产、学、研、金、用"的六位一体协同创新体系,深化与省内科研院所的合作,充分发挥省科技资源中心、西安科技大市场的作用,促进信息共享和技术交易,开辟科技成果加速转化新路径。

## 三、全力打造"品质西安"示范区

在我国经济新常态下,绿色化已经成为一个地区竞争力的重要构成因素。因此,西安高新区在"十三五"期间,要努力成为西安市全力打造的以经济发展、城市治理、宜居环境、对外开放、人民生活和政府服务等"六大品质"为内容的"品质西安"[24]的示范者和示范区。

(一)坚持绿化环境

西安高新区发展到哪里,树就要种到哪里,绿化就要跟进到哪里。西安高新区必须坚持以高标准、高起点作为基本原则,努力将高新区建设成为一个绿色、生态、美丽、宜居的高新科技示范园区。

(二)推进智慧高新区建设

实施城市精细化管理是提高城市建设质量、政府公共管理和服务水平的有效手段。在实施精细化管理的过程中,高新区要不断地积极探索,

打造丝绸之路经济带上的战略高地

充分利用信息技术,编织起一张"智慧高新"的大网,确保城市治理水平的提升。

此外,西安高新区要下大力气解决好群众关心的雾霾、环境、教育、医疗等方面的突出问题,在提升人民生活品质方面成为表率,努力把高新区建设成为现代高新、幸福高新、美丽高新、和谐高新、品质高新。

**注释:**

[1]迈克尔·波特:《竞争论》,中信出版社,2003年,第20—22页。

[2]Porter M E. The Competitive Advantage of Nations. New York:The Free Press 1990:78

[3]Markusen, A. 1996. Sticky pliaces in shippery space:a typology of industrial districts. Economic Geography, Vol.72:293-313.

[4]仇宝兴:《小企业集群研究》,复旦大学出版社,1999年,第86—87页。

[5]盖文启:《区域的崛起—区域创新理论与案例研究》,山东教育出版社,2002年,第79—87页。

[6]符正平:《论企业集群的产生条件与形成机制》,《中国工业经济》,2002年第10期,第24—30页。

[7]朱华晟:《企业群的概念、意义与理论解释》,《中央财经大学学报》,2002年第3期,第6—9页。

[8]王珺:《产业组织的网络化发展》,《中山大学学报》(社科版),2002年第1期,第89—95页。

[9]李琳:《基于产业集群的高新区竞争力研究》,中南大学2005年博士学位论文,第24—26页。

[10]"两带四区七园(基地)":所谓"两带",是指万亿元现代服务产业带和万亿元高新技术产业带;所谓"四区",是指万亿元现代服务产业带以高新路—科技路—唐延路—锦业路为发展主轴,贯穿现代商业、金融商务、总部经济和创意产业聚集区,即"四区";所谓"七园(基地)",是指万亿元高新技术产业带沿西三环—快速干道一线自北向南,依次布设创业研发园、软件新城、先进制造产业园、出口加工区、生物医

## 第六章　打造丝绸之路经济带上的高新技术产业研发基地

药产业园、长安通讯产业园和草堂科技产业基地,即"七园(基地)"。

[11]西安高新技术产业开发区门户网站[EB/OL]http://www.xdz.com.cn/info/20500/1234

[12]科技部火炬高新技术产业开发中心:《中国火炬统计年鉴》,中国统计出版社,2015年。

[13]杜万坤:《2010西安高新区发展难点研究》,西北大学出版社,2011年。

[14]张克俊,唐琼等著:《西部高新区提高自主创新能力与促进高新技术产业发展研究》,西南财经大学出版社,2011年。

[15]郭曼:《西安高新区:加速产学研融合 推进大众创新创业》,《中国科技产业》,2015年第8期,第58—60页。

[16]刘一男:《自主创新推进西安高新区大发展》,《甘肃社会科学》,2003年第6期,第35—39页。

[17]谢南勇:《西安高新区企业自主创新宣言》,《中国高新技术企业》,2005年第3期,第12—14页。

[18]盖文启:《区域的崛起——区域创新理论与案例研究》,山东教育出版社,2002年,第79—87页。

[19] Porter,M.E. Cluster and new economics of competition. Harvard Business Review. 76(6) :77 - 90.

[20]说明:这是2009年数据。

[21]西安服务外包网[EB/OL] http://www.xasourcing.gov.cn/390/20/70/45165.shtml

[22]记者:以创新改革推动一流园区与国家自创区建设,开发区报道,2016年2月25日。

[23]记者:聚力构建高端产业体系 让"西安高新制造"成为响亮的品牌名片,开发区报道,2016年2月25日。

[24]记者:推进森林城市建设 提升科学管理水平,开发区报道,2016年2月25日。

# 中篇：加快陕西新型城镇化进程，打造西北一级增长极

依据发展经济学关于工业化、城市化是区域经济发展的必由之路的基本原理，基于陕西城镇化整体滞后于工业化的现实，陕西要打造丝绸之路经济带上的经济发展战略高地，就必须加快新型城镇化进程，努力使陕西成为西北地区的一级增长极。

## 第七章 以产业集聚促进关中城市群发展研究

城市化是工业化的必然产物，尤其是当一个国家或地区进入工业化中期阶段以后，城市化必然加速发展并形成城市群。关中地区作为陕西经济最密集和发达的地区，工业化已经到了中期阶段，而城市化相对滞后。因此，推动关中城市化深入发展，打造以西（安）咸（阳）国际化大都市为核心的关中城市群，已是人们的共识。国务院2009年6月发布的《关中—天水经济区发展规划》指出，要"构建由核心城市、次核心城市、三级城市、重点镇和一般镇五级组成的城镇体系"（即城市群）。但是，在如何才能有效推动关中城市群发展的问题上，以往的研究大多是从空间地理或宏观经济战略的角度进行论述，而忽视了聚集效应在城市群发展过程中的作用。本章试图以聚集效应为切入点，以产业集聚为着重点，来研究关中城市化深入发展问题——关中城市群的形成问题。可以说，如

何促进生产要素和产业的集聚,发挥聚集效应,推动城市化深入发展,形成城市群,已是关中地区面临的新形势、新任务,是带动陕西经济快速发展的必然选择。

## 第一节 产业集聚推动城市群形成和发展的机理分析

### 一、城市化深入发展的表现和结果就是城市群

（一）城市

城市是社会经济活动在空间上的聚集体。城市的形成是经济力量作用的自然结果。从经济学角度讲,现代城市是市场作用的产物。所谓城市,就是在一定空间上,非农业人口高密度集中,工商业等非农行业占主导地位,经济、社会、科学文化比较发达的区域中心。2015年我国对城市所做的最新划分如下：人口在500万以上的为特大城市；人口在100万—500万为大城市；人口在50万—100万为中型城市；人口在50万以下的为小城市。城市作为区域的中心地,高强度地聚集着大量的资金、技术、人才、信息等物质资源和社会资源,是区域经济、政治、文化等社会活动的中心,其产业基础好,结构较为齐备,发展速度快,蕴含大量的就业机会,表现出巨大的吸引力和辐射力,能拉动农村劳动力大规模流向城市和非农产业。

（二）城市化

城市化可以界定为这样三个社会过程的有机统一,即由于生产力的发展和社会生产方式的变化,而引起现代产业向城市聚集的过程,以及由此决定的人口集中过程和城市生活方式不断扩大的过程。这三个过程是一个相互统一的社会过程。[1]也就是说,所谓城市化,是指国家和地区的生产方式的工业化,非农业经济绝对优势化；是指城市型人口在国家和地区总人口中所占的比重越来越大；是指国家和地区的社会生活方式城市

化;是指由于上述经济工业化、人口城市化、社会生活方式城市化所形成的人口不断聚集,各种类型的城市不断出现,城市分布日趋密集,城市间的联系日趋紧密,城乡之间的差别日趋缩小,城市地区不断扩大的一种趋势。由此可见,城市化是经济发展的必然结果,是社会进步的重要标志,也是推动社会经济发展的重要力量,其核心是非农产业及其从业人口向城市的聚集。

随着社会经济发展水平的提高,城市化发展的规律是城市化水平由低到高明显地呈现出如下三个不同的发展阶段:(1)起步阶段。当区域经济发展处于工业化前期时,城市化进程缓慢,城市化水平(即城市人口占总人口的比重)在30%以下。(2)发展阶段。当区域经济发展进入工业化中期阶段以后,随着工业化过程的迅速推进,城市化呈现出快速增长的态势,城市化水平由30%持续上升到70%左右。(3)成熟阶段。当区域经济发展到工业化后期以后,城市化水平提高的速度开始减缓,城市人口比重最终大体稳定在70%—80%[2]。

关中目前正处于工业化的中期阶段,面临着工业化的推进阶段,因此也处于城市化的迅速上升阶段。如何通过现代产业的聚集来促进城市化深入发展,是一个重大的研究课题。

(三)城市群

城市群最初是由法国经济学家戈特曼(Gottmann)提出的,后来一般是指在特定的区域范围内,以一个或几个大型或特大型的中心城市为核心,由若干不同规模,不同等级,不同特色和不同类型的城市集聚而共同形成的一体化的城市化区域或城市群落。群落内的城市之间在自然条件、历史发展、经济结构、社会文化等某一或几个方面有密切联系,其中,核心城市对群落内其他城市有较强的经济、文化辐射和引领作用。城市群一般依托于特定的政治、经济、文化条件,借助于现代化的发达的交通运输网络和信息技术网络,在空间上表现为由大量高速通道连接的庞大的多核心、多层次城市密集区。在此区域内,由于集聚形成的内在拉动效应(如规模经济效应、共享效应、专业化分工效应等)、外在拉动效应(如辐射效应等)、范围经济以及便捷的交通信息网络,生产和服务的交易成本、管理成本等大大降低,投资回报率、要素收益率明显提高。城市群往往是一个区域内的经济核心区和增长极,对该区域经济的发展具有强大的带动作用。

城市群是城市化发展到高级阶段的必然结果和表现,是由于科技进步、规模经济效益促使产业与人口在空间上聚集与扩散运动的结果。从城市发展实践看,城市群的发展源于城市功能的向外扩展,源于解决大城市"城市病"的现实需求。城市规模扩大后,人口、生产要素、企业、市场、基础设施等在地理位置上的集中和密集度上的提高,可以有效地提高资源使用效率,降低交易成本,但单一城市规模过分扩大,便会引起地价上涨、交通拥挤、环境污染等一系列问题,并使城市管理成本、生活边际成本上升,从而抵消交易成本下降的好处,因此,单一城市发展就会向城市群扩展。城市群的发展逐步演化出庞大的城市化地带,并以聚集优势对区域经济发展发挥巨大作用。

## 二、推动城市群形成的根本力量是聚集效应

### (一)聚集效应

城市、城市群的形成是经济力量作用导致的,是一定地域中各种经济力量相互交织在一起的大规模的集中而形成的必然结果。城市的形成虽然受地理、资源、历史等因素引致的特惠利益的影响,但从经济学的角度看,它是经济力量作用的产物。促使城市形成(即居民、厂商的空间聚集)的力量首先来自于"比较利益"和"聚集效应"。所谓聚集效应,是指社会经济活动因空间聚集所产生的各种经济效果。聚集效应是决定城市形成和发展的最根本力量,它包括两个方面:聚集经济和聚集不经济。

打造丝绸之路经济带上的战略高地

1. 聚集经济

聚集经济是指作为厂商、居民以及其他经济活动主体在特定地域空间集中所产生的经济效果以及吸引经济活动向一定地区靠近的向心力。聚集经济是导致城市产生和不断扩大的基本因素,是决定城市形成和发展的最根本力量。因此,戴威·皮尔斯(David Pierse)将聚集经济定义为:"因企业(或活动)设址接近另一个企业(或活动)而产生的经济活动中的成本节约"。最早提出聚集经济的是韦伯(Alfred Weber),在其经典著作《工业区位论》(1909)中给聚集经济下的定义是:聚集经济是由于把生产按某种规模聚集在同一地点进行,因而给生产或销售方面带来的利益或造成的节约。韦伯将聚集经济视为一种规模经济,揭示了聚集经济的一个重要性质,那就是聚集能够享受专业化分工的好处。

事实上,城市聚集的经济利益不仅仅限于企业或厂商。消费者或居民的空间集中也同样会产生经济利益,节约生产成本。一方面,人口的聚集扩大了市场需求规模,从而不仅使企业在生产规模的扩张中受益,而且也降低了诸如运输、储存等方面的销售费用;居民的聚集所引起的文化交流与相互促进而形成的人力资本的提高,会使企业受益。另一方面,消费者也能从城市聚集经济中获益。例如,多样化的物美价廉的商品给消费者提供了较大的选择空间和自由;众多厂商或企业集聚在一个特定的区域发展,给作为劳动力的消费者提供了更多择业机会。

概括地讲,聚集经济一般是指因社会经济活动及相关要素的空间集中而引起的资源利用效率的提高,以及由此而产生的成本节约、收入或效用增加。空间上的集中或接近,不仅为城市企业和居民带来各种经济利益,而且也影响着城市经济的运行。聚集经济的存在,必然吸引企业和家庭的较大聚集,这种较大聚集又将吸引更大的聚集,从而影响整个城市和城市群的发展。因此,聚集经济是城市、城市群形成和发展的基本动力和原因。聚集经济是聚集效应的首要表现,其作用是全面的、动态的和持久的。[3]

**2. 聚集不经济**

空间聚集在为居民、企业乃至整个城市经济带来聚集经济利益的同时,也会产生各种各样的额外费用,即聚集成本。聚集成本的存在,导致了聚集的不经济。所谓聚集不经济,是指企业、居民等生产和消费主体的社会经济活动以及相关要素因空间集中所引起的费用增加或收益、效用损失。聚集不经济通过削弱聚集经济的作用,减弱聚集利益对厂商、居民的吸引力,从而影响聚集规模的膨胀,进而导致聚集不经济的扩散。

**(二)聚集效应的类别**

**1. 聚集经济的类别**

根据其发挥作用的范围不同,聚集经济可分成不同的类别。K·J·巴顿(K. J. Button.)将聚集经济按成因划分为本地市场规模、生产费用节省、人口限度标准、熟练劳动力汇集、交通运输经济、企业家集中、融资的便利性、自由交流思想、刺激革新、集中提供设施等十类。[4]但传统上,聚集经济被区分为三类:

(1)内部规模经济。所谓内部规模经济,主要是指单个企业或厂商通过生产要素的不断聚集,从而促使单个企业或厂商生产规模扩大而产生的经济利益。随着城市规模的扩大,企业的基础设施投资实现了规模经济,而市场的扩大则使其产品数量也达到规模经济的要求,从而增加企业利润。这是导致空间聚集的一个首要原因。

(2)区域化经济。所谓区域化经济,是指一定产业内的企业,因在城市特定区域中整个产业的扩大而产生的成本节约,从而获得外部经济。对企业而言,区域化经济是一种典型的外部经济,是因城市地区内同类企业聚集而形成的产业扩大所带来的利益。这是导致空间聚集的又一经济力量。

(3)城市化经济。城市化经济是在各种不同行业的企业之间以及不同行为主体之间形成的。城市化经济是整个城市经济的扩大而形成的规模经济,它不限于特定企业和产业,而与整个城市的所有活动有关,它使城市内所有的企业和居民受益。区域化经济导致同类企业的聚集和扩大,而城市化经济则是吸引各类活动主体向城市集中的经济力量,是城市活动多样化的决定性因素。

在聚集经济的多层次复合结构中,内部规模经济是生产要素聚集的最基本形式,城市化经济是最高层次的聚集形式,区域化经济介于二者之间。它们从微观、宏观和中观三个层面上影响和制约着城市的产生和发展。这三个层次上的聚集经济在规模尺度和功能关系上是相互联系、相互影响和相互促进的。因此,必须从三者的内在统一性上来认识聚集经济的本质特征。

2. 聚集不经济的类别

如前所述,聚集经济形成了向城市聚集的吸引力,而聚集不经济则产生排斥力。二者是聚集效应不可分割的两个方面。概括而言,聚集不经济主要包括以下几个方面:

(1)拥挤成本。已有许多单位共同使用某一设施或服务,现增加一个单位使用该设施或服务,就会使现有使用者增加成本(并不一定是货币成本),即出现拥挤成本。当聚集规模增加到一定程度时,这种拥挤成本自然不可避免。

(2)社会成本。随着聚集规模的扩大,污染、生态破坏、犯罪率增高等方面的社会成本也会出现。在城市的发展过程中,其典型表现就是"城市病"。

(3)规模不经济。由于聚集规模的扩大,规模不经济也会出现,从而导致各种成本投入或支出的增加。

上述各类聚集不经济在一定条件下相互作用、相互影响,共同构成了聚集的不经济力量,制约着聚集规模的扩大。

## 第七章 以产业集聚促进关中城市群发展研究

**(三)聚集效应的成因**

**1.聚集经济的成因**

如前所述,聚集经济的内涵极其丰富,包含不同类别,因而其产生的原因也复杂多样,概括地说,其来源大致包括以下几个方面:

(1)分工与专业化利益。社会经济活动的空间集中,不仅强化了已有的社会分工与协作,而且产业间形成的紧密联系更进一步推动了分工与专业化生产的深化和发展,从而为城市地区乃至整个国民经济带来了巨大的经济利益。人们从分工中获得的各种利益不仅驱动城市自身的产生、发展、壮大,而且也是推动城市内不同地域形成分化、发展劳动分工和专业化的直接动力和内在原因,是各个城市根据不同发展时期的需要,形成不同功能区、聚集体的主要动力。

(2)规模经济利益。规模经济是聚集经济的一个主要源泉,它的产生是生产要素在单个企业内不断壮大聚集的过程,也是生产要素聚集的最基本形式。没有规模经济,人口和生产在空间上往往均匀地遍布整个空间,生产也就只能以极其有限的规模进行。因此,规模经济利益是聚集经济得以实现的主要源泉。

规模经济可分为内部的规模经济和外部规模经济。内部的规模经济和外部规模经济之间是互为条件、相互依存的,并在一定条件下可以相互转化。首先,企业内部的规模经济依赖于外部的聚集经济。工业化过程是社会分工和专业化不断发展的过程。企业的生产越来越依赖于专业化的社会分工体系,以实现其规模经济。这种社会分工体系只有在地理空间上实现其聚集才能获得最佳效率。其次,聚集经济同样依赖于单个企业内部的规模经济。大工业生产需要的物质资本和人力资本在经济主体上的大量集聚是实现工业大规模生产的先决条件。如果厂商的全部投入按某一比例变化,其产出也会发生一个更大比例的变化,那么这个厂商的生产函数就具有规模经济的性质。最后,这两种规模经济在特定条件下还可以互相转化。如核心企业内部规模的扩大,将会促进聚集规模的相应扩大,而与核心企业相关联的众多企业毗邻于局部空间上,也将导致外部聚集经济的内部化。

需要指出的是,规模经济的实现是有条件的。它不仅要求有相应的技术条件,而且要有相应的市场需求,两者共同保证企业合理规模的实现。

(3)外部性经济利益。外部性经济利益涵盖两个方面:首先,它包括同一行业聚集所产生的外部规模经济;其次,它包括在功能上有密切联系的不同行业向城市地区聚集所形成的外部性。城市经济实质上是一种空间经济,是多个行业和产业在城市空间聚集的结果。所以,外部性经济正是城市中各种经济要素、经济活动的相关性与结构性产生的重要因素。

外部性经济分为外部经济和外部不经济两类。外部经济是指整个行业的规模扩大和产量增加,而使个别厂商获得经济好处,而外部不经济则相反,使个别厂商成本增加,收益减少。[5]正负两种外部性在城市内部产生两种截然不同的聚集效应,正的外部性降低了经济活动主体的生产成本,增加了消费者的效用,推动经济要素、经济活动趋向关联和聚集,是一种聚集经济;负的外部性增加了生产成本,降低了消费者的效用,导致经济要素、经济活动彼此排斥和空间分散,是一种聚集不经济。

(4)近邻利益。厂商和居民在空间上向城市地区聚集所带来的最直接的外部经济就是近邻利益,即他们在空间上集中所产生的正的外部性。近邻利益主要表现在两个方面:第一,共享经济利益。共享经济利益是指聚集在一定区位上的厂商或企业由于共同利用城市公共产品和公共服务而获得的外部经济利益。第二,共享人力资本市场利益。功能上有一定联系的企业在地理上的相互邻近,便于形成共同的劳动力市场。这无论是对企业,还是对劳动者本人来讲,都是有益的。对企业而言,共同劳动力市场的形成,使得企业在人员的调配上有了更大的选择空间。随着经济环境的变迁和经营策略的相应调整,企业可以十分从容地进行灵活多变的人员调配。对劳动者来讲,共同劳动力市场的形成,可以大大降低劳动者花在寻找工作方面的搜寻成本,而且由于企业相对集中,也减少了劳动者花在面试、上班等通勤方面的运输成本。劳动力的大量集中,也有利于劳动者之间相互学习,营造一种"边干边学"的氛围,便于激发人们的灵感和创新精神。完备的人力资本市场有利于建立各个层次的教育培训机构,一方面节约了劳动者的培训费用,另一方面也有利于人力资本素质的提升。

2. 聚集不经济的成因

聚集经济和聚集不经济构成了城市聚集效应中既对立又统一的两个侧面。聚集不经济产生的原因主要体现在以下几方面:

(1)聚集所产生的负的外部性。厂商和居民的空间集中和相互临近,在带来诸多便利、产生正的外部性的同时,也可能产生负的外部性,例如由环境卫生、社会治安和生态环境等状况的恶化而造成的社会福利的损失,就是其中的一个问题。

(2)聚集引起的要素投入成本的上升。随着聚集规模的扩大,土地开发成本、工资成本、供水成本、能源成本都将呈上升趋势。

(3)聚集所带来的"交易成本"的增加。空间聚集虽然可以提高市场效率,降低交易成本,但达到一定规模后,则可能增加交易费用;同时,聚集所引起的聚集者利益及偏好的多样化可能降低城市公共决策的效率,从而导致公众交易成本的增加。

从本质上讲,聚集效应是两种力量作用的最终表现形式,聚集经济为社会经济活动的空间集中提供了吸引力和推动力,聚集不经济的存在则削弱了聚集经济的效果,妨碍、甚至破坏合理的聚集,构成空间集聚的排斥力和约束力。当聚集经济大于聚集不经济时,社会经济活动表现为经济效果的增加或费用的减少;反之,则表现为经济效果的减少和费用的增加。所以,城市的发展必须控制在其自身所能承载的合理的范围之内,控制在聚集经济的边际收益不小于聚集不经济的边际损失这个范围中。唯有如此,才能最大限度地发挥聚集效应。

**(四)聚集效应推动城市群发展的内在机理**

作为城市最本质的特征,聚集是影响城市化进程最重要的经济规律。由各种产业和经济活动在空间上的聚集而产生的经济利益和向心力使城市得以不断发展。因此,我们可以说,聚集效应是城市群形成的根本原因,也是现代城市群发展的重要动力。

城市群形成和发展的内在动力主要来源于核心城市对聚集效应和规模效应的追求。城市群的形成过程是资本、劳动力、技术、信息等要素聚集和扩散的过程。在这个过程中,城市是区域发展的核心,区域是城市增长的基础。城市形成后,就会不断强化人口和产业的聚集效应和规模需求,从而使城市成为要素高效配置区。中心城市以其处于优势的基础设施、服务能力、信息、交通运输等条件,吸引着众多企业和机构及社会各部门在相对狭小的空间内聚集;与此同时,由于大量企业、机构的聚集,又加大了对各种资源要素的需求,聚集效应进一步增强。但是,这种聚集并不是无休止的。人口与产业的不断聚集,必然会产生扩散效应。从主观上看,聚集使要素成本和交易成本增加,公共物品生产和供应困难加大,从而使聚集成本迅速增加,产生聚集不经济,造成"城市病"等一系列弊端。这些弊端,促使城市人口、资源和功能向外扩散转移。从客观上看,随着聚集带来的产业结构的转变,必然出现产业兴衰和就业的转移,同时技术进步极大地改变了生产力发展水平,也改变了社会生产方式,城市首先需要扩张自身市场资源配置的作用范围;其次要构筑更大空间的经济协作体系,将城市的优势如技术、资金、管理、观念等,扩散到更大区域,将一部分生产要素和经济活动向外疏散,这种疏散保证了城市本身规模适度发展和产业结构优化;第三要将城市的优势扩散出去,提高和带动周边地区

第七章 以产业集聚促进关中城市群发展研究

的经济发展水平,确立城市对周边地区的主导作用和对周边地区的吸引力,并在这一过程中进一步增强以城市为中心的区域经济的整体实力。由此可见,城市聚集成本的增加产生了扩散效应,而扩散的结果往往是在更大范围内实现聚集。如果仅仅为聚集而聚集,则聚集是无法长久持续的。可以说,聚集是先导,扩散是结果,聚集是为了扩散,而扩散则进一步增强聚集能力,使城市群最终形成。聚集和扩散这两种力量的互动推动城市群的不断发展。这种机理在城市群运行中具体表现为"发展—调整—再发展—再调整"的循环过程。

综上分析,聚集效应包括聚集经济和聚集不经济两个方面:聚集经济导致聚集,是城市形成、规模扩大以及城市的聚集即城市群形成和发展的原因及动力,而聚集不经济则导致了扩散的产生,扩散推动整个区域的发展。聚集与扩散有一定的规律性。聚集与扩散随中心城市实力的提高而提高,最终趋向生产力布局的最优区位。中心城市成为最优区位后,将会吸引各种生产要素的聚集。这种新的聚集能够提高区域中心城市的功能,会形成二次扩散,辐射周边地区,带动整个区域的发展。因此,城市群的形成实际上是在聚集效应的作用下,聚集与扩散之间对立统一的辩证运动过程。

## 三、产业聚集是城市群形成的关键

产业向优势区位的集聚,引发了人口的转移和集中,带来城市空间结构的变化和制度形态的变迁,提高了城市化的"质"和"量",从而促进了城市化进程。所谓城市化的"量",就是指城市化发展在数量方面,如人口和产业的集聚程度、人均GDP、城市的数量、城市的规模等,可以通过各种指标和公式来量化。所谓城市化的"质",是指城市化是否与经济发展同步、城市内部产业结构是否合理、产业竞争力的强弱、城市基础设施的完善程度、城市居民素质的高低、城市景观是否协调、城市文化是否多样、城市环境是否优美、有无较重的社会隔离和两极分化、具有历史和文化价值的景观和地段是否得到有效保护等问题得到解决的程度。因此,城市化的发展应该是"质"和"量"的协调发展。促进城市化进程,不仅要促进城市化"量"的发展,而且要注重城市化"质"的提高。

(一)产业集聚促进生产要素在城市快速集聚

城市化的过程首先是生产要素的集聚过程,是经济行为者谋求最大利益而寻找最有利的区位的过程,是产品、资金、信息等要素向优势区位运动、集中的过程。企业作为经济活动的主体,为了获得外部性带来的经济利益,会选择性地在某个地方进行集聚,而企业中的雇员为了减少工作成本也会在附近生活。企业与人口的集中会吸引其他相关产业在此集聚,由此带动了资本、技术等其他生产要素的大量集聚,城市因此而形成。城市的形成、发展就是各类生产要素的集聚过程,生产要素在城市快速集聚能够有效地推进城市化进程。

1. 产业聚集能够快速推进人口的集中

城市化是一个城市人口增加、农村人口相对减少、城市人口在国家总人口中的比例不断提高的过程,而产业聚集能够快速推进这一过程。劳动力总是趋向于向就业机会多和报酬高的地方流动,企业也总是在劳动力丰富和专业化水平高的地方进行生产,产业聚集区则是劳动力和企业两方要求得以实现的最佳地域。当产业聚集区吸引更多的劳动力后,劳动力市场便会形成,且由于产业的集聚,劳动力市场的效率也会提高。

首先,劳动者市场使劳动力寻找工作时的搜寻成本降低,因为这里适合的岗位很多,所能得到的各种就业信息也充足,劳动力求职相对更简单。其次,在劳动力市场内劳动力的快速流动加速了劳动力自身素质的提高,保证了企业所需的大量的拥有专业知识和技能的劳动力,降低了企业的搜寻成本及交易成本,还能在累积因果效应的作用下持续吸引优秀的人才到产业聚集区内工作。再次,劳动力市场越大就越易于建立教育

## 第七章 以产业集聚促进关中城市群发展研究

培训机构,教育培训机构也能得到发展,同时,教育培训机构的发展为吸引更多的新工业创造了基础条件。此外,产业聚集还会形成较大规模的专业市场,形成较发达的第三产业,这不仅可以增加创业与就业机会,而且还会进一步带动人口的聚集。所以,没有产业聚集,就不能达到人口集聚,人口的聚集和城市的发展都是产业聚集的结果。

2. 产业聚集能够快速推进资本的集聚

资本是否充足与城市建设规模的大小、质量的高低和速度的快慢是直接相关的。对发展中国家和地区来说,资本是最稀缺的生产要素。资本主要靠两种形式形成,一种是通过自有资本的积累,一种是外来投资的注入,而产业集聚对这两种资本都能起到积极作用。从自有资本的积累角度分析,产业集聚都是从小到大,不断吸引企业进入,形成专业市场,不断地通过自我积累发展壮大的过程。自我积累包括人才、信息、技术各个方面,当然也包括资本的积累。所以说,产业集聚的过程就是区内自有资本集聚的过程。从外来投资角度而言,资本总是趋向于可获得高额利润的有利区位,产业集聚区由于外部经济和规模效益等因素的作用,区内的企业具有较高的竞争力,更易于获得高额利润,因此,对外来资本能产生极大的吸引力。

3. 产业聚集能够快速推进信息技术的集聚

在一定程度上,由于技术的时效性和传递失真性,技术知识是地理位置距离的反函数,个别企业的技术创新只有在产业聚集区内,才能准确地成为区内的公共知识和技术,才能使整个区域内的企业最充分地拥有该产业最新最先进的技术。因此,企业不断向产业聚集区集中,通过运用先进的知识技能,获得超额利润,利用产品在市场上的竞争优势,扩大市场份额,进而提高整个产业集聚区的城市竞争力。

(1)产业集聚促进信息技术共享。首先,产业集聚营造了雄厚的知识库,同一类型产业的企业一般都具有相似或相同的文化、观念背景,这种相似的文化及观念背景可使知识共享成为可能。其次,产业聚集区内企业之间彼此接近,相互之间合作交流的机会很多,它们在互动中积累和分享知识技术,因此整个集聚区内的企业在交流分享中,知识技术基础得到拓展,能力得到提升。

(2)产业集聚促进技术创新与扩散,为信息技术集聚的形成提供坚实的基础。首先,产业集聚为企业提供了一个良好的创新环境。大量企业集中于同一地区,存在着更大的竞争压力,出于自身生存发展的需要,企业一方面必须不断地积极创新,以适应市场需要。另一方面,在产业集聚的地方,企业更容易看清市场,捕捉市场机会,发现产品或服务缺口,并抓住市场机会采取创新行动。其次,产业集聚促进知识和技术的创新。知识共享机制把企业各自的学习活动联结在一起,这不但对知识技术创新十分重要,而且也对企业的衍生、资本的积累、企业家才能的丰富都具有关键性的作用。同时,在实际生产过程中,即使是单个企业的技术创新,也能对同行业企业产生良好的示范和激励作用,如果这一企业属于主导产业,一旦它的核心技术取得突破,上下游相关企业将会迅速做出反应,支持这一技术的协同创新和应用,这将加快地区技术创新和扩散速度,这种关联产业之间的连锁创新相互促进,使技术溢出效应越来越强。

### (二)产业集聚促进产业结构的优化

城市化的发展历程始于工业和农业的分离,接着是商业与农业和工业的分离。随着第二、第三产业的产生,社会上出现了产业专门化,也自然导致了空间场所的分离。第二、第三产业在一定的空间集聚,最终在那里形成城市。从空间角度看,城市化是第二、三产业在区位上的形成、聚集和发展以及伴随其而产生的消费区位的形成和聚集过程。因此,第二、第三产业在空间上的集聚才是城市化的本质。产业结构的优化,对于城市化的发展起到了决定性的作用。

#### 1.产业集聚促进第二产业的形成和发展

当社会以第一产业为中心时,产业的聚集现象还没有产生,只有当社

## 第七章 以产业集聚促进关中城市群发展研究

会出现了专业化分工,出现了非农产业时,产业集聚才逐渐形成。在工业化初期,产业集聚能快速带动第二产业的发展,在制造业作为主导产业和基础产业的形势下,制造业的产业集聚可以带动一个区域的经济腾飞,提高区域的城市化水平。

2. 产业集聚促进第三产业的形成和发展

当工业化进入中期,通过产业集聚,大规模的制造业企业已经在城市集中。由于制造业的集聚,大量的人口在这一地区生活,人们对生活服务的需求增长,第三产业应运而生。随着消费需求的增长,人们需要更加完善的服务业市场提供给他们更加专业的服务和指导。同时,第二产业的集聚本身就促进了第三产业的形成和发展。产业集聚要求目标区域有发达的人流、物流、信息流,以及发达的交通通讯网络,当然这些条件都被满足后,第三产业就快速地发展起来。

3. 产业集聚促进第二产业和第三产业相互推动

第二产业的产业集聚能够促进第三产业的发展,同样,第三产业的产业集聚使得产业集聚区内的各种优势更加明显,这些优势逐渐吸引新一轮工业项目逐渐投入。在第二产业和第三产业相互作用、相互推动下,城市聚集经济得以实现,城市化水平得以提高。

(三)产业集聚促进城市空间演变

城市空间结构是城市化的表现形式之一,较高的城市化水平要求高级的城市空间形态和合理的城市空间布局。产业集聚的过程影响着城市的集聚状况及城市空间结构的演变。

1. 产业集聚进一步优化了城市土地利用结构

一般说来,在城市发展初期,城市产业集聚的基本态势比较明朗,城市土地利用结构和类型单一。随着城市现代产业的进一步集聚,城市集聚经济效应增强,更多的产业和居民向城市空间集聚。城市土地利用结构实现多样化,居住用地、工商业用地、办公管理用地和公共用地的空间布局进一步优化。大量人口的集聚对城市的功能也提出了更高的要求，比如住宅区与工业园区相分离，商业区与住宅区的配套，城市建筑物、街道、公园和城市绿化的合理布局等。为适应产业及人口的大量集聚，城市交通运输系统也在不断完善和发展，并成为城市发挥其功能的大动脉。

2. 产业集聚导致城市地域扩展

现代产业在城市空间的集聚导致城市地域的扩展。城市地域的不断扩展最终会形成具有网络性特征的城市经济区。这种城市经济区一是大量现代产业在一定地域空间范围内的集聚。由于城市系统的开放性以及中心城市经济的溢出效应，城市与域外空间的经济贸易联系越来越广泛，产业的空间集聚不断被加强。二是城市内外交通运输系统影响和改变着城市的空间结构。以我国为例，伴随着产业园区郊区化进程，城市中心人口密度出现不同程度的下降，人口与产业向郊区的分散程度逐渐增强。人口与产业的郊区化现象是我国城市化进程中的最新特征，它标志着中国城市内部空间结构开始由单中心式向多中心式转变，产业区的发展已逐步由单一的生产功能转向与周边城镇协调发展，生态型产业区建设和新的产业区的形成推动着农村地区工业化和城市化进程。

（四）产业集聚促进城乡一体化进程

城市化不仅意味着人们被吸引到城市并在城市中生活，还意味着伴随城市发展而出现的富有城市特色的生活方式的不断强化，以及人们的思想观念和文化水平的变化，直至形成城乡一体化的城市文明。

1. 产业集聚促进农村人口的生活方式的转变

第二、三产业的集聚，尤其是第三产业的发展为农村剩余劳动力提供了大量的就业机会。随着农村剩余劳动力进入城市从事非农生产，其原有的生活方式就会逐渐地发生改变。他们有大量的机会接触先进的思想，学习科学知识，享受城市所提供的完善的教育、医疗机构及娱乐设施。

这部分农村居民再通过与家人朋友的交往,影响更多的农村居民,促使他们的生活方式发生转变。

2.产业集聚促进农村人口的文化水平的提高

产业集聚的创新机制能够创造出许多新的知识、技能。由于知识具有共享性,农村人口也能够从产业集聚中吸取先进知识和技能。并且,农村的许多产业也被纳入产业集聚所形成的产业链中,农村人口在与城市区域产业的互动中,也能够接触到新的信息、技能,因而他们也能掌握适应当前社会发展的现代知识。

3.产业集聚促进农村人口思想观念的转变

产业集聚使得第二产业、第三产业得以发展,使从事农业的人口相对减少,人们的思想观念也从落后的小农经济转变为较为先进的现代思想观念。人们摆脱了以前的种种错误、愚昧落后的处事方法,用符合现代经济社会生活的方式处理各种现实问题。

## 第二节 关中城市群发展和产业集聚的现实基础

一、关中城市群的含义和意义

(一)含义

关中城市群是以西安(咸阳)为核心城市,以宝鸡、铜川、渭南、商洛、杨凌为次核心城市,以韩城、彬县、蒲城、华阴、礼泉、蔡家坡、洛南、柞水、凤翔、陇州、长武等中小城市为三级城市,以靠近中心城市和交通枢纽等基础较好的中心镇为重点镇,以其他建制镇为一般镇的五级城市体系[6]。

(二)意义

关中各城市在地理、文化以及经济方面存在着密切的联系。首先,经济区内的各城市同属秦岭山脉与渭河水系,自然环境基本一致;其次,各城市的语言、民俗极为接近,有着较强的文化认同感;最后,各城市在资源禀赋、产业发展等方面存在着较强的互补效应。所以,建立关中城市群,对于打造西部增长极,进一步促进区域经济社会协调发展,具有十分重要的意义。

1. 有利于资源在更大范围内实现优化配置,增强和提升区域竞争力

城市群的形成和发展过程也是各城市间联系越来越密切的过程,关中地区内现代化发达的交通运输和信息技术网络使城市间的生产要素合理流动,产品贸易和流动成本降低,从而优化了能源、旅游、人才、科技、物流等多种资源的配置。以大城市为核心的城市群已经成为一种全球性的城市区域发展模式。将大城市的发展与周边城市及区域联系起来进行统一规划,整合区域内相关城市的发展,形成强强组合、区域协调发展的格局,是提高整个区域国际与国内竞争力的一种普遍选择,也是体现区域竞争力的主要标志。

2. 有利于形成产业集聚,加速经济区的工业化与城市化进程

关中地区城市群的发展,有利于促进若干特色的优势产业的集聚。而产业集群的发展反过来又会加速该经济区的工业化和城市化进程,这样就形成了城市群和产业集群的良性循环,经济区的工业化、城市化进程也在产业集聚的过程中得以推进与加速。

3. 有利于打造西部增长极,实现区域之间、城乡之间的协调发展

城市群是区域经济一体化的重要形式,它通过城市的聚集与扩散效应形成紧密联系的城镇体系,以大的中心城市带动中小城市,推动城市化稳步前进,实现农村剩余劳动力的转移,实现区域内城乡之间、区域之间的协调发展。首先,关中城市群有两个增长极:一个是中心城市西安(即西咸一体的大西安),它通过集聚效应,将外围城市宝鸡、铜川、渭南、商洛、杨凌的有利资源集聚到中心,再通过扩散效应将其资本、技术、人才、

信息、管理等生产要素传导到周边外围城市,从而在促进自身发展的同时,也带动周边城市的发展;另外一个增长极是关中城市群,它将按照以上机理,通过聚集效应和扩散效应,建设大西安,带动大关中,引领大西北,从而加速整个西北的城市化进程,缩小东西部地区差异,促进区域经济协调发展。其次,关中城市群的建立和发展,有利于城乡在基础设施(如交通、能源、水利、信息等)、生态环境、资源节约、公共服务(如教育、医疗卫生、文化体育、就业社保等)、改革开放、政策措施(如投资政策、金融政策、财税政策等)方面的合作与共赢;有利于加快西部地区城镇化建设,实现农村人口向城市、城镇集聚。农村人口向城市的集聚有利于减轻农村人口对传统农业的依赖,缓和生态压力,统筹人与自然和谐发展,也有利于增加农民收入,改善民生,进而促进消费,扩大内需,实现城乡统筹发展。

4. 有利于发挥关中地区的枢纽和"孵化器"[7]作用

关中地处亚欧大陆桥中心,是承东启西,连接南北的战略要地,多条铁路、公路、航线、管道在此交汇,使关中成为全国交通、信息大通道的重要枢纽和西部地区连接东中部地区的重要门户[8]。因此,关中城市群在国家经济、文化、金融、资讯、贸易等方面具有重要作用。要素和产业在枢纽地区的集聚,必然激发各种创新,如体制、技术、环境等方面的创新。这些创新对其他地区具有实验和示范的"孵化器"作用。

5. 有利于深化改革,扩大开放

加快关中城市群的发展,有利于西部地区加快融入全球化进程,有利于关中地区着力打造丝绸之路经济带的新起点,有利于西部地区积极承接东部地区产业转移,使关中形成向西开放与向东开放并举的开放战略格局,使关中地区成为海内外投资热土和全国内陆型经济的战略高地[9]。

打造丝绸之路经济带上的战略高地

## 二、关中城市群发展目标

### （一）数量指标

按照《关中—天水经济区发展规划》的要求,到2020年,我们要把西安(西咸一体的大西安)建成1000万人以上的国际化大都市,主城区控制在800平方公里以内;宝鸡市的城市建成区人口要达到120万人,面积控制在130平方公里;铜川市的城市建成区人口达到55万人,面积控制在60平方公里;作为紧邻核心城市的渭南市,城市建成区人口要达到75万人,面积控制在80平方公里;商洛市要基本实现商州丹凤一体化,城市建成区人口达到50万人,面积控制在68平方公里;国家级农业高新技术产业示范区——杨凌区,城市建成区人口要达到30万人,面积控制在35平方公里。

### （二）空间布局和结构

关于关中城市群空间布局和结构,德国经济学家克里斯塔勒(W. Christaller)的中心地理论可供借鉴。中心地理论研究的是在一个匀质平原内,如何布局不同规模的多级城市。依据克里斯塔勒的中心地理论,关中地区的城镇体系要建成由核心城市、次核心城市、三级城市、重点镇和一般镇组成的五层级城镇体系。

#### 1.核心城市

西安作为我国中西部地区重要的科研、高等教育、国防科技工业和高新技术产业基地,在关中地区的城镇体系构建上应居于核心地位。由于咸阳特殊的地理位置,且其与西安有着难以割舍的血脉联系,所以西安和咸阳要统一规划,推进西咸一体化建设,建设"大西安"。

#### 2.次核心城市

按照中心地理论,在核心城市的周围应布局次核心城市,次核心城市的数量一般为6个左右。以西安为核心城市,关中地区的次核心城市包括西咸市、宝鸡市、铜川市、渭南市、商洛市以及杨凌区。关中地区各市

(区)的行政区划见表 7-1。

表 7-1 关中地区各市(区)行政区划一览

| 指标 | 西安 | 铜川 | 宝鸡 | 咸阳 | 渭南 | 商洛 | 杨凌 |
|---|---|---|---|---|---|---|---|
| 地级以上市 | 1 | 1 | 1 | 1 | 1 | 1 | 1 |
| 县级市 |  |  |  | 1 | 2 |  |  |
| 县 | 4 | 1 | 9 | 10 | 8 | 6 |  |
| 市辖区 | 9 | 3 | 3 | 2 | 1 | 1 | 1 |
| 镇 | 40 | 23 | 101 | 104 | 109 | 92 | 1 |
| 乡 | 47 | 11 | 36 | 62 | 74 | 67 | 4 |

数据来源:《陕西统计年鉴 2009》和 http://www.gsdofcom.gov.cn/tianshui/ShowArticle.asp? ArticleID=49462

3. 三级城市

以次核心城市为依托,建设三级城市。关中地区的三级城市具体包括韩城、彬县、蒲城、华阴、礼泉、蔡家坡、洛南、柞水、凤翔、陇州、长武等中小城市。

4. 重点镇和一般镇

作为重点镇和一般镇发展的小城镇,要满足靠近中心城市和交通枢纽的条件,建设"关中百镇",重点提升百镇的公共服务和市场服务能力,为大中城市的发展奠定基础。

## 三、关中城市群发展和产业集聚的现实基础

关中城市群位于陕西中部,第二亚欧大陆桥陇海—兰新线中段,是以西安为中心,陇海铁路和 310 国道线为一线、高新技术产业和先进技术及星火产业为特点的关中经济区。国家实施西部大开发战略以来,关中地区的各项事业均取得显著成绩,经济发展速度加快,基础设施建设力度加大,产业结构调整日趋合理,社会公共服务逐年改善。这些成绩为关中城市群建设奠定了坚实的基础。

打造丝绸之路经济带上的战略高地

**(一)西安已具备建设国际化大都市的基础和条件**

判断一个城市是不是国际化大都市,普遍的判断标准包括三大类17项具体指标。

表7-2 国际化大都市的数量指标和西安2014年现实数据及2020年目标数据

| | 项目 | 人均GDP | 第三产业增加值占GDP比重 | 外贸依存度 | 科技研发投入占GDP比重 | 城市规模 |
|---|---|---|---|---|---|---|
| 第一类指标:经济发展程度 | 国际标准 | 10000—12000美元以上 | 70%以上 | 30%左右 | 5%以上 | 有800万至1500万左右市区人口 |
| | 2014年西安现状 | 10394美元 | 56.13% | 28.03%左右 | 5.23% | 587.16万市区人口 |
| | 2020年西安目标 | 10000美元 | 70%以上 | 基本达到30% | 可提前实现5%以上 | 1000万人口 |
| | 项目 | 人均住房使用面积 | 高等教育毛入学率 | 轨道交通客运比重 | 航空港年旅客吞吐量 | 信息化水平综合指数 | 空气综合污染指数 | 人文发展指数 |
| 第二类指标:生活水平和社会发展 | 国际标准 | 25平方米以上 | 不低于50% | 不少于50% | 4500万人次以上 | 满分100,应达到80分以上 | 应小于3 | 满分为1,标准值至少在0.9以上 |
| | 2014年西安现状 | 48.83平方米 | 接近60% | 不足20% | 2926.02万人次 | 99.7(2013年) | 2.5(2009年) | 0.86 |
| | 2020年西安目标 | 暂无数据 | 暂无数据 | 25% | 2600万人次 | 80以上 | 小于3 | 0.9 |
| | 项目 | 跨国公司进驻数量 | 外国进入机构数量 | 年境外游客人数 | 年举办国际会议次数 | 外籍人口比例 |
| 第三类指标:国际开放交流程度 | 国际标准 | 有一半世界500强企业设立分支机构 | 达100家以上 | 600万人次以上 | 150次以上并由80个国家或地区参加 | 常住外籍人口比重在5%—20%之间 |
| | 2014年西安现状 | 143家 | 6家(2009年) | 121.11万人次(2013年数据) | 20次 | 0.06% |
| | 2020年西安目标 | 200家以上 | 暂无数据 | 300万人次 | 积极举办国际活动 | 暂无数据 |

资料来源:郭凡礼:《西安离国际化大都市还有多远》,中国投资资讯网,2015年11月3日;2015年《西安市统计年鉴》。

从表 7-2 可以看出,在 17 项指标中,西安市现在已有 6 项达到或超过国际标准,5 项将在 2020 年达到国际标准,6 项也要在 2020 年积极靠近国际标准。可以说,西安具备建设国际化大都市的基础和条件,并能够成为关中城市群的龙头。

(二)地区经济实力显著增强

近年来,关中地区的各项经济指标增速较快。据统计,2014 年,关中地区五市一区共实现生产总值 11066.91 亿元人民币,占全省总值的 62.56%,实现财政收入 844.77 亿元,人均 GDP277685 元,第三产业比重达 42%。数据表明,关中地区的经济发展速度不断加快,经济实力明显提升(见表 7-3)。

表 7-3　2014 年关中地区各城市经济实力比较

| 地区 | 人口(万人) | GDP(亿元) | 人均GDP(元) | 规模以上工业总产值(亿元) | 财政收入(亿元) | 第三产业比重(%) | 外商直接投资(万美元) |
|---|---|---|---|---|---|---|---|
| 陕西省 | 3775.12 | 17689.94 | 46929 | 20015.88 | 3145.54 | 37.01 | 417557 |
| 关中地区 | 2372.86 | 11066.91 | 277685 | 12333.18 | 844.77 | 42.00 | 392609 |
| 西安 | 862.75 | 5492.64 | 63794 | 4420.06 | 583.79 | 56.14 | 370318 |
| 铜川 | 84.51 | 325.36 | 38550 | 565.91 | 22.06 | 30.08 | 2100 |
| 宝鸡 | 375.32 | 1642.90 | 43824 | 2274.97 | 78.06 | 26.17 | 8008 |
| 咸阳 | 495.68 | 2085.15 | 42128 | 3002.05 | 85.46 | 25.69 | 10356 |
| 渭南 | 534.30 | 1423.75 | 26675 | 1959.32 | 67.46 | 32.68 | 1216 |
| 杨凌 | 20.30 | 97.11 | 62714 | 110.86 | 7.93 | 37.32 | 611 |

资料来源:《陕西统计年鉴(2015)》

(三)关中地区基础设施建设得到明显改善

由于国家政策的倾斜,加上西部各省为了加快经济发展的步伐,2000 年以来,关中地区各城市都非常重视地区的基础设施建设。2014 年关中地区共完成固定资产投资12710.57亿元,占陕西全省的67.94%。(见表7-4)。目前,关中地区的区域基础设施保障能力不断增强,交通、通讯、电力等基础设施日趋完善。

表7-4 2014年关中各市(区)全社会固定资产投资　　单位:亿元

| 指标 | 西安 | 铜川 | 宝鸡 | 咸阳 | 渭南 | 杨凌 |
|---|---|---|---|---|---|---|
| 投资额 | 5903.98 | 327.63 | 2105.59 | 2492.43 | 1765.63 | 115.31 |
| 比上年增长(%) | 15 | 26 | 26.1 | 21.3 | 20.3 | 26.2 |

数据来源:《陕西统计年鉴2015》

(四)城市群内产业发展良好,产业集聚趋势明显

自西部大开发以来,关中地区的各项产业发展迅速。2014年农林牧渔业实现总产值1532.03亿元,占陕西全省农林渔牧业生产总值的59.79%;规模以上工业总产值为12333.18亿元,占全省规模以上工业总产值的61.62%;邮电业务总量396.63亿元,占全省业务总量的69.99%。(见表7-5)。

随着关中地区经济建设步伐的加快,一些产业开始出现了产业集聚现象,产业集群初现端倪。近年来,关中地区产业集群从小到大,实力不断增强,而且许多产业部门也出现了集群趋势[12]。目前,关中地区主要产业集群见表7-5。

表7-5 关中地区主要产业集群

| 地区 | 产业部门 | 主要产业集群 | | |
|---|---|---|---|---|
| | | 成型 | 初期 | 潜在 |
| 西安 | 高新技术、电子信息、航天航空、先进技术装备、现代农业、生物医药、旅游、纺织、机械、商贸流通 | 阎良航空产业集群、西安西郊电器设备产业集群 | 泾河重汽产业集群、西安高新区软件产业集群、西安制药产业集群、西安工程机械产业集群 | 比亚迪汽车产业集群、关中旅游产业集群、西安现代农业产业集群、西安物流产业集群 |

# 第七章 以产业集聚促进关中城市群发展研究

续表

| 地区 | 产业部门 | 主要产业集群 成型 | 主要产业集群 初期 | 主要产业集群 潜在 |
|---|---|---|---|---|
| 铜川 | 建材、煤炭 | | 铜川煤炭产业集群、铜川建材设备产业集群 | |
| 宝鸡 | 先进技术装备、机械、有色金属 | 宝鸡机床制造产业集群 | 有色金属加工制造业产业集群 | 蔡家坡汽车零部件制造业产业集群 |
| 咸阳 | 生物医药、纺织、煤炭 | 咸阳制药产业集群、咸阳纺织产业集群 | 咸阳电子信息制造产业集群 | 彬长煤炭产业集群 |
| 渭南 | 化工、现代农业、煤炭、有色金属 | 渭北煤炭产业集群 | 渭南精细化工产业集群 | 渭北果业及深加工产业集群、有色金属加工制造业产业集群 |
| 杨凌 | 现代农业 | | | 高新农业产业集群 |
| 商洛 | 现代材料、现代中药、绿色食品、生态旅游 | 现代材料产业集群 | 现代中药产业集群、生态旅游产业集群 | 绿色食品加工产业集群 |

资料来源：(1)张俊杰：《关中"一线两带"产业集群发展问题研究》，西安建筑科技大学，2006年。(2)关中—天水经济学发展规划。

(五)社会事业不断进步，人民生活不断改善

2000年以来，关中地区的基本公共服务逐年改善，教育、文化、卫生事业不断进步，人民生活水平明显提高，城市化速度加快。如"十一五"期间前四年(2006—2009年)城镇居民和农村居民人均纯收入的平均增长率分别为18.67%和16.78%。2014年关中地区各市社会事业和人民生活情况见表7-6。

表7-6 2014年关中地区各市社会事业和人民生活情况

| 指标 | 西安 | 铜川 | 宝鸡 | 咸阳 | 渭南 | 杨凌 |
|---|---|---|---|---|---|---|
| 卫生机构数(个) | 5742 | 947 | 2916 | 4683 | 4203 | 191 |
| 常住人口(万人) | 862.75 | 84.51 | 375.32 | 495.68 | 534.30 | 20.30 |

续表

| 指标 | 西安 | 铜川 | 宝鸡 | 咸阳 | 渭南 | 杨凌 |
|---|---|---|---|---|---|---|
| 城镇居民人均纯收入(元) | 36100 | 27237 | 31560 | 31530 | 26725 | 36008 |
| 农村居民人均纯收入(元) | 14462 | 9169 | 9421 | 9612 | 8534 | 14046 |
| 城镇化率(%) | 51.29 | 53.02 | 52.77 | 34.95 | 43.93 | 60.67 |

数据来源:《陕西统计年鉴2015》

### (六)城市化进程不断加快,地区城市化率不断提高

建国以后,我国采取优先发展重工业的政策以及特殊的户籍管理制度,导致城市化发展水平缓慢。1949年,关中地区城市化率仅是11.70%。[13]改革开放以后,社会经济各项事业得到了发展,城市化进程也不断加速,关中地区城市化率在1985年已提高到23.05%。特别是西部大开发以来,城市化水平有了较大的提高,城市化水平从2001年的31.72%提高到2014年的57.58%,年均提高1.99个百分点(见表7-7)。

表7-7 关中地区2001—2014年城市化率

| 年份 | 2001 | 2002 | 2003 | 2004 | 2005 | 2006 | 2007 |
|---|---|---|---|---|---|---|---|
| 年末总人数(万人) | 2164.35 | 2179.9 | 2199.63 | 2219.27 | 2241.73 | 2265.14 | 2293.35 |
| 年末市镇人口数(万人) | 686.51 | 762.05 | 867.5 | 916.53 | 935.58 | 957.75 | 762.60 |
| 城市化率(%) | 31.72 | 34.96 | 39.44 | 41.3 | 41.73 | 42.28 | 33.25 |
| 年份 | 2008 | 2009 | 2010 | 2011 | 2012 | 2013 | 2014 |
| 年末总人数(万人) | 2313 | 2338.02 | 2348.44 | 2396.81 | 2377.17 | 2400.16 | 2390.33 |
| 年末市镇人口数(万人) | 779.04 | 813.9 | 943.21 | 985.84 | 1059.66 | 1094.38 | 1107.53 |
| 城市化率(%) | 33.68 | 34.81 | 40.16 | 41.13 | 44.58 | 45.60 | 46.33 |

资料来源:《陕西统计年鉴(2002—2015)》

# 第七章 以产业集聚促进关中城市群发展研究

## 第三节 关中城市群发展和产业集聚存在的问题及原因分析

### 一、关中城市群发展和产业集聚中存在的问题

(一)关中城市群内产业结构不合理,产业集聚度不高,产业集群发展较弱

近年来,随着经济的发展,关中地区各市(区)产业结构渐趋合理,但仍然存在着不同程度的问题,如有些市农业所占的比重还是较高,第三产业发展不足。2014年关中地区三次产业结构产值比为8.84∶54.14∶37.01,产值结构以第二产业为主。从各个城市三次产业比例来看,除了西安市为"三、二、一"结构,其余各城市均为"二、三、一"结构(见表7-8)。

表7-8 2014年关中地区各城市GDP及产业结构

| 地区 | GDP(亿元) | 第一产业产值(亿元) | 第二产业产值(亿元) | 第三产业产值(亿元) | 三次产业产值比重(%) |
|---|---|---|---|---|---|
| 陕西省 | 17689.94 | 1564.94 | 9577.24 | 6547.76 | 8.84∶54.14∶37.01 |
| 关中地区 | 11066.91 | 934.29 | 5484.3 | 4648.32 | 8.44∶49.56∶42.00 |
| 西安 | 5492.64 | 214.55 | 2194.78 | 3083.31 | 3.91∶39.96∶56.14 |
| 铜川 | 325.36 | 22.61 | 204.88 | 97.87 | 6.95∶62.97∶30.08 |
| 宝鸡 | 1642.90 | 161.33 | 1051.65 | 429.92 | 9.82∶64.01∶26.17 |
| 咸阳 | 2085.15 | 321.72 | 1227.7 | 535.73 | 15.43∶58.88∶25.69 |
| 渭南 | 1423.75 | 207.16 | 751.34 | 465.25 | 14.55∶52.77∶32.68 |
| 杨凌 | 97.11 | 6.921 | 53.95 | 36.24 | 7.13∶55.55∶37.32 |

资料来源:《陕西统计年鉴(2015)》

关中城市群内产业集聚度不高,产业集群发展较弱,还存在集群层次低、规模小、产业链不完善、政府引导作用不明显等问题。具体表现在以下四个方面:第一,产业集群发育程度低,不能实现集聚效应。第二,产业

关联度低,产业链条缺损。第三,企业组织结构不合理,没有形成专业化分工与协作的地方性合作网络,中央企业与地方企业没有建立起良好的分工协作关系。第四,产业集群的可持续发展能力不足。第五,产业集群成长的市场环境不理想,政府对产业集群的支持存在偏差等。

(二)核心城市对外不强,对内"一枝独秀",城市群内二元结构突出

城市群的发展需要一个强大的聚集核心来带动整个城市群的发展。西安作为关中城市群中的核心城市,其政治、经济、文化的中心地位已经确定。按照关天经济区的城市发展规划,西安的目标是要建成国际化大都市,到2020年要把西安建成国家重要的科技研发中心、区域性商贸物流会展中心、区域性金融中心等,但从目前西安的整体实力来看,其经济发展水平仍然较低,不能满足城市群进一步发展壮大的需要,还不足以支撑目标的实现。作为关中城市群的首位城市,西安负载过重,市政建设、基础设施等供给不足,城市环境污染严重,这些问题制约了中心城市自身的发展。西安在全国25个百万人口以上的中央直辖市、省(区)首府和计划单列市中,西安市国民生产总值居第16位,工业生产总值居第22位,社会消费品零售总额居第13位,综合实力处于偏下水平,辐射半径有限。从表7-2也可以看出,西安市的轨道和航空运输能力比较有限,尤其是国际开放交流程度比较低,并在短期内难以有很大的提升。另外,将西安定位为核心城市,目的是要通过核心城市的发展,并以其为增长极,带动周围城市的崛起,但目前西安对外不强,对内"一枝独秀",与其他城市发展差距还很大(见表7-9)。

表7-9 2014年西安和东中西部代表性城市的发展情况比较

| 指标 | 西安 | 北京 | 上海 | 郑州 | 武汉 | 成都 | 重庆 |
|---|---|---|---|---|---|---|---|
| GDP(亿元) | 5492.64 | 21330.8 | 23560.94 | 6783 | 10069.48 | 10056.6 | 14265.40 |
| 财政收入(亿元) | 1019.69 | 4027.2 | 4585.55 | 1268.6 | 1968.46 | 1025.2 | 1921.88 |

续表

| 指标 | 西安 | 北京 | 上海 | 郑州 | 武汉 | 成都 | 重庆 |
|---|---|---|---|---|---|---|---|
| 城镇居民人均纯收入(元) | 36100 | 43910 | 47710 | 29095 | 33270 | 32665 | 25147 |
| 农村居民人均纯收入(元) | 14462 | 20226 | 21192 | 15470 | 16160 | 14478 | 9490 |

数据来源:2014年各城市《国民经济和社会发展统计公报》

从表7-9可以看出,2014年西安市的生产总值远低于东部发达城市北京和上海,与其绝对差分别为15838.96亿元、18068.3亿元,与中部城市郑州、武汉也分别相差1290.36亿元、4576.84亿元,甚至也低于同处西部地区的成都市和重庆市低4563.96亿元、8772.76亿元。从表7-9可知,西安市2014年财政收入也低于其他几个城市,但城镇居民人均收入高于郑州市、武汉、成都和重庆市,农村居民收入比重庆市高4972元。

而从表7-3和表7-6可以看出,在关中地区各个市(区)中,西安市的生产总值、城镇和农村居民的人均收入均高于其他市区,并且差距较大,如2014年西安市生产总值5492.64亿元,比处于第二位的咸阳市高出3407.49亿元。这表明西安作为经济区核心城市,还没有充分发挥其对周围城市的带动作用,经济区内城市发展水平二元结构突出。

(三)城市等级结构不合理,缺少大城市

合理的城市等级结构应该具有五个层次:超大城市、特大城市、大城市、中等城市、为数众多的小城市和城镇。超大城市主要通过聚集效应和扩散效应向周围城市一级一级地进行辐射,特大城市作为超大城市与大城市、中等城市之间的纽带,在技术传播、商品贸易、服务贸易以及资本等要素流通方面起着承上启下的作用。这样的城市体系能够通过城市网络将城市的职能作用依次有序地逐级扩散到整个体系。相反,城市等级规模的断层,必然会影响到城市带动作用的发挥,城市就近扩散能力较弱,等级扩散受到阻碍,中心城市影响力扩散效应不佳。关中地区的城镇体系没有超大城市(1000万人口以上)和大城市,城市体系断层。关中地区城市群的等级结构见表7-10。

表7-10  2014年关中地区城市规模等级结构

| 城市规模 | 城市非农业人口(万人) | 城市常住人口(万人) | 非农业人口比重(%) | 城市数量(个) | 城市名称 |
|---|---|---|---|---|---|
| 特大城市(500-1000万人) | 587.16 | 662.06 | 63.7% | 1 | 西安 |
| 大城市(100-500万人) | 142.19 | 145.19 | 61% | 1 | 宝鸡 |
| 中等城市(50-100万人口的) | 92.02、96.28 41.76、56.38 | 95.54、89.07 75.23、53.37 | 60.59%、42.42% 95.83%、38.25% | 4 | 咸阳、渭南 铜川、商洛 |
| 小城市(50万人口以下) | 19.03 | 20.30 | 60.69% | 1 | 杨凌 |

数据来源:《陕西统计年鉴2015》

从表7-10可知,2014年关中地区有1个特大城市、1个大城市、4个中等城市、1个小城市,但是尚没有超大城市。在这种情况下,特大城市的聚集能力较强,而大城市较少,中等城市由于自身经济实力有限,很难消化产业、产品和技术的转移,难以直接接受特大城市西安的辐射和聚集的生产要素,同时中等城市也无法向西安提供完善的基础设施和辅助性产业,在很大程度上特大城市的辐射带动作用被削弱。

**(四)关中地区城市间协调机制尚未建立,各市(区)之间缺乏互动协作**

城市群的形成是中心城市与周围地区双向流动的结果,健全的城市群的运作是以内在的社会经济联系为基础,以便利的交通、通讯条件为支撑,以行政的协调领导为保障的。虽然关中地区城市群区域间行政区划界限有所淡化,但区域内政府行政关系复杂,地区之间的协调受到限制。部门利益和地方保护阻碍了经济资源的自由流动和跨地区的经济合作。经济区内的土地、水、电、路等基础设施处于相互分割的状态,区域内的城市建设和经济发展缺乏统一规划,区域内的文化、科技、教育等软资源也处于割裂状态。

衡量关中地区城市之间的联系率,可计算出地理联系率[14]。地理联

系率的计算公式如下:

$$\text{地理联系率} = 100 - 0.5 * \sum |S_i - P_i| \qquad (1)$$

其中:$S_i$ 为 $i$ 地区第一生产要素占全省的比重,$P_i$ 为 $i$ 地区第二生产要素占全省的比重。如果地理联系率值越大,说明两要素的地理分布比较一致;反之,说明两要素的分布差异大。本章选择关中地区各市(区)的生产总值和年底常住人口两个指标计算地理联系率。

表7-11　2014年关中地区各市(区)生产总值和人口

| 指标 | 西安 | 铜川 | 宝鸡 | 咸阳 | 渭南 | 杨凌 |
|---|---|---|---|---|---|---|
| GDP(亿元) | 5492.64 | 325.36 | 1642.90 | 2085.15 | 1423.75 | 97.11 |
| 人口(万人) | 862.75 | 84.51 | 375.32 | 495.68 | 534.30 | 20.30 |

数据来源:《陕西统计年鉴2015》

根据公式(1)可以计算出2008年关中地区地理联系率为99.86,可见关中地区城市群的地理联系率非常高,这说明经济区的生产总值主要是由人口决定的,而城市群的经济空间集中度较低,即城市之间的经济联系较少,互助协作的机制尚未形成。

(五)城乡二元经济结构突出,农业剩余劳动力转移缓慢

受传统经济体制的严重影响,关中地区的农村和城市各成一体,农村以传统的农业生产为主,而城市以发展现代工业和第三产业为主,城市与农村之间的联系不明显,城市对农村的辐射和带动作用也没有充分体现,城乡二元经济结构的特征在关中一些地区表现得还比较突出。

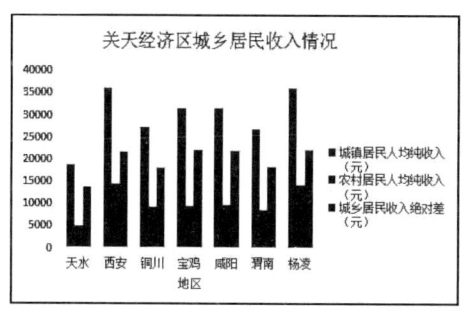

图7-1　2014年关天经济区城乡居民收入情况

打造丝绸之路经济带上的战略高地

从图7-1可以看出,关天经济区的"六市一区"中,2014年城镇居民收入最高的是杨凌示范区(36008元),但是城乡居民收入差距最大的也是杨凌区,为21962元;农村居民人均收入最高的是西安市(14462元),但西安市城乡居民收入差距也仅次于杨凌区,为21638元。另外,宝鸡、咸阳、渭南、天水的城乡收入差距也很大。这种突出的城乡二元经济结构将会严重制约关天经济区城市群的快速发展。

城市群发展的内在动力在于聚集效应。在市场经济制度下,城市群的聚集效应是通过发达的基础设施、相关企业的高密度聚集,以及资源和经济要素向最大效益区位聚集来实现的,人口向城市流动是城市群发展的必然要求。关中城市群的发展,需要清除聚集障碍,使农业剩余劳动力转移到城市。但是,由于经济发展水平较低,城市缺乏劳动密集型现代产业以及城乡二元化户籍管理制度等多种原因,农村剩余劳动力向城市聚集和转移还不能满足城市群的发展要求。

## 二、关中城市群发展和产业集聚存在问题的原因分析

### (一)市场经济体制不完善,民营经济发展不足,制约了关中地区的产业集聚和工业化进程

产业集聚作为一种经济现象,主要依靠市场的力量来实现。关中地区深处我国内陆,虽然自然经济基础深厚,但已有的工业大都是计划经济时期的产物。关中地区等西部省份的市场经济体制形成缓慢,民营经济发展不足,这些都制约了关中地区产业的集聚和工业化进程。一个城市群经济发展水平的高低依赖于工业化水平,而工业化水平的高低主要取决于产业结构的优化,但从表7-9可以看出,经济区内各市(区)的三次产业结构除了西安市为"三、二、一"外,其余各城市均为"二、三、一"结构,关中地区整体第三产业不够发达,咸阳和渭南第一产业所占的比重仍然很大。

### 第七章 以产业集聚促进关中城市群发展研究

**(二)自然条件、历史因素和政策因素导致了关中各城市的发展及内部的差距**

关中地区深处我国内陆,与东部沿海地区相比,既没有优越的地理位置,也没有商品经济的深厚历史积淀,改革开放以后,也没有得到太多的国家优惠政策扶持,所以在我国工业化的进程中,关中地区的产业集聚能力差,与东部地区的差距不断拉大。同时,就关中内部来说,关中地区大部分城市处于平原地区,但宝鸡的一些山区和丘陵地区的地理环境限制了城市用地的扩展,影响了城市的发展。西安市在历史上曾是十三朝古都,在古代是我国的政治、经济、文化中心,历史悠久,商业发达,现在又是省会城市,在发展过程中,西安市在关中地区的核心地位也使西安与省内其他地区的差距不断拉大。此外,在建国后60多年的社会主义经济建设中,国家对于不同城市采取不同的政策,这在很大程度上也导致了经济区内城市发展的差距。

**(三)政府规划协调不够,现有的行政区划是城市融合的障碍物**

关中城市群的打造需要政府部门对经济区内的主导产业、支柱产业进行规划布局,对各城市的行动进行统一协调,以促进产业集群布局的优化。但是,现实并非如此。以西安和咸阳为例,城市行政区划阻碍了西咸一体化的进程。长期以来咸阳害怕被西安同化,在咸阳的发展规划中,渭河以北地区被作为发展重点,紧邻西安的渭河以南地区的发展却被忽视。两个城市在某些领域甚至还存在恶性竞争的现象,如两市在资源开发和产业布局上重复建设,产业趋同的现象严重等,这些现状都不利于打造关中城市群。因此,打破行政区划,促进城市融合,势在必行。

**(四)主导产业发展水平不高,对各城市的城市化进程带动作用不明显**

《关中—天水经济区规划》在产业发展方面规划了经济区发展的六大主导产业,包括航空航天、装备制造、文化产业、资源加工、旅游产业和现代服务业。但从目前来看,这六大产业发展水平不高,根植性不强。以装备制造业为例,装备制造业是关天经济区各市(区)的主导产业,尤其是在宝鸡市,装备制造业更是其工业经济的"半壁江山"。但关天经济区装备制造业的一个很大特点,就是它是为我国的军事装备制造服务的,它属于外来植入型产业,与本地产业的发展联系不强,不能很好地带动当地经济的发展,对促进农村剩余劳动力的转移,缩小城乡差距作用不明显。

**(五)城乡二元户籍管理制度制约了农业剩余劳动力的转移**

城市化的推进、城市群的形成需要大量农村人口向城市转移,从农民、农民工变成市民。人口的自由流动是城市化发展的重要保障。目前关中地区的城乡二元化户籍管理制度不能适应城市群发展的需要,人员的流动受到很大限制,大量农业剩余劳动力不能稳定地向城市转移,城市群的发展受到限制。

**(六)集群内部制度不健全,缺乏良好的社会文化氛围**

关中地区产业集群内部没有良好的集体行动规则和内部沟通渠道,缺乏诚信机制,缺乏包容开放的社会人文氛围,企业间过度的竞争阻碍了企业间的合作,特别是某些地方实行地方保护,歧视和限制外来企业和人口,这种地方保护严重阻碍了信息、资源的自由流动和有效配置。在企业个体之间的生产交易活动中,由于诚信的缺失,集群内部企业缺乏交易与合作的人际基础,产业集群的发展受到了限制。

**(七)产业内企业技术创新能力不足,高精尖专业技术人才缺乏**

在关中产业发展的过程中,因为技术的科技含量普遍不高,而且技术模仿多于技术创新,多数核心技术与关键技术通过模仿、引进获得,企业很少进行自主创新,"一流设备、二流管理、三流产品"的现象比较普遍,不少企业把低质低价视为竞争的制胜法宝,假冒伪劣产品屡禁不绝。以电子信息产业为例,尽管产业发展的速度较快,但产业整体素质仍然不高,基本停留在附加值较低的产业低端,核心技术至今还完全掌握在外国

第七章 以产业集聚促进关中城市群发展研究

跨国公司手中,关键零部件需要进口,整个行业仍属于"组装性"行业,支撑电子信息产业发展的集成电路和软件开发严重滞后。此外,关中地区虽然高校众多,但由于经济发展水平比东部沿海地区落后,因此留不住人才,高精尖专业技术人才的缺乏导致产业集群的技术创新能力不足。

## 第四节 加速产业集聚,推动关中城市群发展的思路与对策建议

### 一、思路

关中城市群的发展是未来陕西经济发展的主要动力,也是陕西经济建设和城市化进程顺利推进的关键。城市群可以利用已有的城市化基础,利用大中城市在经济发展中所具有的优势,形成区域经济的强劲增长极;城市群经济内部的合理分工与协调发展,可以形成由中心城市—大中小城市—乡镇和农村组成的城市群梯度发展链,可以促进区域内经济结构的不断调整和升级,从而带动整个经济的健康运行和可持续发展。根据美国学者诺瑟姆(Ray M. Northam)的城市化发展三阶段理论,城市化在30%—70%之间是人口向城市迅速聚集的阶段。[15]而关中城市群的常驻人口城市化率在2014年末达到了51%左右,这说明关中地区正处于加速发展时期,因而,关中各城市应充分利用聚集效应,促进生产要素和产业的聚集和扩散,以聚集为重点,推进城市群的发展。这是加速关中城市化深入发展的基本思路。

### 二、对策建议

依据城市群经济发展的理论,我们对关中城市群现状进行了分析。关中城市群的发展还有很长的路要走,还有诸多方面需要改进和完善。因此,在吸取国内外经验的基础上,结合关中城市群的实际,我们提出以下对策建议。

**(一)有效发挥政府作用,强化产业集群的发展规划及布局**

产业集群是城市群核心竞争力的基础,作为一种富有生命力和创新性的组织形式,其目的是把同一类型和相关联的产业集中在某一区域,从而使该区域具有明显优于其它区域的竞争优势。国内外实践证明,产业集群是区域产业发展战略的正确选择,它促进了城市群产业分工的细化,提高了欠发达地区企业的竞争力,增强了区域竞争力。因此,在关中城市群的发展规划中,政府应重视这种新型的产业组织形式。

从成因来看,产业集群主要是市场因素的作用,产业在空间上的规模集聚主要依靠市场的力量,并在政府的一系列战略性政策措施的扶下实现。因此政府在产业集群发展中有着举足轻重与不可替代的作用。在现阶段,政府应采取"发展导向"模式,致力于创造有利于集群形成和发展的经济环境,并通过对关中产业集群的规划和引导,对影响产业集群发展的公共物品或准公共物品的投资,对教育的投入等措施来诱发产业集群关键要素的生成以及产业集群的形成。政府应积极协调西安和咸阳、宝鸡、渭南、铜川等城市的产业布局,并结合可能的条件和基础,在这些大中城市周围的一些重点城镇布局发展配套加工生产,重点构建一些优势产业集群,如航空产业、汽车产业、电子信息制造等业产业集群。

关中城市群可以依托西安高新技术产业开发区、西安经济技术开发区、杨凌农业高新技术产业示范区、西咸新区、曲江文化产业区、浐灞生态区等,建立产业化基地和专业产业园区,并实施重大科技产业化项目,推进高新技术产业开发区和经济技术开发区的二次创业工程,建成全国一流且有国际影响力的高新技术产业开发带,增强产业科技创新与核心带动作用,有效促进优势产业集聚。

**(二)要加强企业之间的专业化分工和协作,构建集群产业链**

1. 打造相对完整而又合理的产业链条

在经济全球化的浪潮下,各个国家都把培育产业群、打造产业链作为推动工业化进程的一条捷径。关中的现代工业主要是以国家大规模投资的大中型骨干企业为主,基本按照"全能型"企业模式创建,产业区内没有真正形成专业化分工。因此,政府应以现有的企业或企业集团为龙头,通过产业环节的分解或鼓励其母公司的科技人员和企业家分离出来自办公司,从而形成一批具有紧密分工和协作关系的关联企业新建经济区内的产业布局要以分工协作、本地结网为原则来安排项目新建立的企业要以产业集聚为导向,并与现有企业建立分工和协作关系,从而提高产业集群的专业化水平,有效地降低成本,增强低成本优势。

2. 实施大企业带动战略,促进民营中小企业集群的发展

大企业带动中小企业发展是国际上产业集群发展的一个普遍特征。如日本本田公司总部仅仅控制企业的一些核心业务,其他非核心业务向外承包,因而在其总部周围聚集了3万多家中小企业与其配套。陕西万方汽车零部件有限公司董事长刘克刚也坦诚,万方的快速发展,完全得益于陕汽集团,万方为陕汽提供很多种零部件。但他认为陕西汽车制造产业的集群优势还没有完全发挥出来,因为目前陕汽集团的零部件来自全国500多个大大小小的企业,其中外省企业占80%,本地企业不到20%,在陕汽集团产业园周围的企业只有四五家,西安市的企业不到10%。像陕汽目前这样的发展速度,如果零部件配套企业都集中在陕西,那么成本就会大大降低,陕汽在国际上的竞争优势将更强。[16]因此,陕西要利用这些国有大中型企业的优良条件,采用大企业加中小企业的集群模式,用大企业带动小企业,建立以大企业为中心的中小企业集群。

3. 着力培育有竞争优势的特色产业集群

培育陕西产业集群的关键是要对产业进行专业化整合,核心是要打破行业、部门和地区乃至所有制界限,冲破自成体系、门类齐全的地方经济格局,筛选出能够影响经济大局的支柱产业,打造区域特色品牌。同时,要综合考虑国际国内经济发展趋势和陕西资源优势以及产业的关联强度。作为特色产业集群陕西应重点培育能源、原材料、重化工业、电子信息、航天航空、核技术、生物工程与新型医药等高新技术产业集群,还有

文化等特色旅游产业以及陕南的绿色食品、有色金属冶炼等产业集群。

(三) 大力优化产业集群的制度环境

1. 转变政府职能,努力创造一个开放、公平竞争的市场环境

党的十八届三中全会指出,"必须切实转变政府职能,深化行政体制改革,创新行政管理方式,增强政府公信力和执行力,建设法治政府和服务型政府。政府要加强发展战略、规划、政策、标准的制定和实施,加强市场活动监管,加强各类公共服务提供。加强中央政府宏观调控职责和能力,加强地方政府公共服务、市场监管、社会管理、环境保护等职责"。政府要大力营造有利于创业和创新的文化氛围,提倡创业精神,促进新企业的不断繁衍。地方政府还需要积极进行制度创新,加快自身的职能机构改革,规范并简化各种审批制度,提高政府官员素质,更新服务观念,并根据产业集群发展的现实状况及时调整自己的功能定位。政府部门要加大基础设施、有技能的劳动力群体和信息服务三大公共要素的投入,着力改善发展的软环境,把干预的重点放在促进产业联系方面,加快建设与完善产业集群的服务体系。

2. 完善信用体系,加强法制建设

由传统社会向现代市场经济社会转型的过程中,我国出现了信用机制断裂的问题,[17]信用不足已成为制约我国经济健康发展的重要因素。诚信可以促使企业迅速整合信息和资源,降低成本与风险等。所以,我们要特别重视诚信观念的建立。培育集群成员遵纪守法、诚信为本、操守为重的理念,对那些制假售假、言而无信的企业,政府要及时通过信用体系公之于众,以儆效尤,强化集群内的道德氛围。为此,关中地区应从以下两个方面加以完善:一方面既要建立信任保障机制,树立以信为本的商业道德规范,又要建立市场监督评价体系,通过行业组织,规范产品质量标准,建立质量监督体系,加强行业自律,形成自我监督、公平竞争的新秩序;另一方面要给当地政府适当的立法自主权,使其能建立地方《产业群保护法》,同时加强执法力度,切实保护产业群的合法权益,进一步加强对

科研机构、大学的知识产权管理。

3. 营造良好的"竞一合"环境,实现政策创新

关中地区在产业集群的创新体系建设过程中,应大胆引进相关企业,并对集群内的优势产业或潜力产业采取适度保护,促进企业在竞争中快速发展。同时,同一个产业内聚集多家企业必然会形成企业间的竞争关系,政府应制定相关的政策措施,提倡在竞争的过程中进行相互间的合作,通过行业协会、专家委员会等中介组织,加强信息交流,开展合作研究开发,发展专业性基础设施,营造良好的群内外竞争合作的环境。

促进产业集群创新体系的发展意味着通过激励产业集群创新主体之间的合作与竞争,以创新机制来运行创新活动,最终实现创新政府的目地。产业集群创新体系作为一个整体,要实现创新效果、提高创新优势的持续发展,创新政策的支持是必不可少的,这是保证产业集群和群内企业可持续发展的基础。

(四)统筹城市群结构体系建设,形成更加明显的聚集效应

经验证明,要形成聚集效应,必须统筹核心城市和其外围地区(包括小城镇以及小城镇所覆盖的乡村地区)协调均衡地发展,从而提供更大的市场需求,更强的科技进步动力和更大的经济扩散效应,增强区域经济竞争力。

1. 加速核心城市西安的发展

核心城市是城市群中的第一级。从国外成熟城市群的发展经验来看,城市群中的核心城市一般都是全国乃至世界性的经济中心,如纽约、伦敦、东京等中心城市。因此,应加速西安的发展,使其作为核心城市充分发挥聚集和扩散效应,以便带动关中城市群的发展。

西安是国家重要的科研、教育和工业基地,是我国西部地区重要的中心城市,同时也是国家历史文化名城、国际旅游城市,新欧亚大陆桥中国段中心城市之一,区域枢纽城市,中国西部经济中心,陕西省政治经济文化中心,更是"一线两带"的核心城市。西安应突出古代文明与现代文明

交相辉映,老城区与新城区各展风采,人文资源与生态资源相互依托的城市特色,将自己建设成丝绸之路经济带上的重要节点和具有历史文化特色的国际化大都市。

2. 尽快壮大二级城市,填补大城市空白

作为城市群中心城市和中等城市之间的纽带,大城市在技术传播、商品贸易、服务贸易以及资本等要素流动方面都起着承上启下的作用,其主要任务是接受特大城市的资金、技术、管理经验和产业、产品转移,对周围地区的中小城市和城镇发挥辐射、渗透和带动作用。如前所述,关中城市群的整体结构出现了断层,缺少能够连接特大城市与中等城市的大城市。因此,关中地区应把中等城市逐步发展成大城市。

关中城市群中的宝鸡市、渭南市、铜川市均可以发展成为大城市。但这些城市都不同程度地存在着第三产业发展不足、第二产业效益低下、市场竞争力弱小、缺乏新的经济增长点等问题。这就需要政府通过连续有效的区域开发政策,有目的地增加中等城市的投入,进行科学规划,加快城市基础设施建设,调整和提升产业结构,重点发展资本技术密集型的制造业和资源开发、资源加工业,形成区域性的工业中心、金融中心、商贸中心,为将来的发展留下充足的空间。同时还要结合各城市的特点,以市场为导向,调整各自的产业结构,形成特色产业,并带动其他产业的发展。宝鸡是中等城市中发展最快的,也是最有可能提前发展成为大城市的城市,宝鸡应利用其交通和位置优势,加强商贸服务功能,改造提升现有产业,大力发展高新技术,增强经济活力,扩大城市规模,向陕、甘、宁、川毗邻区域大型中心城市发展。其他城市也要积极发展,加快工业化和城市化的进程,逐步向大城市迈进。

3. 加快小城市和城镇建设

小城市在城市群中的作用不在于做大,而在于做小、做精、做巧。小城市的重点是城市的特色化和专业化,即在特色化的产业和专业化分工基础上实现城市现代化。小城市要利用核心城市和中心城市的辐射带动

## 第七章 以产业集聚促进关中城市群发展研究

效应,避免重复建设和贪大求全。

小城市应充分利用关中地区交通干线比较密集的优势,认真规划、合理布点,通过交通轴线把小城市大中城市相互联结起来,形成带状的经济发展轴线。小城市建设以培育专业化特色优势产业为基础,增强对农村富余劳动力的吸引。加强与中心城市大中型企业的协作配套,重点加强已具有产业集群萌芽的小城市的发展。政府通过引导和培育,促进集群规模壮大或技术升级,形成一批由核心企业带动、关联企业配套,分工协作紧密、规模效应显著的产业集群式发展的城镇。

### (五) 政府科学规划,加快城市群基础设施建设

加快推进基础设施建设是促进产业、要素和人口在经济区的聚集与扩散,增强核心城市聚集和辐射功能的重要手段。交通网络和通讯设施的建设情况直接关系着城市的吸引能力和辐射能力,关系着城市群经济的形成。铁路、公路、航空、港口和信息高速公路对城市经济发展,以及各个城市之间的相互联系、相互作用至关重要。关中城市群的基础设施需要快速提升到一个新的层次,而这既需要政府投资,更需要政府科学规划。

#### 1. 加快关中地区各大中城市间的快速交通线路建设,提高综合运输能力

应建立西安中心市区到关中地区各大中城市的快速交通线路;强化宝鸡、铜川、渭南等区域性城市交通枢纽的辐射带动作用,以这些城市为中心组织地方交通骨干网络;加强西安与周边省份省会城市的联系,如建立西安与兰州、银川、成都、重庆、武汉、郑州、太原、包头等城市的快速交通干道。城际交通网络是城市群形成的必要基础设施,它的不断完善会带动城市群的升级和更高效的运作。为了形成更加便捷、高效的城际交通网络,除继续完善现有的城际公路、铁路交通网络外,关中城市群应该大力发展轻轨、地铁等快速交通。通过建设现代化的综合交通运输网络,形成以西安为枢纽的由铁路、公路、航空、管道等多种运输方式并存的现

代化综合运输网。

## 2. 构建关中地区高效的信息、供水、供电等综合网络体系

除了加快交通设施建设外,政府还应完善如信息、供水、供电等基础设施,具体可以从以下方面着手:进一步完善经济区通讯基础设施,加强三网建设,构筑完整的通讯网络体系;积极发展光传输骨干网络;大力发展接入网,加强公用信息交互平台建设;尽快建成比较完善的供水、供电、供气和污染治理、防灾等现代化城镇基础设施体系;加快治理渭河水污染问题,加强渭河流域水资源管理;建设陕北、陕南、天水至关中,天水至陇南的750千伏输电通道。

### (六)发挥市场机制功能,使城市群发展更趋完善

国际国内经验告诉我们,发达的市场机制会自发地推动城市群的形成和发展,市场机制的完善可以使聚集和扩散的双向流动作用得以充分发挥。所以,在政府推动城市群发展的同时,要充分发挥市场的力量。

城市群的形成是城市聚集和辐射功能在地域上的拓展,主要是市场自身力量的产物。随着我国经济市场化程度的提高,市场机制迅速地在资源配置中起主导作用,把培育市场主体、市场经济活动人才作为关键,使企业走向竞争的舞台。对企业来说,不仅产品要转向市场,而且运行机制、管理方式、技术、工艺、成本等也要符合市场经济的要求;不仅要保证大型基本建设项目和支柱产业发展的新增投入按照新体制进行,还要努力带动存量资产进入市场经济运行。在空间结构上,政府要努力打破原有体制遗留下的城乡之间、区域之间、工农之间的二元结构形态,使市场化、工业化与城市化并举,促进城乡、区域一体化发展。

### (七)加快城乡统筹的制度改革,促进农业剩余劳动力转移

以农业剩余劳动力为主体的大规模人口迁移,打破了城乡二元结构,增加了农民收入,有利于劳动力资源的合理配置,加速了城市化和城市群的发展。因此,消除现有的流动障碍,加快农业剩余劳动力的自由流动对关中城市群发展至关重要。

## 第七章 以产业集聚促进关中城市群发展研究

关中地区各市区应深化户籍制度改革,实施积极的人口迁移政策,使各级城市的建设发展具备基本的产业和人口基础。建立与市场经济体制相适应的户籍管理制度;建立促进城乡人口合理流动的有效机制,取消限制农村人口进城的不合理政策,鼓励具有技术、资金、专长的各类人员进城发展;积极引导农业剩余劳动力向城市合理有序流动和聚集;重视农村人力资源的教育和培训,普遍提高农村劳动力素质;建立和完善城乡统一的劳动力市场,使劳动者能够平等竞争,自由选择,自由流动;转变经济发展方式和战略,发展符合比较优势的产业,增加就业,建立和完善城市社会保障制度,对城市的就业政策、人才政策、教育政策、分配制度进行调整,使农民无后顾之忧。

**(八)构建区域合作机制**

城市群内政府之间应该建立多层次的合作和对话机制,并和其他外部力量一起推动城市群经济的内部融合。因此,政府之间迫切需要建立跨城市的协调机制,为区域内产业的协调发展、基础设施衔接布局等提供整体性规划。由于历史和管理原因,当前行政区划体制在短期内难以大幅调整,但可以在现有制度上,根据不同的合作内容,建立各种城市间的合作组织或组建区域性权威机构来加强区域内政策和发展路径的协调,如成立"关天经济区协调委员会""关天经济区城市联盟""关天一体化促进委员会"等,并赋予其相应的行政调控权,专门负责跨区域的重大基础设施建设、重大战略资源开发、跨区域生产要素流动和生态恢复重建等工作。与此同时,政府还应完善社会保障制度,改革现有住房、医疗、就业等制度,建立起全方位的社会保障体系;统一制定发展规划,制定以西安为中心的关中城市群整体布局和整体发展战略规划,实施可持续发展战略,使区域经济社会环境协调发展。

**(九)加强城市群生态环境保护,实现可持续发展**

生态环境是人类生存和发展的自然基础,也是社会共同拥有的最大自然遗产。环境的好坏不仅影响着个人的身心健康,也同样影响着一个城市、地区的经济发展。近年来,随着经济的发展、城镇规模的扩大、人口的增加以及工业的迅猛发展,关中各城市的环境压力越来越大,黄河最大的支流渭河污染非常严重。因此,发展关中城市群,必须突出低碳城市、绿色城市的理念,改变目前以重工业为主的产业结构,逐步加大以旅游、科技服务等为主体的第三产业的比重;推行清洁生产,严格控制企业和工厂的排污标准,大力兴建城市污水处理厂;协调城市与农村产业发展用水,保护水源地,节约用水;在秦岭北麓要全面实施天然林保护工程,营造人工林带,治理水土流失,实现山青水绿;城市内部大搞立体绿化,形成乔木、灌木、草地和花卉的全方位绿化格局,实现"给人们提供一个良好的人居环境"的目标。此外,政府应尽快制定生态环境保护规划。一方面对现有的问题进行综合治理,提出有效的治理方案,并尽快落到实处。另一方面在新的区域发展规划中做好生态环境的规划,使经济发展和环境保护同步进行。

**(十)发挥科教优势,大力促进关中地区科教与经济一体化**

关中城市群是我国中西部地区最大、最重要的高等教育和科研基地,也是我国西部地区智力资源密集的地区之一。但是,发达的高等教育、丰富的人才资源、强大的科技队伍和科技成果未能很好地为当地经济建设服务。因此,如何促进关中地区科教与经济一体化是关中城市群建设的重要问题之一。

为此,应当积极构建产学研一体化的机制,促进科研成果转化,鼓励企业通过自主创新求生存、求发展,增加科技开发经费、机构和人员;弘扬航天精神,推行航天产品研制一体化的成功经验,改革科研、教学体制,扭转科技开发脱离经济开发的不良倾向,以企业为主体,以自主产权为目标,建立自主创新型的产学研相结合的科技体系,促使企业核心竞争力的迅速增强;培育急需使用的研究生、大专生、中专生、中技生,不断充实、强化企业骨干力量,并支持他们自主立业,创办先进制造企业;充分发挥现有人才队伍的作用,设立科技奖励基金,重奖有突出贡献的科技人才,提

## 第七章 以产业集聚促进关中城市群发展研究

高人才使用效益。

**注释：**

[1]何炼成,李忠民:《中国发展经济学概论》,高等教育出版社,2001年。

[2]孙久文,叶裕民:《区域经济学教程》,中国人民大学出版社,2000年,第205页。

[3]Alan W. Evans著:《城市经济学》,甘士杰、唐雄俊等译,上海远东出版社,1992年,第74页。

[4]巴顿:《城市经济学:理论和政策》,商务印书馆,1984年,第20页。

[5]张金锁,康凯:《区域经济学》,天津大学出版社,2003年,第69页。

[6]《关中—天水经济区发展规划》第11—12页。

[7]冯云廷:《区域经济学》,东北财经大学出版社2006年,第203页。

[8]西部大开发杂志社:《关中—天水经济区发展规划解读》,《西部大开发》2009年第7、8期合刊,第52页。

[9]袁纯清:《打造关中—天水经济区 推进西部大开发》,《西部大开发》,2009年第7、8期合刊,第9页。

[10][11]《西安晚报》《预计2020年西安市域人口将超千万打造有历史文化特色国际化大都市》,2016年2月17日。

[12]张晓露,刘科伟:《基于集群创导的关中城镇化发展探讨》,《人文地理》2006年第2期。

[13]王胜利:《关中区与现代化:1949－2002年的定量分析》,《干旱区资源与环境》,2006年第11期。

[14]王晓娟,王亲玲:《关中城市群产业结构与布局的实证分析》,《西安财经学院学报》,2007年第4期,第26—31页。

[15]王圣学:《西安大都市圈发展研究》,经济科学出版社,2005年,第24页。

[16]周励:《陕西产业集群咋发展》,《西部大开发》,2007年第8期,第34—36页。

[17]王琴梅:《转型期信用机制断裂及再造设计》,《西南师范大学学报》(社科版),2006年第1期。

# 第八章　陕西农业现代化推动新型城镇化的效应研究

工业化是经济发展的必由之路,城镇化是工业化的孪生兄弟,而农业现代化则是工业化和城镇化推进的必然要求,因为只有农业现代化才能为工业化和城镇化的顺利推进提供粮食、劳动力、工业品市场等各方面的支撑。但是,由于历史与现实各方面的原因,陕西与全国大多数地方一样,在农业上仍然以小农生产方式为主,农业现代化滞后,从而严重制约着新型城镇化和新型工业化的进一步发展,成为经济良性可持续发展的短板。因此,加速推进农业现代化进程已经成为陕西经济发展的当务之急。

## 第一节　农业现代化推动新型城镇化的机理分析

### 一、关于农业现代化的基本理论

(一)农业现代化的概念和特征

1. 农业现代化的概念

农业是国民经济的基础性产业,它以土地资源为生产对象,直接从土地上获取劳动产品。农业分为广义农业与狭义农业。广义农业包括种植业、渔业、林业、牧业。[1]狭义农业仅指种植业,包括粮食作物、经济作物、饲料作物和绿肥等的生产活动。[2]本章所要分析的农业,专指狭义农业。

## 第八章 陕西农业现代化推动新型城镇化的效应研究

不论是在国外还是国内,不同时期,人们对农业现代化的理解是不一样的。在20世纪中期,许多学者认为农业现代化是农业的机械化、化学化、水利化和电气化;80年代,学者又将现代经营管理理念引入农业现代化;90年代之后,学术界对农业现代化的理解更加深入。宣杏云、王春法等(1998)[3]和郑星、张泽荣等(2003)[4]以及2007年中央"一号文件"对农业现代化的内涵都进行了界定。中央"一号文件"认为"农业现代化就是要用现代物质条件装备农业,用现代科学技术改造农业,用现代产业体系提升农业,用现代经营形式推进农业,用现代发展理念引领农业,用培养新型农民发展农业,提高农业水利化、机械化和信息化水平;提高土地产出率、资源利用率和农业劳动生产率;提高农业素质、效益和竞争力的过程。"[5][6]本章在总结概括各方观点后认为,农业现代化就是通过向传统农业投入现代生产要素,不断提高农业产出水平,从而促进农村社会全面发展和农业可持续发展的过程。

2.农业现代化的特征

农业现代化的基本特征表现在农业生产条件现代化、农业生产技术科学化、农业管理现代化、农业生产组织社会化、农业生态环境可持续化,其特征主要体现在以下五个方面:

第一,农业生产条件现代化,就是通过向传统农业投入现代生产要素,用现代物质技术装备农业,依靠现代工业装备条件,不断改变传统落后的农业生产方式,在农业生产中大力推广机械和电力,实现农业机械化、电气化、化学化、水利化和信息化。[7]

第二,农业生产技术科学化是以现代科学技术为发展动力带动现代农业发展,将新技术、新材料、新能源等前沿科学技术投入到农业生产的各个环节,不断提高农产品产量,保证农产品质量。

第三,农业管理现代化是用现代化管理经营理念来引领现代农业发展,运用电子计算机、信息网络、遥感技术等现代科技手段对农业实行监控、管理和病虫害防治,从而降低农业经营风险。

第四,农业生产组织社会化是通过培育"龙头企业+基地+农户"的农业产业化经营模式,提高农业生产的组织社会化程度,增强农产品的市场竞争力,增加农业经济效益。[8]

第五,农业生态环境可持续化是在推进农业现代化过程中,将农业可持续发展作为推动农业现代化发展的基本准则。严格控制人口数量、保证人口质量、保护农业耕地资源、发展生态观光农业、治理环境污染等。

**(二)农业现代化的决定因素**

决定农业现代化发展水平高低的主要因素有农业生产投入水平(人力资本积累、农业科技含量、农业规模经济、现代经营管理理念)、农村社会发展水平、农业可持续发展水平。

1. 农业生产投入水平

农业生产投入水平的高低直接决定农业现代化发展的快慢。农业现代化发展要求用现代物质技术和现代工业装备农业,用现代科学技术、现代经营管理理念引领农业,提高农业增产、农民增收。具体的投入要素体现在:第一,人力资本积累。舒尔茨在《改造传统农业》中着重强调了农业生产中人力资本含量的提升对现代农业发展的重要性,它可以促进农业科技推广,一个地区农业生产中,人力资本水平越高,农民的劳动生产率越高,农业现代化发展越快。第二,农业科技含量。当今时代,农业科技已经成为农业发展的决定性因素。我国人多地少,只有抢占农业科技发展制高点,实现农业科技跨越式发展,才能确保国家粮食安全,顺利推进农业现代化。第三,农业规模经济。农业适度规模化经营是现代农业发展的必然要求,农业规模的大小决定了单位土地产出水平。

2. 农村社会发展水平

农业现代化发展要求促进农村社会全面发展,整体推动农业、农村、农民发展水平全面提升。农民收入增加会购买更多的先进设备、技术投

第八章　陕西农业现代化推动新型城镇化的效应研究

入到农业生产中,推动农业现代化更快发展。因此,农村社会发展水平的高低也会影响农业现代化进程,具体衡量指标为农村居民恩格尔系数反映农村居民生活状况、每一农村劳动力负担家庭人数反映农村劳动力失业状况。

3.农业可持续发展水平

农业现代化进程能否顺利推进与农业生态环境的好坏有着千丝万缕的联系。良好的生态环境可以减少因洪涝、旱灾等自然灾害对农产品产量造成的损失,促进农业增产,农民增收,进而推动农业现代化的快速发展。因此,农业可持续发展水平对农业现代化进程的推动起着至关重要的作用。

## 二、新型城镇化的内涵和特征

（一）新型城镇化的内涵

要准确理解新型城镇化的内涵,必须首先明确什么是城市化、城镇化。

1.城市化

城市化属于发展经济学的基本概念。肯特·斯魁文(Kent. P. Schwirian)和约翰·瑞恩(Jhon. W. Prehn)认为城市化应该是城市人口比例不断增加,人们的行为模式和思维方式不断城市化、城市中心不断向城市外围区扩散的过程。[9]彼得·霍尔教授(Sir. Peter Hall)在《世界城市》一书中从两个方面解释城市化:一是强调人口密度和经济职能,主要表现在人口从乡村向城市的流动,并且在城市从事非农生产。二是强调社会、心理、价值观和行为的因素,表现在乡村生活方式向城市生活方式的转变。[10]我国著名经济学家何炼成教授在《中国发展经济学概论》一书中认为,城市化指的是由于生产力的发展和社会生产方式的变化而引起的现代产业向城市的集聚过程,以及由此决定的人口集中和城市生活方式不断扩大相统一的社会过程。[11]

### 2. 城镇化

城镇化是我国提出的概念。早在1998年,党的十五届三中全会就提出了"小城镇、大战略"的方针。在学术界,温铁军、温厉认为城镇化与城市化在城乡人口比重这个概念上基本相似,但在实现方式上有所差异。城镇化表明处在工业化不同阶段的中国试图以农村"城镇化"发展作为缓解三农困境和推进人口城市化的路径,以此来规避人口过度向大城市集中。[12]因此我们可以说,城镇化与城市化的实质是一样的,只是根据中国的国情强调农村人口注意向小城镇转移,以防止过多人口涌入大城市而造成城市病。

### 3. 新型城镇化

新型城镇化是相对于我国前一轮传统城镇化过程中出现的土地城镇化、城市"摊大饼"等问题而提出的。牛文元(2012)[13]、彭红碧(2010)[14]、王朝才(2013)[15]等学者都认为新型城镇化应该以"人的城镇化"为核心,强调城镇的质量、集约、生态以及可持续发展。同时,李克强总理在2014年3月5日的政府工作报告中对新型城镇化做出了最新解释:我们要"坚持走以人为本、四化同步、优化布局、生态文明、传承文化的新型城镇化道路,遵循发展规律,积极稳妥推进,着力提升质量"。本章在这个含义上讨论新型城镇化,这里的"坚持以人为本、生态文明、传承文化"强调的就是城镇化进程的公平与质量;这里的"四化同步、优化布局"强调的就是城镇化进程的动力水平提升。城镇化的"动力、质量、公平"三者必须有机统一,才能构成健全的新型城镇化内涵。新型城镇化的核心内涵可具体体现在:经济高效、发展水平提高、基础设施完善、环境友好、资源节约、城乡统筹、社会和谐。其中,经济高效与发展水平提高是城市发展的动力提升;基础设施完善、环境友好与资源节约是城市发展质量的提升;城乡统筹与社会和谐是城市发展社会公平的提升。[16]

## 第八章 陕西农业现代化推动新型城镇化的效应研究

### （二）新型城镇化的特征

新型城镇化是全面提高城镇化质量建设的新要求，与传统城镇化相比，新型城镇化具有五个新特征。

**1. 以人为本**

以人为本是新型城镇化建设的核心，就是在新型城镇化建设过程中，要不断推进城乡户籍制度改革，实现基本公共服务均等化，使农村居民完全市民化。

**2. 四化同步**

工业化是经济发展的动力，农业现代化是经济发展的根基，信息化为经济发展注入了新元素和新活力，城镇化是经济发展的一个载体和平台。新四化要相辅相成，相互融合互动，从而推动整个经济发展。

**3. 优化布局**

前一轮人口城镇化和土地城镇化别剧了特大城市人口规模与综合承载能力的矛盾，未来在新型城镇化建设中需要进行有效调控，在发挥核心城市辐射带动作用的同时，加快中小城市、小城镇的发展。

**4. 生态文明**

在新型城镇化建设过程中，要注重各级城市绿化带、山水园林的规划与建设，积极营造生态化的环境，高度重视城市生态环境的保护与治理。

**5. 传承文化**

在新型城镇化建设过程中，旧城改造应重视历史文化遗产的保护，新城建设应根据不同城市所具有的自然历史文化禀赋，向其注入传统文化元素，彰显城市的特色和个性。

### 三、农业现代化推动新型城镇化的机理分析

关于农业现代化对工业化、城镇化的推动作用，马克思、恩格斯在考察英、法、德、美等主要西方国家农业现代化历程时指出，农业现代化和规

模化经营从土地上释放了大量过剩的农业人口,而现代大工业的发展为城市更大规模地吸收这些农业人口创造了有利条件。[17]关于两者之间的作用在"拉—费"模型、"乔根森"模型中都有深入阐述。

(一)"拉—费"模型框架下农业现代化推动新型城镇化的机理

发展经济学家古斯塔夫·拉尼斯与美籍华人经济学家费景汉于1961年首次合作,发表了一篇论文,提出了二元经济发展模型,成为拉尼斯－费景汉模型,这一模型将刘易斯模型作了大大的扩展。该模型以农业生产率的提高来讨论劳动力从农业部门向城市工业部门的转移,把农业部门与城市工业部门的关系清楚地表现出来,因此可以用于本文农业现代化与新型城镇化关系的分析。

1."拉—费"模型的基本思想

第一,工业部门的扩张。如图8-1所示:$NQL$为劳动力的需求曲线或边际生产力曲线,$S$为劳动力的供给曲线。拉尼斯接受了刘易斯模型中的观点,将劳动力的供给分为两个阶段:第一阶段为无限供给,曲线为直线。第二阶段劳动力变为稀缺,无限供给结束,供给受到工资水平的影响,供给曲线向上倾斜。按照刘易斯假定工业部门只使用两种要素:资本与劳动力。工业部门以利润最大化为目标进行生产,利润最大化的条件是边际生产力等于工资。当资本投入为$K_1$时,劳动力雇佣量为$L_1$,$OL_1Q_1W$为工资,$WQ_1N_1$为企业化利润。依据拉－费模型,工业部门扩张的影响因素有:一是劳动力的边际生产力,即工资水平。二是工业部门的创新程度与偏向。随着工业资本积累的加强与创新强度的加强,形成了工业部门的扩张,使劳动力的需求曲线向右移动,由$N_1Q_1L_1$移向$N_2Q_2L_2$以至$N_3Q_3L_3$,从而形成了经济发展的推动力。当所有的农业剩余劳动力被完全转移到工业部门,这个过程就会停止。这时农业部门就不存在剩余劳动力,而工业部门要想继续扩张,增加劳动力,就需要与农业部门展开竞争,通过提高实际工资水平吸引劳动力到工业部门就业,劳动力的供给曲线就会上升。

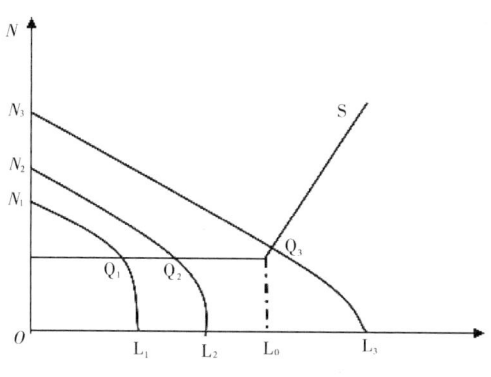

**图8-1 拉尼斯—费景汉模型**

第二,农业部门的扩张。如图8-2所示。$OP$为劳动力供给,$OA$代表农业总产出。$ORCX$为农业部门的总产出曲线,$ORC$段上凹,表示随着农业劳动力的增加,总产出是增加的,水平的$CX$段表示劳动的边际生产力为0,随着农业劳动力的增加,农业总产出不变。

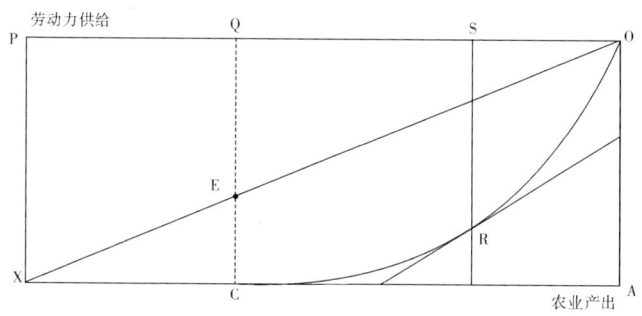

**图8-2 农业部门的扩张**

在第一阶段,即劳动力无限供给阶段,$PQ$数量的劳动力不生产任何农产品,那么将这部分劳动力撤出之后,不会造成农业产出的减少,由$PX=QC$,我们得知$OP$数量的劳动力生产的产品产量与$OQ$数量的劳动力生产的农产品产量一样多。拉尼斯将这部分劳动力称为过剩劳动力。随着$QP$数量的劳动力向工业部门外移,农业部门就形成一部分剩余产品,这部分产品对流入工业部门就业的那部分劳动力供给粮食。就工业部门而言,由于有这部分剩余产品的供给,充分保证了由农业部门转入工业部门就业的劳动力的粮食需求,且在剩余人口的压力下,工业部门的工资水平就不会上涨。

在第二阶段,随着工业部门的扩张,$NQ$ 曲线继续右移,劳动力数量逐渐增多,农业部门劳动力数量则由 $OQ$ 不断减少。由于农业部门 $Q$ 点之右劳动力的边际生产力此时已经大于零,这样一来,农业部门所能提供的剩余农产品数量将不可能与工业部门劳动力的增长同步,因而无法满足工业部门的粮食需要。由于粮食短缺,农产品相对价格提高,于是工业部门不得不提高工资。这导致整个劳动供给曲线开始向右上方倾斜,从而影响了工业部门吸收农业劳动力的能力。由于 $Q$ 点之前,农业部门的总产量不因农业劳动力的减少而下降,而在 $Q$ 点之后,农业总产量会因农业劳动力数量的减少而下降,粮食出现短缺,因而 $Q$ 点被拉尼斯和费景汉称为"粮食短缺点"。此点代表农业剩余劳动力已经转移完结。因此,也称为"刘易斯拐点",该点的存在充分表明了农业部门对工业部门的扩张和劳动力转移的制约。[18]

可见,人口转移与粮食供给安全之间存在着严重的矛盾,如何化解这个矛盾,处理好人口转移与粮食安全两者之间的关系,顺利完成工业化和城镇化,是许多发展中国家面临的难题和困境。拉尼斯和费景汉认为,要打破以上困境,只有不断提高农业劳动生产率。农业劳动生产率的提高既可以提高农业产量,同时也可以释放出更多的农业劳动力支撑工业化和城镇化建设。而提高农业劳动生产率,就是要不断改造传统农业,向传统农业投入现代生产要素,不断提高农业产出水平,从而促进农村社会全面发展和农业可持续发展。只有推进农业现代化,才能消除粮食短缺,降低生产成本,推动工业化和城镇化的顺利进行。

2. 陕西省及全国已经到达了"刘易斯拐点"

陕西省人力资源和社会保障厅对陕西省 2014 年第一季度劳动力供

## 第八章 陕西农业现代化推动新型城镇化的效应研究

求状况进行了统计,发现该时期陕西省劳动力需求人数是求职人数的1.1倍,劳动力供需状况基本持平。[19]2014年以来,随着陕西工业化和新型城镇化进程的加快,对劳动力的需求进一步增加,然而,农村将不再存在大量的剩余劳动力,而且城乡普通劳动力供需将会出现缺口,"刘易斯拐点"将会出现。据我们对陕西省各地农村的调查了解,现在陕西省农村的剩余劳动力很少,包括农村在内的整个城乡劳动力短缺现象开始出现。虽然全国的劳动力可以流动,但中国社科院课题组早在2007年的研究结果就断言:"十一五"期间全国劳动力供给长期大于需求的格局将会逆转,"刘易斯拐点"将会出现,农村将不再存在大量的剩余劳动力,包括农村在内的整个城乡劳动力短缺现象已经开始出现。[20]目前,我国经济到达"刘易斯拐点"已经成为共识。

3. 陕西省及全国的"人口红利"逐渐消失

从陕西省统计局获悉,陕西省青年劳动力(15~29岁之间)的数量在2010年达到峰值,为1010万人,2011年后开始逐年下降。预测2015年将减少到926万人。[21]陕西省劳动年龄人口开始减少,而工资水平不断上升,劳动密集型行业用工短缺时有发生,劳动力"人口红利"逐渐消失已经成为不争的事实。就全国来说,中国长达三十多年的人口红利也已发生转折。美国夏威夷大学和东西方中心经济学家梅森(Mason)使用有效抚养比方法对中国劳动力人口进行计算,得出的结论是有效抚养比在2013年以前均呈上升趋势,在1982年至2000年这一阶段上升速度最快,2000年至2013年间抚养比仍呈上升趋势,但速度趋缓。2013年是一个转折点,有效抚养比在此后呈不断下降趋势。[22]这也从另一方面说明了未来我国劳动力市场将会出现短缺。

综合各方面资料来看,陕西省劳动力市场短缺已成为一个不争的事实,这时如果继续加快新型城镇化进程,势必要从农业部门转移劳动力,而农业部门已不存在剩余劳动力,在此情况下,唯有实现农业现代化,提高单位劳动力的产出量即农业劳动生产率,才能释放农业劳动力。因此,只有农业现代化才能推动新一轮新型城镇化建设。

（二）"乔根森"模型框架下农业现代化推动新型城镇化的机理

1961年美国著名经济学家乔根森运用新古典的分析方法探讨了农业部门的发展是如何推动工业部门增长的问题,并建立了"乔根森"模型,该模型与刘易斯、拉—费所建立的二元经济模型有所区别,它是以农业部门存在农业剩余即粮食剩余为基础和核心,来讨论农业剩余劳动力从农业部门向城市工业部门的转移。乔根森认为当农业剩余等于零时,就不会出现农村劳动力向城镇工业部门的转移,只有当农业剩余大于零时,才可能会发生农村劳动力的转移,而且农业剩余的多少决定了农村劳动力向城镇工业部门转移的规模大小和工业部门扩张的快慢。[23]

1. "乔根森"模型的基本思想

第一,人口增长与农业剩余。乔根森假定在发展中国家没有工业部门,所有生产活动都集中在农业部门。同时他接受了马尔萨斯主义观点,认为人口的增长依赖于人均农业产出即人均粮食产出的增长。同时他还建立了人口增长率公式,并将农业发展分为两个阶段,即人口增长率大于人均粮食产出增长率阶段与人口增长率等于或小于人均粮食产出增长率阶段。在第一阶段,人口增长率小于生理最大值,这时人口与粮食总产出以同一比率增长,故人均粮食产出保持不变,人均粮食产出增长率为零。但人口增长在未达到生理最大值以前一直在增长,这使得人口增长率一直大于零,因而人口增长率大于人均粮食产出增长率,在此情况下不会产生农业剩余。乔根森将这种状况称之为"低水平均衡陷阱",并且认为当一个国家或地区的经济处于低水平均衡陷阱时,就不可能存在劳动力从农业部门向工业部门的转移,所有劳动力必须从事农业生产,没有多余的劳动力去从事工业生产,工业部门就不可能出现。第二阶段,人口增长率达到生理最大值,这意味着人口与粮食总产出以不同比率增长,人口增长率保持不变,人均粮食产出增长率等于或大于人口增长率。当人均粮食产出增长率等于人口增长率,即粮食产出的增长刚好满足人口的增长,处

## 第八章 陕西农业现代化推动新型城镇化的效应研究

于均衡状态,农业剩余为零,不存在劳动力向工业部门的转移。当人均粮食产出增长率大于人口增长率时,粮食产出的增长在满足人口的增长之后,还可以产生剩余,就会形成农业剩余。乔根森认为,农业剩余是工业部门产生与扩张的前提条件和规模限度,也是劳动力从农业部门向工业部门转移的充要条件。[24]

第二,农业剩余与工业部门扩张。乔根森首先探讨了资本累积和工业产出增长之间的关系,然后分析了工资水平的变化。在分析资本累积和工业产出之间的关系时,他在假定工业部门利润全部被用于投资的前提下,得出结果显示:资本存量始终以正比率增长,而工业劳动力增长率刚开始很高,之后逐渐下降,最终趋于最大人口增长率水平。这种现象表明,工业部门刚开始的快速增长是由于从工业部门之外的体系投入了大量的资本,如果一个逐步上升的农业剩余存在,那么工业部门就会持续蓬勃发展。对于工资水平的变化,他假定工业工资率等于劳动边际生产率,并认为工资增长率依赖于工业技术进步率。如果没有工业技术进步,工人的实际工资就不会变,反之如果存在技术进步,工人的实际工资就会上升,且技术进步越大,工人的实际工资上升越高。同时工资增长率还取决于资本累积率。根据生产函数,劳动与资本在总产出中各占有一定的份额,且两者之和为1,劳动份额越大,资本份额就越小即利润越小,资本累积率就越低。反之,当劳动份额越小,资本累积率就越高,资本积累增加。因此,工资增长率与劳动份额成反比,与资本累积率成正比。由于工业扩张总是伴随着资本累积和技术进步,所以,工业部门实际工资是不断上升的,农业部门工资也是在不断上升,因为农业技术也在进步,而且工业工资水平必须高于农业工资水平,这样才可以吸引农业劳动力向工业部门转移。[25]

那么,城市工业部门要快速增长,就需要农业部门提供农业劳动力,而农业部门要想释放出剩余劳动力,就需要产生农业剩余。如果要不断增加农业剩余,在不增加农业劳动力投入的情况下,只有提高农业劳动生产率,实现农业现代化,依靠大型的机械设备代替传统的人力、畜力,才可以释放出大量的农业剩余劳动力。

2. 陕西省及全国粮食供需处于紧平衡状态

近年来,由于发展政策的调整,陕西粮食播种面积逐年减少,同时由于自然灾害发生频繁,该省粮食产量逐年呈下降趋势。据陕西省人民政府提供的有关数据,近些年来,陕西省粮食消费总量维持在240亿斤左右,2003—2007年全省粮食年均消费量248.5亿斤,年均递增约5%,而全省粮食年播种面积5100万亩左右,总产量基本保持在230亿斤左右。[26]粮食供需即将出现供需不平衡局面,陕西省每年约需要调入小麦15亿斤左右,大米5亿~8亿斤左右,调出玉米20亿斤左右。[27]同时随着该省陕北、陕南地区退耕还林(草)面积的增加和产业结构的调整以及粮食年均消费量的增长,陕西省粮食供需矛盾和粮食生产与消费地区之间的矛盾也将更加突出。

上述数据表明,随着新型城镇化进程步伐的加快,农业耕地面积的减少,以及城镇人口对粮食消费的增加,陕西省未来一段时期内农业剩余的现象将不会出现。虽然粮食的供需在全国市场中可以流动,但是按照国家统计局提供的数据,在2003—2012年,除2008、2009两年全国粮食供大于需之外,其它年份都是供小于需,且供需缺口逐步增大。官方多年来将我国粮食自给率定为95%,但到2012年底,实际粮食自给水平已不足90%。就具体数据来看,三大主粮[28]2012年净进口总量为1900万吨左右,2013年前七个月的总量已达1143.9万吨。[29]由此看来,整个中国目前粮食已经出现供小于求的状态,陕西省及全国已经不存在农业剩余。

按照乔根森模型,农业剩余不出现,就不存在农村剩余劳动力,也就不存在农业剩余劳动力向城市工业部门的转移,城市化、工业化的步伐也就会放缓。那么,陕西省要想推进新型城镇化进程,就需要改变这种现状,增加农业剩余。在农业耕地面积不增加甚至减少的情况下,要增加农

# 第八章 陕西农业现代化推动新型城镇化的效应研究

业剩余,只有通过农业现代化来提高农业劳动生产率和土地产出率,才能增加粮食产出量。

"拉—费"模型分析的基础是农业剩余劳动力,"乔根森"模型分析的基础是农业剩余,虽然分析的视角不同,但两者的共同点都是讨论农业产出即粮食供给与农业劳动力转移之间的矛盾。前者是从农业剩余劳动力的短缺减缓了城市工业部门的发展这一问题来考虑,提出解决这一问题的方法,就是必须提高农业劳动生产率,增加粮食供给,进而释放出农业剩余劳动力,支撑城镇化发展。后者则认为农业部门只要存在农业剩余,就会产生剩余劳动力,也就会出现剩余劳动力向工业部门转移,促进城市工业部门发展。因此,要使城市工业部门更快地发展,就需要通过提高农业劳动生产力来增加农业剩余,解放更多的劳动力。两种理论最终都认为农业部门的发展对城市工业部门的扩张和农业人口向城市的转移具有重要的推动作用。

(三)陕西农业现代化对新型城镇化的支撑作用

综合各方资料来看,目前陕西省及全国已经出现了"刘易斯拐点",即"粮食短缺点",劳动力与粮食供需状况均已经出现了供不应求的局面,这时是经济发展最困难的时期。要跨过该拐点,就需要加快农业现代化进程,提高农业劳动生产率,为新型城镇化进程提供有力的支撑。农业现代化对新型城镇化的支撑作用主要表现在以下四个方面:

1. 农业现代化对新型城镇化具有产品贡献

新型城镇化建设需要大量劳动力从事非农生产,而这些劳动力从事非农生产之后他们的食物从何而来,这就需要农业部门源源不断地为其输送粮食、蔬菜等食物。农业部门通过实现农业现代化大幅度增加粮食、蔬菜等农产品产量,并将多余的农产品在市场中出售,工业部门的工人因从事非农生产,自身不生产农产品,为了生活需要就会在市场中购买。因此,农业现代化可以为新型城镇化提供更充足更优质的农产品。

### 2. 农业现代化对新型城镇化具有要素贡献

农业现代化为新型城镇化提供劳动力、土地和其他要素。农业现代化可以提高农业劳动生产率和土地生产率,在不增加农业劳动力和土地投入的情况下,增加了粮食产量。当粮食产量增加的幅度大于人口增长幅度时,就会出现农业剩余。按照乔根森的观点,当出现农业剩余时,就会有大量的农村剩余劳动力向城镇转移,为新型城镇化提供充足劳动力。同时,当存在农业剩余时,农产品价格会下降,农民会减少对农产品的生产,从而会释放出大量的土地。土地、劳动力是新型城镇化建设中必不可少的要素,另外,农业劳动生产率提高,粮食产量增加,农民收入也会增加,农民会利用闲散资金向城镇工业部门投资,从而为新型城镇化提供资金支持。

### 3. 农业现代化对新型城镇化具有市场贡献

农业现代化为新型城镇化提供广阔的农村市场。农业现代化可以促进农民增收,农民收入增加会减少食物消费,而增加工业品消费,从而为城市工业部门的产品提供广阔的农村市场。2013 年陕西省农村人口 1832.55 万人,占总人口的 48.69%,如果把陕西省作为一个封闭的市场,那么,农业人口的消费接近一半。因此,农业现代化对新型城镇化具有市场贡献。

### 4. 农业现代化对新型城镇化具有外汇贡献

农业现代化增加了农民收入,甚至增加了农产品出口换得的外汇收入,这些收入为新型城镇化提供资金和外汇。农业现代化可以生产出更多优质的农产品,像陕西的苹果、猕猴桃等农产品都被运往国外出口,在国外市场具有一定的口碑。这些农产品在国外市场出口就会赚取外汇收入,而在新型城镇化建设中需要从国外引进高端技术、机器设备等,购买这些工业品就需要外汇,农业现代化刚好可以为新型城镇化提供外汇支持。

# 第八章 陕西农业现代化推动新型城镇化的效应研究

## 第二节 陕西农业现代化和新型城镇化的发展现状

### 一、陕西省农业现代化发展现状

2000年以来,随着国家对农业发展的大力支持,陕西省在现代农业的推进过程中,在增加人均耕地面积、农业科技体系建设方面取得了显著的效果。但是在提高农业劳动生产率、农田水利设施建设投入方面还存在严重的不足,需加以改进。

#### (一)人均耕地面积持续增加

随着全国新型城镇化的推进,大量的农用可耕种土地被作为城镇建设用地,人均可耕种土地面积持续下降。陕西省近年来在处理农业用地与城镇建设用地之间取得了显著成效,保住了耕地红线,农业耕地总面积基本保持稳定,随着农业剩余劳动力的快速转移,农业人均耕地面积持续增加。

表8-1 陕西省2000—2013年耕地总面积与人均耕地面积[30]

| 年份 | 耕地总面积(千公顷) | 第一产业从业人员(万人) | 人均耕地面积(公顷) |
|---|---|---|---|
| 2000 | 3114.0 | 1010 | 0.308 |
| 2001 | 2965.8 | 994 | 0.298 |
| 2002 | 2854.8 | 1003 | 0.285 |
| 2003 | 2795.8 | 997 | 0.280 |
| 2004 | 2795.5 | 965 | 0.290 |
| 2005 | 2788.4 | 957 | 0.291 |
| 2006 | 2783.3 | 956 | 0.291 |
| 2007 | 2840.7 | 933 | 0.304 |

续表

| 年份 | 耕地总面积（千公顷） | 第一产业从业人员（万人） | 人均耕地面积（公顷） |
|---|---|---|---|
| 2008 | 2848.4 | 909 | 0.313 |
| 2009 | 2860.0 | 876 | 0.326 |
| 2010 | 2860.5 | 856 | 0.334 |
| 2011 | 2861.0 | 824 | 0.347 |
| 2012 | 2864.3 | 797 | 0.359 |
| 2013 | 2871.0 | 779 | 0.369 |

从表8-1中可看出,14年间陕西省耕地总面积变化趋势总体趋于稳定,2000—2006年间有下降趋势,但幅度不大,2007—2013年间总体又有所回升,整体维持在2860千公顷左右。人均耕地面积2013年为14年间最大值,人均土地持有量为0.369公顷,2000—2006年人均土地持有量有所下降,这主要是因为耕地总面积的下降比率大于第一产业从业人口下降的比率。2007—2013年耕地总面积不断增加,同时第一产业从业人口数量下降,人均拥有可耕地面积增加。

(二)农业科技体系发展快速

2000年来,陕西省农业科技体系不断完善,发展快速,可细分为农业科技创新体系、农业科技推广体系、农业教育培训体系。全省农业科技创新体系中有42家研发机构,4247名科研人才,科技人才力量位于全国第五,人力资源丰富。农技推广体系现在全省分省市县乡四级机构,3200多家,从业人员39000人。各级各类农业教育培训体系,大概有100多家,还有各类农业大专院校和科研院所、其他社会性培训机构,加起来有4000多名师资。有10000多名科技人员活跃在陕西,这表明陕西省具有丰富的人才和资源。[31]

## 第八章 陕西农业现代化推动新型城镇化的效应研究

2000—2013年,陕西省农业科技取得了不少成绩,如现代种植业重大技术和现代果业发展。陕西省苹果产业发展位居全国首位,无论是面积、产量还是质量,都得到了外界认可。猕猴桃、红枣产业,都得到了迅猛发展,在农业科技贡献上都取得了不少成绩。还有现代农机技术、现代蔬菜种植技术也成绩显著。陕西农业科技成果转化率达到35%,贡献率提高到52%,"十二五"预期目标科技贡献率提高到55%,这些都是陕西省农业科技人员长期努力奋斗的结果。同时,陕西省在杨凌高校体制改革、成立杨凌农业高新产业示范区以后,把省农科院并入了大学。针对科研体系领头雁缺位的问题,陕西组建了九个现代农业产业技术体系。这个产业技术体系是以产品为单元,以产业为主线,各行各业专家的组合而形成的一个新型的工作平台。这是一个虚拟平台,在这个平台上组织了115名专家。比如玉米、小麦、马铃薯、猕猴桃等重点产业形成了技术支持体系。这些体系运行效果非常好,并推广了大批技术,培养了一大批人才。同时这个体系使现在的农民专业合作社和现代农业园区得到了非常快的发展,据统计,仅2011年、2012年大力发展的现代农业示范园区,大概有1100多个,且园区在每个县都有分布,这个园区已经成为新形势下农业的研发基地,成为人才聚集地和培训基地,也是农业科技技术传播推广的源头。

(三)农业劳动生产率水平偏低

农业现代化的发展可以提高农业劳动生产率,可以为新型城镇化的建设提供充足的粮食和剩余劳动力。而陕西近年来农业劳动生产率水平偏低。

1. 陕西省农业劳动生产率与全国平均水平比较

2013年陕西省第一产业就业人员为779万人,占总就业人数的37.85%。而第一产业的产值为1526.05亿元,仅占全省生产总值的

9.51%。也就是说占总就业人数37.85%的劳动力只创造了占生产总值9.51%的产值,这说明陕西省农业劳动生产率水平是极低的,农业现代化发展严重不足。[32]

表8-2  2000—2013年陕西省与全国第一产业就业结构与产值结构分析

| 年份 | 第一产业就业人数在总就业人数中占比 | | 第一产业产值在GDP中占比 | |
|---|---|---|---|---|
| | 陕西 | 全国 | 陕西 | 全国 |
| 2000 | 55.71 | 50 | 14.31 | 15.1 |
| 2001 | 55.69 | 50 | 13.11 | 14.4 |
| 2002 | 53.52 | 50 | 12.52 | 13.7 |
| 2003 | 52.14 | 49.1 | 11.70 | 12.8 |
| 2004 | 49.72 | 46.9 | 11.72 | 13.4 |
| 2005 | 48.43 | 44.8 | 11.08 | 12.1 |
| 2006 | 48.14 | 42.6 | 10.22 | 11.1 |
| 2007 | 46.35 | 40.8 | 10.29 | 10.8 |
| 2008 | 44.58 | 39.6 | 10.30 | 10.7 |
| 2009 | 42.53 | 38.1 | 9.67 | 10.3 |
| 2010 | 41.25 | 36.7 | 9.76 | 10.1 |
| 2011 | 40.02 | 34.8 | 9.76 | 10 |
| 2012 | 38.67 | 33.6 | 9.48 | 10.1 |
| 2013 | 37.85 | 31.4 | 9.51 | 10 |

注:数据来源依据2014年陕西省统计年鉴、2013年中国统计年鉴、2013年国民经济和社会发展统计公报中提供原始数据计算而来。

表8-2显示,从2000—2013年全国及陕西省第一产业就业人数在总就业人数中的占比在显著下降,这说明随着城镇化和工业化的建设,第一产业的劳动力逐步向第二、第三产业转移;14年间陕西省第一产业就

## 第八章 陕西农业现代化推动新型城镇化的效应研究

业人数占比普遍高于全国平均水平,差距维持在5%左右,这表明与全国平均水平相比,陕西省劳动力的就业结构还不合理,陕西应加快第一产业劳动力向第二、第三产业转移。同时全国及陕西省第一产业产值在生产总值(GDP)中的比重也在急速下降,这说明第一产业劳动力的转移是以牺牲农业产出为代价的,这样的转移势必会造成粮食短缺,从而抑制城镇化的步伐。14年间第一产业产值在GDP中占比的差距维持在1%左右,陕西省还未达到全国平均水平,第一产业产出较少,农业劳动生产率偏低,农业现代化发展对新型城镇化建设支撑力度不够。

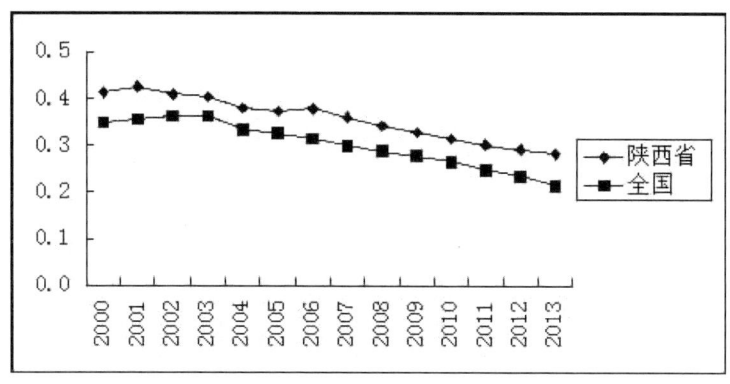

**图8-3 2000—2013年陕西省及全国第一产业就业结构与产业结构偏差分析**

图8-3表示第一产业劳动力就业占比与第一产业产值占比之间的差距,差距越大表明农业劳动生产率越低,从图中看出从2000—2013年陕西省及全国第一产业劳动力就业占比与第一产业产值占比之间的差距都是在逐年缩小的,全国这种差距从2000年的34.9%降低到2013年的21.4%,陕西省从2000年的41.4%降低到2013年的28.3%,说明陕西省及全国农业劳动生产率都有了一定程度的提高,农业现代化的发展取得了一定的成效,但是与第二、第三产业相比,农业劳动生产率还是偏低,用了超过1/3的劳动力只创造了不到10%的产值。与全国平均水平相比,陕西第一产业劳动力就业占比与第一产业产值占比之间的差距14年间都是高于全国平均水平,这说明陕西省农业劳动生产率低于全国平均

水平,农业现代化发展缓慢。

2.陕西省区域内农业劳动生产率水平比较

陕西省三大区域陕南、陕北、关中由于地貌结构差异,农业生产方式和农产品种类不同,农业劳动生产率水平也存在巨大差异。

表 8-3 2000—2011 年陕西省区域第一产业就业结构与产值结构分析

| 年份 | 第一产业就业人数在总就业人数中占比 | | | 第一产业产值在生产总值中占比 | | |
|---|---|---|---|---|---|---|
| | 关中 | 陕南 | 陕北 | 关中 | 陕南 | 陕北 |
| 2000 | 52.6 | 58.1 | 60.9 | 12.8 | 28.3 | 14 |
| 2001 | 44.7 | 56.5 | 60.8 | 11.8 | 26.83 | 12.4 |
| 2002 | 47.7 | 55.1 | 60.4 | 11 | 25 | 12.4 |
| 2003 | 51.6 | 53.4 | 59.1 | 10.4 | 22.8 | 10 |
| 2004 | 48.6 | 52.6 | 58 | 10.7 | 23.2 | 9.4 |
| 2005 | 48.1 | 52.8 | 55.8 | 10.3 | 23.2 | 6.9 |
| 2006 | 50 | 48.1 | 54.5 | 9.7 | 22.9 | 6.2 |
| 2007 | 46.5 | 46.8 | 53.9 | 9.8 | 22.9 | 6.2 |
| 2008 | 45 | 60.4 | 53.2 | 10.33 | 24.4 | 6.1 |
| 2009 | 42.1 | 45.5 | 51.2 | 8.9 | 22.3 | 6.2 |
| 2010 | 40.5 | 43.4 | 46.3 | 9.4 | 21 | 6.2 |
| 2011 | 38.8 | 42.9 | 44.9 | 9.5 | 20.1 | 5.8 |

注:所用原始数据均来源于 2012 年陕西区域统计年鉴,通过计算而得。

从表 8-3 可看出,12 年间,陕西省三大区域关中、陕南、陕北第一产业就业人数在总就业人数中的占比的排序基本都是关中最低,陕南居中,陕北最高,整体的占比都超过了总就业人数的 1/3,而第一产业产值在生产总值中的占比最高也仅占 20.1%,劳动力人数的占比远远高于产值的占比,这说明农业劳动生产率与第二、第三产业相比,明显过低,整个劳动

## 第八章 陕西农业现代化推动新型城镇化的效应研究

力资源在三大产业中的配置并未实现最优。对于陕北地区来说,农业投入了多于陕南、关中地区的劳动力,但是产值却远低于陕南、关中,这表明陕北地区农业劳动生产率低于陕南、关中。相对于关中、陕北来说,陕南地区的农业劳动生产率是最高的,陕南第一产业就业人数在总就业人数中占比比关中平均仅高5%左右,但陕南第一产业产值在生产总值中占比比关中高13%。

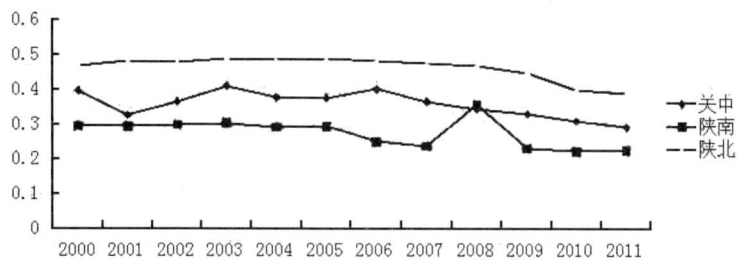

**图8-4　2000—2011年陕西省三大区域第一产业就业结构与产值结构偏差分析**

从图8-4可看出,陕西省三大区域第一产业劳动力就业占比与第一产业产值占比之间的差距最大的是陕北,其次是关中,最小的是陕南。整体来看,12年间三大区域差距都有所缩小,但缩小的幅度过小,关中12年间仅缩小10.5%,陕南缩小7%,陕北缩小7.8%,低于全国平均水平11.1%,这说明三大区域农业现代化发展过于缓慢。

(四)农田水利设施建设投入不足

2000年以来,陕西省在水利建设方面虽然取得了一定成效,但大部分集中于大江大河治理等大工程,而农田水利建设与发达地区相比依然滞后,缺水问题依然是陕西省农业发展的软肋。2010年全省的小型农田水利建设重点县由15个扩大到34个,同时将12.28亿元资金投入到34个农田水利工程重点县。尽管如此,陕西省水利设施覆盖率仍然不足全省县数的30%,且投入的资金与全省财政总支出相比依然较少。

另外,陕西省现有的水利设施年久失修,农业用水保障能力较差。据2009年全国人大常委会专题调研组关于陕西省农田水利建设情况的报告,全省统计在册的17.8万眼机井和9300座抽水站,将近半数因配套不全、设施老化不能正常运转。同时乡村水电站、配套机井数量逐年减少,2010年全省乡村水电站有644个,较2000年的2087个减少了1443个。[33]因农田水利设施投入不足,农田灌溉面积偏少,水资源利用率低下。2013年末全省耕地面积4183.78千公顷,其中有效灌溉面积1763.21千公顷,有效灌溉率仅占42.14%。同时因配套设施不健全等诸多因素影响,陕西省稳产高产农田仅占耕地面积的21%,水资源利用率较低。目前全省灌溉水利用率仅为0.42,远低于发达国家0.7-0.8的水平。

## 二、陕西省新型城镇化发展现状

从党的十八大报告提出新型城镇化发展目标之后,陕西省也开始大力推进新型城镇化建设,更加重视城镇质量建设,并在基础设施建设和环境保护与治理方面都取得了显著效果,但同时在城镇空间布局和三大产业结构调整方面还存在不足。

(一)基础设施建设逐步完善

2000年以来,陕西省在城镇化建设中除了追求经济增长之外,更加重视城镇质量的提升,在基础设施建设方面取得了一定成绩。各市区道路状况不断改善,西安市地铁、天桥、地下通道等工程投入力度逐步加大。2014年底,西安市区为了缓解交通拥挤,倡导人们绿色通行,建立了公共自行车使用便民点,这些都提升了市民的生活质量。

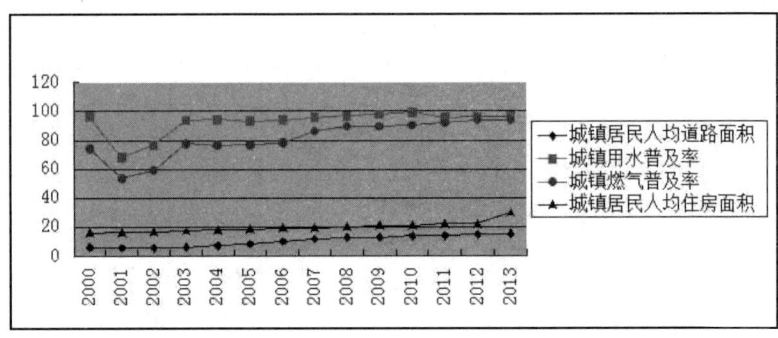

图8-5 陕西省2000—2013年基础设施建设各主要指标变化趋势图

## 第八章　陕西农业现代化推动新型城镇化的效应研究

从图8-5趋势图来看,陕西省城镇用水普及率基本稳定,保持在90%以上,2001年有所下降,在65%左右,2002年开始回升,之后持续上升,2013年城镇用水普及率基本已经完全覆盖。城镇燃气普及率低于用水普及率,但是普及速度增长较快,2013年普及率也基本已经完全覆盖。城镇居民人均道路面积和人均住房面积都有所上升,但上升幅度不大。

(二)环境保护与治理效果明显

我国的经济增长方式是以保护自然环境为基础,实现经济增长与环境保护相协调的经济发展模式,这也是新型城镇化发展的必然要求。陕西省在环境保护与治理方面也取得了一定的成就。

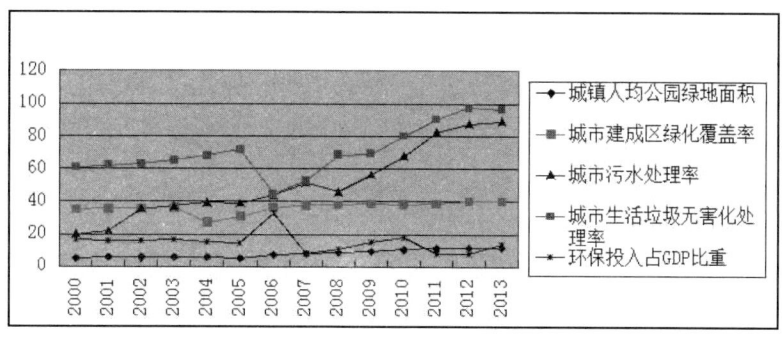

**图8-6　2000—2013年陕西省环境保护各主要指标变化趋势图**

从图8-6可看出,陕西省城市污水处理率从2000年的20%上升到2013年的89.04%,上升幅度最大,解决了城市排放污水的问题,保护了环境。城市建成区绿化面积覆盖率在2004年有所下降,2005年之后又开始快速上涨,2013年达到40.19%,这说明政府开始重视城市绿化,改变了传统城市建设就是高楼大厦的观念,大量公园建起,且多数公园已经开始实行全天免费开放,供市民休闲、娱乐锻炼身体。住宅区内也开始建有大量的花园、健身器材,方便居民健身、赏花。除此外,陕西省也加大了对生活垃圾的处理,2013年城市生活垃圾无害化处理率达到了96.44%,基本已经实行全部处理。同时,各个部门也采取相应措施减少生活垃圾的产生,比如倡议人们使用布购物袋,自带餐具或不使用一次性筷子,各大超市也开始通过对塑料袋进行收费来减少塑料袋的使用,这些举措都有助于我们保护环境。

(三)城镇体系的等级规模和布局不合理

合理的城镇体系应该是超大、大、中、小城市以及小城镇在一定数量上按一定比例组成,且城镇等级具有连续性。而陕西省的城镇化布局严重存在问题。2013年陕西省共有地级市10个和杨凌农业高新技术产业示范区(以简称杨凌示范区),县级市3个,县80个,市辖区24个,镇1142个。[34]2013年陕西建制市的人口数量如下表8-4。

表8-4 陕西省2013年建制市市区人口总额(单位:万人)

| 地级市 | | | | 县级市 | |
|---|---|---|---|---|---|
| 城市名称 | 市区非农业人口 | 城市名称 | 市区非农业人口 | 城市名称 | 市区非农业人口 |
| 西安市 | 659.17 | 汉中市 | 53.76 | 兴平市 | 54.72 |
| 铜川市 | 75.03 | 榆林市 | 64.42 | 韩城市 | 39.63 |
| 宝鸡市 | 144.85 | 安康市 | 87.26 | 华阴市 | 26.13 |
| 咸阳市 | 95.31 | 商洛市 | 53.29 | | |
| 渭南市 | 88.88 | 杨凌示范区 | 20.24 | | |
| 延安市 | 47.85 | | | | |

从表8-4可看出,人口最多的城市西安市2013年城市人口为659.17万人,人口最少的城市杨凌示范区城市人口仅为20.24万人,人口第二的城市为宝鸡市,人口为144.85万人,而在659.17万人与144.85万人之间的城市没有。按我国城市最新的划分标准,对14个建制市进行划分(见表8-5)。

# 第八章 陕西农业现代化推动新型城镇化的效应研究

表8-5 陕西省2013年建制市等级及占比

| 城市等级 | | 划分标准（万人） | 城市数量 | |
|---|---|---|---|---|
| | | | 数量（个） | 比重 |
| 超大城市 | | >1000 | 0 | 0 |
| 特大城市 | | 500~1000 | 1 | 7% |
| 大城市 | Ⅰ型大城市 | 300~500 | 0 | 0 |
| | Ⅱ型大城市 | 100~300 | 1 | 7% |
| 中等城市 | | 50~100 | 8 | 57% |
| 小城市 | Ⅰ型小城市 | 20~50 | 4 | 29% |
| | Ⅱ型小城市 | <20 | 0 | 0 |
| 总计 | | | 14 | 100% |

从划分标准来看，陕西省城镇布局结构严重不合理，超大城市目前没有，特大城市1个西安市，Ⅰ型大城市没有，Ⅱ型大城市1个宝鸡市，中等城市8个，Ⅰ型小城市4个，Ⅱ型小城市没有。在14个建制市中，中等城市与Ⅰ型小城市过多，城市布局等级之间存在断裂，小城市与特大城市发展不足。

**（四）城镇工业部门对农业发展的支撑不足**

2013年陕西省生产总值为16045.21亿元，其中，第一产业增加值1526.05亿元，占生产总值的比重为9.5%；第二产业增加值8911.64亿元，占生产总值的55.5%；第三产业增加值5607.52亿元，占生产总值的35%。[35]第一产业主要是农业，也就是说，作为三大产业之一，其产值占比不足1/10，这说明陕西省农业发展严重滞后于第二、第三产业的发展。

打造丝绸之路经济带上的战略高地

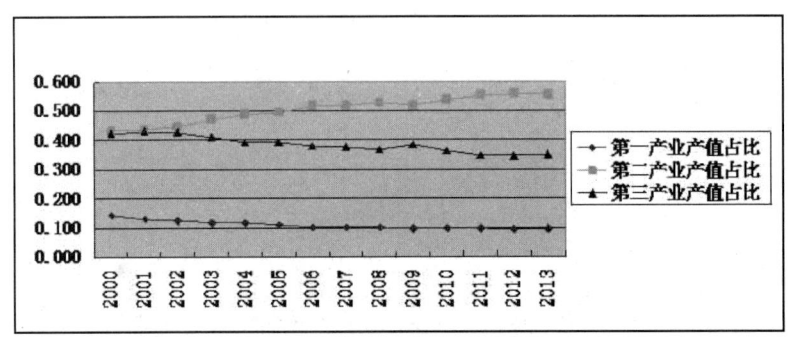

图8-7 2000—2013年陕西省三大产业产值占比趋势图

从图8-7统计数据可看出,三大产业中,第一产业产值占比最少,且一直有下降趋势,第二产业与第三产业产值占比在2000年基本持平,但在2001年之后第三产业产值占比持续下降,第二产业产值占比持续上升。从这种趋势来看,陕西省14年间过多注重城镇工业的发展,忽视了农业和服务业的发展,农业发展严重滞后于第二产业发展,没有实现工业反哺农业的发展战略,城市工业发展对农业发展的支撑力度不足。

## 三、陕西省农业现代化与新型城镇化一致性的趋势描述

陕西省农业现代化发展与新型城镇化发展具有一致性,单位耕地面积农机总动力和农业劳动生产率与城镇化率之间具有显著的线性相关性。

### (一)农业机械化发展与新型城镇化水平提升具有一致性

统计学分析发现,单位耕地面积农机总动力与城镇化率之间存在线性相关性。见图8-8散点图,$Y$轴是城镇化率,$X$轴是单位耕地面积农机总动力,14个散点代表每一年城镇化率与单位耕地面积农机总动力的组合。从图中可以看出,2000—2013年城镇化率与单位耕地面积农机总动力水平都是持续上升的。两者之间存在正向线性关系,即单位耕地面积农机总动力的增加能推动城镇化率的提升。

第八章 陕西农业现代化推动新型城镇化的效应研究

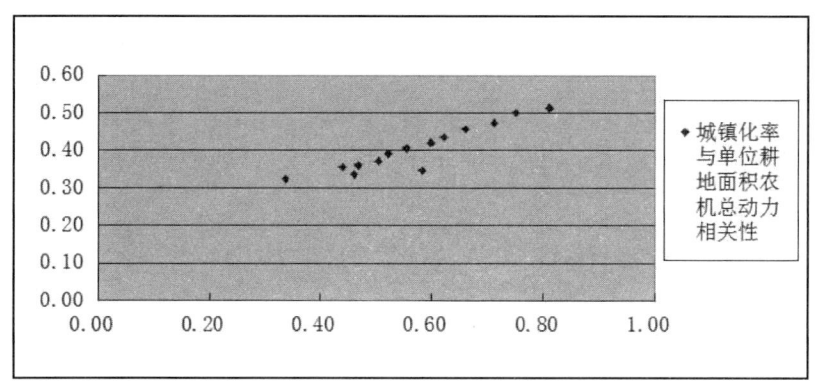

**图 8-8 陕西省单位耕地面积农机总动力与城镇化率相关性**

(二)农业劳动生产率提高与城镇化水平提升具有一致性

"拉—费"、乔根森从理论角度阐述了农业劳动生产率的提高对新型城镇化水平的推动效应,这里通过对陕西省2000—2013年农业劳动生产率与城镇化率的数据统计分析发现,农业劳动生产率的提高与城镇化水平提升具有一致性。$Y$ 轴代表城镇化率,$X$ 轴代表农业劳动生产率,从图8-9散点图来看,农业劳动生产率与城镇化率之间存在正向线性相关。

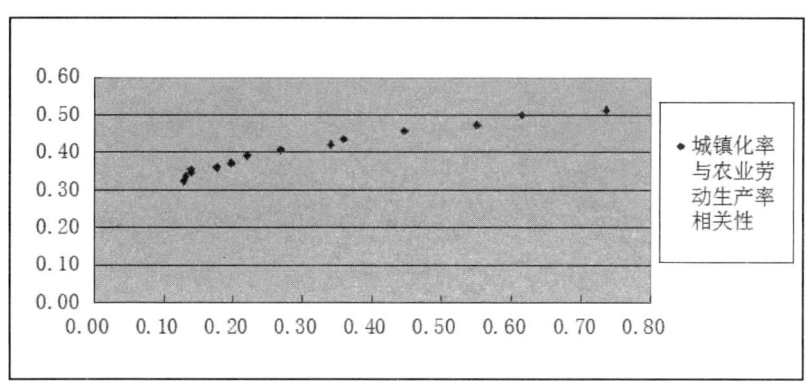

**图 8-9 陕西省农业劳动生产率与城镇化率相关性**

从图8-8、8-9我们可以看出,陕西省农业现代化的发展与新型城镇化水平的提升具有一致性,因此,陕西省应该大力发展现代农业,解决新型城镇化建设中农业发展滞后的问题,尽快使农业现代化与新型城镇化协调发展。

## 第三节 陕西农业现代化推动新型城镇化效应的实证分析

在第一节里,我们运用"拉—费"模型、乔根森模型分析了陕西省农业现代化对新型城镇化推动效应的作用机理,本节将用陕西省2000—2013年的数据对前者推动后者的效应进行实证分析。

### 一、指标体系的构建

建立科学、完善、合理的农业现代化和新型城镇化评价指标体系,有助于我们能更加准确地测算出陕西省农业现代化对新型城镇化推动效应的大小。

#### (一)农业现代化指标体系的选取

衡量农业现代化的指标,学术界进行了大量研究。起初许多学者以农业机械总动力来衡量农业现代化水平。显然,这已不足以说明目前人们对农业现代化内涵的理解。随后,许多学者不断地对农业现代化的评价指标进行研究,其中由国家统计局农村司和江苏省统计局共同组建的农业现代化评价指标体系构建研究课题组(2012)在理清农业现代化基本内涵和时代特征的基础上,紧扣其本质含义,选取了农业产出效益、农业设施装备、农业产业经营、农业科技进步、农业支持保障、农业生态环境6个一级指标和18个二级指标构建了一套完整的符合我国现代国情的农业现代化指标体系。[36]但这个指标体系只适合从理论角度去分析,不适合实证分析,因为许多指标难以量化。辛岭、蒋和平(2010)在前人研究的基础上,从农业生产投入、农业产出、农业社会发展、农业可持续发展四个方面,选取了12个评价指标构建了农业现代化发展水平评价指标体系。[37]目前大多数学者都是从农业的投入、产出与农村社会发展和可持续发展四个方面来构建一级指标。本章在参考辛岭、蒋和平(2010)的研究成果的基础上,依据指标体系构建的科学性、可操作性、系统性以及数据的可获取性四大原则,结合陕西省的实际,建立了评价陕西省农业现代

## 第八章 陕西农业现代化推动新型城镇化的效应研究

化水平的指标体系,具体是:(1)农业生产投入水平,包括农业从业者人均耕地面积($X_1$)、单位耕地面积农机总动力($X_2$)、单位耕地面积有效化肥施用量($X_3$)、有效灌溉率($X_4$)4个指标;(2)农业生产产出水平,包括劳动生产率($X_5$)、土地生产率($X_6$)2个指标;(3)农村社会发展水平,包括每一农村劳动力负担家庭人数($X_7$)和农村居民恩格尔系数($X_8$)2个指标;(4)农业可持续发展水平,包括森林覆盖率($X_9$)和农业受灾率($X_{10}$)2个指标(见表8-6)。

**表8-6 陕西省农业现代化水平评价指标体系**[38]

| 农业现代化评价指标体系 | 农业生产投入水平 | 农业从业者人均耕地面积 |
|---|---|---|
| | | 单位耕地面积农机总动力 |
| | | 单位耕地面积有效化肥施用量 |
| | | 有效灌溉率 |
| | 农业生产产出水平 | 劳动生产率 |
| | | 土地生产率 |
| | 农村社会发展水平 | 每一农村劳动力负担家庭人数 |
| | | 农村居民恩格尔系数 |
| | 农业可持续发展水平 | 森林覆盖率 |
| | | 农业受灾率 |

(二)新型城镇化指标体系的选取

许多学者建立了新型城镇化水平评价指标体系,并对综合水平进行了测算。如舒桐、张阳生等(2013)以陕西省榆林地区为研究对象,以1990—2009年为研究时期,选取了16项指标分别从人口、经济、社会和空间四个子系统构建了评价榆林地区城镇化水平的指标体系。[39]安晓亮等(2013)从资源与环保、经济发展、社会发展三个层面构建了评价新疆新型城镇化水平的指标体系,并对新疆15个地、州、市2010年的新型城镇化水平进行了测算。[40]基于上述的研究,大多数学者都是从经济、社会、环境三个方面构建评价指标体系,所选取的评价指标基本相似,只是划分的粗细程度不同,比如有的学者将人口因素分别归到经济和社会两个大类,有的学者将其单独划分,有的学者将空间因素划分为社会基础设施建设,包含在社会子系统里。这样的划分虽然都不会影响最终的评价效果,但是,却并未很好地突出新型城镇化的内涵。本章在前述学者的研究基础上,综合考虑指标体系构建的科学性、可操作性、系统性以及数据的可获取性原则,紧扣新型城镇化的内涵,将3个二级指标细分为7个三级指标。这样的指标体系能使我们的评价体系更有层次性,也更能突出新型城镇化建设应该从哪些方面着手。上述学者的指标体系构建都带有区域特色,所以,本章在参考其研究的基础上,从新型城镇化内涵出发,结合陕西省整体状况,建立表8-7所示的陕西新型城镇化水平的综合评价指标体系。

表8-7 陕西省新型城镇化水平综合评价指标体系[41][42]

| 新型城镇化发展动力系统 | | 新型城镇化发展质量系统 | | | 新型城镇化发展公平系统 | |
|---|---|---|---|---|---|---|
| 经济高效 | 发展水平提高 | 基础设施完善 | 环境友好 | 资源节约 | 城乡统筹 | 社会和谐 |
| 人均GDP;二、三产业拉动率;地方财政收入增长速度;城镇固定资产投资完成额占GDP比重;第三产业从业人员比重 | 城镇居民人均可支配收入;城镇居民人均消费支出;人均储蓄存款余额;城镇居民恩格尔系数;城镇化率;万人大学生数 | 城镇居民人均道路面积;城镇每百户拥有汽车;城镇用水普及率;城镇燃气普及率;居民家庭文教娱乐支出占比;城镇居民人均住房面积;居民家庭医疗保健支出比重;万人拥有医生数;万人拥有医院床位数;平均每百人拥有移动电话数 | 城镇人均公园绿地面积;城市建成区绿化覆盖率;城市污水处理率;城市生活垃圾无害化处理率;环保投入占GDP比重 | 能源消费弹性系数;万元GDP水耗 | 城乡居民收入比;城乡居民消费支出比 | 登记离婚数;各类伤亡事故死亡人数;城镇登记失业率 |

# 第八章　陕西农业现代化推动新型城镇化的效应研究

## 二、模型构建与方法选择

### (一)模型设定

研究农业现代化与城镇化、工业化之间的关系,目前学术界采用的都是回归分析,其中以线性回归与对数线性回归居多。采用对数线性回归的学者一般都是研究三者之间的协调性,且是针对选择变量之间数据差值过大,为了防止最终回归结果系数值差异较大的问题,对选择变量取对数。线性回归主要是研究自变量每变动一单位时,对因变量产生的影响。本文选择的变量之间数值差异较小,且前文农业现代化主要指标与城镇化率之间呈线性相关性。另外,毛雁冰、凌继全(2013)[43]在研究农业现代化对城市化的推动作用时建立了线性回归方程,并取得了显著效果。因此,本文建立如下线性回归方程:

$$(i=1,2,\cdots,10,\quad t=2000,2001,\cdots,2013)$$

其中,$U_t$ 代表每一年的新型城镇化水平,$\beta_0$ 为常数项,$\beta_i$ 分别为 $X_i$ 与 $U$ 的相关系数,表示 $X_i$ 每增长1单位所引起的新型城镇化水平上升 $\beta_i$ 单位;$\varepsilon_t$ 为随机误差项。

### (二)方法选择

1. PCA(Principal Component Analysis)主成分分析法

对于新型城镇化水平即模型中 U 的测算,目前人们采用较多的是熵权法、层次分析法和主成分分析法。前两种最终都是通过对每一指标赋予权重值来判断其对总指标的重要性,而这两种方法的权重往往带有主观性,且权重测算难度较大。因此,本章选取 PCA(Principal Component Analysis)主成分分析法,该方法已经被认为是一种评价多指标综合水平的优选方法,且适用于指标较多及各指标间相关系数较高的情况。该方法是利用降维的思想,通过线性变换将多个变量转化为较少的重要变量的多元统计分析方法。基本做法是通过将 P 个指标变量提取出几个重要的综合指标,用各自方差的大小来表示它们的重要程度,方差越大,包含的信息越多,对总指标的贡献度越大,方差最大的为第一主成分,依次为第二、第三主成分。因此,第一主成分 $F_1$ 在所有的线性组合中是方差最大的,当 $F_1$ 不能够反映原来 P 个指标的信息时,就需要选取第二主成分 $F_2$,$F_1$ 与 $F_2$ 之间无相关性即所包含信息不重叠,依此类推可以构造出第三、第四等等 P 个主成分,最终我们只要提取出特征值大于 1 的主成分,并计算出综合得分,而特征值小于 1 的主成分对结果影响很小,予以忽略掉。[44]

2. 主成分回归分析法

从模型中所选取的指标来分析,各指标间必然存在一定的相关性,而进行线性回归最基本的要求就是各变量之间必须是线性无关的,要消除线性相关性,常用的方法有逐步回归法、主成分法和岭回归。逐步回归虽然消除了自变量之间的共线性,但也会删除掉一些变量,从而会改变前面所建立的指标体系。因此不是最优选择。岭回归是通过允许小的误差而换取高于无偏估计量的精度达到消除共线性目的,但这种方法中岭回归方程的拟合优度 $R_2$ 会低于普通回归分析,而回归系数的显著性高于普通回归,具有不真实性,且操作起来较为复杂。主成分回归分析,是利用主成分的思想,对变量之间进行降维,将各变量提取为无相关性的几个主成分,用这几个主成分去和因变量做线性回归,然后得到结果之后再将其还原为原始回归方程。该方法目前已经被广泛使用,吴江、申丽娟在研究重庆新型城镇化路径选择影响因素的实证分析中就采取了该方法,且取得了显著效果。因此,本章选取主成分回归分析法。[45]

第八章 陕西农业现代化推动新型城镇化的效应研究

## 三、数据搜集与处理

（一）陕西省农业现代化相关数据的搜集和处理

本章数据来源于2001—2014年《陕西统计年鉴》。对陕西省农业现代化各指标数据处理后的结果见表8-8。

表8-8 2000—2013年陕西省农业现代化各项指标数据[46]

| 年份 | 农业从业者人均耕地面积(X1) | 单位耕地面积农机总动力(X2) | 单位耕地面积有效化肥施用量(X3) | 有效灌溉率(X4) | 劳动生产率(X5) | 土地生产率(X6) | 每一农村劳动力负担家庭人数(X7) | 农村居民恩格尔系数(X8) | 森林覆盖率(X9) | 农业受灾率(X10) |
|---|---|---|---|---|---|---|---|---|---|---|
| 2000 | 4.65 | 0.336 | 0.571 | 45.300 | 0.128 | 1.493 | 1.69 | 43.5 | 24.10 | 64.000 |
| 2001 | 4.50 | 0.460 | 0.585 | 44.300 | 0.131 | 1.615 | 1.68 | 41.9 | 28.74 | 53.000 |
| 2002 | 4.50 | 0.583 | 0.608 | 46.000 | 0.139 | 1.783 | 1.65 | 37.9 | 30.90 | 35.600 |
| 2003 | 4.20 | 0.439 | 0.510 | 45.492 | 0.139 | 1.829 | 1.63 | 39.3 | 30.90 | 34.343 |
| 2004 | 4.35 | 0.468 | 0.512 | 46.390 | 0.176 | 2.235 | 1.59 | 42.4 | 30.90 | 25.693 |
| 2005 | 4.35 | 0.504 | 0.527 | 46.579 | 0.197 | 2.621 | 1.57 | 42.9 | 37.26 | 24.443 |
| 2006 | 4.35 | 0.522 | 0.538 | 47.146 | 0.220 | 2.942 | 1.50 | 39.0 | 37.30 | 68.772 |
| 2007 | 4.50 | 0.555 | 0.527 | 45.300 | 0.268 | 3.530 | 1.50 | 36.8 | 37.30 | 55.219 |
| 2008 | 4.65 | 0.599 | 0.582 | 44.417 | 0.340 | 4.486 | 1.50 | 37.4 | 37.30 | 24.258 |
| 2009 | 4.95 | 0.622 | 0.634 | 44.405 | 0.359 | 4.676 | 1.45 | 35.1 | 37.26 | 37.347 |
| 2010 | 4.95 | 0.661 | 0.688 | 44.917 | 0.447 | 5.824 | 1.40 | 34.2 | 41.20 | 37.066 |
| 2011 | 5.25 | 0.712 | 0.724 | 44.542 | 0.551 | 7.195 | 1.40 | 30.0 | 41.42 | 29.009 |
| 2012 | 5.40 | 0.749 | 0.837 | 44.590 | 0.615 | 8.041 | 1.40 | 29.7 | 41.42 | 19.607 |
| 2013 | 5.53 | 0.810 | 0.842 | 42.144 | 0.735 | 8.925 | 1.50 | 27.3 | 41.42 | 36.779 |

## (二)陕西省新型城镇化水平的测算

本章数据来源于 2001—2014 年《陕西统计年鉴》。采用 SPSS 软件和 Excel 软件运用主成分分析法计算得出 2000—2013 年 14 年间陕西省的新型城镇化水平综合得分(见表 8-9)。

表 8-9  2000—2013 年陕西省新型城镇化水平综合得分[47]

| 年份 | 综合得分 | 年份 | 综合得分 | 年份 | 综合得分 |
| --- | --- | --- | --- | --- | --- |
| 2000 | -3.78 | 2005 | -0.98 | 2010 | 3.01 |
| 2001 | -3.60 | 2006 | -0.75 | 2011 | 4.27 |
| 2002 | -3.15 | 2007 | 0.55 | 2012 | 4.66 |
| 2003 | -2.15 | 2008 | 1.35 | 2013 | 5.15 |
| 2004 | -1.60 | 2009 | 2.16 | | |

## 四、模型的实证检验

### (一)共线性检验

我们首先进行共线性检验,结果如表 8-10 所示。

表 8-10  回归系数和共线性统计量

| 模型 | | 非标准化系数 | | 标准化系数 | t | Sig | 共线性统计 | |
| --- | --- | --- | --- | --- | --- | --- | --- | --- |
| | | B | Std. Error | Beta | | | Tolerance | VIF |
| 1 | 常数 | 0.000 | 0.017 | | 0.000 | 1.000 | | |
| | $ZX_1$ | 0.132 | 0.129 | 0.132 | 1.024 | 0.381 | 0.019 | 52.724 |
| | $ZX_2$ | -0.163 | 0.126 | -0.163 | -1.292 | 0.287 | 0.020 | 50.664 |
| | $ZX_3$ | -0.203 | 0.110 | -0.203 | -1.850 | 0.161 | 0.026 | 38.111 |
| | $ZX_4$ | -0.056 | 0.038 | -0.056 | -1.462 | 0.240 | 0.213 | 4.692 |
| | $ZX_5$ | 1.384 | 0.729 | 1.384 | 1.899 | 0.154 | 0.001 | 1681.780 |
| | $ZX_6$ | -0.863 | 0.858 | -0.863 | -1.006 | 0.389 | 0.000 | 2329.669 |
| | $ZX_7$ | -0.380 | 0.102 | -0.380 | -3.731 | 0.034 | 0.030 | 32.885 |
| | $ZX_8$ | -0.158 | 0.097 | -0.158 | -1.626 | 0.202 | 0.034 | 29.814 |
| | $ZX_9$ | 0.156 | 0.120 | 0.156 | 1.296 | 0.286 | 0.022 | 45.576 |
| | $ZX_{10}$ | -0.097 | 0.032 | -0.097 | -2.998 | 0.058 | 0.304 | 3.289 |

a. 因变量 ZU

# 第八章　陕西农业现代化推动新型城镇化的效应研究

表中 $ZX_1$、$ZX_2$、$ZX_3$、$ZX_5$、$ZX_6$、$ZX_7$、$ZX_8$、$ZX_9$ 的容忍度均小于 0.1，且其方差膨胀因子 VIF 都很大，容忍度 T 越小，VIF 越大，说明共线性越严重，一般把容忍度 T<0.1 认为是严重共线。因此，$ZX_1$、$ZX_2$、$ZX_3$、$ZX_5$、$ZX_6$、$ZX_7$、$ZX_8$、$ZX_9$ 之间存在严重共线性，不能直接进行线性回归。而解决自变量共线性问题一般有逐步回归法、主成分分析法。

（二）KMO 检验和巴特利特球形检验

对 $X_0 \cdots X_{10}$ 进行 KMO 检验和巴特利特球形检验，结果见表 8 – 11。

表 8 – 11　KMO 和巴特利特球形检验

| KMO 检验的适当性度量值 | | 0.725 |
|---|---|---|
| 巴特利特球形检验 | 卡方统计值 | 215.940 |
| | 自由度 | 45 |
| | Sig. | 0.000 |

KMO 检验的适当性度量值为 0.725，说明适合做主成分提取，巴特利特球形检验的卡方统计值为 215.940，自由度 45 下的显著性水平为 0.000，均通过显著性检验，也说明可以做主成分提取。

（三）主成分提取

我们接着用主成分提取法提取出农业现代化的评价指标。根据特征值大于 1、方差贡献率大于 5% 和总方差贡献率不能小于 85% 的原则，提取了前两个主成分，它们对原数据的方差贡献率达到 86.993%，其中第一主成分 $F_1$ 解释了原数据 75.798% 的信息，第二主成分 $F_2$ 解释了原数据 11.195% 的信息，符合主成分提取的原则。并计算出 $F_1$、$F_2$ 的得分。

$$F_1 = \frac{A_1}{\sqrt{\lambda_1}} ZX_1 + \frac{A_2}{\sqrt{\lambda_1}} ZX_2 \cdots + \frac{A_{10}}{\sqrt{\lambda_1}} ZX_{10}$$

$$F_2 = \frac{B_1}{\sqrt{\lambda_2}} ZX_1 + \frac{B_2}{\sqrt{\lambda_2}} ZX_2 + \cdots + \frac{B_{10}}{\sqrt{\lambda_2}} ZX_{10}$$

其中，$A$、$B$ 是每一指标分别在第一、第二主成分中的载荷，即每一主成分分别解释了各指标的信息量，$\lambda_1$、$\lambda_2$ 分别为第一、第二主成分的特征值，ZX 代表每一变量标准化之后的数据，因各指标间单位不统一，难以进行比较，所以采用标准化进行无量纲处理。最终计算得出 $F_1$、$F_2$ 的值见表 8-12。

表 8-12 主成分表

|  | 2000 | 2001 | 2002 | 2003 | 2004 | 2005 | 2006 | 2007 | 2008 | 2009 | 2010 | 2011 | 2012 | 2013 |
|---|---|---|---|---|---|---|---|---|---|---|---|---|---|---|
| $F_1$ | -3.38 | -2.39 | -1.64 | -2.47 | -2.33 | -1.74 | -1.69 | -0.68 | 0.45 | 1.13 | 2.04 | 3.36 | 4.26 | 5.08 |
| $F_2$ | 2.00 | 1.64 | 0.12 | -0.09 | -0.84 | -1.52 | -0.83 | -0.28 | -0.50 | -0.03 | -0.65 | -0.41 | -0.34 | 1.75 |

（四）主成分回归

我们以 $F_1$、$F_2$ 为自变量，与因变量 ZU 进行回归，采用 SPSS13.0 软件进行最小二乘估计得到如下结果：

$$ZU = 2.25 \times 10^{-7} + 0.351 F_1 - 0.163 F_2$$
$$t \qquad\qquad (16.399) \quad (-2.930)$$
$$p \qquad\qquad (0.0000) \quad (0.014)$$
$$R^2 = 0.962 \qquad adjust-R^2 = 0.955$$

从回归结果来看，模型拟合效果良好，且能很好地解释自变量与因变量之间的关系，此结果十分理想，所有计量经济学检验均通过。将回归结果代入上述计算公式将其还原为原始回归方程，其中，$U = ZU\sqrt{DU} + \bar{U}$、$X = ZX\sqrt{DX} + \bar{X}$，$\sqrt{DU}$、$\sqrt{DX}$ 分别为 U、X 的标准差，$\bar{U}$、$\bar{X}$，分别为 U、X 的均值。从而得到农业现代化各指标对新型城镇化推动效应的大小（见表 8-13）。

表 8-13 陕西省农业现代化各项指标对新型城镇化推动效应弹性估计值及排序

| 回归系数 | 估计值 | $|\beta_i|$ 排序 | 回归系数 | 估计值 | $|\beta_i|$ 排序 |
|---|---|---|---|---|---|
| $\beta_1$ | 0.563 | 5 | $\beta_6$ | 0.156 | 6 |
| $\beta_2$ | 3.291 | 2 | $\beta_7$ | -5.230 | 1 |
| $\beta_3$ | 2.061 | 3 | $\beta_8$ | -0.069 | 8 |
| $\beta_4$ | 0.009 | 10 | $\beta_9$ | 0.100 | 7 |
| $\beta_5$ | 1.842 | 4 | $\beta_{10}$ | -0.025 | 9 |

## 第八章　陕西农业现代化推动新型城镇化的效应研究

### 五、实证结果分析

从表8－13中可看出,解释变量对新型城镇化推动效应的弹性系数绝对值排序为$|\beta_7|>|\beta_2|>|\beta_3|>|\beta_5|>|\beta_1|>|\beta_6|>|\beta_9|>|\beta_8|>|\beta_{10}|>|\beta_4|$,其中,$\beta_7$、$\beta_8$、$\beta_{10}$值为负。

表8－13显示,衡量陕西省农业现代化水平的10个指标中,每一农村劳动力负担家庭人数、单位耕地面积农机总动力、单位耕地面积有效化肥施用量、劳动生产率对新型城镇化水平的影响最为显著;农业从业者人均耕地面积、土地生产率、森林覆盖率的显著性影响次之;农村居民恩格尔系数、农业受灾率、有效灌溉率对新型城镇化水平的显著性影响居后。具体来看,$\beta_7=-5.230$,表明每一农村劳动力负担家庭人数与新型城镇化水平呈反方向变动关系,即每一农村劳动力负担家庭人数减少1单位,新型城镇化水平就提升5.23单位。每家每户的多余劳动力通过向城镇转移,降低了留在农村劳动力负担家庭人数,转移的劳动力在城镇从事非农生产,从而推动新型城镇化的进程。因此,促进陕西省农村劳动力转移就业,降低每一农村劳动力负担家庭人数是提高陕西新型城镇化水平的重中之重。

$\beta_2=3.291$,表明单位耕地农业机械总动力每提升1单位,将会推动新型城镇化水平提升3.291单位。农业机械化水平的高低程度是衡量一个国家或地区农业现代化发展快慢的重要衡量指标。同工业一样,用先进的机械装备来代替传统手工作业会大大提高产出率,特别是像陕西省这样地势平坦的关中地区更适合使用机械化操作来提高农业劳动生产率。因此,提高单位耕地面积农业机械总动力水平,提高农业机械化程度,是推动陕西省新型城镇化进程的核心环节。

$\beta_3=2.061$,即单位耕地面积有效化肥施用量每提高1单位,会推动新型城镇化水平提升2.061单位。合理有效地对农作物施用化肥,会增加农业产出,提高农业劳动生产率,使农民增收,促进农村经济快速发展,进而为新型城镇化建设的大力推进提供更加广阔的农村市场。因此,提升陕西省单位耕地面积有效化肥施用量也是推动陕西新型城镇化进程的重要途径。

$\beta_5 = 1.842$,表明陕西省农业劳动生产率每提高1单位,会推动其新型城镇化水平提高1.842单位。农业劳动生产率的提高,能够产生大量农业剩余劳动力,这部分劳动力转移到城镇之后,可以在城镇进行第二、第三产业生产,从而推动城镇化建设。同时,农业劳动生产率的提高,可以增加粮食产出量,解决新型城镇化建设中对粮食的需求问题,这从另一方面也推动了新型城镇化建设。因此,农业劳动生产率的提高,可以解决城镇化进程中粮食短缺和人口转移之间的矛盾,从而有力地推进陕西省新型城镇化水平的提高。

$\beta_1 = 0.563$、$\beta_6 = 0.156$、$\beta_9 = 0.100$ 表明农业从业者人均耕地面积每提高1单位,将会推动新型城镇化水平提高0.563单位,土地生产率每提高1单位将会使新型城镇化水平提升0.156单位,森林覆盖率每提升1单位,会新型城镇化水平提升0.1单位。因此,加大农村土地整合,促进耕地适度向种田大户、种田能手集中,推进农业的适度规模经营,不仅可以提高农业从业者人均耕地面积,同时,也可以因规模化经营而节约成本,提高土地产出率。另外,森林覆盖率的提高可以提升农业可持续发展水平,改善并调节农业生长环境,进而提高农业产出率,是未来加快陕西省新型城镇化进程,推动整个区域经济可持续发展的重要举措。

$\beta_8 = -0.069$、$\beta_{10} = -0.025$、$\beta_4 = 0.009$ 依次是农村居民恩格尔系数、农业受灾率、有效灌溉率对新型城镇化水平的影响,其中,农村居民恩格尔系数、农业受灾率与新型城镇化水平呈反比例关系,即农村居民恩格尔系数每下降1单位,将会推动新型城镇化水平提升0.069单位,农业受灾率每下降1单位,将会使得新型城镇化水平提升0.025单位。有效灌

## 第八章 陕西农业现代化推动新型城镇化的效应研究

溉率与新型城镇化水平呈正向变动关系,即有效灌溉率每提升1单位,会推动新型城镇化水平提升0.009单位。与其它指标相比,这三个指标对新型城镇化水平的显著性影响较弱,但也不容忽视,因为农业受灾率影响农业的可持续发展水平,农村居民恩格尔系数影响农村社会发展水平,而有效灌溉率会影响农作物的产量,进而影响农业劳动生产率、土地产出率。从长远来看,两者都会影响农业现代化水平,进而影响新型城镇化水平的提升。因此,对有效灌溉率、农村居民恩格尔系数、农业受灾率情况的重视也是农业现代化发展和新型城镇化建设中不容忽视的环节。

陕西省地貌结构形态丰富,陕南、关中、陕北三个区域的农业生产从生产种类到生产方式、环境等方面都存在较大差异,因而农业现代化发展的路径也有所差异,从而对新型城镇化的推动作用也各不相同。所以,本章的实证结果只是粗略地进行估计,各区域还应根据具体情况建立相应的农业现代化评价指标去具体评价分析。

### 第四节 提升陕西农业现代化水平以推动新型城镇化进程的政策建议

通过前文的理论分析和实证分析,我们发现,农业现代化水平的提高确实可以推动新型城镇化发展的步伐。陕西省农业现代化水平的十个评价指标均对新型城镇化有正向推动效应,其中每一农村劳动力负担家庭人数、单位耕地面积农机总动力、单位耕地面积有效化肥施用量、劳动生产率对新型城镇化水平的提高具有显著的推动效应;农业从业者人均耕地面积、土地生产率、森林覆盖率对新型城镇化水平的影响次之;农村居民恩格尔系数、农业受灾率、有效灌溉率对新型城镇化水平的影响居后。因此,要进一步提升陕西省农业现代化水平,推动新型城镇化进程,今后必须重点做好以下几方面工作:

## 一、继续促进农村人口转移就业,降低每一农村劳动力负担家庭人数

每一农村劳动力负担家庭人数越多,说明农村剩余劳动力越多,农村失业人口越多。虽然现在陕西农村基本没有多少剩余劳动力,但随着农业机械化、信息化、电气化、科技化的推进,农业、农村会释放出新的剩余劳动力。因此,必须采取各种措施促进农村人口就业,不断推进农村剩余劳动力向各级城镇合理转移,进一步降低农村每一劳动力负担的家庭人数,消除农村失业。在农村人口的转移过程中,要防止一味地追求数量转移而忽视了转移出去的农村劳动力如何真正成为市民的问题,要加速农民工的市民化。为此,要对转移劳动力进行相应的技能培训,促进其在城市稳定就业;要尽快改革城乡隔离的户籍制度,为农民工提供与城市市民相当的公共产品和福利待遇,让农民工完全融入城市生活。

## 二、加大农业机械的投入,提高单位耕地农业机械总动力

农业机械化就是通过使用拖拉机、收割机、播种机及各种机动车辆,进行农业耕种、收割、运输、灌溉等农业作业,从而节省农业劳动力,提高农业劳动生产率。通过实证结论发现,农业机械化水平的提升会对新型城镇化水平的提升具有很强的推动作用。陕西特别是关中地区,地势平坦,很适合机械化发展。因此,政府应大力扶持农业机械化,如通过包括农机购买补贴,农机使用技术培训,新农业机械的及时引进等措施,从各方面推动农业机械化发展,从而推进新型城镇化进程。

## 三、推进"四化"改造传统农业,提高农业劳动生产率

按照"拉—费"模型,农业生产效率的提高,既可以提高粮食产量,又可以释放出大量的农业劳动力,解决城镇化进程中粮食安全与劳动力短缺的矛盾。为此,必须改造传统农业,提高农业劳动生产率。舒尔茨在

## 第八章 陕西农业现代化推动新型城镇化的效应研究

《改造传统农业》一文中指出,将传统农业改造成现代农业就是要向传统农业里投入现代生产要素,包括机械化、信息化、电气化、科技化等"四化",而关键是增加农业劳动力人力资本积累,提高农业劳动生产率。具体可以从四个方面着手:一是不断推进土地规模经营,为"四化"发展提供条件;二是提升农业科技含量,加大良种、农机等技术补贴;三是提高农民组织化,以"龙头企业+基地+农户"的方式推动农业产业化、规模化以及"四化"的发展;四是大力培训农民,提高农民的综合素质和能力,进而提高农业生产经营效率。

### 四、合理施用化肥,提高单位耕地面积有效化肥施用量

从上述实证结果中,我们知道有效化肥施用量的提高会推动新型城镇化的进程,究其原因是化肥对农业的增产效果显著,农业增产可以为新型城镇化的建设提供充足的口粮。但化肥并不是施用越多越好,施用过多会导致减产甚至植物被烧死,施用化肥不当会引起土壤板结、酸化、盐碱化等。因此,我们应该学会合理的施用肥料,增加粮食产量,从而推动新型城镇化进程。要合理施用化肥,必须加快普及化肥施用技术,大力推广生物有机肥的施用;应按照不同的气候、不同的肥料、不同的植物种类去施用化肥,提高化肥的利用率。

### 五、优化整合农村土地资源,推动耕地适度向种田能手集中和规模经营

从实证结果来看,农业从业者人均耕地面积增加对新型城镇化具有推动效应。因此,陕西省在今后应加大对农村土地资源的整合,不断完善土地流转制度,使土地资源向种田能手集中,推动农业规模化经营;同时,在新型城镇化进程中,要妥善处理好农业用地与城市建设用地之间的矛盾,保证粮食耕地红线;另外,在广大的农村,每家每户的宅基地占去了大量的可耕种土地,如果推进中心村建设,将众多分散的农村宅基地整合为大量连片的耕地,将有利于提高农业从业者人均耕地面积,从而有利于农业现代化发展,也为城镇化进程的推进储备充足的口粮。

打造丝绸之路经济带上的战略高地

### 六、其他对策措施

从实证结果来看,土地生产率、森林覆盖率、农村居民恩格尔系数、农业受灾率、有效灌溉率对新型城镇化水平的提升也具有一定的正向推动效应,因此,陕西省今后在农业现代化水平提升的过程中也应注重这些方面的发展,如增加单位土地面积生产要素的投入,有效提高土地生产率;坚持退耕还林还草,保证森林覆盖红线;加大"三农"投入,全方位改善农民的生活质量,降低农村居民恩格尔系数;提高土地有效灌溉率,降低农业受灾率等。

**注释:**

[1]种植业是以利用土地资源进行生产种植的产业,渔业是以利用土地空间进行水产养殖的产业,林业是以利用土地资源培育采伐林木的产业、牧业是以利用土地资源培育或者直接利用草地发展畜牧的产业。

[2]周松秀,田亚平,刘兰芳:《南方丘陵区农业生态环境脆弱性的驱动力分析——以衡阳盆地为例》,《地理科学进展》,2011年第7期,第938—944页。

[3]宣杏云,王春法:《西方国家农业现代化的透视》,上海远东出版社,1998年,第56—60页。

[4]郑星,张泽荣,路兴涛:《农业现代化要义》,《农业经济》,2003年第3期,第10—14页。

[5]刘根成:《落实科学发展观与国民经济又好又快发展》,《经济研究导刊》,2008年第12期,第11—12页。

[6]张战,韩永来,张兆琪:《提升农村竞争力的战略选择和现实路径》,《河北经贸大学学报》,2013年第5期,第79—83页。

[7]王思睿:《论农业现代化是我国农业发展的必然趋势》,《安徽农学通报》,2007年第10期,第1—2页。

[8]边际:《什么是农业现代化的特征》,《安徽日报》,2008年10月27日。

[9] KENT P SCHWIRIAN, JHON W PREHN. An Axiomatie Theory of Urbanization

## 第八章　陕西农业现代化推动新型城镇化的效应研究

[J]. American Sociological Review,1962,27(6).

[10] 戴为民:《国内外城市化问题研究综述》,《特区经济》,2007年第5期,第266—268页。

[11] 何炼成:《中国发展经济学概论》,高等教育出版社,2003年,第61页。

[12] 温铁军:《温厉.中国的"城镇化"与发展中国家城市化的教训》,《中国软科学》,2007年第7期,第23—29页。

[13] 牛文元:《新型城市化建设:中国城市社会发展的战略选择》,《中国科学院院刊》,2012年第6期,第670—677页。

[14] 彭红碧,杨峰:《新型城镇化道路的科学内涵》,《理论探索》,2010年第4期,第75—78页。

[15] 王朝才:《中国特色城镇化的几点思考》,《经济研究参考》,2013年第18期,第30页。

[16] 王琴梅,杨军鸽:《农业现代化推动新型城镇化的效应分析——以陕西为例》,《陕西师范大学学报》(哲学社会科学版),2014年第5期,第140—147页。

[17] 马克思,恩格斯:《马克思恩格斯全集》,第2版第25卷第584页。

[18] G Ranis Jc H. Fei, *A Theory of Economic Development*, The American Economic Review,1961,51(4).

[19] 数据来源:陕西省人力资源市场2014年第一季度职业供求状况分析报告,陕西省人力资源和社会保障厅,2014年4月17日,http://www.shaanxihrss.gov.cn/admin/pub_newsshow.asp? id =1008004&chid =100445.

[20] 引自蔡昉:《中国人口与劳动问题报告》,2007年人口与劳动绿皮书,2007年5月。

[21] 数据来源:陕西人口红利逐渐收缩 劳动年龄人口去年首次减少,西安新闻网,2013年11月26日,http://news.xiancn.com/content/2013-11/26/content_2826107.htm

[22] 引自Faria《中国人口红利仅剩三年》,新世纪周刊2010年10月,http://www.douban.com/group/topic/15537643/.

[23] 惠宁:《农村剩余劳动力转移转移理论研究述评》,《西北大学学报》(哲学社会科学版),2005年第4期,第45—49页。

[24]戴炳源,万安培:《乔根森的二元经济理论》,《经济体制改革》,1998年第S2期,第23—26页。

[25]杨华:《发展经济学中的乔根森模式》,《理论探讨》,1999年第4期,第12—15页。

[26]数据来源:陕西省粮食局新闻发布会,2008年7月2日,http://www.shaanxigrain.com/jihua_guihua/20090514/154129.asp。

[27]数据来源:《陕西省"十一五"粮食流通产业专项规划》,陕西省人民政府,2015年1月23日,http://www.shaanxi.gov.cn/0/1/65/364/366/373/112.htm。

[28]三大主粮指小麦、玉米、稻米。

[29]数据来源:《中国粮食安全及供需状况分析》,中商财经网,2013年12月9日,http://www.askci.com/news/201312/09/0914243634809.shtml。

[30]数据来源:《2001—2014年陕西统计年鉴》。

[31]数据来源:《加快推进陕西农业科技创新,引领支撑现代农业发展》,陕西省人民政府,2012年2月22日,http://www.shaanxi.gov.cn/portal/ft/view296.html

[32]数据来源:《2014陕西省统计年鉴》。

[33]数据来源:《陕西省农田水利建设的现状、问题及对策》,陕经网,2011年5月27日,http://www.sei.gov.cn/ShowArticle.asp?ArticleID=213053

[34]数据来源:2014年《陕西统计年鉴》。

[35]数据来源:2013年《陕西省国民经济与社会发展统计公报》。

[36]"农业现代化评价指标体系构建研究"课题组:《农业现代化评价指标体系构建研究》,《调研世界》,2012年第7期,第41—47页。

[37]辛岭,蒋和平:《我国农业现代化发展水平评价指标体系的构建和测算》,《农业现代化研究》,2010年第11期,第646—650页。

[38]王琴梅,杨军鸽:《农业现代化推动新型城镇化的效应分析——以陕西为例》,《陕西师范大学学报》(哲学社会科学版),2014年第5期,第140—147页。

[39]舒桐,张阳生,李佳:《榆林地区城镇化水平综合测度》,《资源与产业》,2013年第8期,第7—12页。

[40]安晓亮,安瓦尔·买买提明:《新疆新型城镇化综合水平研究》,《城市化研究》,2013年第7期,第23—27页。

## 第八章　陕西农业现代化推动新型城镇化的效应研究

［41］王琴梅,杨军鸽:《关天经济区新型城镇化水平的综合评价——基于PCA分析法》,《西安财经学院学报》,2015年第1期,第140—147页。

［42］杨军鸽,王琴梅:《天水市城镇化发展研究报告》,《中国关中—天水经济区发展报告(2013)》,中国人民大学出版社,2014年第1期,第107—130页。

［43］毛雁冰,凌继全:《农业现代化对城市化进程的作用分析》,《华东经济管理》,2013年第7期,第29—33页。

［44］张文霖:《主成分分析在SPSS中的操作运用》,《理论与方法》,2005年第12期,31—34页。

［45］吴江,申丽娟:《重庆新型城镇化路径选择影响因素的实证分析》,《西南大学学报(社会科学版)》,2012年第2期,第151—155页。

［46］数据来源:所用原始数据均来源于2001—2014年《陕西统计年鉴》。

［47］数据来源:根据主成分法计算而来。

# 第九章　乡村生态旅游对新型城镇化的推动效应研究

## ——以西安市长安区为例

新型城镇化是我国扩大内需的重要潜力之所在,大力发展新型小城镇是我国加快实现新型城镇化的现实选择。新型小城镇具有连结城乡的纽带作用,通过新型小城镇能把城市物质文明和精神文明带到农村。新型小城镇的形成和发展道路(也就是模式)多种多样,各地可根据自己的资源禀赋条件和历史积淀探索前进。其中有一条可行的道路,就是在那些生态旅游资源富集而又临近大中城市的乡村地区,通过发展乡村生态旅游推进新型城镇化进程,助生新型旅游小城镇。地处秦岭北麓的西安市长安区的广大乡村,就具有走这条道路的条件,而且其新型旅游小城镇已经得到了初步的发展。

## 第一节　乡村生态旅游促进新型城镇化的理论分析

### 一、核心概念界定

#### (一)乡村生态旅游

乡村生态旅游来源于乡村旅游和生态旅游。乡村旅游兴起于19世纪70年代的欧洲,意思是指以乡村风情为主要内容,具备乡村性和生态性本质的旅游形式。生态旅游兴起于20世纪80年代中期的墨西哥,意思是指以自然和人文资源为基础,以维护生态系统完整性为导向,以欣

## 第九章 乡村生态旅游对新型城镇化的推动效应研究

赏、求知、探索为载体的可持续发展旅游模式。乡村生态旅游作为二者的结合体,兼具乡村性和生态性两大特点。本章将乡村生态旅游界定为在生态资源丰富的乡村地区兴起的以促进乡村地区发展和保护乡村生态环境为目的的一种旅游新模式。其内涵是以乡村为目的地,在乡村及其周边优美的自然和良好的人文环境背景下,游客们观光旅游的同时,享受农户提供的食宿和娱乐项目,休闲娱乐并尽可能保护乡村生态环境,乡村经济效益提升,推动城乡互动和协调发展。因此,乡村生态旅游既具有经济效益又具有生态环境效益。

### (二)新型城镇化

新型城镇化是在城镇化基础上提出的一个新概念,而城镇化就是中国的城市化。所以,要弄清新型城镇化,必须首先弄清城市化和城镇化。城市化是发展经济学中的概念,主要指三个社会过程的有机统一,即由于生产力的发展和社会生产方式的变化,而引起的现代产业向城市的聚集过程,以及由此决定的人口集中过程和城市生活方式在人口中不断扩展过程相统一的社会过程。[1]美国的《世界城市》指出,城市化一方面是指人口从乡村向城市流动,并在城市从事非农工作;另一方面是指乡村生活方式向城市生活方式的转变(包含价值观、态度和行为等方面)。[2]城镇化是针对我国的具体国情提出的具有中国特色的城市化,辜胜阻等认为我国的城镇化具有三方面双重性质的特点:一是农业经济向工业经济、计划经济向市场经济转型的"双重转型背景";二是人口城市化和农村城镇化的"双重城镇化"表现方向;三是"政府推动"和"市场拉动"的"双重动力机制"的驱动作用。然而,传统的城镇化更加注重土地的城市化和以政府推动为主要动力的城镇化。[3]那么,什么是新型城镇化呢?2014年3月5日,李克强总理在政府工作报告中全面诠释了新型城镇化的意义,即新型城镇化,应该坚持走以人为本、四化同步、优化布局、生态文明、传承文化的新道路。2014年3月16日,中共中央、国务院印发的《国家新型城镇化规划(2014—2020)》,全面解答了新型城镇化的"新"之所在,即新思路、新主线和新举措。本章在吸纳各方面意见的基础上,将新型城镇化的内涵概括为以人为本、集约低碳、生态文明、四化同步、多元形态、优化布局、创新发展、功能完善、公平共享、传承文化和城乡协调。[4] 这里的"新",意味着要打破我国传统城镇化的模式,即一方面要改土地城镇化为人的城镇化,坚持以人为本;另一方面要改粗放型为资源节约和环境友好型,注重生态文明;"新"也在于追求城镇化与新型工业化、信息化和农业现代化齐头并进,同步发展;"新"更强调寻找新的实现路径,通过产业结构调整和升级来优化产业布局,打造特色创新型城镇;"新"还内含着城乡资源充分流动,公平分享,以及城乡文化相互传承,实现城乡协调均衡发展。

### (三)新型小城镇和新型旅游小城镇

新型小城镇是新型的小规模城镇。因此,我们就可以从城镇到小城镇再到新型小城镇,来说明新型小城镇的内涵。城镇是一个地理名词,通常指的是以非农业人口为主,已发展至具有一定规模的工商业密集区。国标《城市规划基本术语标准》中将城镇界定为以非农产业和非农人口聚集为主要特征的居民点。小城镇则是一个复杂的社会形态,对其概念的界定可谓是百家争鸣。著名社会学家费孝通在《小城镇,大问题》[5]一书中将小城镇界定为是一个从乡村性社区逐渐向现代城市化社区过渡的社会实体。地理学界的观点认为,小城镇是一种空间聚落的形态,是城市空间体系的重要组成部分。从经济学的理论来分析,小城镇是一个人口、资源等不断集聚而形成的一种社会形态,具有经济聚集中心的作用。当然,从政治学的角度出发,小城镇也是一个重要的行政单元。所以,小城镇是一个连接城乡的过渡性社区,是城镇体系的基本单元,是乡村地区的政治、生活、文化和经济等重要服务中心。[6]关于新型小城镇,目前虽然被媒体、学者等广泛运用,但却没有见到明确的定义。本章以城镇、小城镇和新型城镇化的概念界定为基础,尝试性地将新型小城镇界定为它是小城镇的新形态,是新型城镇化过程中产生的一种新型居民区,是在充分发挥小城镇的聚集作用的基础上,以新的形式呈现出来的人口和经济活动的聚集中心。其基本内涵是传统乡村通过发展,一方面实现现代生产

第九章　乡村生态旅游对新型城镇化的推动效应研究

经营模式和生活方式代替传统农耕和自给自足的家庭经营模式,使乡村居民不再从事传统农业生产,且生活市民化;另一方面小城镇面貌焕然一新,成为现代产业和人口的新型聚集中心或聚集体。

在生态旅游资源富集且临近大城市的乡村地区,利用其自然资源优势,形成人口、资源、消费和产业的聚集,把旅游业作为主导和支柱产业,整合相关产业发展,转变乡村传统生产模式和产业结构,促使人口向旅游发展优势区域聚集,并实现非农化生产和转移,实现传统乡村向高层次社区的转变。这样发展起来的集聚中心,打造起来的集约高效的新型小城镇,就是新型旅游小城镇。

## 二、乡村生态旅游促进新型城镇化的机理分析

### (一)基于聚集经济理论的分析

#### 1.聚集经济理论简介

聚集经济的思想由来已久,其分支理论众多,从早期韦伯(A. Weber,1909)的工业区位理论和佩鲁(Francois Perroux,1950)的增长极理论,到后来缪尔达尔(G. Myrdal,1944)的循环积累因果关系理论和巴顿(K. J. Button,1976)的城市聚集经济论等,这些理论都从不同的角度阐释了聚集经济的概念以及聚集的过程和产生的效益。聚集经济的显著特征是其外部性。马歇尔(Alfred Marshall)是现代集聚经济理论的奠基人,他于19世纪末开始了对经济集聚机制的系统性分析,提出外部性是决定经济集聚的关键性因素。马歇尔(1920)将经济进步归因于分工程度的提高,并指出聚集收益的来源可以概括为三方面:投入—产出关联、劳动力市场共享和知识溢出,统称为"Marshall 外部性"。关于集聚微观基础的另一个具有影响的观点由 Jacobs 于 1969 年提出,他认为地区多样化促进技术进步是推动地区创新和经济增长的主要动力,具体为具有多样性和差异化的经济个体之间通过知识的交流、差异化思维的碰撞,产生了更多的创新回报,因此隶属于不同产业的企业集聚(即多样化生产)有利于地区产业创新。该观点后来被称为"Jacobs 外部性",近期用于地方化、城市化和地

区生产率等方面的实证研究。

聚集经济(Agglomeration Eeonomics)是指作为厂商、居民户以及其他经济活动的主体在特定地域空间集中所产生的经济效果,以及吸引经济活动向一定地区靠近的向心力,是导致城市产生和不断扩大的基本因素,是决定城市形成和发展的最根本力量。因此,西方学术界把规模经济的聚集理论作为城镇化的动力机制之一。

2. 乡村生态旅游促使聚集经济形成,进而促进新型城镇化进程的机理

下面我们将从两个方面来说明这种作用机理。

(1)乡村生态旅游引起人口、资源在地理空间上的集中,在乡村地区产生聚集经济效应,进而促进更大规模的人口、资源和现代产业的聚集,并实现消费聚集,最终促进新型旅游小城镇的形成。乡村生态旅游是在生态资源富集又临近大城市的乡村地区发展的旅游业,它能够把周边大中城市的居民对生态旅游的需求和乡村居民对生态旅游的供给有效地衔接起来,即在生态旅游资源富集的乡村地区,一方面,周边大中城市的居民在收入水平达到一定高度以后,对生态旅游需求的不断增加使得他们在节假日大量涌向该地区;另一方面,当地村民为了满足大量游客对食宿游玩和农产品购买的需求,也会在景区内条件适宜的地点(可能是原来的村庄,也可能是新地点)形成相对集中的服务供给,如餐饮、住宿、特色农产品销售和加工、旅游咨询和向导等,这些集中服务供给点会产生聚集经济效应,而聚集经济效应的产生又必然进一步吸引更多的人口、现代产业等向这些地点聚集,因为旅游业是一个关联度大、产业链长的产业,可谓"一业带百业"。这样就会逐渐形成像费孝通先生所讲的那种比乡村社区更高一层次的社会实体,且这种社会实体是以一批并不从事农业生产劳动的人口为主体组成的社区,也就是新型旅游小城镇。可见,乡村生态旅游能够促进乡村地区人口、资源和非农产业的聚集,也会必然推进农村城镇化进程,助生新型旅游小城镇。

(2)乡村生态旅游促使乡村基础设施的改善和城乡公共产品供给的

## 第九章　乡村生态旅游对新型城镇化的推动效应研究

均等化,从而推动新型城镇化进程。乡村生态旅游必然促使乡村地区改善交通、水电、通讯网络、教育、医疗等基础设施,增加乡村地区公共产品供给的数量,提升公共产品供给的质量,使城乡发展差距缩小。而乡村地区基础设施的不断完善和城乡公共产品供给的均等化,吸引了更多的游客来乡村休闲旅游,也吸引了更多的创业者到乡村地区创业,因而有更多的人口和现代产业向乡村地区聚集,乡村经济活动不断丰富和发展,传统的乡村逐渐演变为新农村,进而成为费孝通先生所讲的那种比乡村社区更高一层次的社会实体,即新型小城镇。

(二)基于产业结构变动理论的分析

1. 产业结构变动理论简介

产业结构演进理论的渊源可追溯到17世纪的英国经济学家威廉·配第。在其代表作《政治算术》中,配第指出,制造业比农业,商业比制造业能够得到更多的收入。配第的这一理论为探求经济发展因素的研究指明了方向,并指出了各产业劳动生产率提高以及产业从低生产率向高生产率转移是推进经济发展的根本机制。英国经济学家科林·克拉克对产业结构理论作了开拓性研究。受配第的启发,依据费希尔提出的三次产业分类法,科林·克拉克在其1940年发表的《经济进步的诸条件》一书中,通过对40多个国家不同时期三次产业的劳动投入和总产出资料的整理与比较,指出:随着全社会人均国民收入水平的提高,劳动力首先由第一次产业向第二次产业转移;当人均国民收入水平进一步提高时,劳动力便向第三次产业转移。他将各国经济发展划分为三个阶段:第一个阶段是经济发展的初级阶段,在这一阶段,农业虽是人们收入的主要来源,但正如配第所说,农业的人均收入是相当低的,因此初级阶段的人均收入很低;随着经济的发展,制造业的比重有所提高,这是因为制造业的人均收入要高于农业,在此阶段,社会总体的人均收入也要高于初级阶段;随着经济的进一步发展,第三次产业(特别是服务业)获得了很快的发展,这也是由于第三次产业的人均收入要大大高于农业和制造业的缘故,当然,作为社会总体来说,其人均收入也比前两个阶段有了较大的提高。美国

打造丝绸之路经济带上的战略高地

经济学家库兹涅茨在克拉克等人研究成果的基础上,仔细搜集了各国的历史资料,并改进了研究方法。他不仅从劳动力结构,而且从部门产值结构方面,对人均产值与结构变动的关系作了更为深入的考察;他不仅限于观察值的利用,而且对截面数据和历史数据作了统计回归,得出了按人口平均产值与相应份额的某些合理有用的基准点价值;他不仅考察了总量增长和结构变化的一般关系,而且分析了结构变动在不同总量增长时点上的状态,使经验分析更具有一般性的意义。库兹涅茨侧重于从三次产业占国民收入比重变化的角度论证了产业结构演变规律:在工业化起点,第一产业比重较高,第二产业比重较低。随着工业化进程的推进,第一产业比重持续下降,第二和第三产业比重都相应有所提高,且第二产业比重上升幅度大于第三产业,第一产业在产业结构中的优势地位被第二产业所取代。当第一产业比重降低到20%以下时,第二产业比重高于第三产业,工业化进入中期阶段。当第一产业比重再降低到10%左右时,第二产业比重上升到最高水平,工业化进入到后期阶段,此后第二产业的比重相对稳定或有所下降。在整个工业化进程中,工业在国民经济中的比重将经历一个由上升到下降的倒U型变化。20世纪70年代后,一些学者利用库兹涅茨的分析方法对20世纪60年代以后世界主要国家的产业结构进行了研究,得出了与库兹涅茨分析不完全相同的一些结果:在这些工业先行国,无论是劳动力和国民收入,其第一产业比重的下降趋势在20世纪70年代都有所减缓,在其中的主要国家(如美国和英国)都已经降到了4%以下。第二产业的比重自20世纪70年代后在这些国家已经出现下降的势头;工业,特别是传统工业在国民经济中的作用正在逐步降低。第三产业则显示出了强劲的上升趋势,其比重已经占到了整个国民经济的一半以上。

产业结构变动的规律指出,无论从产值比重还是就业比重来看,产业都在向服务业升级和转变,这是伴随经济发展的产业结构变化的结果,也是因为服务业的生产效率和吸纳劳动力的能力都优于农业和工业的缘故。而现代工业和服务业天生就具有聚集在一起分摊社会成本,获取聚

## 第九章　乡村生态旅游对新型城镇化的推动效应研究

集经济的要求和特征。同时,"环境库兹涅茨倒 U 型曲线"(EKC)也从经济发展和环境的关系角度说明了产业结构升级的必然趋势,即为了可持续发展,产业最终将会向服务业的方向转移和发展。

**2. 乡村生态旅游促进产业结构高级化变动,进而促进新型城镇化的作用机理**

(1)乡村生态旅游引发生态旅游资源富集的乡村第二、第三产业的兴起和人口资源的聚集,从而推动新型城镇化进程和新型旅游小城镇的形成。随着乡村生态旅游在乡村地区的兴起,乡村旅游业以及与此相关联的农产品加工业、销售业和餐饮、住宿、旅游金融保险、旅游咨询和向导等二、三产业也同时兴起和聚集,乡村传统的自给自足的生产模式被改变,出现了分工与合作随之出现,聚集经济也应运而生。这种产业结构的改变和升级,人口和资源的聚集,提高了乡村地区的生产效率,同时解决了乡村地区大部分农业剩余劳动力的就地转移和就地城镇化问题,提高了就业率。这个过程就是农村城镇化的过程,也是以人为本的新型城镇化的过程,其结果就是新型旅游小城镇的形成。

(2)发展乡村生态旅游的过程,就是低碳型产业结构优化和升级的过程。发展乡村生态旅游有利于乡村地区经济发展、居民增收与环境保护之间的多赢和协调,有利于加速新型城镇化进程,促进新型旅游小城镇的形成。传统农耕经济由于缺乏规模经济和聚集经济效率低下,因而必须对传统农耕经济进行工业化和城镇化,但传统的工业化和城镇化过程是先污染、后治理的曲折过程,代价过大。作为现代新型服务业,乡村生态旅游是能够兼顾环境保护与经济效率提高的绿色、低碳型产业,它不仅能够促进人口、资源和现代产业的聚集(如上所述),而且要求乡村旅游服务的供给者要先保护、后开发利用生态旅游资源,倡导游客在休闲娱乐的同时注重环境保护和资源节约,其本质是环境友好型、资源节约型产业。乡村生态旅游的发展符合新型城镇化的内涵要求,能够有力地推动绿色农村城镇化进程,即新型城镇化进程,助生新型旅游小城镇。

## 第二节　西安市长安区乡村生态旅游促进新型城镇化的实证分析

西安市长安区是临近西安且生态旅游资源富集的地区,当地居民的生活正在发生着翻天覆地的变化,其中一个重要的原因就是当地大力发展乡村生态旅游业。本节主要在描述西安市长安区乡村生态旅游和新型城镇化发展现状的基础上,分析两者之间的关联性。随后,利用该地区的数据进行实证分析,并对结论进行总结和分析。

### 一、西安市长安区乡村生态旅游与新型城镇化发展现状

#### (一)西安市长安区乡村生态旅游发展概况

长安区地处秦岭北麓,渭河平原中部,西安市南郊,生态旅游资源丰富。秦岭长安段全长52公里,从西向东主要分布着东大、滦镇、子午、五台、太乙、王莽、引镇、杨庄八个街办,约占全区总面积的47%。秦岭山雄峰险,重峦叠嶂,主要分布有太兴山、人头山、嘉午台、翠华山、南五台、小五台、青华山、万华山、光头山、观音山等十大名山。在山地与川塬接壤部形成有大小不等的沟壑,自东向西有库峪、大峪、小峪、太乙宫峪、石砭峪、抱龙峪、沣峪、祥峪、高冠峪等,这些谷峪凭借山地水源涵养,常年川流不息,在长安境内形成了沣、浐、潏、滈等主要河流,水资源丰富,年平均径流量达到4.71亿立方米。生机盎然的自然生态环境和风光成为西安市民首选的休闲度假和生态旅游的目的地。同时,长安区经济近年来一直保持着相对稳定的增长率,综合实力从全市第九名跃居到全市五强,这对长安区秦岭北麓生态旅游业的发展提供了较好的经济基础。在公路交通方面长安区境内有环山公路、210国道、包茂高速穿境而过。在公共交通方面,目前已开通通往秦岭野生动物园、翠华山、东大等旅游区的多条公交线路和旅游专线,交通转换非常方便。客源的核心地为关中都市圈,除陕西省内,山西、河南、四川等周边省份一直是客源较为集中的地方。长安区内众多历史悠久的宗教寺庙还吸引了不少东南亚和日本等国家的游

## 第九章 乡村生态旅游对新型城镇化的推动效应研究

人,故入境游具有很大的市场开发潜力。长安区秦岭北麓发展乡村生态旅游具有资源和区位优势、政策导向和良好的开发条件,且能够平衡西安市旅游产品人文与自然失衡,促进人文生态与自然生态协调发展。长安区详细旅游资源分类如表9-1。

表9-1 长安区旅游资源分类表

| 主类 | 亚类 | 旅游资源例举 |
|---|---|---|
| 地文景观 | 综合自然旅游地 | 南五台、翠华山、沣峪、祥峪、高冠峪、子午峪、大峪、牛背梁羚牛国家级自然保护区等 |
| | 地质地貌过程形迹 | 嘉午台、观音山、浐河谷地、鲸鱼沟等 |
| | 自然变动遗迹 | 翠华山地质崩塌、风洞、冰洞、天池堰塞湖等 |
| 水域风光 | 河段 | 沣河等上游山区河段 |
| | 天然湖泊与池沼 | 翠华山天池、高冠潭、仙人潭等 |
| | 瀑布 | 高冠瀑布、翠华山瀑布、九龙潭瀑布等 |
| | 泉 | 东大温泉、韦曲地热资源、子午地热井等 |
| 生物景观 | 树木 | 终南山、大兴山、祥峪等森林公园,白塔寺和至相寺古银杏 |
| | 花卉地 | 细柳镇花卉基地等 |
| | 野生动物栖息地 | 秦岭野生动物园、牛背梁自然保护区等 |
| 遗址遗迹 | 史前人类活动场所 | 五楼村和客省庄遗址、玄奘归葬地(兴教寺)、秦汉上林苑所在地等 |
| | 社会经济文化活动 | 大峪口、子午关、灵感寺、翠微寺、法幢寺等 |

注:资料源于西安市长安区人民政府网站并经过整理所得。

基于优越的生态旅游资源,长安区的旅游业主要是生态旅游业,其发展目标是发挥旅游资源的特点和优势,打造和整合旅游产品,开拓客源市场,完善要素建设,努力实现旅游业的跨越式发展,把长安区建设成关中地区的重要旅游目的地和西安都市圈地区的休闲度假基地。近年来长安区加快推进秦岭北麓农业科技示范园的产业带建设,其中现代农业展示中心、添福耕园、尚耕庄园等入园企业已达24家,总面积达到1067公顷,总投资额达到18.5亿元,实现经济收入6.8亿元。长安区大力发展农业观光和入园采摘旅游项目,2002年果园面积为3.13万亩,到2014年已经增加到5.57万亩。[7]同时推进"九大农家"建设,完成了王莽清北、杨庄大寨、子午台沟3个村、78户农家乐经营户房屋立面改造,开展农家乐培训3900人次,全区农家乐经营户达到1400户,2012年长安区乡村旅游经营户约1500户左右,年游客接待约180万次,经济收入近七千万。据统计2013年陕西省所有农家乐收入约15.69亿。通过对长安区台沟村、抱龙峪村、上王村三个村庄实地抽取三个样本进行调研发现,2013年的台沟村通过举办农家乐,比2012年家庭收入增加在2万元以上的占调查总户数的15.38%,抱龙峪村为34.83%,上王村为76.72%。

(二)西安市长安区新型城镇化发展概况

长安区拥有独特的区位优势和丰富的自然资源。近年来长安区旅游业的迅速发展,带动了该地区经济和社会各方面的发展,特别是当地城镇化的发展,长安区居民的生活水平逐渐接近城市居民的生活水平,生产方式也大有改变,传统农业从业人数大大减少,非农业人口从2002年的10.85万人增加到2014年的20.04万人,非农业人口占常住人口的比例增加了7.73个百分点。从抽样调查结果来看,外出务工人数比例从2002年的13.71%降低到2014年的3.07%,很多人都选择了就近就业或在家创业。同时,整个区的生产总值也提高了很多,2002年仅有54.38亿元,2014年就达到了445.43亿元,其中第三产业产值从17.89亿元增加到194.53亿元。[8]据村镇建设年终统计(及申报百镇项目重点镇的数据)显示,长安区23个小城镇建成区面积11.3平方公里,23个乡街(郭杜、韦曲除外)总人口为61.8万人,镇区人口为12.5万人,占23个乡街总人口的21%,镇区从业人员8.6万人,占镇区总人口的68%。2008年长安区小城镇第二、第三产业从业人员比重达76.4%,比2007年增长2个百分

## 第九章 乡村生态旅游对新型城镇化的推动效应研究

点。2013年各街道城镇化都达到一定规模,如韦曲街道城镇化率58.53%、郭杜街道城镇化率13.85%、马王街道城镇化率12.06%、滦镇街道城镇化率9.94%等。为了打造绿色森林城市,建造绿色旅游小城镇,长安区大力植树造林,2002年到2014年累计造林面积324682亩,零星植树累计1743万株,育苗面积累计95766亩。此外,环境保护投资额从2011年的444万元增长到2014年的3086.7万元,增长了约6倍。[9]

(三)西安市长安区乡村生态旅游与新型城镇化发展趋势的一致性

近年来,长安区的生态旅游业与城镇化进程同步发展。如果我们用每年接待游客人数(万人)和每年旅游业收入(万元)两个指标作为衡量长安区旅游业发展情况,用从事非农产业人数占总人口的比重和外出打工人数占全部从事非农产业人数的比重两个指标作为衡量新型城镇化的发展情况,那么长安区生态旅游业与新型城镇化的历史统计数据有明显的对应性和一致性,具体如图9-1和图9-2所示。

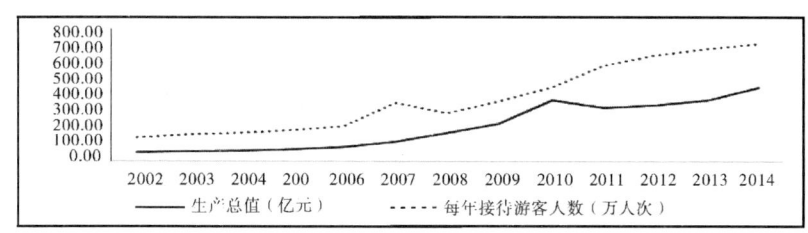

**图9-1 年接待游客数与生产总值趋势图**

图9-1中的两条线分别表示长安区从2002—2014年每年接待游客人数(万人次)和生产总值(亿元),很明显两条曲线都向右上方延伸,即长安区年接待游客数与生产总值整体在时间维度上都呈现逐年上升的趋势。这种趋势图表明西安市长安区的旅游业发展与经济增长具有齐头并进的趋势,旅游业的发展对长安区的经济增长起到了至关重要的作用。旅游业的发展一方面促进了经济的发展,另一方面也改善了当地人民的生活。

## 打造丝绸之路经济带上的战略高地

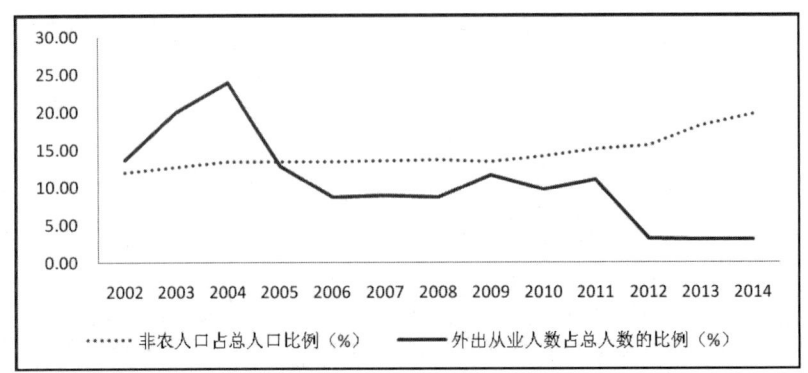

**图9-2 非农人口比例与外出务工人数比例趋势图**

图9-2中的两条线分别表示的是长安区2002-2014年非农业人口占总人口比例(%)和外出务工人数占总人口比例(%)。从图中可以看出非农业人数比例随着时间的推移在逐渐变大,而外出务工人数的比例虽然有跌宕起伏,但总体趋势却是下降的。这说明近年来长安区有很多居民选择了返乡就业或者创业的道路,其中很多人员进入了乡村生态旅游行业,这进一步说明了旅游业解决了当地居民的就业,促进了新型城镇化的发展,二者的发展具有一致性。

### 二、西安市长安区乡村生态旅游推动新型城镇化的实证分析过程

（一）指标的选取和处理

1.指标选取

由于本章的研究重点是新型城镇化过程中新型旅游小城镇的发展问题。所以,在指标选取方面,本章将结合小城镇发展的特点,选取有别于大城市的城镇化的指标变量来对小城镇的发展水平进行衡量。结合前面对乡村生态旅游、新型城镇化和新型小城镇的概念界定,考虑到研究对象的特点和研究的重点,以及数据的可获得性,本章将选取每年接待游客人数、人均家庭经营农家乐收入占总收入的比例、森林覆盖率和果园面积作为乡村生态旅游的代表性指标。考虑到西安市长安区打造的是绿色森林

# 第九章 乡村生态旅游对新型城镇化的推动效应研究

城市,除了提升人口素质,促进经济和社会发展外,重点是绿色环保建设。因此,本文选取人口、经济发展、社会发展和绿色建设四个一级指标下的20个二级指标作为小城镇新型城镇化的代表性指标,具体如表9-2所示。

表9-2 新型城镇化指标体系[10]

| 反映内容 | 具体项目 | 指向性 |
|---|---|---|
| 人口 | 非农人口占总人口比例(%) | 正向 |
| | 高中以上学历人数占总人口比例(%) | 正向 |
| | 整半以上劳动力人数占总人数比例(%) | 正向 |
| | 外出从业人数占总人数比例(%) | 逆向 |
| | 人口自然增长率 | 正向 |
| 经济发展 | 人均全年纯收入(元) | 正向 |
| | 社会消费品零售总额(亿元) | 正向 |
| | 第三产业产值占生产总值比例(%) | 正向 |
| | 全社会固定资产投资(亿元) | 正向 |
| 社会发展 | 年末人均楼房面积占总住房面积之比(%) | 正向 |
| | 百名学生拥有教师数(名) | 正向 |
| | 卫生机构数(个) | 正向 |
| | 床位数(张) | 正向 |
| | 卫生技术人员数(人) | 正向 |
| | 教育、科技、社会保障等支出占总预算支出的比例(%) | 正向 |
| | 年均刑事案件立案数(起) | 逆向 |
| | 年均治安案件受理数(件) | 逆向 |
| 绿色建设 | 退耕改果、茶、桑面积(亩) | 正向 |
| | 退耕造林面积(亩) | 正向 |
| | 零星植树(万株) | 正向 |

## 2. 处理方法

本章将采用熵值法对指标进行处理,获得综合得分后再做进一步的分析。在信息论中,熵是对不确定性的一种度量。信息量越大,不确定性就越小,熵也就越小;信息量越小,不确定性越大,熵也越大。根据熵的特性,我们可以通过计算熵值来判断一个事件的随机性及无序程度,也可以用熵值来判断某个指标的离散程度,指标的离散程度越大,该指标对综合评价的影响越大。假设有 $m$ 个对象 $n$ 个评价指标,$a_{ij}$ 表示第 $i$ 个对象的第 $j$ 项指标,那么熵值法的测算方法如下:

第一步:数据标准化。由于各项指标的量纲、数量级及指标的正负取向均有差异,所以需要对原始数据做正规化处理:

$$\text{正向指标:} x_{ij} = \frac{a_{ij} - min\{a_{ij}\}}{max\{a_{ij}\} - min\{a_{ij}\}} (i=1,2,\cdots,m;j=1,2,\cdots,n) \tag{1}$$

$$\text{逆向指标:} x_{ij} = \frac{max\{a_{ij}\} - a_{ij}}{max\{a_{ij}\} - min\{a_{ij}\}} (i=1,2,\cdots,m;j=1,2,\cdots,n) \tag{2}$$

第二步:计算第 $i$ 个指标值在第 $j$ 项指标下所占的比重:

$$p_{ij}: p_{ij} = \frac{x_{ij}}{\sum_{i=1}^{m} x_{ij}} \tag{3}$$

第三步:计算第 $j$ 项指标的熵值 $e_j$:

$$e_j = -\frac{1}{ln\ m} \sum_{i=1}^{m} (p_{ij} ln p_{ij}), \quad e_{ij} \in [0,1] \tag{4}$$

第四步:计算第 $j$ 项指标的差异性系数:$g_j: g_j = 1 - e_j$ \quad (5)

第五步:计算第 $j$ 项指标的权重:$w_j: w_j = \dfrac{g_j}{\sum_{j=1}^{n} g_j}$ \quad (6)

第六步:计算各评价对象的综合得分 $H_i: H_i = \sum_{j=1}^{m} w_j a_{ij}$ \quad (7)

# 第九章 乡村生态旅游对新型城镇化的推动效应研究

利用熵值法采用 matlab 软件对西安市长安区 2002—2014 年的乡村生态旅游和新型城镇化的指标进行赋权和计算综合得分,结果如表 9-3。

表 9-3 新型城镇化与乡村生态旅游综合得分表

| 年份 | 新型城镇化综合得分 | 乡村生态旅游综合得分 | 年份 | 新型城镇化综合得分 | 乡村生态旅游综合得分 |
| --- | --- | --- | --- | --- | --- |
| 2002 | 1160.15 | 66.59 | 2009 | 1121.80 | 138.37 |
| 2003 | 1623.28 | 72.48 | 2010 | 1300.62 | 168.90 |
| 2004 | 1245.11 | 75.98 | 2011 | 1541.49 | 213.99 |
| 2005 | 1037.69 | 82.68 | 2012 | 1682.01 | 234.95 |
| 2006 | 713.09 | 91.23 | 2013 | 1803.00 | 248.98 |
| 2007 | 819.99 | 137.45 | 2014 | 2898.72 | 259.19 |
| 2008 | 920.33 | 116.86 | | | |

注:数据来源:2003—2015 年《西安统计年鉴》,以及各年的西安统计公报。

表 9-3 数据显示,西安市长安区 2002—2014 年,虽然新型城镇化综合得分出现跌宕起伏,但它和乡村生态旅游的综合得分整体上都呈现出上升的趋势,新型城镇化综合得分 2014 年比 2002 年增加了约 1.5 倍,乡村生态旅游综合得分则增加了 2.89 倍。

(二)相关性分析

采用 EViews7.0 对乡村生态旅游综合得分和城镇化综合得分做相关性检验,结果如表 9-4。

表 9-4 相关性检验结果

| | 乡村生态旅游 | 新型城镇化 |
| --- | --- | --- |
| 乡村生态旅游 | 1 | 0.695528 |
| 新型城镇化 | 0.695528 | 1 |

表 9-4 结果显示:乡村生态旅游和新型城镇化之间存在高度的正相关关系,相关系数约 0.70。从新型城镇化和乡村生态旅游的综合得分

数据的趋势图和关系图(图9-4和图9-5)也可以说明它们之间的相关性。

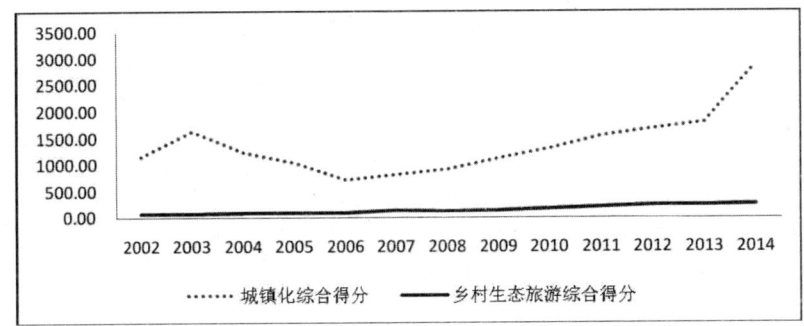

**图9-3　长安区新型城镇化与乡村生态旅游的综合得分趋势图**

图9-3显示,长安区新型城镇化与乡村生态旅游,随着时间的推移均呈上升增长的趋势,虽然乡村生态旅游的变化比较平缓,但与城镇化的发展具有一致性。这充分说明了长安区乡村生态旅游与新型城镇化之间具有正相关关系。

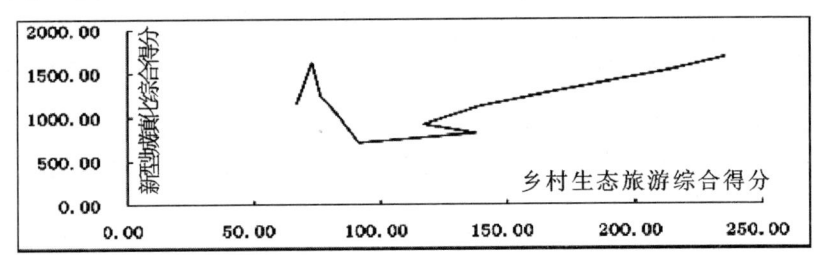

**图9-4　长安区乡村生态旅游与新型城镇化关系图**

图9-4显示了长安区乡村生态旅游与新型城镇化之间整体上的正比例关系。如图中曲线一般,乡村生态旅游发展得越好,新型城镇化的水平也就越高。虽然中间出现了负相关趋势,那可能是在乡村生态旅游发展初期,处于探索阶段而出现的短期的现象,但后来二者依然呈现出稳定的正相关关系。

(三)格兰杰因果分析

根据理论假设,本文首先做新型城镇化综合得分(NUS)与乡村生态

## 第九章 乡村生态旅游对新型城镇化的推动效应研究

旅游综合得分(ETS)的格兰杰因果检验,结果如表9-5。

表9-5 格兰杰因果检验结果

| 原假设 | $F$ 值 | $p$ 值 | 结论 |
| --- | --- | --- | --- |
| ETS 不是 NUS 的格兰杰因果关系 | 5.69457 | 0.0411 | 拒绝 |
| NUS 不是 ETS 的格兰杰因果关系 | 0.19401 | 0.8286 | 接受 |

表9-5结果显示,在5%的显著性水平下拒绝了乡村生态旅游不是新型城镇化的格兰杰关系,即乡村生态旅游是新型城镇化的原因。由此,表明长安区乡村生态旅游的发展确实促进了其新型城镇化的进程且是城镇化发展至关重要的因素。

### (四)协整检验

根据理论假设,以新型城镇化综合得分(NUS)为被解释变量,乡村生态旅游综合得分(ETS)为解释变量,同时为了保持数据的平稳性和消除异方差性,对原始数据取对数,并假设 LnNUS 为新型城镇化综合得分的自然对数,LnETS 为乡村生态旅游综合得分的自然对数。首先,对数据进行 ADF 检验,结果如表9-6。

表9-6 ADF 检验

| 变量 | 检验类型 | ADF 检验统计量 | 临界值 | | | P 值 |
| --- | --- | --- | --- | --- | --- | --- |
| | | | 1% | 5% | 10% | |
| LnNUS | (0,0,0) | 1.0937 | -2.7719 | -1.974 | -1.6029 | 0.9174 |
| LnNUS(-1) | (C,1,0) | -4.1515 | -5.1249 | -3.9334 | -3.42 | 0.0372 |
| LnETS | (0,0,0) | 2.7802 | -2.772 | -1.974 | -1.6029 | 0.9959 |
| LnETS(-1) | (C,1,0) | -4.2353 | -5.1249 | -3.9334 | -3.42 | 0.0332 |

注:检验类型括号中的第一项 C 表示含趋势项,0 表示不含趋势项;第二项 1 表示含截距项,0 表示不含截距项;第三项表示最大滞后期。

表9-6结果显示,在5%的显著性水平下 LnNUS 是一个 I(1)序列,

LnETS 也是一个 I(1)序列。进一步做协整检验,回归残差的 ADF 检验结果如表 9-7。

表 9-7 残差的 ADF 检验结果

| 1% | 5% | 10% | $t$ 统计量临界值 | P 值 |
|---|---|---|---|---|
| -2.79 | -1.98 | -1.60 | -1.96 | 0.0517 |

表 9-7 结果显示,在 10% 的显著性水平下, -1.60 > -1.96(即 t 统计量大于临界值),且 P 值为 0.0517 拒绝存在单位根的建设,证明残差在 10% 的显著性水平下是平稳序列。所以,新型城镇化和乡村生态旅游之间具有协整关系,即它们之间存在长期均衡关系。长期均衡关系如下:

$$lnNUS = 5.05 + 0.43 lnETS \tag{8}$$
(0.0002)　(0.0389)

(8)式的结果显示,乡村生态旅游对新型城镇化的影响显著,且乡村生态旅游综合得分每增加 1%,新型城镇化综合得分约增加 0.42%。这说明了乡村生态旅游的举办和发展确实对西安市长安区的新型城镇化的进程有一定的促进作用,而且这种促进效应是长期均衡的。

## 三、结论总结及分析

以上的实证分析得出了以下几点结论:

西安市长安区乡村生态旅游与新型城镇化之间具有发展的一致性,二者的综合得分数据有高度的正相关性,相关系数约 0.7,表明二者之间存在一定的关联性,二者是相互促进发展的。

格兰杰因果检验发现,乡村生态旅游是新型城镇化的原因,这说明西安市长安区新型城镇化进程受乡村生态旅游发展的影响是明显的。乡村生态旅游的发展确实带动了当地经济的发展,促进了农民就业,实现了农村产业结构转变。正是乡村生态旅游的发展改善了当地居民的生活,使

## 第九章 乡村生态旅游对新型城镇化的推动效应研究

他们的生活越来越接近都市生活。

协整检验的结果表明,二者具有明显而稳定的长期均衡关系。乡村生态旅游对新型城镇化的促进效应,以及对新型小城镇建设和新型旅游小城镇的建成的推动效应是长期而稳定的,因为旅游业是可持续发展的产业,乡村生态旅游也更加注重生态性和可持续性。

我们的田野实地调查也证明,地处秦岭北麓的西安市长安区的许多乡村近十多年来正是依靠发展乡村生态旅游而成长和富裕起来,并逐渐由传统乡村演变为美丽乡村、新农村,甚至是美丽小镇(如子午镇、草堂镇、五台镇等)。

虽然如上王村那样的典型农家乐名村仍然叫"村",但就其生产方式、生活方式来看,已经达到甚至在某些方面超过了城市水平,已然是新型旅游小城镇了。可见,乡村生态旅游在长安区助生了一批新型旅游小城镇,这无疑在新型城镇化进程中起到了巨大的推动作用。

## 第三节 长安区上王村乡村生态旅游促进新型城镇化的案例分析

上面我们对长安区乡村生态旅游促进新型城镇化的整体情况做了实证分析。本节将对长安区的乡村生态旅游典型——"全国农家乐典型示范村——上王村"的变迁过程进行案例分析。

### 一、上王村乡村生态旅游与新型城镇化的发展概况

#### (一)上王村基本情况

上王村是陕西省西安市长安区滦镇街道办事处下辖村,位于秦岭清华山下,北有省道107环山公路擦肩而过,西临210国道,地理位置优越,交通便利。秦岭野生动物园、黄峪寺、翠微宫、终南山严密寺等旅游景点近在咫尺。整个村庄宅基占地与耕种占地地形平坦,果树种植地沿秦岭

山脚向南为坡地。全村共3个村民小组,163户,总人口596人,耕地面积320亩,宅基占地100亩,果树种植占地400亩,适龄劳动力约350人,其中90%以上从事农家乐产业。[11]

2000年以前的上王村还是秦岭山下一个贫穷落后的小山村,全村仅有的320亩耕地是村民经济收入的唯一来源,人均年收入不到800元,群众生活艰难。后来村党支部抓住关中环线通车和西安野生动物园南迁的历史机遇,认真分析比较上王村的交通优势及其区位优势,确定了带领全村群众发展"农家乐"的致富之路。

(二)上王村乡村生态旅游业发展情况

上王村利用良好的自然条件和交通条件,自2003年开始抓住秦岭旅游业的发展机遇,鼓励和引导村民开办农家乐,将农家乐作为主导产业,通过编制产业规划、制定帮扶政策、开展技术培训等措施做强做大农家乐产业,目前上王村农家乐已形成一定规模。目前该村有150余户开办农家乐,占全村总户数的90%以上。以经营农家乐为主的第三产业2004年创值300万元,2005年创值600万元,人均年纯收入8000元;2010年全村年接待量达到100万人次,人均纯收入1.6万元,村集体收入100万元以上,全村经济总年收入达到1100万元;2011年人均纯收入2.3万元,位居全省前列;2012年人均纯收入约2万元以上,全村经济效益达3000万元;2013年人均纯收入已经逾3万元。[12]经营农家乐已成为上王村农民经济收入的主要来源。上王村先后荣获"国家级农家乐服务标准化示范村"、"陕西省一村一品农家乐明星村"、"长安区精神文明建设五十佳"文明村和文明生态村等称号。2009年,该村被评为"陕西省农家乐明星村",2011年底又被评为市级文明村。现在,上王村"农家乐"已构成一定规模,成为西安"农家乐"的一块金字招牌。

现在上王村经营的"农家乐"主要以提供农家饭菜和住宿为主,但同时也包含提供垂钓、唱歌、民俗表演、摘草莓和挖野菜等活动,这些服务项目让游客在观光旅游的同时感受乡村的传统文化和风俗,体验农村生活,

第九章　乡村生态旅游对新型城镇化的推动效应研究

品尝农家饭菜,放松心情。

**(三)上王村新型城镇化发展情况**

"农家乐"乡村生态旅游的发展给上王村带来了巨大的改变,上王村不仅经济快速提升和发展,而且基础设施和公共服务也不断完善,城镇化步伐较快。现如今,上王村已俨然成为一个现代的小城镇村庄。

上王村的房屋建筑是经过重新规划、设计和改建的,村委会办公楼和农家乐接待中心都是崭新的。现在村内南北主干道明显宽阔并铺盖了沥青,村南有两条全长1.5公里的沙石路,村内多了两条新街道。村内四条街道主路早已铺成了水泥路,街道两侧有排水管道和绿化带,栽种了7000余株花木,还有高亮路灯44盏,目前全村146户安装了有线电视网,电视与有线入户率均达100%,自来水管道也送进了每家每户,各户门前都铺设了道路砖,方便村民和游客行走,几乎每家每户也都安装了热水器,上王村村民的生活也像城市生活一样,有电、有水、可上网、可洗澡。上王村还有一座极具特色的形象建筑——上王村门楼,一条长1500米的景观型阶梯水渠,既排水又可观赏,一个高级公厕和一个占地3500平方米的用花砖铺设的停车场。

从经济发展来看,上王村早已达到甚至超越城市居民的人均收入和生活水平。从人均收入来看,上王村村民的人均收入不仅早已翻番,而且就2013年的人均收入来看,上王村人均收入已经超越30000元,而长安区的人均收入才12695元,西安市城镇居民的人均收入是33100元,全国城镇居民人均收入为26467元。[13]可见,上王村虽然是一个小村庄,但是经济发展早已达到城镇水平,这正是"农家乐"乡村生态旅游业的发展给上王村的农民带来的福利。收入水平的提高是居民生活改善的基础,给居民的衣食住行各方面带来便捷。也正是"农家乐"的举办使他们摆脱了贫困,一步步奔向小康。

**二、上王村乡村生态旅游促进新型城镇化的历程**

上王村乡村生态旅游的发展是从"农家乐"开始的,村子经济的发展和村民生活的改善也受益于"农家乐"的开展经营。以"农家乐"为载体的乡村生态旅游在上王村引起了一场"三农"革命：农村发展接近城市，农民生活逐渐市民化，农业生产向现代化转变。

具体而言，其"农家乐"乡村生态旅游促进新型城镇化发展道路大概经历了三个阶段：

(一)摸索尝试过程

上王村"农家乐"是从1999年与西安胜利饭店的合作开始的。上王村是胜利饭店"城乡一日游"活动的试点村庄。正是这样的决策才给上王村带来了不断发展的机遇和挑战。

旅游业刚开始发展时难度很大，所有条件都不符合接待城里人的标准。最初发展农家乐的时候，上王村还是一个非常落后的典型的农村村庄，道路狭窄且尘土飞扬，到处坑坑洼洼，下雨的时候到处都是水坑和泥泞，环境卫生也非常差，路上到处堆积着柴草、土堆、粪堆，到此旅游的游客对于这种状况是很不习惯，甚至是难以接受的。

胜利饭店起初为选定的十几家试点农户提供了接待游客住宿的床板、床单，并对经营农户进行了集中培训。上王村所属的滦镇镇政府也投资了3000余元，支持村民发展"农家乐"旅游业。虽然这一时期上王村的生态旅游才刚见雏形，规模较小，但是搞好"农家乐"，发展旅游脱贫致富的观念和思路已经成为该村发展的一个主要方向，上王村模式的乡村生态旅游带动农村经济发展和促进农村城镇化的思想已经在逐渐萌芽。

(二)思变实干阶段

这一时期，上王村的"农家乐"处于建设阶段，且发展得越来越好。从经营房屋改造到环境建设再到经营管理学习和培训，都得到了一定的扶持、资助和发展。

房屋改建就是改善经营场所，扩大经营规模。最初，上王村先对村里已经经营农家乐和将要经营农家乐的15户村民的房屋进行改建，彻底改善"农家乐"经营户的卫生环境。后来，在各个部门的大力支持和资助

## 第九章 乡村生态旅游对新型城镇化的推动效应研究

下,上王村进行了大规模的房屋改建和环境建设:村委会为每家每户平均筹资1万元,用于房屋建设,村委会还统一规划,将每户的宅基地从一间增加到三间,以适应农家乐经营的空间需要。

环境改造就是美化村庄,提高经营质量。为了改善上王村的卫生环境,村委大力宣传,各级政府大力扶持,经过努力,为环境改造融资900余万元,改土路为水泥路和柏油路,实现道路硬化,修建绿化带、文化墙,绿化美化家家户户房前屋后,实施各项街巷建设工程,建造绿色美丽新农村,并为全村每家每户接通自来水,安装闭路电视,配套完成下水管道等。

农民培训和学习,提高劳动力素质,改善经营状况。为了使上王村的"农家乐"经营早点步入正轨,2003年8年,在村委会和镇领导的支持和帮助下,村民去宝鸡岐山借鉴和学习"农家乐"经营管理的经验。同时,长安区政府还组织村民进行专门的培训和学习,使村民掌握一定的经营管理知识,促进当地旅游业的发展。

通过这一系列的改建、改造和培训学习,短短4年时间,上王村"农家乐"经营户从15户发展到了100多户,规模已经扩大6倍多。村内的村容村貌发生了变化,村民经济收入也增加了很多,家庭年均收入早已过万。

通过这一时期的改造,以及各项计划和措施的落实,上王村的"农家乐"旅游已经呈现出一定规模,具有一定的影响,已成城市居民短期近郊旅游的首选地之一。同时,乡村生态旅游的发展也促进和带动了整个村庄经济、社会、文化的发展,使其向城镇化生产跨了一大步。

(三)规范管理阶段

上王村的村容村貌改变之后,"农家乐"生态旅游快速发展起来,每年接待的游客数不断增加。但是,在经营过程中也难免出现一些管理方面的问题。因此,实现"农家乐"经营的规范化管理是非常必要的,也是这一时期需要重点解决的问题。

为了使上王村的"农家乐"旅游业走上规范管理的道路,村内先后组建了各类组织,并出台了各项规章制度。2003年,村里成立了"农家乐管理委员会"来规范经营户的经营管理和接待行为,以确保服务质量。村内经营户虽然很多,但村里实行统一定价的形式,防止恶性竞争,规范管理;村委会还组织制定《农家乐接待户自律公约》,明确各项经营制度。旅游局也协助上王村制定了"农家乐"乡村旅游业经营发展标准化服务手册,上王村的经营管理有了较为系统的规范。村里还组建了治安巡逻队,保证村内的安全环境和游客的出行、人身以及财产安全。为了保证卫生安全方面的规范化管理,村委会对所有经营农家乐的人员进行了健康体检,并要求其必须办理健康证;同时村委会落实了村内的保洁人员,保证为游客创造一个干净整洁的旅游大环境。长安区多个单位和部门组织了专家对经营户进行了形式多样的培训,以提高服务人员的服务礼节,实现"农家乐"旅游的规范化接待和经营。

在规范化管理的过程中,上王村还实现了行业分工和专业化生产经营等。除了"农家乐"经营户之外,还有养殖专业户、蔬菜营销户、豆腐作坊和运输户等,还开发了果园采摘区和生态园区。这些都有规范的经营管理制度,上王村的乡村生态旅游业在各项管理制度的规范下,发展得井然有序。

旅游业的发展带动了上王村村容村貌改变的同时,也促进了其规范化的生产、经营和管理,使得其经济、社会、文化等快速发展。现在,上王村俨然已发展成了一个现代化的乡村旅游小城镇。

## 三、上王村乡村生态旅游促进新型城镇化的经验

上王村发展乡村生态旅游业依托的是其独特的自然地理位置和资源优势,而"农家乐"乡村生态旅游的开展,一是带动了当地相关产业的聚集和发展,二是在内部的不断努力和外部的大力支持下各项基础设施得到改善,三是促进了内生的城乡协调发展。

第九章　乡村生态旅游对新型城镇化的推动效应研究

(一)内生的产业集聚

所谓内生型发展是指发展更加注重本地化。本地化强调注重本地特色,利用本地资源和优势,但并不意味着丝毫不利用外部资源。这是一种类似中心地增长极的发展模式,利用本地的特色资源打造增长极,并达到吸引外部优势资源的效果,形成强大的本地化产业。[14]上王村的发展主要是依托其"农家乐"的举办而引致的一系列相关行业和产业的聚集发展。

目前,在上王村除了"农家乐"专门提供吃、住、玩等旅游项目的专业户之外,还发展了生态园区、果园采摘区、蔬菜销售专业户、鸡兔养殖和宰杀专业户、果园种植专业户、豆腐作坊以及个体小商户等其他行业。另外,由于公交站和秦岭野生动物园距离上王村还有一段距离,为了方便游客快速到达农家乐目的地,上王村还发展起了小型旅客运输业;还有一部分闲散的劳动力也被这一系列的行业产业所吸纳,这部分闲散劳动力的就地就业有效地解决了剩余劳动力就业的问题。这一模式基本解决了村内的供需问题,使产销内部化,也大大增加了当地的剩余劳动力就业比率。如图9-5显示了上王村这一产业链关系。

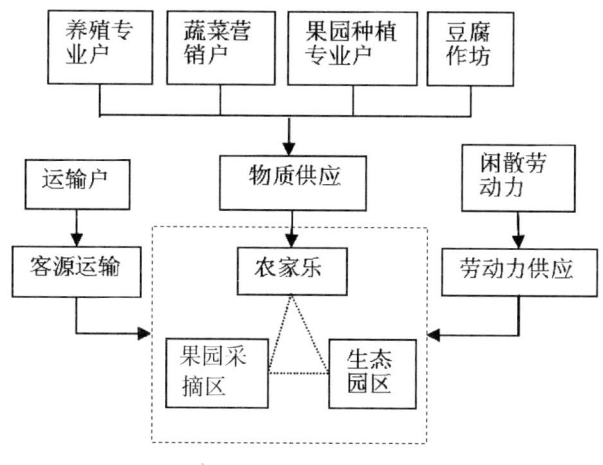

图9-5　上王村产业链关系图

331

同时，上王村"农家乐"旅游业的发展也带动了周边村庄的发展，比如西留堡村的豆芽、内苑的豆腐、桥村的蔬菜等。大部分农产品销往上王村，这既解决了上王村的采购问题，又解决了其他村子农产品的销售问题，可谓一举两得，互惠互利。[15]

(二)内在的提升和外部的支持

产业发展需要资本投入，而资本是逐利的，会从边际收益较低的地区流入到边际收益较高的地区。在我国，农村资金大量流入城市，特别是东部发达城市，大量农村的金融机构实际上成为农村资金的"抽血机"。只有本地产业有良好的发展基础，才能扭转这种资金的流动方向。[16]

上王村乡村生态旅游的发展利用的大多数都是农民自己的资金。在农家乐开展的初期，由于资金不足，对一些条件好的农户，村委会班子成员自掏腰包垫付了启动资金。当农家乐给"最先吃螃蟹"的人带来好处的时候，其他村民也对开办农家乐产生了兴趣。但当面对更多的农户想搞"农家乐"，却又苦于没有启动资金的时候，村党支部踊跃联系信用社，并把信用社工作人员请进村现场办公，信用社为村民发放贷款78万元，这78万元贷款作为举办"农家乐"的启动资金。当农家乐的收入非常可观的时候，农民便开始进行规模扩大，有的则实现兄弟或邻里之间的合作，把居民储蓄转化为投资资本，扩大经营规模，实施分工协作，以期望得到更好的收益。

当然，上王村的发展也少不了当地政府的大力支持和扶持，如当地政府在农业基础设施方面的投资建设和在村庄内部公共基础设施方面的投入投资也是不可忽略的。2007年底上王村打机井4眼和修灌溉水渠1000米，2008年底又打了两眼机井和修建500米水渠。同时，2007年上王村完成村内主要道路两旁4000米砖地的铺设任务，以达到方便行走、美化村容的目的；在村庄周围和道路两旁以及农户的房前屋后能够利用的空闲地上植树、种花种草，形成一片绿树郁葱、花果飘香的良好的乡村旅游环境；绿化项目投入资金有10万元，村庄绿化覆盖率达到40%以上。

## 第九章　乡村生态旅游对新型城镇化的推动效应研究

2008年,为适应农民居住要求和发展"农家乐"乡村生态旅游的要求,当地政府投资214万元改造破旧房屋;为满足群众的用水需求和"农家乐"旅游用水需要,还投资40万元修建了一座水塔;针对"农家乐"经营耗电量大的问题,上王村投资架设了一台250kV的变压器,解决了旅游旺季用电功率不足的问题;"三改(改水、改厕、改灶)"也已经全部完成;村内为打造上王村"农家乐"乡村生态旅游品牌形象,花费28万元修建了一座代表上王村标志的门楼,用来宣传上王村的形象。

### (三)科学的管理和培训

上王村的"农家乐"实行的是统一的定价制度。上王村农家乐的制度较为健全,发展环境相对稳定。一是该村制定了"农家乐经营户自律公约"等各类村规民约,符合农家乐经营条件的农户实行挂牌经营。二是为防止恶性竞争发生,该村制定了严格的价格参照,最开始规定每人每餐10元人民币,后来随着物价的上涨,变成15元、20元,现在基本是人均25元,住宿费用平均35元每人每天。三是形成了简单的行业分工。村内所有农家乐的鸡、兔直接由村内两家宰鸡和宰兔专业户提供,蔬菜由一家农户专门提供。四是组织了治安巡逻队,保证旅游高峰期治安良好、秩序稳定,游客的人身安全和财产安全得到了保障。

为了提高经营服务质量,以吸引顾客并获取更高利润,上王村建立了如下制度:第一,在村委会领导的组织下,建立《农家乐接待户自律公约》,严禁拦车拉客,哄抬或降价进行不正当竞争,为游客提供一个健康文明的标准化、规范化的服务,并且"一照三证"(营业执照、工商许可证、卫生许可证、健康证)齐全;第二,服务人员必须经过上岗培训,具备相应的业务知识和烹饪技能,而且食品原料必须是时令的新鲜,"农家乐"经营才能够提供当地农家特色菜肴,根据客人要求提供相应的方便服务;第三,村内定期举办培训班,对于村子的发展定位、环境、饭菜特色、价格管理等内容进行指导培训;第四,对农家菜品的卫生、营养、口味、品种等各方面进行改进,始终保持好农家菜的特色。农家乐管委会对"农家乐"卫生条件进行定期的抽查,保障放心、安全的饮食条件和住宿条件。

(四)内生化的城乡协调发展

所谓内生化的城乡协调发展是指通过区域特色支柱产业的发展,促进区域经济发展,提高当地居民生活水平,实现城乡协调发展的模式。上王村正是依靠其特有的优势资源,发展"农家乐"乡村生态旅游业,使乡村生态旅游业带动上王村的经济发展,增加农民收入和集体经济收入。同时,为了把"农家乐"乡村生态旅游业发展得更好,上王村大力进行各种投资建设,从修路、房屋改造到水电设施的重建,再到停车场的修建等,硬件设施不断完善;各种绿化环保建设也都是为了建设一个山清水秀、风景优美、鸟语花香且舒适的乡村环境,为游客们提供更优质的服务。

从上王村一系列的投资和目前的现状来看,人均收入超越30000元,新农合的高普及率以及农村养老机制的政策都为村民们带来了福利的"春天",他们的幸福指数非常高。水、电、网等设施的不断完善,也使得上王村村民的生活已完全接近于城市居民的生活。上王村村民的生活已经市民化。

综上分析,上王村"农家乐"乡村生态旅游产业的发展主要是基于当地独特的资源和地理位置打造出的特色优势旅游村庄,而"农家乐"生态旅游产业又带动其他相关产业发展,形成产业聚集,吸纳劳动力,形成人口聚集。在此过程中,农村经济持续而稳定地增长,基础设施也不断得到完善,公共产品的供给实现均等化,上王村经济、社会得到了发展,并最终形成现代化的新型旅游小城镇。本章之所以能够把"上王村"称作"新型旅游小城镇",是因为它的生产方式和生活方式已经完全实现了由农村到城市的转变。(1)就生产方式来看,上王村居民基本上从事的是第三产业和第二产业,且内部形成了分工协作。(2)就生活方式来看,上王村村民已经摆脱了自给自足,基本形成了城市生活方式。

# 第四节　西安市长安区提升乡村生态旅游发展水平的政策建议

本章的理论分析和实证分析均表明,在生态旅游资源富集而又临近大中城市的乡村地区,乡村生态旅游的发展促进了乡村地区人口、资源以及现代产业的聚集,促进了乡村地区基础设施的改善,缩小了城乡各项公共产品供给的差距,促进了乡村产业结构的变动以及低碳环保产业的兴起,提高了乡村的生产效率和就业率,促进了美丽乡村、新农村及新型小城镇的形成,有力地推动了我国的新型城镇化进程。今后,为了使生态资源富集地的乡村生态旅游快速发展起来,并带动农村地区的发展,实现脱贫致富,以及推进新型城镇化,特别是小城镇的建设,我们还应做好以下几方面的工作。

## 一、协调开发与保护以实现可持续发展

长安区地处秦岭北麓,资源丰富,具有发展旅游业,特别是乡村生态旅游业的独特的资源优势,但这并不意味着可以任意开发,滥砍滥伐滥建,追求较高的近期收益,而是要在开发过程中兼顾好开发与保护,走可持续发展的道路。

### (一)在乡村旅游业的开发过程中要做好合理规划和科学布局

在开发过程中,我们要坚决换弃"先开发,后治理"的错误观念,保持科学而理性的态度发展乡村旅游业。现代乡村旅游业走的是"边开发,边保护",注重环境保护,将绿色、低碳和环保理念植入其中的环境友好型乡村生态旅游路线。因此,在资源富集且临近大城市的乡村地区发展旅游业,必须坚持生态旅游的理念,协调好开发与保护的关系,充分发挥乡村生态旅游业的经济效益、社会效益和环境效益。

## (二)在乡村生态旅游业发展过程中加强环境监管

对在生态旅游业及相关产业的开发过程中,若不加强监管,那么其乡村生态旅游的发展将不会长远,新型城镇化的进程也会是不可持续的。所以,在乡村生态旅游业的发展过程中一定要注意旅游规模的控制,不可过度开发,乱搭乱建,以免造成植被破坏。同时,要严格控制,防止火源进山,以免引起山火,造成树木的毁损。此外,还必须做好景区三废的处理工作,坚决杜绝经营者乱扔乱排,杜绝游客乱扔垃圾,以免造成环境污染。做好监管工作,才能建成文明的现代新型小城镇。

## 二、加大政府投资以实现公共产品均等化

在乡村生态旅游的开发和建设过程中,政府的引导、支持和扶持是非常重要的。如在上王村乡村生态旅游业的发展过程中,旅游发展规划常常难以落实,或实施缓慢,其主要原因是资金缺乏。虽然经营"农家乐"给村民带来了一定收入,也壮大了集体经济,但整体经济实力依然薄弱,与旅游开发所需资金相差甚远。因此,做好乡村生态旅游的开发和规划,打造现代新型旅游小城镇必须依靠政府的支持。

### (一)政府加强引导、加大培训、创造更好的软硬件投资环境

要开发更加丰富的旅游活动产品,扩大生态旅游规模,政府必须合理规划,加强引导,不断完善乡村生态旅游建设过程中的各项硬件和软件设施,建造符合标准的旅游基地。同时政府还应该给予技术和管理方面的支持,多创造培训和学习的机会,提高农民的素质,提升旅游服务质量,吸引更多游客,提升游客的回游率。只有这样,乡村生态旅游业才能抵御外部的冲击力,稳定而持续的发展下去,为农民带来持续而稳定的收入,使农民的生活方式转变。

### (二)政府要进一步加大对乡村地区基础设施的投资,彻底实现城乡公共产品供给的均等化

目前,虽然等秦岭北麓地区的新型小城镇通过生态旅游业的推动而

# 第九章　乡村生态旅游对新型城镇化的推动效应研究

逐渐发展起来,但还有很多方面亟待改善,尤其是基础设施方面。因此,政府要进一步加大政府财政对乡村基础设施等公共产品的投入,使这些地区的交通、医疗、教育、网络和水电等各方面都得到大力发展,使当地居民能够享受到和城市市民一样的公共服务同时,也吸引更多的游客来此观光旅游,进而拉动当地生态旅游业和新型城镇化的进一步发展。

## 三、促进民间要素聚集以实现聚集经济

### (一)要进行合理的规划,做好乡村生态旅游中心地的发展

政府要进行合理的规划,做好乡村生态旅游中心地的发展,打造好这一核心增长极,使核心增长极吸引本地及外部资金和要素的投入,实现闲散资金和优势资源的聚集,利用这些资金和优势资源实现产业聚集和产业升级,发展具有实力的乡村生态旅游业。通过引导民间资金、技术、管理等要素科学有序地向乡村生态旅游中心地聚集,从而实现规模经济效应、外部经济效应,使乡村生态旅游业更好地发展,促进农村地区的建设,打造新型旅游小城镇。

### (二)要利用好已有的发展优势,吸引技术和劳动力向乡村生态旅游中心地聚集

任何产业的发展都需要优质的劳动力和技术,因此要利用中心地的优势,吸引先进的管理和生产技术以及高素质劳动力服务于当地乡村生态旅游业的发展。如此一来,人口和资源的聚集才能实现,生态旅游产业链及相关产业小集群也才能形成,最终促进更多农村形成具有特色的新型旅游小城镇。

## 四、保护民俗文化以打造特色新型小城镇

乡村旅游是民俗文化的重要载体。发展乡村旅游不仅有助于民俗文化的保护,也有利于民俗文化的传承。因此,在打造特色新型小城镇的过程中要注意文化的传承和民俗文化的保护。

"农家乐"乡村生态旅游应该注重游客对农村生产活动的参与和对

农村生产活动的认识。因此,在打造旅游小城镇的时候还应该注重挖掘本地区的文化内涵,让游客在旅游的过程中,多多参与农事活动,体验农村生活,享受乡土乐趣。所以,要充分开发利用农业旅游资源,挖掘农村风情文化,展现具有淳朴自然乡土民风的旅游产品,创造具有市场感召力的旅游品牌。对于像上王村一样的地区,应该大力支持锣鼓队、乡村集市、舞龙舞狮、社火等民俗活动融入乡村旅游服务产品,让游客们感受浓浓的民俗传统文化,也可以对农村历史老物件进行包装,比如对石盘、石磨、纺线车、织布机等等也可以被开发出来,用于旅游体验活动。这些老物件的体验活动既可以增加娱乐项目,又可以保护本地区的民俗传统文化。

**注释:**

[1]赵伟:《城市经济理论与中国城市发展》,武汉大学出版社,2005年。

[2]辜胜阻,易善策,李华:《中国特色城镇化道路研究》,《中国人口·资源与环境》,2009年第1期,第47—52页。

[3]宋林飞:《中国特色新型城镇化道路与实现路径》,《甘肃社会科学》,2014年第1期,第1—5页。

[4]吴闫:《我国小城镇概念的争鸣与界定》,《小城镇建设》,2014年第6期,第50—55页。

[5]费孝通指出:小城镇是一种比乡村社区更高一层次的社会实体,且这种社会实体是以一批并不从事农业生产劳动的人口为主体组成的社区。

[6]罗连发:《提升我国城镇化质量的发展模式研究——基于湖北省沙洋县后港镇的案例分析》,《宏观质量研究》,2014年第3期,第110—119页。

[7]数据来源:2003—2015年《西安统计年鉴》。

[8]数据来源:2003—2015年《西安统计年鉴》。

[9]数据来源:2003—2015年《西安统计年鉴》。

[10]该指标体系是考虑到研究对象的实际情况以及数据的可获得性建立的,由于长安区的一些数据不好获得且本文的重点是小城镇的研究,所以以可获得的有代

## 第九章 乡村生态旅游对新型城镇化的推动效应研究

表性的指标作为本文的实证指标体系。

[11]数据来源:中国长安新闻网(www.canew.cn)。

[12]数据来源:中国长安新闻网(www.canew.cn),西安市和长安区政府网站等。

[13]数据来源:国家统计局网站、《陕西省统计年鉴》和长安区政府网站。

[14]罗连发:《提升我国城镇化质量的发展模式研究——基于湖北省沙洋县后港镇的案例分析》,《宏观质量研究》,2014年第3期,第110—119页。

[15]田禾:《乡村旅游推动新农村建设的实证研究——以西安市长安区上王村为例》,华中师范大学2009年硕士学位论文。

[16]田禾:《乡村旅游推动新农村建设的实证研究——以西安市长安区上王村为例》,华中师范大学2009年硕士学位论文。

# 第十章 观光农业与城乡一体化的互动关系研究
## ——以汉中市为例

近年来,随着城市人民生活水平的不断提高,节假日人们去生态环境优美的乡村观光旅游,亲密接触大自然和体验乡村农家生活,已经成为我国各地城市民众的时尚生活和普遍现象,这就为城乡互动、实现城乡一体化进程提供了路径,也为农业吸收各种现代生产要素,发展为具有多元功能的新型产业形态——观光农业提供了动力和机遇。而观光农业的发展反过来又推动城乡一体化的深入发展,二者相互推动,相辅相成,协同发展,形成"磁场效应"。陕西省汉中市拥有美丽的自然生态环境和特色鲜明的历史文化,近年来观光农业与城乡一体化相互推动,成效显著。

## 第一节 观光农业与城乡一体化的互动机理分析

### 一、核心概念界定

#### (一)观光农业

目前,国际上并没有对观光农业、农业旅游、乡村旅游的概念做严格的界定。欧美国家习惯用乡村旅游(rural tourism)的概念,而日本、中国台湾等国家和地区则用观光农业(sightseeing agriculture)。因此,在搜集和整理国内外文献研究的过程中,难免出现观光农业、农业旅游和乡村旅游等不同的概念,在此均作为观光农业来理解。

国外学者相当重视观光农业概念的研究,因为,概念的确定关系到理论体系的构建。但目前对观光农业概念的界定尚未统一。因斯基普(In-

## 第十章 观光农业与城乡一体化的互动关系研究

skeep)(1991)在《旅游规划——一种可持续的综合方法》一书中,将农业旅游、农庄旅游、乡村旅游等提法不加区分,认为属于同一概念。[1]并且Inskeep将偏远乡村的传统文化和民俗文化旅游称为农庄旅游。Lane(1994)阐述了观光农业与农业旅游的关系,他认为农业旅游、农庄旅游是观光农业的重要组成形式之一。欧盟和世界经济合作与发展组织将观光农业定义为发生在乡村的旅游活动。[2]

国内学者根据研究内容的侧重点不同,将现行的观光农业概念分为两类:

以"农"为主的观光农业概念。该概念持有者认为观光农业是一种兼具发展农业生产,提高农业经济附加值和保护乡村自然文化景观的农业开发形式。如郭焕成等(2000)认为城郊观光农业是利用城郊的田园风光、自然生态及环境资源,结合农林牧副渔生产经营活动及乡村文化、农家生活,为人们提供观光体验、休闲度假、品尝购物等活动空间的一种新型的"农业+旅游业"性质的农业生产经营形态。[3]赵春雷(2001)认为现代观光农业是一种以市场为导向,以区域优势为基础,以高新示范园区为桥梁,以产业化经营为主线,融合直接效益与观赏效益、长远效益与社会效益于一体的现代农业新体系。[4]

以"旅"为主的观光农业概念。该概念持有者认为观光农业是一种以旅游者为主体,满足旅游者对农业景观和农业产品需求的旅游活动形式。如周晓芳(2002)认为都市观光农业是都市农业生产与现代旅游业相结合而发展起来的,是以都市农业生产经营模式、农业生态环境、农业生产活动等来吸引游客,实现旅游行为的新型旅游方式。[5]应瑞瑶(2002)等则将"乡村旅游"表述为经营者广泛利用农村野外空间的活动,其内容包括传统的农业生产经营活动、农村观光游览以及与之有关的旅游经营、旅游服务等[6]。

学术界对观光农业的概念至今还没有形成统一认识。在现有观光农业的两类概念中,以"农"为主的观光农业概念比较强调观光农业的农业特性,而以"旅"为主的观光农业概念则比较强调观光农业的旅游产品特征。本章对观光农业的界定是:以农业生产为基础,把农业和旅游业相结合的一种新型的交叉型产业,也是一种高效农业。

(二)城乡一体化

国内学者从各种角度界定城乡一体化概念,比较有代表性的几种角度是:(1)生产力发展的角度。如杨荣南(1997)认为"城乡一体化是生产力发展到一定水平之后,把城市与乡村建设成一个相互依存、相互促进的统一体。"[7]李冰(2014)认为"城乡一体化是在生产力水平高度发达的基础上,统筹经济、社会、生活,充分发挥城市与乡村各自优势,逐步形成农民和市民平等共享发展成果的融合的协调的社会结构。"[8]陈雯(2003)认为"城乡一体化是生产力水平相当高的时期,充分发挥城乡各自优势、理顺交流途径的双向演进过程。"[9] (2)系统和整体的角度。如甄峰(1997)认为"城乡一体化是指城市和乡村是个整体,其间人流、物流、信息流自由合理地流动;城乡经济、社会、文化相互渗透、相互融合、高度依赖,各种时空资源得到高效利用。"[10]朱治萍(2008)认为"城乡一体化涉及社会、经济、生态环境、规划建设等方面,是一个复杂的系统工程。"[11] (3)融合与合作的角度。如石忆邵(1999)认为"城乡一体化的实质是城乡之间竞争和合作的耦合联动发展。"[12]洪银兴、陈雯(2003)认为"城乡一体化是指城市与乡村两个不同特质的经济社会单元和人类聚落空间在一个相互依存的区域范围内结合一体,谋求融合发展、协调共生、共同繁荣的过程。"[13] (4)与传统体制对比的角度。如杨荣南、张雪莲(1998)认为"城乡一体化是在改革开放之后为解决城乡之间的矛盾和合理配置资源而提出的,目的是充分发挥城市与乡村的优势。"[14]顾益康、邵峰(2003)认为城乡一体化就是要改变计划经济体制下形成的城乡差距,建立起地位平等、开放互通、互补互促、共同进步的城乡社会经济发展的新格局。"[15] (5)区域空间规划的角度。如李同升、库向阳(2000)认为城乡一体化是从区域角度出发,寻求区域持续、协调、全面的发展途径,是在明确城乡分工、相互促进基础上的双向发展过程。[16]（6）城乡差距的角度。如张强（2013）认为城乡一体化是解决城乡之间的差距问题，实现社会公平意义上的"城市化"。[17]张峰（2011）认为城乡一体化是一项社会变革，是为了破除城乡二元经济结构，缩小农民和市民的差距，从根本上解决"三农"问题，实现城乡经济、社会、文化等可持续发展。[18]常燕等（2010）认为城乡一体化涉及社会、经济、生态环境、文化生活、空间景观等各个方面，目的是为了打破城乡壁垒，消除城乡差别。[19]

本章在综合以上各种概念界定的基础上，结合研究对象的实际情况，将城乡一体化界定为：在生产力水平发展到一定高度的条件下，城市与乡村实现结合，以城带乡，以乡惠城，城乡互动，互为资源，互相服务，以达到城乡之间在经济、社会、文化、生态等多方面的协调发展。[20]

## 二、观光农业与城乡一体化互动关系的理论机理

### （一）基于马克思城乡融合理论的分析

#### 1. 马克思城乡融合理论的基本内容

马克思主义关于城乡关系的论述最早出现在恩格斯于1844年撰写的《英国工人阶级状况》一书中，并且城乡融合理论在《马克思恩格斯选集》一、二、三卷和《德意志意识形态》中都有提及。马克思认为人类社会的发展是一个螺旋上升的曲折过程，城乡关系的发展亦如此，其发展趋势包括四个阶段：城乡一体——城乡分离——城乡对立——城乡融合一体化。马克思关于城乡关系的论述包括了城乡同质与城乡差别、城乡分离与城乡对立、城乡融合，三者共同形成了马克思主义的城乡融合理论。

（1）城乡同质与城乡差别

人类社会发展的初期不存在城市与农村的区别。这个时期，社会生产力水平普遍低下，城市与农村都处于无差别的落后阶段，也就是所谓的原始均衡状态。随着社会生产力水平的发展，社会分工的形成导致了城乡差别的产生，马克思认为城乡差别是物质劳动与精神劳动的区分[21]。

随着生产力水平的提高,城乡差别加大,"城市本身表明了人口、生产工具、资本、享乐和需求的集中,而在乡村所看到的却是完全相反的情况:孤立和分散。"[22]城市具有较高的人口密度和较大的经济规模,主要是以工商业等非农业生产为主,而农村经济一般是以个体生产为主的农业生产。

(2)城乡分离与城乡对立

马克思认为生产力水平发展到一定时期,城市与乡村分离。马克思指出:"城乡之间的对立是随着野蛮向文明的过渡、部落制度向国家的过渡、地方局限性向民族性的过渡而开始的,它贯穿着全部文明的历史并一直延续到现在。"[23]城乡分离首先是因为生产力水平的发展,其次是因为资本主义私有制及其生产方式的劳动异化。马克思认为,城乡的对立是生产力发展和社会分工的必然结果,并且它具有历史的进步性,推动了人类社会的发展。但是,这种城乡对立关系的缺陷更加明显。首先,对立关系拉大了城乡差距;其次,不利于农业的可持续发展,同时也加剧了城市的各种问题,进而阻碍了人类的进步和文明。马克思认为城乡对立既是生产力发展到一定阶段的产物,也是由于生产力发展不足所造成的,因而只有生产力的高度发展才能消除城乡对立,实现城乡融合。

(3)城乡融合

马克思和恩格斯将消除城乡对立局面后的城乡关系定义为"城乡融合"。他们指出,城乡融合就是"结合城市和乡村生活方式的优点而避免两者的偏颇和缺点"[24]。在马克思看来,废除资本主义私有制,扫除城乡对立的根源是发展生产力。而合理布局生产力,重视城市的带动作用,实现城乡良性互动,促进农业和工业的结合,以及重视科学技术等都有助于实现城乡融合。

2.马克思城乡融合理论揭示的观光农业与城乡一体化的互动关系

根据马克思主义的城乡融合理论,观光农业改变了传统城乡对立的状况,追求城市与乡村在经济、社会、环境、文化等方面的协调统一,有利于城乡最终融合;而加大城乡交流、促进城乡一体化发展势必会完善农村软硬件设施,提供更多的就业机会,为发展观光农业提供有力的条件。可见,两者是相互作用、相互推动的。

(二)基于田园城市理论的分析

1. 田园城市理论简介

1898年,英国人霍华德提出了田园城市理论。他于1898年出版了《明日:一条通向真正改革的和平道路》,1902年再版时改名为《明日的田园城市》。他在序言中说:"城市和乡村都各有其优点和相应的缺点,城市和乡村必须成婚,这种愉快的结合将迸发出新的希望,新的生活,新的文明"。[25]

那么,什么是田园城市?田园城市的形成与观光农业和城乡一体化又是什么关系呢?霍华德认为,田园城市是一种兼具城乡优点的理想城市,是城市和农村的结合。其基本特点是:第一,田园城市的主体是人,而不是物。城市的建设应该以人为本,合理地对城市规模、社区的分布、人口密度进行精细的规划。规划内容还要有园林和绿地,它可以给居民提供亲近自然的机会,以保证其生理和心理健康。第二,田园城市的本质是城乡一体化,是城市与乡村的结合,这种结合不是简单的连接,不是所谓的"乡村城市化",也不是"城市乡村化",而是通过相互的联系进行完美的结合。乡村拥有优美的生活环境,市民可以去田园、农场感受自然风光;城市可以为人们提供经济支持和更多的就业机会。第三,"田园城市"的关键是进行科学的规划和社会改革。城乡之间的差别主要在于土地租金不同。城市的土地被赋予了更大的价值。霍华德提出,要逐渐推进土地改革,实现土地社区所有制,消灭土地私有制,以此来解决城市相对集中的问题。根据霍华德的田园城市理论,观光农业与城乡一体化的互动过程正是田园城市发展的理想路径之一。田园城市正是通过发展观光农业而实现的城乡一体化的最终阶段。

2. 田园城市理论揭示的观光农业与城乡一体化的互动关系

根据霍华德的田园城市理论,观光农业与城乡一体化的互动过程正是田园城市发展的理想路径之一。田园城市正是通过发展观光农业而实现的城乡一体化的最终阶段。观光农业具有的生态功能可改善城市环境,建立起城市与乡村一体化的生态系统;而通过城乡一体化的带动作用,可实现城乡互补,建立起田园城市。

(三)基于共生理论的分析

1. 共生理论介绍

共生的概念首先由德国真菌学家德贝里(Anton De Bary,1879)提出,他将共生定义为不同种类的动植物生存在一起。后来,共生概念由范明特(Feminism)、布克纳(Phototoxic)等人进行了完善和拓展。

产业的发展离不开周边事物(如环境、市场、技术等)的发展。因此,20世纪80年代以来,一些学者将共生的概念引入到产业发展当中,世界各地开始纷纷围绕产业共生进行分析。管理学家将共生概念借鉴到产业管理当中,形成了共生理论。(1)共生营销理论体现了两个方面的重要信息[26]:第一,企业与企业之间的共生,即共生是两个或更多独立的商业组织,通过共同利用平台,协同进行产品开发、宣传与推广。第二,共生是企业共同发展的手段,如企业间在开发产品、建设市场、促销产品和分销等方面共同活动,以期达到共享资源、巩固产业发展、增强市场竞争力的目的。(2)实现共生要具备如下条件:首先,企业的地理集聚性为产业内的企业开展共生提供便利。其次,企业内建立良好的关系网络使集群企业开展共生成为可能。再次,信用良好的龙头企业使产业内企业开展共生活动有了"领头羊",龙头企业也便于作为主体来带动其他相关企业发展。

1998年,袁纯清将共生理论引入经济学范畴[27]。对于观光农业发展来说,共生是指农业旅游发展要与城乡发展规划、城乡产业布局以及城乡便利性相结合,由共生来促进农业旅游产业可持续发展,促进城乡科学发展,并由此推动观光农业与城乡一体化实现协同发展。

2. 共生理论揭示的观光农业与城乡一体化的互动关系

根据共生理论,在观光农业和城乡一体化的发展过程中,城乡之间互

## 第十章 观光农业与城乡一体化的互动关系研究

为市场、互为资源产地,互相服务、互相促进,互为环境的关系以及经济、社会、环境效益相一致的关系正是"共生模式"的体现,观光农业可以有效缩小城乡差距,形成城乡互动的良性局面。

(四)基于可持续发展理论的分析

1. 可持续发展理论简介

可持续(sustainable)一词最早产生于生态学,20世纪80年代初甚至更早的时间在国外的生态旅游业和渔业等学科中出现可持续性一词,如由于砍伐、火灾、虫害等因素产生的森林蓄积量的减少低于森林的自然生长量,在生态学上称为可持续管理(sustainable management),又被翻译为可持续经营。一般认为,1962年美国生物学家R.卡尔逊(Rchard Carson)所著《寂静的春天》(Silent Spring)一书的问世,标志着人类关心生态环境问题的开始,而对于可持续发展(sustainable development)的研究则始于20世纪70年代。1972年3月,由美国经济学家德内拉·梅多斯、乔根·兰德斯、丹尼斯·梅多斯合著的《增长的极限》一书的出版,引起了人们对可持续问题的极大关注。1987年7月,以挪威首相布伦特兰夫人为主席的"世界环境与发展委员会"公布了著名的报告《我们共同的未来》,比较系统地阐明了可持续发展的战略思想。1989年5月联合国环境署通过《关于可持续的发展声明》,对可持续发展的思想达成共识。1991年4月世界粮农组织(FAO)在荷兰召开农业与环境国际会议,发表了农业和农村可持续发展的《丹博斯宣言》。1992年6月联合国在里约热内卢召开世界环境与发展大会,发表了具有划时代意义的《21世纪议程》,确立了可持续发展是当代人类发展的主题。

1994年,我国国家计委、国家科委《关于进一步实施<中国21世纪议程>的意见》中将可持续发展定义为:可持续发展是指既要考虑当前发展的需要,又要考虑未来发展的需要,不以牺牲后代人的利益为代价来满足当代人利益的发展,可持续发展就是人口、经济、社会、资源和环境的协调发展,既要达到发展经济的目的,又要保护人类赖以生存的自然资源和环境,使子孙后代能够永续发展和安居乐业。

## 2. 可持续发展理论揭示的观光农业与城乡一体化的互动关系

根据可持续发展理论,发展观光农业可实现城乡在环境、人口、文化等方面的可持续发展;同时,缩小城乡差距,实现城乡一体化能够为农村带来大量的人流、物流、资金流、信息流,通过城乡交流沟通,拉动消费、扩大内需,从而实现经济的可持续发展。观光农业与城乡一体化的互动过程,可以有效地实现城乡的可持续发展。

## 三、对观光农业与城乡一体化互动关系机理的进一步归纳

深入理解和挖掘上述各种理论所揭示的观光农业与城乡一体化互动关系的机理,我们可以发现:观光农业作为一种高强度、高频率的城乡相互作用方式和沟通连接城乡的有效方式,除了为城市人提供休闲娱乐、亲近大自然的场所之外,它也将城市人的生活习惯、文化观念带到农村,大大促进了城乡之间的交流,能够有效实现城乡互助、城乡一体化。基于上述理论分析,下面我们将观光农业与城乡一体化的相互作用机理进一步用图 10-1 概括总结如下:

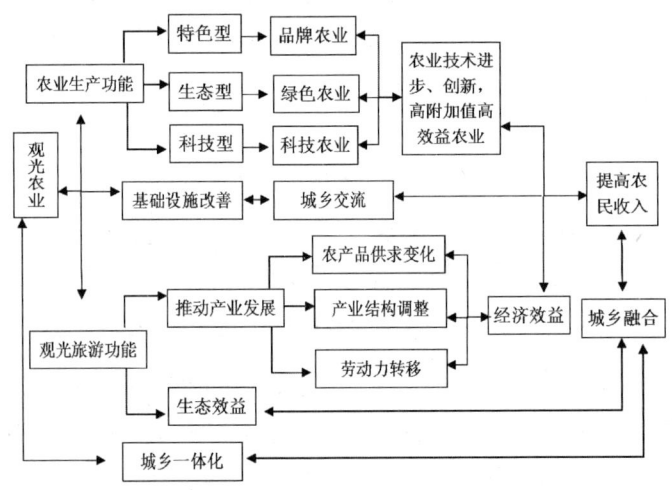

**图 10-1 观光农业与城乡一体化的相互作用机理**

图 10-1 说明:观光农业与城乡一体化是相互推动、相互促进的。一

## 第十章　观光农业与城乡一体化的互动关系研究

方面,观光农业可以有力地推动城乡一体化进程;另一方面,城乡一体化能够促进观光农业深入发展。具体论述如下。

(一)观光农业可以有力地推动城乡一体化进程

1. 观光农业带动相关产业发展,促进农民增收,缩小城乡差距

观光农业作为一个区域的部门增长极和关联度高的产业,可以带动旅游地建筑、交通运输、住宿、餐饮、娱乐、零售业、文化、农副特产加工、纪念品加工、绿色农产品、旅游咨询等产业的快速发展,对当地经济的发展有很强的极化效应和扩散效应,[28]对经济发展的辐射力特别大。在陕西省南部,观光农业的发展可以形成"一业兴百业"的联动效应。观光农业具有观光旅游功能,它可以优化农村产业结构,它通过融合一、二、三次产业,在拓展农业功能的同时带动相关产业的发展。可以说,观光农业是现代农业产业化经营的新途径。

2. 观光农业优化产业结构,延长产业链,推进农村工业化和城镇化

观光农业的开发可以为第三产业的发展创造众多机会,它可以带动旅游相关产业的发展,可以促进当地产业结构的优化升级,推动农民向服务业转移,促使旅游地经济由以种植业为主逐步转化为以第三产业为主的经济模式。观光农业的发展能使农家乐形态的家庭旅馆模式蓬勃发展,进而有利于农民综合开发利用农村自然资源和条件,有利于促进城乡之间经济文化的交流和社会主义新农村建设,也有利于增强当地农民的环保和资源可持续利用的意识,提高传统农业的附加值和农民的收入。同时,对于当地特色农副产品的再加工和深加工,为游客提供销售、赠与等服务,既发展了工业,又促进了农民增收。例如,日本的观光农业形式包括时令果园、休闲农场、儿童体验以及老年养老,通过开展各种形式的观光农业,加强农业与其他产业的关联度,进而更好地推进城镇化建设。

3. 观光农业促进城乡交流,拉近城乡距离

旅游者来到农村旅游,就需要一些最基本的生活必需品。为了满足

大量旅游者在农村旅游期间的衣食住行和娱乐等方面的需求,旅游地就需要完善配套服务设施。农村需要借鉴和参考城市中的相关设施,学习城市配套服务设施的布局、服务等内容。这一过程,不仅能加强城乡之间的交流,而且能改善农村环境,对农村城市化服务体系的形成具有积极的推进作用。与此同时,市民来农村旅游,为农村带来了新的生活观念、生活方式。例如,意大利作为发展观光农业最早的国家之一,把这种形式的农业旅游称之为"绿色假期",现今,这种形式的旅游已经发展成为集自然风景、民俗文化和农业旅游于一身的综合性旅游项目,对城乡关系的改善起着非常重要的作用。因此,观光农业能够方便城乡交流,拉近市民和农民的距离,为农村带来新思想、新观念,也可以消除城市居民对于农村居民的一些偏见。

4.观光农业增加就业机会,提高农民素质

观光农业是劳动密集型产业,一方面它推动了农业剩余劳动力的就地转移,缓解了城市就业压力;另一方面,它通过开展技能培训,提高从业人员的素质。观光农业的发展为当地,甚至周边带来了新的经济增长点、新的行业和就业机会;于此同时,这些行业可以转移和安置其他地区的剩余劳动力。观光农业的开发可以为城乡提供大量的就业机会,并带动一系列相关产业、相关行业的发展,使农村城镇化,这是贫困山区解决就业的最好途径。[29]

(二)城乡一体化能够促进观光农业深度发展

1.城乡一体化为观光农业提供基础设施和公共服务

国家为了缩小城乡差距,由"二元变一元",势必会加大对农村的资金投入,增加公共产品和服务的供给。国家通过新修公路,改善灌溉设施,整修村建等一系列措施,改善农村基础设施,为观光农业的发展提供条件。例如,台湾在城乡一体化的过程中大力推行"加强基础建设、提高

## 第十章 观光农业与城乡一体化的互动关系研究

农民所得"的措施,从而形成了日渐规模的"产地果园"形态的观光园区。台湾农林厅通过统筹规划,选择具有规模的农园设立农业观光带,形成了面积达876公顷的观光区。

**2. 城乡一体化为观光农业提供资金、技术、人才和劳动力支撑**

城乡一体化的实现,不仅需要国家的资金支持,还需要农村自身的转变。在我国经济社会的转型期,农村通过产业结构优化,延长农业产业链,一方面可以带动农村经济的振兴,另一方面,可以提供一个平台,吸引大批技术人才在农村施展才华,吸引农民在家乡创业,同时,也为观光农业的发展积累了资金、人才和劳动力。例如,深圳在城乡发展的过程中,通过开办荔枝园,举办"荔枝节"等各项活动,吸引城市居民观赏、游玩,同时利用这个机会进行商贸洽谈、招商引资,为观光农业的后续发展提供保障和支撑。

**3. 城乡一体化为观光农业的发展提供良好的人文环境**

城乡一体化为农村带来新的思维方式、生活方式、生产方式,从而提升了整个农村的生活水平和生活质量,也使城乡差距不断缩小。为了进一步吸引城市人才,农村不断学习城市的生活方式、思维方式,改善村容村貌,加强文化建设,从而为发展观光农业打造良好的人文环境。

**4. 城乡一体化为观光农业提供更多的游客和需求者**

城乡一体化缩小了城乡差距,城市人更愿意去农村享受自然生活,从而促进了观光农业的进一步发展。城乡实现一体化,农村与城市没有差异,但是农村拥有清新的空气,优美的田园风光,城市人利用闲暇之余去农村感受自然生活,为发展观光农业提供了契机。良好的环境为传统农业带来了创新和变革,也加强了农产品生产者和消费者之间的联系。另外,地方政府通过举办各种展现农村特色和风情的活动,吸引更多的城市游客。

## 第二节 汉中市观光农业与城乡一体化发展现状

### 一、汉中市发展观光农业的条件和现状

#### (一)汉中市发展观光农业的优越条件

1. 自然环境优势与资源优势

汉中市位于陕西省西南部,北倚秦岭,南屏巴山,中部是富饶的汉中盆地,拥有美丽的自然生态环境和特色鲜明的历史文化,是长江第一大支流汉江的源头,有"汉家发祥地,中华聚宝盆"的美誉。[30]

全市辖十县一区,面积2.7万平方公里,人口387万,是国家历史文化名城、中国优秀旅游城市、国家生态示范区建设试点地区。汉中拥有大熊猫、金丝猴、羚牛、朱鹮等珍稀动物,物产丰富,有4个国家级森林公园,被公认为地球上同一纬度生态最好和最适宜人类居住的地区之一。

汉中是中国南北气候的分界线,江河的分水岭,四季分明,气候温润,因此造就了物种的多样性。汉中市森林覆盖率为52%,林草的植被率为60%,境内有汉江、嘉陵江等567条河流,是国家"南水北调"中线工程的水源地。

2. 区位优势

汉中地处西安、成都、重庆三大西部重点城市的中心地带,是连接三大城市的纽带。随着西汉高速、十天高速的贯通,汉中的交通条件明显改善,加之312国道、西南、宝成、阳安等铁路线过境,连接了甘、川、鄂的主要城市。城固机场正式投入使用。不久的将来,汉中将成为重要的旅游集散地和客源交流的中转地。

西成客运专线(陕西段)2012年10月27日正式开工,预计5年建成

## 第十章 观光农业与城乡一体化的互动关系研究

后西安、成都之间乘火车行程不到3小时。西成铁路客运专线自西安铁路枢纽西安北站,穿秦岭入汉中,越大巴山过宁强,经米仓山入四川广元、剑阁、青川,接入江油成绵乐城际铁路(成都—绵阳—乐山)至成都。预计到2020年,汉中车站年发送人数将由2012年的150万人左右增至600万。另外,"兰州—天水—汉中"高速铁路列入《丝绸之路经济带甘肃段"6873"交通突破行动实施方案》,此外"阳平关—陇南—九寨沟"普通铁路也被列入。"兰天汉高铁"计划2019年动工,2023年竣工。

### (二)汉中市观光农业发展概况

汉中市观光农业发展始于20世纪90年代中后期,最初是以钓鱼休闲、品农家菜、赏农家景等为主要内容的农家乐形式出现的。虽然发展历程不长,但是汉中市青山绿水,环境优美,有着得天独厚的发展观光农业的资源条件,再加上政府重视引导并着力改善基础设施,管理规范,民间积极性高,人们对观光农业、乡村生态旅游需求的爆发式增长等各方面因素的综合作用,使得汉中市观光农业发展势头良好。经过十几年的发展,汉中市已经逐步形成了以特色农业景观、民俗风情、农家休闲、田园风光、特种动物养殖为主体的休闲观光农业产业体系。同时,在市场营销方面,汉中市运用各种形式,扩大形象宣传,并成功举办了五届"中国最美油菜花海汉中旅游文化节",该文化节规格高、规模大、人气旺、效果好,先后在中央电视台、中国旅游报、陕西卫视、腾讯网等主流媒体上开展了16项形象宣传,并且制定游客来汉优惠政策,开展了"汉中旅游惠民"活动,在节庆期间和重要时段,全市星级宾馆曾出现了一房难求的景象。在汉中市调研过程中,当地相关政府部门、旅游管理机构、观光农业经营者、到访游客等多方人士认为汉中市观光农业发展已经进入了一个新的阶段,并达到了持续健康发展阶段,这说明汉中市观光农业发展已经跨越了探索、起步阶段,步入了高速发展阶段。

(三)汉中市观光农业发展取得的成绩

1. 观光农业收入逐年增加

2012年汉中市共建成省级乡村旅游示范村9个(勉县勉阳镇黄家沟村、勉县定军山镇诸葛村、西乡县城关镇莲花村、洋县洋州镇巩家曹村、城固县桔园镇刘家营村、汉台区河东店镇花果村、洋县华阳镇红石窑村、佛坪县长角坝镇上沙窝村、留坝县留侯镇闸口石村)。2013年,汉中市共培育发展休闲农家明星村14个,休闲农庄68个,休闲农业园区19个,休闲农业从业人数达2.45万人,其中农民就业人数1.98万人,全市接待游客720余万人次,年营业总收入达8.9亿元,从业农民人均纯收入达12363元。观光休闲农业示范点逐级培育、梯级发展的格局初步形成,营业收入和带动能力稳步提高。观光休闲农业的发展有效延伸了农业产业链,带动了农产品加工业、服务业、交通运输业等相关产业的快速发展,成为农民增收致富的主要来源。

2. 观光园区相关产品种植面积逐年扩大

2013年,汉中市全年蔬菜种植面积90.57万亩,增加2.88万亩,产量202.4万吨,增长5.0%,产值达到69.54亿元,其中,设施蔬菜面积10.17万亩,产量69万吨。果园种植面积56.30万亩,产量41.15万吨,增长3.50%,水果产值达到11.56亿元。洋县朱鹮梨园、城固县刘家营村橘园、西乡县莲花村樱桃园和江榜村茶园荣获"中国美丽田园"称号。2014年,汉中市蔬菜种植面积94.21万亩,增加3.64万亩,产量214.34万吨,增长5.9%;茶叶种植面积95.68万亩,增加8.98万亩,产量3.3万吨,增长25.2%;园林水果种植面积57.54万亩,增加1.24万亩,产量43.07万吨,增长4.7%。

3. 观光园区数量逐年增加

汉中市坚持政府推动、政策扶持、企业主体、市场运作、多元投入的准则,现代农业园区建设速度明显加快,经济效益稳步提升,现代农业园区总数达103个,其中省级22个,市级81个,入园企业达到175家,实现产

## 第十章 观光农业与城乡一体化的互动关系研究

值42亿元,省市园区累计完成投资54.9亿元。全市建设完善标准化示范园67个,巩固发展果业重点镇33个,重点村466个。果品商品化处理生产线新增4条,总数达37条。[31]2013年,全市农业园区带动农户5085户,占全市农业园区总带动农户的25.17%,区内农民人均年收入7650元。[32]

### (四)汉中市观光农业发展存在的制约因素

**1. 资金短缺且基础设施落后**

由于汉中市地处我国西部山区,经济相对比较落后,经济发展方式还是以最初的农业发展模式为主,没有大型的工业基础,工业化程度较低。由于财政力度不足,发展观光农业的基础设施较落后,相关旅游规划及开发研究不足。当地缺少大型观光旅游企业对整个行业的带动作用,观光农业没有和其他行业形成配套的集群优势,没有带动当地整个旅游产业的发展。

**2. 开发水平低且仍处于初级阶段**

虽然汉中市各县区开发了众多的农业观光旅游项目,如西乡樱桃沟、茶园、宁强油菜花海、城固柑橘园等,但仍然缺乏农业观光旅游的品牌项目,优势资源不足。目前观光农业开发尚处于观光度假的初级层面,产品服务单一且没有合理规划,形式雷同,没有加入当地的特色。整个观光农业产业开发处于初级阶段,有待资源整合、合理规划。

**3. 缺乏专业从业人员**

观光农业专业人才是整个产业发展的重要支撑,如果缺乏专业性强、经验丰富、层次结构合理的人才队伍,整个观光农业产业就无法正常有序地发展。所需专业人才中第一类是管理型人才,主要从事观光农业管理;第二类是服务性人才,包括服务人员以及导游等。在汉中市观光农业的人才队伍中,高层次人才极度匮乏,大都是当地农民进行管理、服务,从业人员的文化素质以及教育程度普遍偏低。

(五)汉中市观光农业发展面临的挑战

1.生态资源与环境保护面临压力

观光农业的发展会导致新的经济和社会格局形成,也可能引起相关的利益冲突和矛盾。观光农业旅游的发展可能会干扰自然环境,进而影响农业生产活动,引发生态问题。如景区的农作物在管理不严格的情况下会遭到破坏,垃圾的产生、噪音污染等随着游客的增多而加剧,汉江水的大面积污染等,使得汉中的生态环境逐渐遭到破坏。

2.产品特色不突出

汉中市周边地区如安康、西安、成都旅游发展普遍升温,安康有着和汉中相似的旅游资源,秦岭北麓生态旅游也非常火爆,汉中市旅游发展面临全方位的竞争。汉中同类的或相似的生态旅游产品,可替代性比较明显,市内各区县的观光农业形式大体雷同,缺乏地方特色。而本地区的其他形式的旅游,如有关文化生态等方面的旅游资源未能与农业观光旅游形成内部的合作态势。

因此,汉中市要发展观光农业、生态旅游,还存在较大的威胁。汉中市必须经过合理规划,兼顾经济发展与生态保护,同时推出自己独具特色的品牌及拳头产品。只有这样,汉中市才能在"强敌临边"的境况之中,杀出一条发展观光农业的路子,从而带动汉中经济长远发展。

## 二、汉中市城乡一体化发展现状

(一)汉中市国民经济发展概况

汉中市下辖汉台区(行政中心)、南郑县、城固县、洋县、西乡县、勉县、宁强县、略阳县、镇巴县、留坝县、佛坪县,总面积2.7万平方公里,人口387万,城市化率达24.04%。2014年汉中市实现地区生产总值991.05亿元,增长11.6%。其中,第一产业增加值183.98亿元,增长5.4%;第二产业增加值457.92亿元,增长15.4%;第三产业增加值349.15亿元,增长9.7%。在地区生产总值中,第一、第二和第三产业增

## 第十章 观光农业与城乡一体化的互动关系研究

加值占比分别为18.6%、46.2%和35.2%。人均生产总值由2000年的3250元,上升到2014年的28908元,增长了8.9倍,年均增长率为16.8%。汉中市二、三产业产值比重基本稳定,第三产业从业人员逐年增长,2000年第三产业从业人数78.43万人,到2013年已达97.20万人,增长18.77万人;科研、技术服务和地质勘查业从业人员数0.62万人。2014年全部工业完成总产值1128.83亿元,增长15.7%。其中,规模以上工业完成产值1003.83亿元,增长16.6%。全社会固定资产投资完成845.04亿元,增长24.4%。其中,固定资产投资完成705.49亿元,增长19.6%。汉中市社会消费品零售额281.65亿元,其中城镇消费品零售额235.17亿元,增长13.7%,乡村消费品零售额46.25亿元,增长12.0%。

(二)汉中市城乡一体化发展的特征

汉中市城乡一体化发展呈现出以下几个特征:

1. 汉中市城乡收入相对差距近年有缩小但绝对差距仍较大

2000年以来汉中市城乡居民收入相对差距逐步缩小,甚至农村反超城市。2000年以来,汉中市城乡人民的收入日益提高,无论城镇居民还是农村居民的人均收入水平都逐年上升,城镇居民人均收入由2000年的4117元上升到2014年的24605元,年均增长率为12.6%;农村居民人均纯收入由2000年的1428元上升到2014年的7933元,年均增长率为12.1%。2006年和2010—2013年的五年中,农村人均纯收入的增长率超过城镇居民人均可支配收入的增长率,前者分别为7.4%、21.4%、26.3%、17%和14.1%,后者分别为3.8%、15.5%、17.3%、16.5%和11.8%。

目前汉中市城乡居民收入的绝对差距仍然较大。汉中市城乡人均收入的绝对差距逐年增大,由2000年的2689元,逐渐增加到2014年的16672元,差距是2000年的6.2倍,收入的绝对差距仍然在拉大(如图10-2所示);同时,城乡人均消费支出的绝对差距也逐年增加,由2000年的2039元增加到2014年的8518元,差距是2000年的4.18倍,小于人均收入差距。由图10-3所示,城镇居民和农村居民的人均消费支出也逐

打造丝绸之路经济带上的战略高地

年增长,但城镇增长明显快于农村增长的速度。

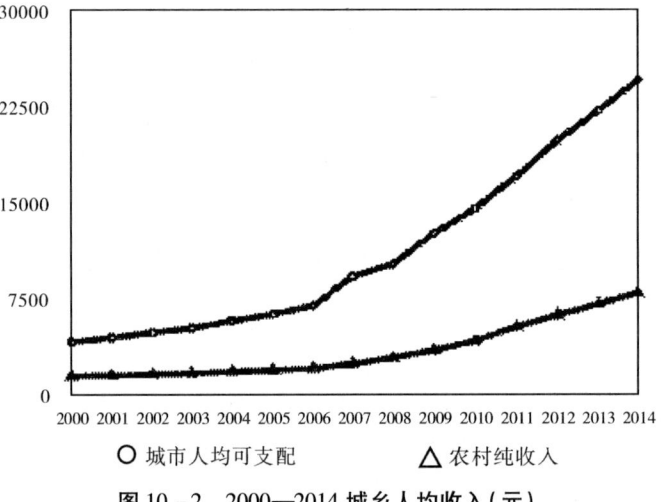

图 10 - 2　2000—2014 城乡人均收入(元)

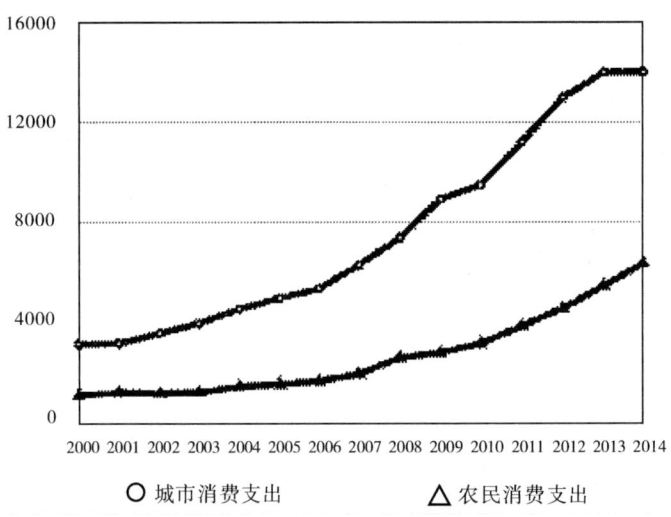

图 10 - 3　2000—2014 城乡人均消费支出(元)

2. 汉中市基础设施不断改善但仍然落后

(1)汉中市基础设施不断改善。2000 年以来,汉中市基础设施不断改善。第一,基础设施投资额不断增长。2015 年汉中市全社会固定资产投资 845.04 亿元,增长 24.4%;212 个重点项目完成投资 383.83 亿元,

## 第十章 观光农业与城乡一体化的互动关系研究

增长31%;招商引资到位资金417亿元,增长19%;汉中市中心城区49个城建重点项目完成投资38亿元,县城基础设施重点项目完成投资53亿元,省、市级重点镇建设完成投资39.2亿元。第二,汉中市体育场、群众健身基地等基础设施逐年完善。2014年群众体育场地面积合计479.65万平方米,其中,县、区全民健身基地面积110.7万平方米。全年新建体育场地477个,其中,农村健身场414个,城镇健身场63个,新建场地总面积31.5万平方米,完成投资7700.4万元。全市共有体育俱乐部15家,体育社团组织16个。第三,公路通车里程连年大幅增加,见图10-4。2014年汉中市各县区公路里程达18828公里,比2013年增加366公里,其中等级公路16791公里,比上年增加575公里,高速公路465公路;2013年汉中市各县区的等级公路16216公里,其中一级公路66公里,二级公路777公里,三级公路762公里。2001年末公路里程6351公里,其中等级公路4308公里,二级公路445公里,三级公路462公里;2000年公路里程6227公里。2014年公路总里程比2000年增加12601公里,是2000年总里程的4.37倍。等级公路比2001年增加12483公里,是2001年等级公路里程的3.89倍。

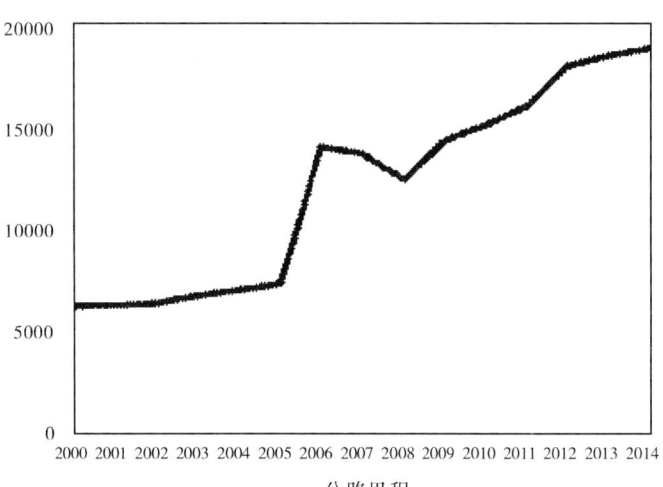

图10-4 2000—2014汉中市公路里程数(公里)

(2)汉中市基础设施总量仍然落后。目前,汉中市基础设施总量仍然处于落后状态。第一,公路交通差距明显。汉中市公路交通情况逐年改善,公里里程逐年增长,但与陕西省其他城市相比,差距仍然存在,见图10-5。虽然汉中市公路总里程高于铜川、宝鸡、咸阳、商洛,但是还远低于榆林、安康等地。

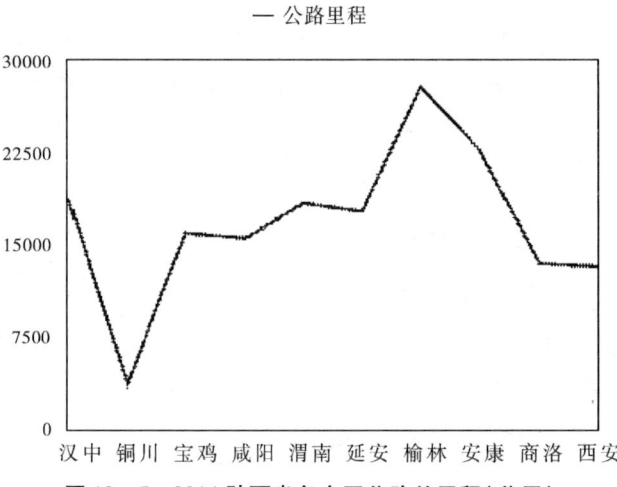

图10-5 2014陕西省各市区公路总里程(公里)

第二,汉中市在幼儿园以及卫生机构数量方面达到全省平均水平,但是邮电业务量、移动电话用户、互联网宽带用户、星级饭店数低于全省平均水平,这说明汉中市基础设施仍然处于落后状态,具体地相关数据比见表10-1。

表10-1 2014年陕西省各市区相关指标对比

| 星级饭店数 | 邮电业务量(亿元) | 移动电话用户(万户) | 互联网宽带用户(万户) | 幼儿园数 | 星级饭店数 | 卫生机构数 |
| --- | --- | --- | --- | --- | --- | --- |
| 汉中 | 34.91 | 234.63 | 35.49 | 777 | 3858 | 29 |
| 铜川 | 9.95 | 66.71 | 9.42 | 98 | 947 | 13 |
| 宝鸡 | 40.27 | 266.46 | 42.31 | 425 | 2916 | 34 |
| 咸阳 | 43.99 | 367.88 | 50.57 | 893 | 4683 | 23 |
| 渭南 | 49.95 | 362.98 | 65.84 | 1102 | 4203 | 29 |
| 延安 | 34.52 | 213.75 | 23.36 | 599 | 3571 | 48 |

续表

| 　 | 星级饭店数 | 邮电业务量（亿元） | 移动电话用户（万户） | 互联网宽带用户（万户） | 幼儿园数 | 星级饭店数 | 卫生机构数 |
|---|---|---|---|---|---|---|---|
| 榆林 | | 58.18 | 338.04 | 34.56 | 933 | 4939 | 29 |
| 安康 | | 26.16 | 174.22 | 27.41 | 393 | 3190 | 30 |
| 商洛 | | 16.28 | 120.22 | 17.36 | 409 | 3007 | 19 |
| 西安 | | 247.13 | 1462.32 | 246.12 | 1343 | 5742 | 109 |
| 平均 | | 56.134 | 360.72 | 55.24 | 697.2 | 3705.6 | 36.3 |

3.汉中市人居环境改善但新型城镇化率不足

(1)人居环境明显改善。汉中市城乡生活水平逐年提高,人民物质生活更加丰富。第一,文化媒介不断发展,人民娱乐生活丰富。到2014年,宽带电话接入用户数已达35.49万户,电视人口覆盖率99.08%,广播人口覆盖率98.3%。第二,公共文化事业进一步发展。2014年,汉中市文化产业增加值15.09亿元,文化体育和娱乐业固定资产投资61789万元。汉中市拥有剧场3个,公共图书馆12个,图书总藏量80.16万册。第三,汉中市生态环境也逐年改善。2014年工业废水排放达标率97.89%,城市用水普及率达100%,高于全省平均水平。2000年到2006年,人均绿地面积波动在5平方米/人左右,到2007年有了极大的改善,面积达14.30平方米/人,到2014年达14.6平方米/人,如图10-6所示。

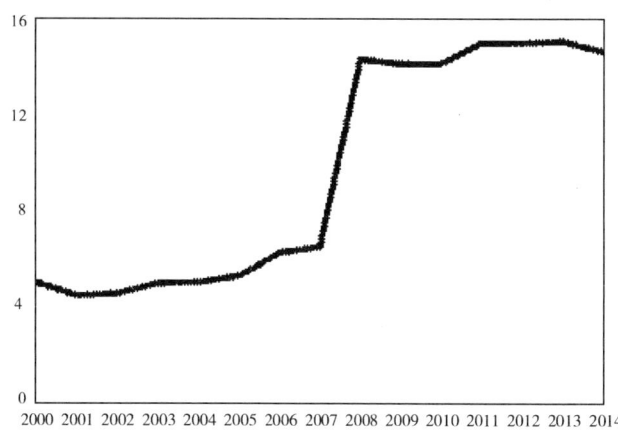

图10-6 2000—2014汉中市人均绿地面积(平方米/人)

## 打造丝绸之路经济带上的战略高地

(2)汉中市新型城镇化率不足。汉中市近年来发展迅猛,经济、社会、文化都取得了较大的进步,但是"二元"结构日益明显,与西部其他发达城市的差距仍然存在,新型城镇化率不足。第一,固定资产投资程度不高。由表10-2可以看出,全社会固定资产投资(845.04亿元)远低于全省平均水平(1785.91亿元)。第二,消费需求不足。2014年,汉中市社会消费品零售额281.65亿元,仅高于铜川、延安、安康、商洛,远低于陕西省平均水平590.58亿元,这说明汉中市消费需求严重不足。第三,环境污染严重。近年来,虽然工业化进程加速,但环境破坏日益严重,以往的青山绿水已不复存在,雾霾天数增多,所以汉中市亟需改变以往的发展模式,选择绿色生态的经济发展路径,从而使经济更上一个台阶。

表10-2 2014年陕西省各市区相关指标对比

| | 限额以上企业数 | 人均公园绿地面积 | 城市人均道路面积 | 社会消费品零售额 | 城市燃气普及率 | 全社会固定资产投资 |
|---|---|---|---|---|---|---|
| 汉中 | 372 | 14.6 | 14 | 281.65 | 79.7 | 845.04 |
| 铜川 | 143 | 11.5 | 11.5 | 96.64 | 91.2 | 327.63 |
| 宝鸡 | 608 | 12.3 | 15.9 | 539.67 | 98.6 | 2105.59 |
| 咸阳 | 596 | 15.2 | 12.6 | 528.84 | 96.9 | 2492.43 |
| 渭南 | 510 | 12.2 | 9.5 | 441.98 | 88.1 | 1765.63 |
| 延安 | 329 | 12.0 | 7.0 | 218.24 | 99.6 | 1541.07 |
| 榆林 | 559 | 16.6 | 20.8 | 374.74 | 92.2 | 1647.04 |
| 安康 | 460 | 13.2 | 16.1 | 193.18 | 81.2 | 605.56 |
| 商洛 | 132 | 9.9 | 11.2 | 136.92 | 93.0 | 625.16 |
| 西安 | 1341 | 11.6 | 18.1 | 3093.89 | 100 | 5903.98 |
| 平均 | 505 | 12.63 | 13.67 | 590.58 | 92.04 | 1785.91 |

# 第十章 观光农业与城乡一体化的互动关系研究

## 第三节 汉中市观光农业与城乡一体化互动关系的实证分析

基于以上对观光农业与城乡一体化互动关系机理的分析和对汉中市观光农业和城乡一体化发展现状的考察,这里我们将运用主成分分析、协整检验和格兰杰因果关系检验,对汉中市观光农业与城乡一体化互动发展关系进行实证分析。

### 一、指标体系的建立

为了验证汉中市观光农业与城乡一体化的互动关系,我们首先确定衡量观光农业与城乡一体化发展水平的指标体系,再通过两方面指标变量之间的回归模型分析其关系,最后引入计量经济学的单位根、协整检验和 Granger 因果分析法,验证二者之间是否保持着一种长期稳定的动态协整关系及是否存在因果关系。

#### (一)城乡一体化水平指标体系的构建

在进行实证分析之前,需要建立评价城乡一体化水平的指标体系。关于城乡一体化评价指标体系,国内学者进行了大量的研究,如张峰(2011)[33]、焦必方(2011)[34]、李运祥和陈国生(2010)[35]、郭俊华和高菊(2011)[36]、白永秀(2011)[37]、惠宁等(2012)[38]都根据各自对城乡一体化内涵的不同理解构建了相应的评价指标体系。本文综合相关学者的研究,同时考虑汉中市城乡的发展特点以及数据的可得性,拟构建的指标体系包含4个一级指标、13个二级指标,具体如下表10-3所示。

打造丝绸之路经济带上的战略高地

表10-3 城乡一体化指标体系

| 分 类 | 具体指标 |
| --- | --- |
| 城乡规划 | 公路里程(公里) |
| | 宽带电话接入用户数 |
| | 城乡居住面积比 |
| | 城市用水普及率 |
| 城乡生态 | 人均绿地面积(平方米/人) |
| | 工业废水排放达标率 |
| 城乡社会 | 城乡人均收入比 |
| | 城乡人均消费比 |
| | 城市人口密度(人/平方公里) |
| | 社会保障和就业支出(万元) |
| 城乡经济 | 人均GDP(元) |
| | 二三产业产值占比 |
| | 第三产业从业人数 |

（二）观光农业水平指标体系的构建

观光农业发展情况主要体现在农业观光收入、观光人次、观光景点数量等。本书考虑到汉中市观光农业的发展现状、指标的代表性以及数据的可得性，选择一级指标3个，二级指标8个，作为衡量观光农业发展的指标体系，具体见表10-4所示。

表10-4 观光农业指标体系

| 分 类 | 具体指标 |
| --- | --- |
| 收入类 | 观光旅游收入(元) |
| | 休闲农业从业人员人均年收入(元) |
| 数量类 | 农业合作组织数量(个) |
| | 观光旅游人次(人) |
| | 现代示范园数量(个) |
| 面积类 | 蔬菜种植面积(万亩) |
| | 果园面积(万亩) |
| | 茶园面积(万亩) |

# 第十章 观光农业与城乡一体化的互动关系研究

## 二、汉中市观光农业与城乡一体化互动关系的实证过程

### (一)数据来源

汉中市 2000—2014 年度的人均 GDP 和第二、三产业占比等数据来自《汉中市统计年鉴》和《中国城市年鉴》《陕西统计年鉴》。为了剔除价格因素对 GDP 和观光收入等的影响,本章以 1991 年为基年对相关数据进行换算。

### (二)数据的处理

通过对原有指标重叠信息进行整合浓缩,然后降维转化为几个综合指标,形成的综合指标称为主成分。对原有数据进行数据分析后,按方差大小排序得到主成分。表 10-5 为 KMO 检验和 Bartlett 球形检验的结果,其中 KMO 是抽样充足度的检验,其 KMO 值为 0.537,说明可以接受因子分析。

表 10-5 KMO 和 Bartlett's 检验

| Kasier-Meyer-Olkin 检验 | | 0.537 |
|---|---|---|
| Bartlett 球形检验 | Approx. Chi-square | 234.761 |
| | Df | 78 |
| | Sig. | 0.000 |

将原始数据标准化处理后,再对其进行主成分分析。利用 SPSS 软件进行主成分分析,得到三个主成分,其特征值和方差贡献率见表 10-6。累积方差贡献率为 86.603%。变量相关系数矩阵共有三大特征根:7.247、2.763 和 1.248,它们一起解释了变量的标准化方差的 86.603%,因此,前三个主成分提供了原始数据所能表达出的足够的信息。

表 10-6 方差的总体解释

| 成分 | 初始特征值 | | | 提取平方和载入 | | |
|---|---|---|---|---|---|---|
| | 总计 | 方差的% | 累积% | 总计 | 方差的% | 累积% |
| 1 | 7.247 | 55.747 | 55.747 | 7.247 | 55.747 | 55.747 |
| 2 | 2.763 | 21.253 | 77.000 | 2.763 | 21.253 | 77.000 |
| 3 | 1.248 | 9.603 | 86.603 | 1.248 | 9.603 | 86.603 |
| 4 | 0.660 | 5.077 | 91.679 | | | |
| 5 | 0.489 | 3.759 | 95.438 | | | |
| 6 | 0.302 | 2.326 | 97.764 | | | |
| 7 | 0.151 | 1.159 | 98.924 | | | |
| 8 | 0.081 | 0.625 | 99.549 | | | |
| 9 | 0.037 | 0.282 | 99.831 | | | |
| 10 | 0.012 | 0.093 | 99.924 | | | |
| 11 | 0.007 | 0.053 | 99.977 | | | |
| 12 | 0.003 | 0.020 | 99.997 | | | |
| 13 | 0.000 | 0.003 | 100.000 | | | |

建立主成分载荷矩阵如表 10-7 所示,从矩阵中可以看出,第一主成分在指标 1、2、6、7、9、10、11、12、13 上的系数较大,体现了第三产业从业人员数、人均 GDP、人均绿地面积、工业废水排放达标率、城市人口密度、宽带电话接入用户数、城市用水率、公路里程、社会保障和就业支出占比,因而称第一主成分 $Y_1$ 为第一主因子,综合全部指标体系的 55.747% 的信息;第二主成分 $Y_2$ 在指标 4、5、8 上的系数比较大,体现了城乡可支配收入比、城乡消费比和城乡居住面积比等指标的变化,为第二主因子,综合全部指标体系信息的 21.253%;第三主成分 $Y_3$ 在指标 3 的系数比较大,体现了二三产业增加值比重的变化,为第三主因子,占综合全部指标的 9.603%。

# 第十章 观光农业与城乡一体化的互动关系研究

表 10-7 主成分载荷矩阵

| 变量 | 成分 | | |
|---|---|---|---|
| | 第一主成分 $Y_1$ | 第二主成分 $Y_2$ | 第三主成分 $Y_3$ |
| 第三产业从业人员数 $X_1$ | 0.790 | 0.284 | 0.331 |
| 人均 GDP $X_2$ | 0.923 | -0.337 | -0.066 |
| 二三产业产值比 $X_3$ | -0.757 | 0.000 | 0.455 |
| 城乡人均收入比 $X_4$ | 0.422 | 0.767 | 0.359 |
| 城乡人均消费比 $X_5$ | -0.306 | 0.836 | 0.109 |
| 人均绿地面积 $X_6$ | 0.907 | -0.188 | 0.110 |
| 工业废水排放达标率 $X_7$ | 0.912 | 0.310 | -0.029 |
| 城乡居住面积比 $X_8$ | 0.633 | 0.694 | 0.307 |
| 城市人口密度 $X_9$ | 0.976 | 0.091 | 0.024 |
| 宽带电话接入用户数 $X_{10}$ | 0.853 | -0.436 | -0.105 |
| 城市用水率 $X_{11}$ | 0.227 | -0.266 | -0.785 |
| 公路里程 $X_{12}$ | 0.976 | -0.039 | 0.103 |
| 社会保障和就业支出占比 $X_{13}$ | 0.431 | -0.631 | 0.355 |

根据上述结果分析,所有指标可降维为三个主成分,即 $Y_1$、$Y_2$、$Y_3$。三个主成分与具体指标之间的关系如下所示：

$$Y_1 = 0.790X_1 + 0.923X_2 - 0.757X_3 + 0.422X_4 - 0.306X_5 + 0.907X_6 + 0.912X_7 + 0.633X_8 + 0.976X_9 + 0.853X_{10} + 0.227X_{11} + 0.976X_{12} + 0.431X_{13}$$

$$Y_2 = 0.284X_1 - 0.337X_2 - 0X_3 + 0.767X_4 + 0.836X_5 - 0.188X_6 + 0.310X_7 + 0.694X_8 + 0.091X_9 - 0.436X_{10} - 0.266X_{11} - 0.039X_{12} - 0.631X_{13}$$

$$Y_3 = 0.331X_1 - 0.066X_2 + 0.455X_3 + 0.359X_4 + 0.109X_5 + 0.110X_6 - 0.029X_7 + 0.307X_8 + 0.024X_9 - 0.105X_{10} - 0.785X_{11} + 0.103X_{12} + 0.355X_{13}$$

再将标准化后的变量带入上述三个式子中,得到新的数据,通过表4-2可以得到三个主成分各自的权重。将各数据带入以下线性方程中,即可得到汉中市城乡一体化水平。

$$Y = 0.557Y_1 + 0.213Y_2 + 0.096Y_3$$

(三)城乡一体化得分

运用 SPSS 相关软件计算,可以得到汉中市城乡一体化水平得分,如表10-8所示。汉中市城乡一体化水平总体不高,但呈现逐年上升趋势,由2000年的-0.98上升到2014年的0.50,2006年上升速度最快。2009年综合得分为0.65,达到最高水平,之后稳定波动。

表10-8 汉中市城乡一体化得分

| 年份 | 得分 | 年份 | 得分 |
| --- | --- | --- | --- |
| 2000 | -0.98 | 2008 | 0.43 |
| 2001 | -0.93 | 2009 | 0.65 |
| 2002 | -0.77 | 2010 | 0.51 |
| 2003 | -0.50 | 2011 | 0.37 |
| 2004 | -0.39 | 2012 | 0.47 |
| 2005 | -0.22 | 2013 | 0.48 |
| 2006 | 0.32 | 2014 | 0.50 |
| 2007 | 0.55 | | |

(四)汉中市观光农业发展水平测算

通过对汉中市观光农业指标体系(如表10-4所示)进行主成分分析,得出汉中市观光农业水平得分如表10-9所示。表10-9显示,汉中市观光农业发展水平逐年提升,得分由2000年的-0.124上升到2014年的3.899,增长迅速。

## 第十章 观光农业与城乡一体化的互动关系研究

表 10 – 9　汉中市观光农业发展得分

| 年份 | 得分 | 年份 | 得分 |
|---|---|---|---|
| 2000 | -0.124 | 2008 | 0.878 |
| 2001 | -0.074 | 2009 | 1.141 |
| 2002 | 0.078 | 2010 | 1.658 |
| 2003 | 0.129 | 2011 | 2.049 |
| 2004 | 0.296 | 2012 | 2.413 |
| 2005 | 0.414 | 2013 | 3.081 |
| 2006 | 0.536 | 2014 | 3.899 |
| 2007 | 0.739 | | |

(五)观光农业与城乡一体化关系的协整回归分析

根据上文对城乡一体化和观光农业变量的计算,分别对观光农业发展水平 Z、城乡一体化水平 Y 进行 ADF 单根平稳性检验。

表 10 – 10　变量 ADF 单根平稳性检验

| 变量 | ADF 统计量 | 1%临界值 | 5%临界值 | 10%临界值 | 结论 |
|---|---|---|---|---|---|
| Y | -3.493830 | -2.847250 | -1.988198 | -1.600140 | 平稳 |
| Z | -5.783784 | -4.992279 | -3.875302 | -3.388330 | 平稳 |

根据表 10 – 10,Y 和 Z 和 Y 皆为一阶单整,建立 Y 与 Z 的回归模型,对其残差 $e_1$ 进行 ADF 单根检验,检验结果如表 10 – 11 所示。$e_1$ 的 ADF 值为 -2.430,小于 5%水平临界值 -1.978,说明 Y 和 Z 之间存在长期稳定的协整关系。

表 10 – 11　残差 ADF 单根平稳性检验

| 变量 | ADF 统计量 | 1%临界值 | 5%临界值 | 10%临界值 | P 值 | 结论 |
|---|---|---|---|---|---|---|
| $e_1$ | -2.430188 | -2.792154 | -1.977738 | -1.602074 | 0.0206 | 平稳 |

(六)Granger 因果检验

Y 与 Z 之间存在协整关系说明观光农业发展与城乡一体化水平之间

存在长期稳定的均衡关系,但并不代表二者之间构成因果关系,因此需要进行 Granger 因果检验。表 10-12 中,我们不难看出,Z 和 Y 互为因果,与我们理论分析相符,这说明城乡一体化发展与观光农业相互促进,相互发展。

表 10-12 Granger 因果检验

| 因果关系假定 | 滞后阶数 | F 值 | p 值 | 决策 | 结论 |
| --- | --- | --- | --- | --- | --- |
| Z 非 Y 的 Granger 原因 | 1 | 1.81210 | 0.21118 | 接受 | 非 |
| | 2 | 3.89896 | 0.08223 | 拒绝 * | 是 |
| Y 非 Z 的 Granger 原因 | 1 | 0.73635 | 0.41310 | 接受 | 非 |
| | 2 | 20.6049 | 0.00205 | 拒绝 ** | 是 |

### 三、实证结论及分析

以上实证过程得出的主要结论如下:

(1)虽然汉中市城乡一体化水平总体不高,2000 年到 2005 年的城乡一体化得分均为负,但 2005 年以后总体上升明显,得分从 2005 年的 -0.22 上升到 2014 年的 0.50,而且 2006 年和 2010—2013 年这五年中,农村人均纯收入的增长率超过城镇居民人均可支配收入的增长率,前者分别为 7.4%、21.4%、26.3%、17% 和 14.1%,后者分别为 3.8%、15.5%、17.3%、16.5% 和 11.8%。

(2)观光农业持续发展。通过分析计算得出:观光农业得分由 2000 年的 -0.124 上升到 2002 年的 0.078,2002 年之后逐年高速增长,到 2014 年达 3.899。

(3)由协整检验分析得出:观光农业和城乡一体化水平之间存在长期稳定的均衡关系,并且格兰杰因果检验结果表明,城乡一体化发展和观光农业互为因果,这说明城乡一体化的发展带动了观光农业的发展,同时观光农业发展也加快了城乡一体化进程。

# 第十章 观光农业与城乡一体化的互动关系研究

## 第四节 相应的政策建议

上述的理论和实证分析,都证明了观光农业与城乡一体化呈现出相互促进的关系。因此,汉中市及其相似地区今后应该进一步提升观光农业发展水平、推进城乡一体化进程,并使二者更好地互动。本章将依据汉中市城乡一体化及观光农业发展现状、存在问题和实证结论的分析等几方面,提出进一步推进的政策建议。

### 一、进一步发展观光农业的对策建议

#### (一)增强特色并提高观光农业产品的质量

1. 增强产品特色

观光农业发展的成败就在于特色产品的开发,要在竞争激烈的市场中有立足之地,必须发展特色农业,综合开发规划,为游客提供休闲观光、参与农作等各项活动。第一,配合当地农业的各种特产。例如在茶叶观光园,游客可以欣赏秀丽的茶园风光,体验采茶的乐趣,还可进入茶叶生产车间,参观和参与茶叶的挑选、炒焙、包装等,也可品尝不同茶叶,欣赏茶秀表演。第二,引入当地文化特色。汉中作为文化胜地,具有丰富的文化资源,而且下属各区县文化背景不同,文化资源又具有明显的区域性特征,文化的多元性特征突出。因而各地区县还可以将当地文化与观光农业有效结合,以地区文化为依托,树立各地特色品牌,以产品差异化的形式在增强特色的同时也降低了内部竞争。

2. 提升观光产品质量

由于农业观光产品雷同性较高,除了要加强特色,还要重视观光产品的质量。第一,加强环境卫生及基础设施的检查。对于观光景区,要有专人进行维护,在保证景区环境卫生的同时,还要对景区的一些设施及时维

修、维护,保证游客的正常使用。同时,观光农业涉及饮食、住宿等,在饮食方面,要保证菜品新鲜,有当地的特色;住宿方面,保证环境舒适,卫生良好。在观光产品的打造中,要注意细节,善于倾听游客的需求,保证产品质量。第二,建立信息反馈机制。通过设立意见箱、留言板等形式向游客提供投诉、反馈平台。并对游客提出的问题和投诉及时处理,向游客反馈,使游客满意,从而为观光景区带来更大的收益。

(二)提升从业人员的文化素质和管理水平

1. 提升从业人员文化素质

观光农业作为服务业的一种,对从业人员的素质有较高的要求。观光农业涉及吃、住、游等不同方面,具有系统性和多元性,这就要求从业人员应具备相应的综合素质。第一,人员定期培训。通过行业协会定期培训的方式,从业人员应详细了解服务招待等内容,并且按照各自的分工,进行系统的学习。第二,对工作人员加强行为的规范性要求。观光农业的经营者应该加强管理,对于从业人员在服务中出现的不文明行为,要加强教育引导,使从业者及时发现自身问题,并且及时改正。

2. 提高管理水平

对于经营人员来说,要具备长远的眼光,并进行科学的管理。第一,加强管理者培训。在基本完成观光农业硬件基础设施建设的情况下,当地政府还要加强软件基础设施的建设,比如组织相关人员"走出去",主动学习参观国内先进案例,从而整体提高经营管理水平。第二,管理者边干边学。经营者自身也要加强学习,例如通过阅读一些经营管理、旅游管理方面的相关书籍,来提升经营管理的能力。

(三)树立品牌意识以打造精品项目

要发展高品位的观光农业,就要树立品牌意识,打造精品项目,避免旅游项目雷同。第一,因地制宜发展地方特色。在这方面,汉中市西乡县探索了一条新路。西乡樱桃沟已经成为我国第二大樱桃生产基地和国家

## 第十章 观光农业与城乡一体化的互动关系研究

级农业示范园区。近年来,西乡县政府根据自身资源优势,制定规划了樱桃沟旅游景区项目,从而实现了观光农业的快速发展。其他园区要借鉴西乡县成功的经验,将项目做精,提高自身的接待能力,丰富观光项目,提升品牌的市场竞争力,进而获得更高的市场份额。第二,打造特色主题旅游产品。可以在充分发挥农业相关资源的基础上,开展特色主题旅游产品。例如,以温泉疗养为主的养生型观光园,以度假休闲为主的乡村会所型等,以此来扩展观光农业的影响力。第三,着力培育品牌。要加大宣传,打出品牌,不断提高市场占有率。在利用好传统媒体的基础上,充分发挥新媒体的优势,加大宣传力度,善于抓住使用微博、微信等新媒体的年轻消费群体,进一步扩大市场影响力。

**(四)保护生态环境以实现可持续发展**

乡村生态建设之于观光农业发展是"筑巢引凤","引凤"是发展观光农业,能否享受到生态建设"筑巢"的"红利",取决于"巢"的"安全性、稳定性与景观性"。[39]生态环境是我们赖以生存的基础,也是汉中市发展观光农业的前提条件,如果生态环境遭到破坏,汉中市的观光农业就会受到致命的打击,那么也就谈不上促进城乡一体化的发展,城乡一体化的后续发展定会受到制约,可持续发展能力就无法得到保证。因此,汉中市在发展城乡一体化的过程当中应该注重生态保护,遵循"无污染、再利用、再循环"的原则,这样才能实现生态的可持续发展。第一,良好的环境需要人人维护。地方政府通过加强宣传教育,提高农民的环保意识,使得农民能够科学地使用化肥、农药,减少化肥、农药对环境的污染。除此外,还要充分发挥地方媒体的重要作用,向公众传播环境保护的重要性以及环保法律知识。第二,乡村旅游项目需要科学规划。地方政府在进行项目规划时要充分考虑环境承载能力以及当地的自然风貌,在积极发展农村经济的同时,要保证环境不受破坏,从而实现经济发展的可持续性。第三,环境保护部门要加强监督管理。对于破坏环境保护的企业,执法部门要加大处罚力度,严格执法,不能再走"先污染,后治理"的老路子。

**(五)政府加强扶持并营造宽松的发展环境**

1. 政府加强扶持

政府要明确有关政策优惠,鼓励观光农业发展。第一,要加大资金投入,进一步搞好基础设施建设。第二,要建立专项资金,对观光农业发展好、带动力强的企业给予奖励。第三,政府应将观光农业管理纳入行政管理,采取政府主导、各方支持,行政、经济、法律等相配套的指导和管理方法。同时,政府应成立观光农业领导机构,该机构主要负责观光农业发展中的管理、协调、监督、指导和服务工作。第四,要加强宣传,提高汉中市观光农业的知名度,吸引国内外游客,拓展汉中市观光农业市场。

2. 营造宽松的发展环境

在政府扶持的基础上,社会各界也要为观光农业的发展营造宽松的发展环境。第一,相关金融机构可以在观光农业项目贷款上给予适当的优惠,为观光农业的发展提供资金支持。第二,相关农资机构,可以为观光园区农资的购买给予适当的优惠,减轻观光园区的经济负担。第三,农技协会和相关学者也要给予一定的技术指导,帮助观光园区解决农业技术方面的疑惑,更好地进行园区的建设。

**(六)搭建互联网平台以实现供需信息双向流动**

当今社会是网络经济社会,网络技术已经影响到社会的方方面面,现代观光农业也应该探索属于自己的"互联网+"模式。第一,农村需要加快互联网基础设施建设,打通宽带入户的"最后一公里"。农村"村村通"普及宽带入户,可以为农业大数据的搭建以及农业网络平台建设提供保证。第二,"互联网+农业"使农业具有互联网思维。[40]相关部门可以开发观光农业手机APP,实现观光农业的O2O,卖家可以通过线上提高产品的附加值和品牌的知名度,消费者可以线上购买,线下体验;经营者可以通过网站、微博和微信等媒体,发布最新的产品信息,展示当地观光农业

## 第十章 观光农业与城乡一体化的互动关系研究

项目特色,吸引城市消费者的关注,实现经营者和消费者之间信息的双向流动,并及时收集消费者的建议,以完善服务项目。

### 二、推进城乡一体化进程的对策建议

#### (一)进一步缩小城乡居民绝对收入差距

1. 加快城乡户籍隔离制度的改革

政府应通过加快城乡户籍隔离制度改革,促进农民的市民化进程,进而缩小城乡收入差距。根据国家出台的《意见》,不同规模的城镇,采用不同的落户条件,"全面放开建制镇和小城市落户限制,有序放开中等城市落户限制"。[41]第一,可以先进行户籍改革试点,然后再将经验总结推广,实现全面的户籍制度改革;第二,户籍制度是我国长期以来的制度之一,是一项复杂的系统工程,所以不可能一蹴而就,要因地制宜,分步骤地推进;第三,户籍制度的改革还需要有配套的基础设施,当大量的农村人口转移到城市之后,要进一步完善就业、住房、教育、医疗等公共服务和社会保障体系。[42]

2. 大力推进普惠金融

普惠金融是践行邓小平同志提出的"消除两极分化,最终实现共同富裕"的发展要求。要想进一步促进农村普惠金融发展,更好地解决"三农"问题,政府要做到以下三点:第一,要进一步建设农村的信用体系,及支持金融机构开展信用村、信用农户;第二,需要逐步完善农村融资担保体系,各级政府可以设立融资担保公司,通过贷款损失的分摊机制来提供融资担保;[43]第三,逐步完善农村金融产品,针对不同的对象开发不同的产品,比如,对于贫困户和低收入者,提供以政策扶持为主的扶贫贴息贷款,对于农民创业的个体经营者,提供农村创业贷款等产品等。[44]

#### (二)进一步增加农村公共产品供给

1. 政府要发挥其引导作用,优化财政支出结构

第一,政府要进一步加大农村公共产品和服务的投入力度,完善公共

服务体系,协调金融机构和社会资金向农村基础设施建设转移,使农民也能享受同城市人一样的生产、生活环境;第二,积极拓宽农业发展资金的渠道,进一步开拓城乡一体化建设的融资渠道,不断完善农村金融服务体系,建立完善的农村信贷担保机制,为农村经济的快速发展提供资金支持。

2. 政府要加大招商引资力度

第一,为招商提供优良的投资环境。首先政府需要完善道路、电力、供水等基础设施建设,改善硬环境;其次,政府要加快城市建设规划,突出城镇发展的特点,为招商引资提供软环境。[45]第二,利用媒体资源。政府应充分利用媒体的影响力,吸引社会资源为农村提供公共产品,实现投资主体的多元化,真正实现工业反哺农业、工业促进农业的新局面。第三,争取国家投资项目。国家近年来大力支持新农村建设,并制定了各项惠农政策,基层政府要积极争取国家惠农项目,争取更多的建设项目资金。

(三) 加快推进农业现代化

当地政府及农村基层群众要积极推进农业现代化:第一,要推进农业产业化、规模化经营,要坚持家庭经营的基础性地位,同时要顺应农村劳动力的分工趋势,培养专业大户、家庭农场等新型的经营体。[46]第二,由于农业经营需要的资金具有额度高、投资周期长的特点,农村需要建立高效的金融体系,完善农村抵押资产变现处置机制,以满足农业现代化发展对金融资金的需求,解决农村信贷难题。第三,在国家现有的农业补贴的基础框架下,还要健全和完善农业补贴的政策工具和操作办法,通过增加补贴总量、提高相关补贴政策的针对性等多种方式来逐步推动农业现代化的发展。

(四) 因地制宜实现就地城镇化

当前经济增长对外需依赖过大,而城镇化是我国最大的内需,[47]政府应当重视小城市和农村的发展潜力,大力推进就地城镇化,这是我国目前新形势下扩大国内市场容量,改善经济增长需求条件的有效途径,也是

## 第十章 观光农业与城乡一体化的互动关系研究

具有中国特色的城镇化道路。第一,就地城镇化的首要任务是科学规划,因地制宜地制定城乡发展规划。各乡镇区域应该结合自身面积、经济水平、地理位置、产业特色等条件,进行自身的城乡发展规划。第二,完善基础设施是实现就地城镇化的保障。各乡镇产业发展规划与基础设施建设协调推进,为进一步发展特色产业经济提供良好的硬件设施。第三,专业人才是就地城镇化必不可少的软实力。研究发现,人才的缺失是制约城镇化进一步发展的重要因素之一,通过引进人才,充分利用其知识、思维和技能,在影响当地农民的基础上,带动产业发展,从而走出一条可持续发展的道路。

## 注 释

[1] INSKEEP E. Tourism Planning – – An Integrated and Sustainable Development Approach[M]. US:Van Nostrand Reinhold. 1991.

[2] LANE B, BRAMWELL B. Rural Tourism and Sustainable Rural Development [M]. UK:Channel View Publications. 1994.

[3] 郭焕成,刘军萍,王云才:《观光农业发展研究》,《经济地理》2000年第20期第2卷,第119—124页。

[4] 赵春雷:现代观光农业发展的几个问题》,《农业经济问题》,2001年第12期,第72—75页。

[5] 周晓芳:《广州都市观光农业发展探讨》,《农业现代化研究》,2002年第3期,第124—126页。

[6] 应瑞瑶,褚保金:《"观光农业"及其相关概念辨析》,《社会科学家》,2002年第5期,第51—53页。

[7] 杨荣南:《城乡一体化及其评价指标体系初探》,《城市研究》,1997年第2期,第19—23页。

[8] 李冰:《城乡一体化:二元经济结构理论在中国的延续》,《人文杂志》,2014年第2期,第45—49页。

[9]陈雯:《"城乡一体化"内涵的讨论》,《现代经济探讨》,2003年第5期,第16—18页。

[10]甄峰:《城乡一体化理论及其规划探讨》,《城市规划汇刊》,1998年第6期,第28—31页。

[11]朱治萍:《城乡二元结构的制度变迁与城乡一体化》,《软科学》,2008年第6期。

[12]石忆邵:《关于城乡一体化的几点讨论》,《规划师》,1999年第4期。

[13]洪银兴,陈雯:《城市化和城乡一体化》,《经济理论与经济管理》,2003年第4期。

[14]杨荣南,张雪莲:《城乡一体化若干问题初探》,《热带地理》,1998年第1期。

[15]顾益康,邵峰:《全面推进城乡一体化改革——新时期解决"三农"问题的根本出路》,《中国农村经济》,2003年第11期。

[16]李同升,库向阳:《城乡一体化发展的动力机制及其演变分析——以宝鸡市为例》,《西北大学学报》(然科学版),2000年第30卷第3期,第256—261页。

[17]张强:《城乡一体化:从实践理论到策略的探索》,《中国特色社会主义研究》,2013年第1期,第93—98页。

[18]张峰:《安徽省城乡一体化目标评价体系与发展路径》,《江淮论坛》,2011年第6期,第41—45页。

[19]常燕:《城乡一体化的理性定位及其实现路径》,《当代世界与社会主义》,2010年第6期,第62—66页。

[20]陈光庭:《城乡一体化概念的历史渊源和界定》,http://www.bjpopss.gov.cn/2002-12-14

[21]马克思:《德意志意识形态》,人民出版社,2003年。

[22]马克思,恩格斯:《马克思恩格斯选集》(第1卷),人民出版社,1972年,第56页。

[23]马克思,恩格斯:《马克思恩格斯选集》(第3卷),人民出版社,1960年,第57页。

[24]马克思,恩格斯:《马克思恩格斯全集》(第2卷),人民出版社,1985年版,第368页。

[25]埃比尼泽.霍德华:《明日的田园城市》,商务印书馆,2000年。

## 第十章　观光农业与城乡一体化的互动关系研究

[26] 柯宇晨,曾镜霏,陈玉娇:《共生理论发展研究与方法论评述》,《改革发展》,2014年第5期,第14—16页。

[27] 袁纯清:《共生理论——兼论小型经济》,经济科学出版社,1998年。

[28] 周起业:《区域经济学》,中国人民大学出版社,1989年,第120页。

[29] 付家冀:《生态旅游创新学》,清华大学出版社,2000年,第403页。

[30] 郭焕成:《中国乡村旅游发展综述》,《地理科学进展》,2010年第29期,第1597—1605页。

[31] 数据来源于:《汉中市统计年鉴》。

[32] 数据来源于:《汉中市统计年鉴》。

[33] 张峰:《安徽省城乡一体化目标评价体系与发展路径》,《江淮论坛》,2011年第6期,第41—45页。

[34] 焦必方,林娣,彭婧妮:《城乡一体化评估体系的全新构建极其应用——长三角地区城乡一体化评价》,《复旦学报》(社会科学版),2011年第4期,第75—83页。

[35] 李运祥,陈国生:《城乡一体化评估体系的主要指标——以湖南省为例》,《求索》,2010年第4期,第83—84页。

[36] 郭俊华,高菊:《城乡居民生活一体化指标体系研究——基于陕西城乡居民生活的对比分析》,《人文杂志》,2011年第3期,第75—80页。

[37] 白永秀:《陕西城乡一体化判别与区域经济协调发展模式研究》,《嘉兴学院学报》,2005年第1期,第76页。

[38] 惠宁,杨渊博,卢月:《城乡一体化实证研究——以西安市为例的分析》,《生产力研究》,2012年第7期,第150—152页。

[39] 黄震方,陆林,苏勤等:《新型城镇化背景下的乡村旅游发展——理论反思与困境突破》,《地理研究》,2015年第34期,第1409—1421页。

[40] 陈红川:《"互联网+"背景下现代农业发展路径研究》,《广东农业科学》,2015年第16期,第142—147页。

[41] 侯力:《户籍制度改革的新突破与新课题》,《人口学刊》,2014年第208期,第22—28页。

[42] 王勇:《户籍制度改革:统筹城乡发展的重要突破口》,《中国城市经济》,2011年第20期,第294—297页。

打造丝绸之路经济带上的战略高地

[43]吴国华:《进一步完善中国农村普惠金融体系》,《经济社会体制比较》,2013年第4期,第32—45页。

[44]林秋萍,谢元态:《普惠金融视角下农村金融发展与改革研究》,《金融教育研究》,2014年第6期,第26—33页。

[45]毛益民:《加大招商引资力度促进县域经济发展》,《前进》,2011年第4期,第32—33页。

[46]张红宇:《中国特色农业现代化:目标定位与改革创新》,《中国农村经济》,2015年第1期,第4—13页。

[47]李克强:《协调推进城镇化是实现现代化的重大战略选择》,《行政管理改革》,2012年第11期,第4—10页。

# 下篇　调结构、促转型、保秦岭,打造绿色陕西

依据资源、环境的可持续发展原理,基于陕西的资源环境特点和现实,陕西打造丝绸之路经济带上的经济发展战略高地,还必须调结构、促转型、保秦岭,努力打造绿色陕西。

## 第十一章　陕西产业结构对能源效率的影响研究

伴随着我国经济体量的日益增大,各行各业对能源的消费也不断增加。因此,如何降低能耗、提高能源效率已经成为我国各地经济发展面临的重要问题。陕西是矿产资源富集区,2008年煤、石油、天然气产量分别位居全国的第四、第六、第三,国内生产总值达到了6851.32亿元。伴随着经济的高速增长,陕西的单位GDP能耗却高于全国大多数省份,这与陕西的产业结构有很大关系。因此,通过产业结构的优化和调整,努力提升能源效率,是陕西的必然选择。

### 第一节　产业结构及其变迁对能源效率影响的理论分析

一、产业结构及其影响因素

（一）产业结构及分类

产业结构,亦称国民经济的部门结构,是指各产业的构成及各产业之间的联系和比例关系。一个国家产业结构层次的高低、合理与否,决定着

该国经济素质的高低、实力的强弱和能否实现稳定而快速的增长。[1]

产业结构有各种各样的分类。在经济研究和经济管理中,经常使用的分类方法主要有两大领域、两大部类分类法,三次产业分类法,资源密集度分类法和国际标准产业分类法。[2]

两大领域、两大部类分类法是马克思为了揭示资本主义本质和剩余价值产生的秘密而对社会再生产过程进行剖析所采用的一种产业分类方法。两大部类分类法是马克思研究资本主义再生产过程的理论基础,在这两个大部类中,每个部类拥有的所有不同生产部门,综合起来都形成一个单一的大的生产部门:一个是生产资料的生产部门,另一个是消费资料的生产部门。[3][4]

资源密集程度分类法是以各产业所投入的占主要地位的资源来划分的。根据劳动力、资本和技术三种生产要素在各产业中的相对密集度,把产业划分为劳动密集型、资本密集型和技术密集型产业。当前以微电子、信息产品制造业为代表的技术密集型产业正迅猛发展,并成为带动发达国家经济增长的主导产业。可以说,技术密集型产业的发展水平将决定一个国家的竞争力和经济增长的前景。[5]

国际标准产业分类。为使不同国家的统计数据具有可比性,联合国颁布了《全部经济活动的国际标准产业分类》。现在通行的是1988年第三次修订本。这套《国际标准产业分类》分为A–Q共17个部门,其中包括99个行业类别。这17个部门为A.农业、狩猎业和林业;B.渔业;C.采矿及采石;D.制造业;E.电、煤气和水的供应;F.建筑业;G.批发和零售、修理业;H.旅馆和餐馆;I.运输、仓储和通信;J.金融中介;K.房地产、租赁业;L.公共管理和国防;M.教育;N.保健和社会工作;O.社会和个人的服务;P.家庭雇工;Q.境外组织和机构。[6]

我国发布的《国民经济行业分类与代码》就是参照了《全部经济活动的国际标准产业分类》而制定的,因此,我国的产业划分与包括"经济合作与发展组织(OECD)"在内的大多数国家基本一致。

## 第十一章 陕西产业结构对能源效率的影响研究

本章主要按照三次产业分类法的划分进行产业结构的研究。这种分类法是根据社会生产活动历史发展的顺序对产业结构进行划分,即产品直接取自自然界的部门称为第一产业,对初级产品进行再加工的部门称为第二产业,为生产和消费提供各种服务的部门称为第三产业。这种分类方法成为世界上较为通用的产业结构分类方法。根据我国的实际情况,我国的三次产业划分是:第一产业即农业(包括种植业、林业、牧业和渔业);第二产业即工业(包括采掘业,制造业,电力、煤气、水的生产和供应业)和建筑业;第三产业即除了第一、第二产业以外的其他所有行业。我国的第三产业又可分为两大部分:一是流通部门,二是服务部门。各产业部门的构成及相互之间的联系、比例关系不尽相同,对经济增长的贡献大小也不同。研究产业结构,主要是研究第一产业、第二产业、第三产业之间的关系,以及各产业部门的内部关系。[7]

(二)影响产业结构的因素

决定和影响一个国家或地区产业结构的因素一般有以下几方面:

1. 需求因素

生产满足需求,需求促进生产。强大的需求量为区域产业的发展提供了广阔的市场,为企业的做大做强提供了市场保证。此外,需求结构的变化还会引起产业结构的变化,从而为产业结构的优化升级奠定基础。具体包括:中间需求和最终需求结构、个人消费结构、投资和消费的结构、区域投资结构等。[8]

需求结构的变动是影响经济结构变动的重要因素。需求可分为内部需求与外部需求两种。从内需构成看,主要由私人消费、政府消费与投资需求等项构成。从经济学角度分析,经济发展将使投资需求在总需求中的比重提高,而消费需求比重下降;在私人消费需求中,食品、衣着用品及其它必要生活用品(燃料、电等)的需求比重大幅下降,而耐用消费品、汽车等交通运输工具、住房及装修、教育、通讯、娱乐等需求比重上升;政府消费需求比重在经济发展初期阶段有所上升,其后也随着经济发展而减少,但其中的教育与研究、公共卫生、经济建设等需求比重上升。[9]

2. 供给因素

不同的经济区域,即使需求因素完全相同,在供给因素存在较大差异的情况下,产业结构也会有很大的不同。区域的资源供给在一定程度上决定了区域内产业的发展与变化。供给因素不仅包括自然资源、劳动力、资金供应状况和科学技术,也包括国内外政治、经济、法律等环境,同时还包括体制和人的思想、观念等。[10]

3. 科学技术因素

1957年索洛(R. Solow)的《技术变化与总生产函数》一文,提出技术进步推动经济增长的理论。索洛在生产函数中引入一个除资本和劳动力之外的变量——全要素生产率(实际总产出与实际总要素成本总和之比),并用其衡量一个国家经济增长的质量。科技进步的结果是社会劳动生产率的提高,以及产业分工的加深和产业经济的发展,它促使新兴产业的出现,并决定传统产业的兴衰,刺激需求结构的改变,从而使产业结构不断向高级化发展。[11]

4. 国际因素

在经济全球化深入发展的背景下,世界市场开放度和一体化程度越来越高,生产国际化和贸易自由化导致国际市场国内化、国内市场国际化的趋势日益显现。因此,目前我国产业结构的调整与升级加入了更多的国际因素,经济全球化通过国际贸易,即通过本国产品出口来刺激本国需求增长和外国产品进口来增加国内供给,从而影响产业结构的调整。[12]

5. 产业政策

产业政策是国家根据国民经济发展的内在要求为促进各生产企业、部门均衡发展而采取的政策措施及手段的总和。在一定时期内,区域产业结构的演进总是在具体的制度和与之相应的产业政策环境下进行的。经济政策主要包含宏观性的政策,如涉及经济体制、产权制度、所有制结构、市场秩序建设等政策;中观的经济政策,主要指产业政策;微观的经济

# 第十一章 陕西产业结构对能源效率的影响研究

政策,主要是调整具体行业或经济问题的措施型政策。[13]

## 二、产业结构的演进、优化及目的

### (一)产业结构演进的含义及规律

产业结构水平的演进通常包括以下三层含义:其一,第一产业占优势比重逐步向第二产业和第三产业占优势比重演进;其二,劳动密集型产业占优势比重逐步向资金密集型和技术、知识密集型产业占优势比重演进;其三,低加工度产业占优势比重逐步向高加工度产业占优势比重演进。但产业结构水平难以度量,通常对它的判断使用的是优化或升级等描述性语言,即使在克拉克、库兹涅茨或霍夫曼分别归纳的法则中,也仅是补充了"增加"或"减少"等模糊的定性比较。[14]

从工业发展的阶段来看,产业结构的演进有如下几个阶段:前工业化时期、工业化初期、工业化中期、工业化后期和后工业化时期五个阶段。在前工业化时期,第一产业占主导地位,第二产业有一定的发展,第三产业的地位微乎其微。在工业化初期,第一产业产值在国民经济中的比重逐渐缩小,地位下降,第二产业有较大的发展并占据主导地位,第三产业也有一定发展,但比重很小。在工业化中期,第二产业仍居第一位,第三产业逐渐上升。在工业化后期,第二产业比重继续下降,第三产业快速发展并占有支配地位。在后工业化阶段,产业知识化成为主要特征。目前陕西省正处于工业化的中期。[15]

产业结构优化升级是产业结构合理化和高度化的有机统一。英国古典经济学创始人威廉·配第(Willian Petty,1672)最先研究了产业结构理论。英国经济学家克拉克(Colin Clark,1940)揭示了第一次产业向第二次产业、继而向第三次产业转变的过程中,人均收入变化引起劳动力流动,进而导致产业结构演进的规律。美国经济学家西蒙·库兹涅茨(Simon Kuznets,1941)对产业结构的演进规律作了进一步探讨,阐明了劳动力和国民收入在产业间分布变化的一般规律。[16]

### (二) 产业结构优化的概念及内涵

所谓产业结构优化,是指推动产业结构合理化和产业结构高级化发展的过程,是实现产业结构与资源供给结构、技术结构、需求结构相适应的过程,也是产业与产业之间协调能力的加强和关联水平提高的过程。产业结构优化,主要依据产业技术经济关联的客观比例关系,遵循再生产过程比例性需求,促进国民经济各产业间的协调发展,使各产业发展与整个国民经济发展相适应。产业结构优化,要遵循产业结构演化规律,通过技术进步,使产业结构整体素质和效率向更高层次不断演进;也要通过政府的有关产业政策调整,影响产业的供给结构与需求结构,不断实现资源优化配置,推进产业结构的合理化和高级化发展。[17]

概括来看,产业结构优化的内涵包括以下多个方面:第一,产业结构优化是一个动态过程,是产业结构逐步趋于合理,不断升级的过程。在一国经济发展的不同阶段,产业结构优化的衡量标准不同。第二,产业结构优化的原则是产业间协调发展和最高效率原则。第三,产业结构优化的目标是资源配置最优化和宏观经济效益最大化。第四,产业结构合理化和产业结构高级化是相互联系、相互影响的。产业结构合理化是产业结构高级化的前提条件,如果产业结构长期处于失衡状态,就不可能有产业结构高级化的发展。同时,产业结构合理化也总是一定高度基础上的合理化,产业结构合理化主要从静态状况或在一定阶段上要求优化产业结构,产业结构高级化主要从动态趋势要求优化产业结构,它是一个渐进的长期发展过程。产业结构高级化是产业结构从一种合理化状态上升到更高层次合理化状态的发展过程,因此,产业结构高级化是产业结构合理化的必然结果。[18]

### (三) 产业结构优化的目的

产业结构优化的目的是:第一,产业结构合理化。产业结构合理化是指产业与产业之间协调能力的加强和关联水平的提高,主要是建立再生产过程比例关系,促进国民经济各产业间的协调发展,使各产业发展与整个国民经济发展相适应。第二,产业结构高级化。产业结构高级化是通过技术进步,使产业结构整体素质和效率向更高层次不断演进的趋势和过程。[19]

## 三、能源、能源效率及其测度

什么是能源？按照《科学技术百科全书》中的定义,"能源是可从其获得热、光和动力之类能量的资源";按照《大英百科全书》的定义,"能源是一个包括着所有燃料、水流、阳光和风的术语,人类用适当的转化手段便可让它为自己提供所需的能量";我国的《能源百科全书》则认为,"能源是可以直接或经转换提供人类所需的光、热、动力等任意形式能量的载能体资源"[20]。能源的定义莫衷一是,但参考多种文献可知,能源被描述为是一种呈现多种形式并且可以相互转化的能量的源泉。

能源种类繁多,而且经过人类不断的开发与研究,更多新型能源已经开始满足人类需求。按照能源的基本形态,可以把能源划分为一次能源和二次能源。前者即天然能源,指在自然界现成存在的能源,如煤炭、石油、天然气、水能等。后者指由一次能源加工转换而成的能源产品,如电力、煤气、蒸汽及各种石油制品等。一次能源又分为可再生能源(水能、风能及生物质能)和非再生能源(煤炭、石油、天然气、油页岩等)。[21]

所谓能源效率,通常是用能源实际产出量与能源投入量的比值来度量。从能源效率的内涵来讲,我们可以将其理解为,在社会生产生活中所消耗的能源量对于维持和促进整个社会的经济和环境的可持续性发展做出的贡献量。史丹(2002)把能源效率分为能源经济效率和能源技术进步效率,她提出能源经济效率主要指经济发展水平、产业结构、价格水平、管理水平、对外开放以及经济体制等经济因素对能源效率的影响,而能源技术效率则是指由生产技术、产品生产工艺和技术装备所决定的能源效率,并指出这两种效率的根本区别在于技术进步效率是可持续的,而经济效率会逐步消失,但她又指出我国现阶段能源经济效率的改进潜力巨大。[22]

能源效率该如何衡量呢？魏一鸣、廖华(2010)将能源效率测度指标分为能源宏观效率、能源实物效率、能源物理效率、能源要素利用效率、能源要素配置效率、能源价值效率、能源经济效率等七大类指标。其中能源宏观效率指的就是本章所定义的能源效率,它是单位GDP能耗(或者单位增加值能耗、单位总产出能耗、单位总产值能耗、能源强度)的倒数,即单位增加值能耗越低,能源效率就越高。[23]

能源消耗强度,也称单位产值能耗,是指一定时期内,一个国家或地区每生产一单位的国内生产总值所消耗的能源,通常以吨(或公斤)油当量(或煤当量)/万元来表示,一个国家或地区的能源消耗强度反映了经济对能源的依赖程度以及能源利用效率。[24]其计算公式为:单位国内生产总值能耗 = 能源消耗总量/国内生产总值。[25]其中,在我国能源消耗总量只包括原煤和原油及其制品、天然气、电力,不包括低热值燃料、生物质能和太阳能等的利用,这主要考虑到前者主要为商品能源,在能源市场上交易的规模比较大,而后者主要是自取自用,基本不属于商品能源,即使有一部分正在开始被作为商品能源使用,其使用量也相当小。[26]

能源消耗强度能够反映能源利用效率,在多数情况下,能源消耗强度被用于评估地区在不同时期对能源依赖程度的变化,[27]而且能源强度在相当程度上也反映了能源加工转换效率和单位产出的能耗。所以,我们一般提到能源效率的时候通常使用单位能耗产出,也就是能源强度的倒数来反映,因此,能源强度在很大程度上就代表了能源效率的水平。

单位GDP能耗是反映能源消耗水平和节能降耗水平的主要指标。一次能源供应总量与国内生产总值(GDP)的比率,是一个评价能源利用效率的指标,该指标说明一个国家的经济活动中对能源的利用程度,反映了经济结构和能源利用效率的变化情况。[28]

## 四、产业结构及其变迁对能源效率的影响机理

### (一)产业结构不同则能源效率不同

一个地区的能源消耗总强度(能源效率的倒数)主要取决于其产业

## 第十一章 陕西产业结构对能源效率的影响研究

结构、一次能源构成、能源利用全过程的科技和管理水平等因素。在一、二、三次各产业使用的一次能源构成、能源利用过程中的科技和管理水平既定的条件下,该地区的产业结构对地区能耗总强度就具有决定性的影响。因为产业结构反映的是资本、技术、劳动力以及自然资源等生产要素在各个产业间的配置状况,它很大程度上决定了一个地区生产资料的消费方式。由于三次产业及各产业内部不同行业的生产过程以及产品特点有差异,因此,对三次产业以及各产业内部的不同部门来说,产出相同的经济价值所需要的能源消耗也是不同的。相对于第一产业和第三产业,第二产业的能耗强度要大得多;就第二产业内部来说,重工业比轻工业的能耗强度要大得多。由此可见,产业结构由重向轻转变意味着能源资源配置从能源强度较高的部门转向能源强度较低的部门,能源消费强度也会随之降低;反之,产业结构重化会使能源资源大量投入能源强度较高的工业部门,这就会导致能源消费强度上升。对于能源消费强度低于所有产业间平均能源消费强度的产业来说,其增加值在 GDP 中的比重升高,会促进总能源消费强度的下降,相反,就会导致总能源消费强度的升高;对于能源消费强度高于所有产业间平均能源消费强度的产业来说,其增加值在 GDP 中的比重降低,会促进总能源消费强度的下降,反之,会导致总能源消费强度的升高。[29]20 世纪 80 年代,美、日等发达国家都通过改变本国的产业结构,尤其是通过提高第三产业的比重使得工业能耗在能源消费结构中的比重逐年降低,并使其稳定在一个较低水平,从而最终降低能源强度,提升整个国民经济的能源效率。[30]可见,产业结构和经济发展水平之间有密切的联系,它决定着资源消耗和环境污染的水平和类型。

因此,大力发展服务业等第三产业,逐步减少能源密度较高的重工业可以优化产业结构布局,从而在一定程度上使能源消费强度逐步降低,使能源利用效率逐步提升。

(二)产业结构变动必将影响能源效率的变动

1. 产业结构重工化将导致能源效率下降

产业结构由第二产业为主向第三产业为主转变,由重工业向轻工业转变,就意味着能源配置从能耗强度较高的部门转向能耗强度较低的部门,则能耗强度降低,能源效率提高;反之,产业结构重工化则会使能源大量投入能耗强度较高的工业部门,则能耗强度上升,能源效率降低。

2. 能源效率高于各产业平均能源效率的产业比重大且增长快,则总的能源效率会提高

对于能耗强度低于各产业平均能耗强度的那些产业来说,其增加值在 GDP 中的比重升高,会促进总能源消费强度的下降,反之则相反;对于能耗强度高于各产业平均能耗强度的产业来说,其增加值在 GDP 中的比重降低,会促进总能耗强度的下降,反之则相反。同时,各产业的能源消费弹性系数[31]也不相同,如果能源消费弹性系数较大的产业增长速度较快,那么整个国民经济的能源消耗就会上升,能源效率就会下降。

3. 能源效率随产业结构的变动而变动

一般来说,第一产业单位 GDP 耗能小,则其能源强度最低,第二产业(其中大部分是工业)能源强度最高,耗能也最大,第三产业能源强度比第二产业能源强度要低,但又比第一产业能源强度高些。随着经济的发展,产业比重会从第一产业逐次变迁到第二产业,之后到第三产业,因此,一国的能源强度从产业结构间变动的角度来讲,应当是先上升,然后随着GDP 的增长,能源强度再下降。因此,一国三次产业在产业结构中的比重直接影响着该国的能源效率。[32]

可见,通过产业结构调整和优化、高级化,可以达到降低单位能耗,实现低能耗增长的目的。鉴于产业结构对地区能耗水平的重要影响,当政府和能源生产部门在制定国民经济发展规划以及开采能源计划时,要充分考虑到产业结构变动的影响,不能单一追求经济增长速度和经济总量的变化,要重视经济增长的质量问题。如果在保持国内生产总值水平不变的情况下,减少单位能耗较高的部门产品的产出,相应地增加单位能耗较低的部门产品的产出,便可以达到降低能源消耗数量的目的。20 世纪 80 年代以来,美日等发达国家就是通过改变本国的产业结构,尤其是通

# 第十一章　陕西产业结构对能源效率的影响研究

过提高第三产业的比重从而使得本国产业最终降低能耗强度,提高能源效率的。

## 第二节　陕西省1991—2014年间产业结构与能源效率的变化状况

能源是人类赖以生存和发展必不可少的物质基础,也是地区经济发展的重要物质基础。陕西省一、二、三次产业在国内生产总值中的比重由1991年的27.1%:43.3%:29.6%,转变为2014年的8.8%:54.1%:37%,国民经济的快速发展和产业结构的升级推动了陕西省能源行业的发展和提高,能源工业已经成为陕西省经济的基础工业。那么,产业结构的变动与陕西省的能源效率变化之间存在什么样的关系呢?我们从1995—2014年陕西能源消耗结构变化,1991—2014年陕西省产业结构变化和能源效率变化这几方面进行回顾。

### 一、陕西省能源消耗结构状况

能源消耗结构是指各种能源消耗量占总能源消耗量的比例关系。陕西省1995—2014年的能源消耗结构及变化如图11-1所示。

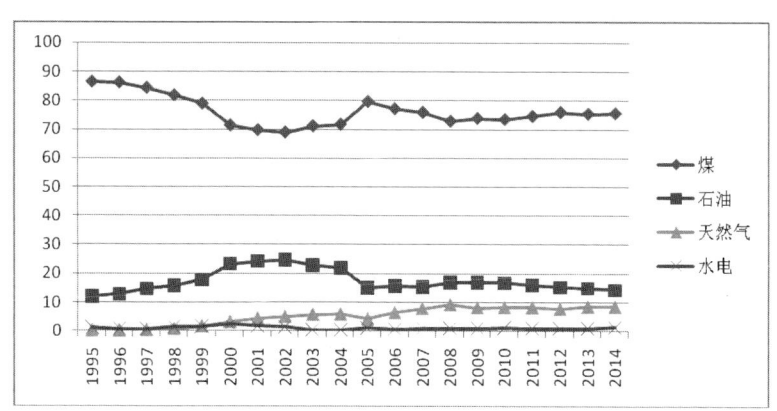

**图11-1　1995—2014年陕西省能源消耗构成及变化**[33]

打造丝绸之路经济带上的战略高地

如图11-1所示,1995年陕西煤炭消耗量占一次能源消耗总量的比重高达86%。由于资源条件的原因,煤炭长期在陕西能源消耗存量中占据绝对主导地位,1995—2014年,陕西煤炭消耗量在总能源消耗中的平均比重在70%以上。虽然随着石油、天然气工业和水利、水电工业的发展,煤炭的消耗比例有所下降,但在实际消耗绝对量上,煤炭资源消耗是不断上升的,而且其所占总能源消耗量的比重也呈现出"U"型趋势,2014年煤炭消耗仍然占76%[34],煤炭消耗比重呈先降后缓慢上升的趋势。从整体上看,陕西的能源消耗格局基本上仍然是以煤为基础、多元发展的能源消耗结构。1995—2014年期间,石油消耗比重总体上表现为上升的趋势,1995—2014年期间石油消耗的平均占比约为17%[35],2002年最高达到24.8%;天然气消耗基本呈上升趋势,2013年达到8.53%;[36]水电的比重一直保持在1%左右。

从能效上来看,煤炭的能效是较低的,而且煤炭还受到资源转换技术和环境的极大约束,煤开采率仅为60%左右,其运输也比石油、天然气困难,煤在燃烧过程中对环境污染很大,会产生$SO_2$、$SO_3$、$NOx$等气体污染环境。天然气发热量最高,碳排放强度低,可以直接作为燃料使用,是清洁的化石能源。石油也是一种能效较高且具有多种优良特性的优质能源。而以水电、生物质发电、风电等为代表的可再生能源和以氢能、天然气水合物、核聚变等为代表的新型能源则在环境保护方面具有独到的优势,但是受到目前技术的约束还没有形成规模效应。所以如果形成以天然气和石油为主体,逐步向可再生能源和新型能源过渡的能源体系,并在能源消费结构中不断突出清洁高效的能源,加大这些类型能源的比重,将会极大地提升能源效率,而且也可以达到保护环境的目的。[37]但从图11-1所显示的陕西省能源消费结构上看,煤炭所占比例过大,而天然气、石油等优质能源在整个能源消费结构中所占比率过小,这样的能源消费结构是陕西省能源效率低下的一个重要原因[38]。

第十一章　陕西产业结构对能源效率的影响研究

## 二、陕西省1991—2014年产业结构的变化

1. 三次产业结构变化

陕西省1991—2014年间三次产业产值变化趋势如图11-2所示。

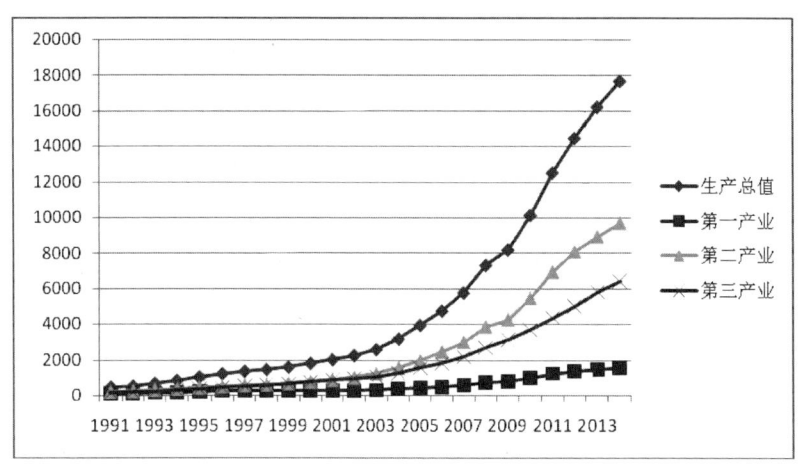

**图11-2　1991—2014年陕西省三次产业产值变化及趋势**[39]

图11-2显示,从三次产业产值增加看,第一产业在此期间增长了约12.4倍,第二产业增长了48.05倍,而第三产业则增长了40.8倍。从增幅上来看,在1991—2014年间,陕西省的第二产业增长幅度最大,第三产业次之,第一产业增长幅度相对最小。

从三次产业结构来看,在1991年,三次产业的比重是27.1∶43.3∶29.6,到了2014年,三次产业的比重变为8.8∶54.1∶37,第一产业所占比率下降了67.52%,第二产业的比重上升了24.94%,而第三产业的比重上升了25%,即平均每年升高1.4%。

2. 工业内部结构变化

工业内容结构可以用工业增加值中的轻重工业比例来表示。陕西省1991—2014年间轻重工业增加值占工业增加值比重如图11-3所示。

打造丝绸之路经济带上的战略高地

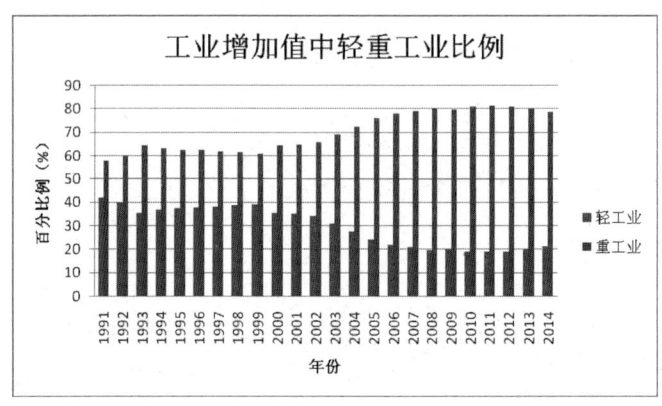

图11-3　1991—2014年间轻重工业增加值占工业增加值比重[40]

图11-3显示,陕西省在1991—2014年间,重工业增加值占工业增加值比重基本保持不断上升的趋势,从1991年的57.9%上升到2014年的81.3%,增长了40.41%;轻工业增加值占工业增加值的比率则在不断下降,从1991年的42.1%下降到2014年的21.3%,下降了49.4%。尤其是进入2003年后,这种趋势更加明显,也就是说,陕西省在进入2003年之后,其重工化的步伐越来越快。这对能源效率的降低是不利的。但2013年以来,情况略有好转。

3. 第三产业内部结构变化

第三产业内部行业较多,这里用交通运输业、批发和零售业、金融业、房地产业以及其他服务行业的占比关系来表示第三产业内部结构变化,如图11-4所示。

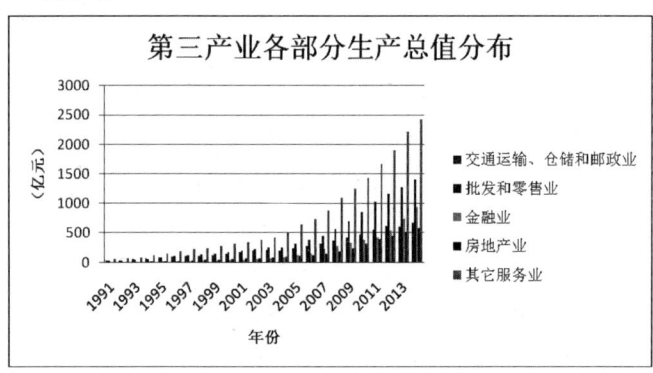

图11-4　1991—2014年陕西省第三产业内部产值分布情况[41]

# 第十一章 陕西产业结构对能源效率的影响研究

经济能否持续快速发展,与第三产业的发展状况有极大关系。由于发展第三产业不仅能优化经济结构,而且可以缓解能源需求紧张的局面,所以陕西应该大力发展第三产业,尤其是其中的金融、保险、咨询等现代服务业。但图11-4显示,在陕西省的第三产业内部,批发和零售等传统服务业占很大的比重,而金融业和房地产业尚处于待开发阶段。如经济发达的上海市2010年第三产业中占较大份额的分别是批发零售业(占第三产业的24.45%)、金融业(20.21%)、房地产(13.86%);而同期陕西的批发零售业所占份额的23.22%、金融业所占份额的10.43%、房地产所占份额的8.56%。[42]可见,陕西省应积极培育和发展包括债券、股票等有价证券的金融市场,大力发展技术、劳务、信息和房地产等市场。

## 三、陕西省1991—2014年能源效率的变化情况

由于能源强度和能源效率两者互为倒数,而能源强度是指产出单位经济量(实物或服务量)所消耗的能源量,常用单位GDP能耗来表示。所以本章通过求出能源强度(单位GDP能耗)来导出能源效率的经济量。

从能源消费总量以及各产业部门的能源消费量上来看,陕西省1991—2014年能源消费总量和各次产业能耗如图11-5、11-6所示。从图11-5、11-6可以看出,一方面,随着GDP的增长,能源消耗也逐年增长,而能源消耗主要消耗在了第二产业中的工业当中;另一方面,能源消耗总量中工业能源消耗增长率明显高于其他各产业和总能耗,且消耗总量也是很明显部分。

图11-5 1991—2014年陕西省能源消耗总量变动情况[43]

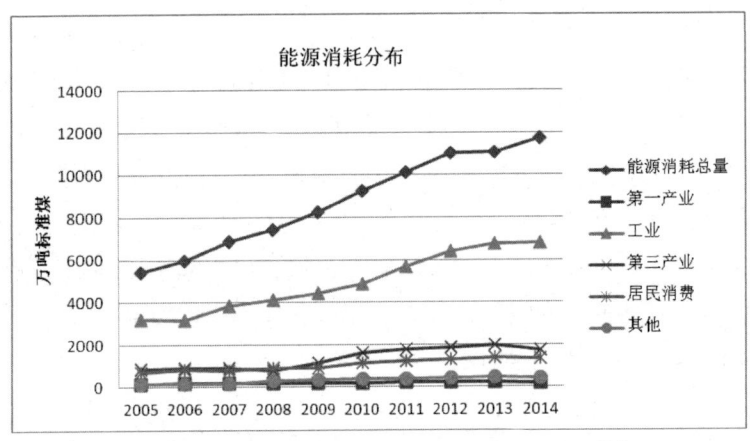

**图 11-6　陕西省 2005—2014 年能源消耗分布**[44]

由图 11-5、11-6 可知,能源消耗总量在 2001—2014 年呈现明显增长的趋势,2006—2014 年第二产业中的工业也是能耗较高的产业。

下面我们再来看陕西省十多年来单位 GDP 能源消耗(能源强度)变动状况,如图 11-7 所示。

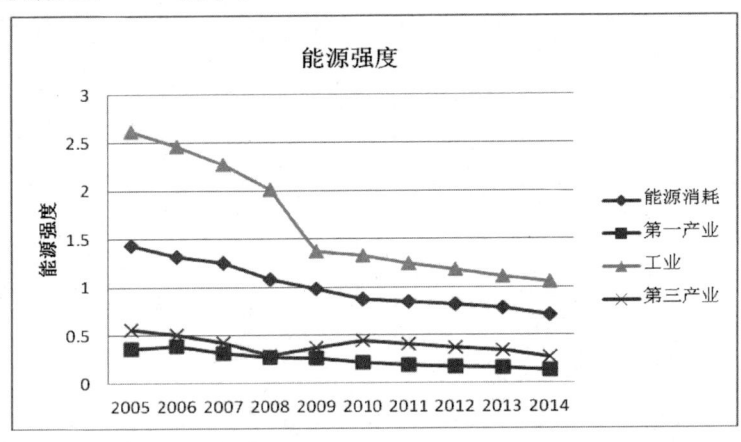

**图 11-7　陕西省 2005—2014 年间三次产业的能源强度**[45]**变动趋势**

从图 11-7 可以看出,2005—2014 年,第二产业中工业的能源强度最大,在 2008 年大幅度下降,以后下降速度放缓但是仍然呈现下降的态势;2005—2014 年,总能源强度缓慢下降;第一产业的能源强度也呈下降趋势。

综上所述,陕西省第二产业的能源消耗强度最大,所以能源效率最低。因此,在三次产业结构变动过程中,在第二产业占比逐渐上升的情况下,能源效率应该是下降的,但由于在第二产业上升时又伴随着第三产业的上升,而第三产业可能会拉动能源效率的上升,所以总体情况还需要通过进一步的实证研究才能明确。

## 第三节 陕西产业结构与能源效率关系的实证分析

### 一、陕西省经济增长与能源效率的状况

陕西省从2005年经济总量就迅速增长并且基本上都高于全国经济平均增长水平(如图11-8所示),2014年的地区生产总值达到17689.94亿元,比2005年的3933.72亿元增加了约3.5倍。陕西经济高速增长,主要来自第二产业发展的贡献。

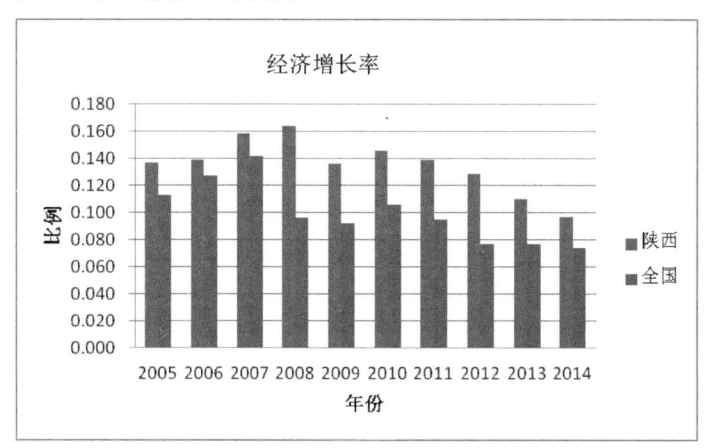

**图11-8　全国与陕西省经济增长速度对比情况**[46]

图11-8表明,2005—2014年陕西省经济增速基本都高于全国平均增速。

陕西省在经济增速高于全国平均水平的同时,2005—2009年的能耗也高于全国平均水平;到2010年之后虽然陕西经济增速仍高于全国,但

是其单位能源消耗基本低于全国平均水平,出现了可喜的变化(如图11-9所示)。

图11-9 全国与陕西省能源消耗情况对比[47]

## 二、陕西省产业结构和能源效率关系分析

### (一)陕西省能源消耗与全国的对比

长期以来,受产业结构中的能源、原材料和重工业比重较大的影响,陕西省的能源消耗强度高于全国平均水平。2010年以来,情况虽然有所好转,但直到2011年,陕西省的单位GDP能耗仍与全国平均水平基本持平,却远远高于其他沿海发达地区(如表11-1所示)。

表11-1 2011年陕西省与全国及沿海地区单位GDP能耗对比[48]

| 地区 | 指标值 | 上升或下降 |
| --- | --- | --- |
| 全国 | 0.86 | -5.5 |
| 北京 | 0.46 | -6.9 |
| 上海 | 0.62 | -5.3 |
| 陕西 | 0.85 | -3.6 |
| 江苏 | 0.6 | -3.5 |
| 浙江 | 0.59 | -3.1 |
| 福建 | 0.64 | -3.3 |

## 第十一章 陕西产业结构对能源效率的影响研究

表11-1显示,2011年陕西的单位GDP能耗大于沿海各省市,陕西在全国还是一个能耗强度大、能源效率较低的地区,与沿海发达地区相比,陕西还处在工业化发展阶段。

(二)陕西省2005—2014年三次产业结构比例情况

2005—2014年,陕西省的三次产业结构比重,第一产业所占比率持续缓慢下降,第二产业的比重持续高居55%左右,而第三产业的比重大体横盘在36%左右(如图11-10所示)。这充分说明陕西省的经济发展阶段还处于重工业化阶段。

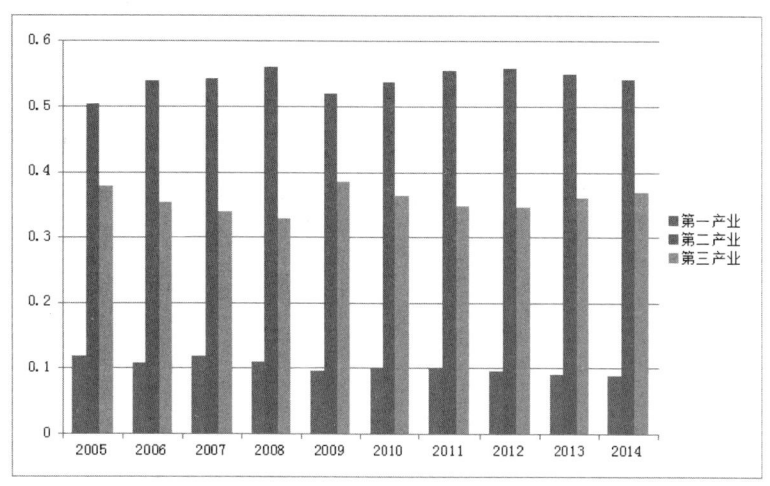

图11-10 陕西省2005—2014年三次产业结构比例[49]

(三)能源消耗与产业结构关系的实证研究

这一部分主要是对时间序列数据的分析。时间序列分析的方法就是以揭示时间序列自身的变化规律为主线而发展起来的计量学方法。时间序列分析已组成现代计量经济学的重要内容,并广泛应用于经济分析与预测当中。[50]

1. 数据来源、变量选取与模型构建

本章所用的时间序列数据是1991—2014年的数据,数据来源于1992—2015年《陕西统计年鉴》(见表11-2)。

表 11-2　1991—2014年陕西省三次产业结构比重和能源消耗总量[51]

| 年份 | 第一产业 | 第二产业 | 第三产业 | 能源消耗总量(万吨标准煤) | GDP(亿元) | 能源效率(万元/吨标准煤) |
|---|---|---|---|---|---|---|
| 1991 | 0.271 | 0.433 | 0.296 | 2359 | 466.84 | 1.978 |
| 1992 | 0.257 | 0.452 | 0.291 | 2441 | 538.43 | 0.221 |
| 1993 | 0.221 | 0.432 | 0.347 | 2583 | 661.42 | 0.256 |
| 1994 | 0.214 | 0.435 | 0.351 | 2715 | 816.58 | 0.301 |
| 1995 | 0.227 | 0.406 | 0.367 | 2869 | 1000.63 | 0.349 |
| 1996 | 0.224 | 0.404 | 0.372 | 3001 | 1175.92 | 0.392 |
| 1997 | 0.205 | 0.419 | 0.376 | 3069 | 1300.03 | 0.424 |
| 1998 | 0.205 | 0.411 | 0.384 | 2925 | 1381.53 | 0.472 |
| 1999 | 0.180 | 0.431 | 0.389 | 2584 | 1487.61 | 0.576 |
| 2000 | 0.143 | 0.434 | 0.423 | 2617 | 1804 | 0.689 |
| 2001 | 0.156 | 0.443 | 0.455 | 3034 | 2010.62 | 0.768 |
| 2002 | 0.137 | 0.451 | 0.412 | 3448 | 2253.39 | 0.654 |
| 2003 | 0.133 | 0.473 | 0.394 | 3919 | 2587.72 | 0.661 |
| 2004 | 0.117 | 0.489 | 0.394 | 4693 | 3157.58 | 0.673 |
| 2005 | 0.119 | 0.503 | 0.378 | 5410 | 3772.69 | 0.694 |
| 2006 | 0.108 | 0.539 | 0.353 | 5946 | 4523.74 | 0.761 |
| 2007 | 0.118 | 0.542 | 0.340 | 6873 | 5465.79 | 0.796 |
| 2008 | 0.110 | 0.561 | 0.329 | 7440 | 7314.58 | 0.924 |
| 2009 | 0.096 | 0.519 | 0.385 | 8255 | 8169.8 | 1.015 |
| 2010 | 0.098 | 0.538 | 0.364 | 9238 | 10123.48 | 1.144 |
| 2011 | 0.098 | 0.554 | 0.348 | 10128 | 12512.3 | 1.236 |
| 2012 | 0.095 | 0.558 | 0.347 | 11013 | 14453.68 | 1.312 |
| 2013 | 0.090 | 0.550 | 0.360 | 11836 | 16205.45 | 1.464 |
| 2014 | 0.088 | 0.541 | 0.370 | 11728 | 17689.94 | 1.508 |

## 第十一章　陕西产业结构对能源效率的影响研究

由于时间序列数据常存在异方差现象,为了消除异方差,对变量进行对数处理,则将模型基本设定为:

$$Lny_t = c(1) + c(2)Lnx_{t1} + c(3)Lnx_{t2} + c(4)Lnx_{t3} + \mu$$

式中:$y_t$——第 $t$ 年能源效率(单位 GDP 能耗的倒数)

　　　$x_{t1}$——第 $t$ 年的第一产业占有率

　　　$x_{t2}$——第 $t$ 年的第二产业占有率

　　　$x_{t3}$——第 $t$ 年的第三产业占有率

　　　$\mu_1$——是随机扰动项

因为 $x_{t1}, x_{t2}, x_{t3}$ 分别指第一产业,第二产业,第三产业的占比,它们之和是1,三个解释变量之间可能存在共线性,所以本章将分别选取两个变量作为解释变量,进行三次回归,来选择合适的模型对被解释变量进行分析。

$$Lny_t = c(1) + c(2)Lnx_{t1} + c(3)Lnx_{t2} + u_1 \quad (1)$$

$$Lny_t = c(4) + c(5)Lnx_{t2} + c(6)Lnx_{t2} + u_2 \quad (2)$$

$$Lny_t = c(7) + c(8)Lnx_{t1} + c(9)Lnx_{t2} + u_3 \quad (3)$$

其中,$y_t$ 表示第 $t$ 年的能源效率,$x_{t1}$ 表示第 $t$ 年的第一产业占有率,$x_{t2}$ 表示第 $t$ 年的第二产业占有率,$x_{t3}$ 表示第 $t$ 年的第三产业占有率,$u_1, u_2$ 和 $u_3$ 表示随机扰动项。

2. 单位根检验

研究经济变量之间是否存在长期关系,首先要对时间序列的平稳性进行检验。当使用非平稳时间序列进行回归时,会导致"伪回归",当变量非平稳时,传统的统计量将出现偏差。为保证回归结果的相对正确性,本章采用 ADF 检验方法对变量原序列以及差分的平稳性进行检验,结果见表11-3。

打造丝绸之路经济带上的战略高地

表 11-3 ADF 检验

| 变量 | ADF 值(P 值) | 1% | 5% | 10% | 结论 |
|---|---|---|---|---|---|
| $Lnx_{t1}$ | 0.9969 | -2.669359 | -1.956406 | -1.608295 | 不平稳 |
| $\Delta Lnx_{t1}$ | 0.0002 | -4.440739 | -3.632896 | -3.254671 | 平稳 |
| $Lnx_{t2}$ | 0.1433 | -2.669359 | -1.956406 | -1.608495 | 不平稳 |
| $\Delta Lnx_{t2}$ | 0.0022 | -4.440739 | -3.632896 | -3.254671 | 平稳 |
| $Lnx_{t3}$ | 0.3042 | -2.669359 | -1.956406 | -1.608495 | 不平稳 |
| $\Delta Lnx_{t3}$ | 0.0043 | -4.440739 | -3.632896 | -3.254671 | 平稳 |
| $Lnx_t$ | 0.0286 | -2.67429 | -1.957204 | -1.608175 | 平稳 |

由单位根检验的结果可以发现,$Lnx_{t1}$,$Lnx_{t2}$,$Lnx_{t3}$是非平稳的序列,但是它们的一阶差分序列是平稳的,即它们都是一阶单整的,而 $Lnx_t$ 本身就是平稳的时间序列。

3. 回归分析

本章采用最小二乘估计的方法对模型进行回归分析。最小二乘估计是概率统计中的一种参数估计方法,通过从模型总体中抽取 $N$ 组样本观测值后,使得估计出的模型参数的估计量能更好地拟合样本。

表 11-4 回归分析结果

| | 模型 1 | 模型 2 | 模型 3 |
|---|---|---|---|
| $Lnx_{t1}$ | -1.937<br>(-9.656) | —— | -1.466<br>(-15.803) |
| $Lnx_{t2}$ | -1.487<br>(-2.346) | 4.531<br>(13.09) | —— |
| $Lnx_{t3}$ | —— | 3.172<br>(7.808) | 0.826<br>(2.401) |
| $c$ | -5.315<br>(-6.367) | 6.077<br>(11.540) | -2.473<br>(-5.807) |
| $R^2$ | 0.931 | 0.904 | 0.932 |

## 第十一章 陕西产业结构对能源效率的影响研究

$$Lny_1 = -5.315 - 1.937Lnx_{t1} - 1.487Lnx_{t2} \tag{4}$$

$t$ 值 （-6.367）（-9.656）（-2.346）

$$Lny_t = 6.077 + 4.531Lnx_{t2} + 3.172Lnx_{t3} \tag{5}$$

$t$ 值 （11.54）（13.09）（7.808）

$$Lny_1 = -2.473 - 1.466Lnx_{t1} - 0.826Lnx_{t3} \tag{6}$$

$t$ 值 （-5.807）（-15.803）（2.401）

由上述结果可以看出,模型 2 的 $R^2 = 0.904$,在三个模型中解释力最弱。

模型 3 的 $R^2$ 最大,且参数在 5% 的显著水平下均是显著的,所以模型 3 是相对最优的模型,即第一产业与能源效率是反向关系,即当第一产业比例每下降 1%,能源效率平均提高约 1.466%。第三产业与能源效率是正向关系,即第三产业比例每增加 1%,能源效率平均提高约 0.826%。

4. 格兰杰因果关系检验

格兰杰因果关系检验只能用于时间序列数据模型的检验,而且要求必须在时间序列平稳的条件下才可以用于判断变量之间的因果关系,否则会造成虚假的格兰杰因果关系。

表 11-5 格兰杰因果检验

| Null Hypothesis： | F – Statistic | Prob. | 结论 |
| --- | --- | --- | --- |
| DLNXT1 does not Granger Cause LNYT | 1.06512 | 0.3679 | 接受 |
| LNYT does not Granger Cause DLNXT1 | 0.08675 | 0.9173 | 接受 |
| DLNXT2 does not Granger Cause LNYT | 0.59858 | 0.5614 | 接受 |
| LNYT does not Granger Cause DLNXT2 | 1.86657 | 0.1868 | 接受 |
| DLNXT3 does not Granger Cause LNYT | 0.73550 | 0.4948 | 接受 |
| LNYT does not Granger Cause DLNXT3 | 4.94663 | 0.0213 | 拒绝 |

从表 11-5 可以看出,能源效率与第三产业之间存在单向格兰杰原因,即表明第三产业不是引起能源效率变动的原因,而能源利用效率是引

起第三产业比例变化的原因。

## 三、结论总结及分析

本章在对陕西产业结构和能源效率发展状况具体分析的基础上,运用最小二乘估计和格兰杰因果检验,对能源效率与三次产业结构之间的关系进行了具体的实证研究,得出了以下几点结论:

(1)2005—2014年,陕西省经济增长率一直高于全国平均水平,且产业结构在不断优化,第一产业占比逐渐减少,第三产业占比逐渐增加,能源强度降低,能源效率在逐步提高。

(2)回归分析的结果表明,第一产业的比例与能源效率呈反向关系,即当第一产业比例每降低1%,能源效率平均提高约1.466%。第三产业的比例与能源效率呈正向关系,即第三产业比例每提高1%,能源效率平均提高约0.826%。

(3)格兰杰因果关系检验的结果表明,能源效率的提高引起了第三产业占比的增加,能源效率是第三产业比例变化的格兰杰原因,但是第三产业比例变化不是引起能源效率变动的原因。这说明能源效率的提高并不是单纯地依靠对第三产业比例的调整。

(4)由文中相关数据可知陕西第二产业中工业占到85%以上,陕西工业结构中重工业占主导地位,而重工业又是以煤、石油、天然气等非可再生资源的产品加工为主,这是致使其高能耗的主要原因。由于陕西处在重工业化发展阶段,对能源的利用也停留在初级粗加工阶段,所以现阶段第二产业比例的提高是不利于能源利用率提高的。但重工业化发展阶段是必经之路,我们不能因为其不利于能源利用率提高就不发展第二产业,而应在发展第二产业时要注意,在提高了第二产业的数量比例的同时,也要注重对第二产业的"质"的提高,使第二产业走内涵发展的道路,通过引进、利用科学技术、加强管理,提高第二产业对能源的利用率。

# 第十一章 陕西产业结构对能源效率的影响研究

## 第四节 相应的对策建议

根据以上对陕西省产业结构变动与能源效率变动的相关性的实证分析结论,结合我国今后产业结构适应供给侧结构性改革的方向,我们提出以下几点优化陕西省产业结构的对策建议:

### 一、通过调节市场需求结构引导产业结构优化升级

供给是为了满足需求,因此,在社会经济发展过程中,供给侧的产业结构优化必须以市场需求结构的变动为导向。市场需求结构的优化升级能够强有力地推动产业结构优化调整及经济增长,在一定程度上也决定着经济效益和发展质量的高低。因此,调节市场需求结构、引导产业结构优化调整是促进陕西经挤持续、快速、健康发展的必然要求。[52]这可以从以下两方面看:第一,从消费需求看,产业结构的变化直接反映了消费市场需求结构调节后的状态,凸显了消费市场对产业结构进行调整的内在要求。为此,引导市场消费需求,一方面,必须建立稳定有效的收入增长机制,并健全合理的收入分配机制,通过有效的途径提高消费者的收入水平,特别是提高低收入居民的收入水平,缩小不同阶层的收入差距;另一方面,要引导消费者合理消费以便提高居民生活质量,应该引导居民增加科教文卫的消费比重和现代服务消费比重,优化消费组成结构。第二,从投资需求看,投资活动所引起的市场需求能够有效地拉动经济快速增长,直接影响着产业结构的发展方向。为此,一方面,必须优化投资结构。要围绕转变经济增长方式,大力投资战略性新型产业和区域特色优势产业,促进陕西省产业结构的优化布局,提高社会经济发展的效益,以期达到投资拉动社会消费,促进经济增长的良性循环的目标;另一方面,要加快陕西新型城镇化的进程。新型城镇化的快速发展将导致城镇基础设施和公共产品的供给增加,并带动基础产业和设施的建设与发展,进一步达到产业结构优化升级的目的。

## 二、积极利用丝绸之路经济带拓展对外贸易结构以优化产业结构

在经济全球化的时代,对外贸易作为拉动国内需求的一个重要方面,其拓展和调整必然会引致产业结构的优化升级。因此,陕西省必须利用丝绸之路经济带建设战略全面铺开的大好机遇,积极拓展对外贸易结构。

(一)大力发展高新技术产品贸易

陕西作为西部科技大省,科研实力雄厚,拥有发展高新技术产业的比较优势。近年来,以电子和航空产业为代表的高新技术产品出口已成为陕西外贸出口的最大亮点,其中输电设备、飞机及零部件的出口量和出口额均居全国第一。虽然陕西安高新区技术产品出口的年均增长速度明显高于全国出口的增长速度,但是用高新技术产品出口额占全国出口额的比重来衡量,陕西高新技术产品出口的比重还较小,对全省出口贸易的贡献也较小。因此,陕西今后发展对外贸易的一个重要方向就是进一步加强高新技术产品的研发和进出口贸易,以优化出口结构,进而推动产业结构的优化升级。

(二)加快发展服务贸易

发展服务贸易、增加服务贸易出口,将会拉动陕西省第三产业的大力发展。为此,必须积极推进以下几方面的工作:首先,加大力度发展新兴资金技术密集型服务出口,继续扩大传统劳动密集型出口,优化陕西服务贸易结构。目前,陕西省服务贸易主要集中在软件外包、国际旅游、对外承包工程与劳务合作等少数有限的领域,这些产业大多是利用陕西传统比较优势发展而来的。今后还要保持其固有优势,不断扩大传统优势产业的规模。其次,着力做好软件及相关信息服务、服务外包、特许和专用权使用服务、文化产业、对外承包工程、设计咨询服务等行业的承接跨境业务,不断提高服务贸易的统计质量。陕西省服务贸易出口企业应当围绕现有龙头企业不断加强产业链招商,以此带动服务产业的发展。再次,促进物流服务出口的发展。陕西省物流服务的发展,应该将重点放在能

## 第十一章　陕西产业结构对能源效率的影响研究

源化工、装备制造、高新技术和新型城镇化等领域,集中完善陕北物流区域、关中物流核心区域、陕南物流区域、西部物流区域。重点建设包括亚欧大陆桥物流通道、南北物流通道、西北华南物流通道、西南物流通道、宝成物流通道、汉江物流通道和航空物流通道。要充分认识到陕西的区位优势,通过构建全国的交通枢纽,打造欧亚大陆桥的枢纽带动陕西省大物流的发展[53]。

### 三、主要依靠科技进步优化产业结构

科技进步是新产业不断产生、产业结构演进和高级化的最终推动力。建国六十多年来,陕西省正是积极利用和依靠了科技的进步力量,才一步一步地解决了诸多的先天不足,如现代产业缺乏,传统产业改造不够,高新技术产业规模化程度低,工业深层次的结构矛盾突出,工业经济总量偏小,运行质量不高等问题。经过六十多年的建设和发展,陕西工业形成了以电子信息、装备制造、医药、石化、能源、食品为主导产业的经济结构,以国有企业为主,集体企业、三资企业、私营企业等多种所有制形式共同发展的经济格局,工业经济综合实力有了明显增强。[54]

当前,陕西要紧紧抓住国家实施"一带一路"战略和供给侧结构性改革的机遇,坚决依靠科技进步,进一步加大产业结构调整力度。要着力加大技术改造力度,大力发展高技术含量、高附加值、高市场占有率的产业和产品,努力优化产业结构,促进产业结构升级。要加大对高科技产业的投资力度,择优扶强,使陕西工业结构调整的步伐迈得更大、更坚实。[55]要重点扶持高新技术产业发展,以推进自主创新能力为重点,把高新技术产业作为第一经济增长点,大力引进和培育一批具有竞争优势的高新技术企业及产业。要加快国家和省级高新技术产业开发区的建设,使之成为高新技术产业的先行区、新经济体制的试验区、现代化城市建设的示范区,加快科学技术成果的转化和应用。积极引进、消化、吸收和创新高新技术成果,加速高新技术成果的转化,加强知识产权工作,推进专利技术

产业化。[56]

要建立和完善以企业为主体的技术开发体系。首先,要促进企业成为科技开发投入的主体,加大企业科技投入,进而提高技术水平,增强企业竞争力;其次,要鼓励和引导全社会增加科技投入,在确保科技三项费用之外,要充分利用民资,大力吸引外资,加快科技事业的发展;最后,加大信贷支持力度,金融机构要充分发挥信贷的支持作用,积极探索各种行之有效的途径,加强对科技型企业的信贷服务。[57]

## 四、要通过进一步深化经济体制改革优化产业结构

按照党的十八届三中、四中和五中全会精神,以及国家和陕西省"十三五"规划要求,陕西省产业结构调整主要遵循以下原则:一是坚持市场调节和政府引导相结合,发挥市场在资源配置中的决定性作用;二是坚持传统产业优化升级和培育发展战略性新兴产业相结合;三是坚持结构调整与协调发展相结合;四是坚持控制总量与优化存量相结合。[58]

按照陕西省"十三五"规划要求,陕西的产业结构调整要"优化存量,做优增量,推进大调整、大协作、大循环,实施'中国制造2025'陕西行动计划,培育壮大战略性新兴产业,大力发展现代农业,推进服务业提质增效,创新产业组织模式,打造陕西产业升级版"。实施"中国制造2025"陕西行动计划,必须实施工业强基战略。要围绕新能源汽车、能源装备、航空航天、机器人、电子信息等具有比较优势领域的"四基"发展需求,组织实施一批工业强基示范工程,支持全产业链协同创新和联合攻关。到2020年,力争部分领域达到国际先进水平。培育壮大战略性新兴产业,发展新一代信息技术、增材制造、新材料、生物技术、绿色环保等新兴产业。推进服务业提质增效,大力发展金融、物流、信息服务、旅游、电子商务、商贸和健康养老。要大力发展现代农业,就要增强农产品安全保障能力,构建现代农业经营体系,推进农业产业化经营,提高农业科技和信息化水平,构建农产品质量安全监管体系。

## 第十一章 陕西产业结构对能源效率的影响研究

要壮大特色优势产业,推动能源化工产业高端化发展,坚持优煤、稳油、扩气,打造新能源、电力外送、煤炭深度转化三个增长点,继续巩固能源化工产业的支撑作用。同时,要对有色冶金、食品加工、纺织轻工、建筑材料等传统产业改造提升。

### 五、积极推进产业结构协调化

高度重视产业结构变动对能源效率的影响,积极推进产业结构优化升级,实现产业结构的协调化。

要不断提高第三产业在国民经济中的比重,降低第二产业在国民经济中的比重。陕西具有第三产业的绝对优势,名胜古迹、文化遗产是很重要的旅游资源,所以,发展旅游服务业是结构调整的很好选择。陕西要对文化产品进行包装,把其独有的历史文化作为支柱产业去发展。

要不断优化产业内结构,在当前重化工业趋势明显的情况下,应当重点扶持一批高产值、低能耗的高新技术产业和先进制造业,而相应地限制那些低产值、高能耗的产业发展。考虑到技术进步的周期性,在当前资源环境的硬性约束下,在已有的产业结构基础上,政府应当充分运用政策杠杆来调节产业结构,在保持陕西省地区资源优势产业的同时积极发展高产值、低能耗的新产业,使二者之间达到平衡。[59]

高度重视产业内节能。从总体上来看,尽管工业能源效率最低,但是由于工业内结构变动、先进技术的应用以及企业间的优胜劣汰和兼并重组,工业的能源效率又是提升最快的,进一步提升仍然有很大潜力,但是难度加大;第一产业、第三产业、建筑业,能源效率上升的速度非常缓慢,且产业结构能源效率在波动,但是总体上能源效率在提高。今后要高度重视第三产业以及建筑业的节能,不能因为强调发展第三产业而忽视当前第三产业内部大量的能源浪费现象,要注意建筑行业的节能,进一步完善和提高建筑业行业标准,提高第三产业和建筑业的能源效率。

从生活耗能的数据来看,生活耗能无论是从总量上还是从单位 GDP

上来看,2004年后都出现了上升,所以生活用能也不容忽视,如能采取有力措施,提高全民节能的意识,就可以有效地控制生活用能,从而在一定程度上提高生活能耗的效率。[60]

## 注　释

[1]出自"百度百科"。

[2]http://baike.baidu.com/view/61661.htm.

[3]马克思,恩格斯:《马克思恩格斯全集》,第4卷,人民出版社。

[4]苏东水:《产业经济学》,高等教育出版社,2005年8。

[5]http://baike.baidu.com/view/61661.htm.

[6]http://baike.baidu.com/view/61661.htm.

[7]http://baike.baidu.com/view/61661.htm.

[8]苏东水:《产业经济学》,高等教育出版社,2010年。

[9]陈雨生:《基于产业结构调整的能源消耗控制模式与优化研究》,复旦大学硕士学位论文,2008年。

[10]苏东水:《产业经济学》,高等教育出版社,2010年。

[11]陈雨生:《基于产业结构调整的能源消耗控制模式与优化研究》,复旦大学硕士学位论文,2008年。

[12]苏东水:《产业经济学》,高等教育出版社,2010年。

[13]苏东水:《产业经济学》,高等教育出版社,2010年。

[14]陈雨生:《基于产业结构调整的能源消耗控制模式与优化研究》,复旦大学硕士学位论文,2008年。

[15]陈雨生:《基于产业结构调整的能源消耗控制模式与优化研究》,复旦大学硕士学位论文,2008年。

[16]http://baike.baidu.com/view/2137299.htm.

[17]http://baike.baidu.com/view/2137299.htm.

[18]http://baike.baidu.com/view/2137299.htm.

[19]http://baike.baidu.com/view/2137299.htm.

## 第十一章 陕西产业结构对能源效率的影响研究

[20]能源种类,产业结构.baidu.com.

[21]能源种类,产业结构.baidu.com.

[22]史丹:《我国经济增长过程中能源利用效率的改进》,《经济研究》,2002年,第9期第49—56页。

[23]魏一鸣,廖华:《能源效率的七类测度指标及其测度方法》,《中国软软科学》,2010年第1期,第128—137页。

[24]王庆一:《中国的能源效率及国际比较》,《研究探讨》,2003年第8期,第5—7页。

[25]来自"百度百科"。

[26]王淑玲:《基于可持续发展的吉林省节能减排初探》,东北师范大学硕士学位论文,2008年。

[27]于娜:《基于节能目标的辽宁省产业结构优化研究》,大连理工大学硕士学位论文.2009年。

[28]http://baike.baidu.com/view/1101052.htm.

[29]吴明明:《中国能源消费与经济增长关系研究》,华中科技大学博士学位论文,2011年。

[30]王达:《产业结构变动对能源效率的影响研究——基于广州市的数据》,华中科技大学硕士学位论文,2008年。

[31]能源消费弹性系数:反映能源消费增长速度与国民经济增长速度之间比例关系的指标,通常用两者年平均增长率间的比值表示。

[32]王达:《产业结构变动对能源效率的影响研究——基于广州市的数据》,华中科技大学硕士学位论文,2008年。

[33]资料来源:1996—2015年《陕西统计年鉴》。

[34]数据来源:《陕西统计年鉴》(2011)。

[35]数据来源:《陕西统计年鉴》(2011)。

[36]数据来源:《陕西统计年鉴》(2011)。

[37]刘新彦:《化学与现代社会》,大连理工大学出版社,2006年。

[38]刘新彦:《化学与现代社会》,大连理工大学出版社,2006年。

[39]资料来源:1992—2015年《陕西统计年鉴》。

[40]资料来源:1992—2015年《陕西统计年鉴》。

[41]资料来源:1992—2015年《陕西统计年鉴》。

[42]数据来源:《陕西统计年鉴》(2011)。

[43]资料来源:1992—2015年《陕西统计年鉴》。

[44]资料来源:2006—2015年《陕西统计年鉴》。

[45]资料来源:2006—2015年《陕西统计年鉴》。

[46]资料来源:国家统计局网站,2006—2015年《陕西统计年鉴》。

[47]资料来源:2006—2015年《陕西统计年鉴》。

[48]资料来源:国家统计局网站。

[49]资料来源:2006—2015年《陕西统计年鉴》。

[50]李子奈,潘文卿:《计量经济学》,高等教育出版社,2005年。

[51]资料来源:1992-2015年《陕西统计年鉴》、陕西省统计局网站。

[52]陈雨生:《基于产业结构调整的能源消耗控制模式与优化研究》,复旦大学硕士学位论文,2008年。

[53]党琳静:《陕西省对外贸易对产业结构优化升级的影响研究》,西北大学硕士学位论文,2011年。

[54]http://www.zgtax.net/plus/view.php? aid = 57840

[55]http://www.zgtax.net/plus/view.php? aid = 57840

[56]陈雨生:《基于产业结构调整的能源消耗控制模式与优化研究》,复旦大学硕士学位论文,2008年。

[57]陈雨生:《基于产业结构调整的能源消耗控制模式与优化研究》,复旦大学,2008硕士学位论文。

[58] http://www.sndrc.gov.cn/view.jsp? ID = 16762。

[59]王达:《产业结构变动对能源效率的影响研究—基于广州市的数据》,华中科技大学硕士学位论文,2008年。

[60]王达:《产业结构变动对能源效率的影响研究—基于广州市的数据》,华中科技大学硕士学位论文,2008年。

# 第十二章 陕西资源枯竭型城市产业转型中接续性支柱产业发展研究
## ——以铜川旅游业为例

随着全球资源、环境问题的日趋严重,资源枯竭型城市如何实现产业转型和可持续发展,是迫切需要解决的问题,也是把陕西打造成丝绸之路经济带上的战略高地必须解决的问题。针对陕西铜川实现可持续发展的紧迫要求,本章专门探讨铜川作为资源枯竭型城市如何寻找到接续性支柱产业、加快产业转型的问题,必然具有重大的意义。

## 第一节 资源枯竭型城市产业转型中接续性支柱产业的选择理论

### 一、资源枯竭型城市产业转型的实质是接续性支柱产业的选择和培育

#### (一)资源型城市和资源枯竭型城市

1.资源型城市和资源型产业

关于资源型城市的概念,目前国内外常用的做法是以定性为主,定量为辅。如张米尔、武春友(2001)认为,资源型城市是依托资源开发而兴建或者发展起来的城市,作为一种特殊类型的城市,其主导产业是围绕资源开发而建立的采掘业和初级加工业。[1]王青云(2003)从发生学与功能学两个方面分析,提出了我国资源型城市的界定步骤和标准:采掘业产值

占工业总产值的比重在10%以上;采掘业产值规模对县级而言应超过1亿元,对地级市而言应超过2亿元;采掘业从业人员占全部从业人员的比重在5%以上;采掘业从业人员规模,对县级市而言应超过1万人,对地级市而言应超过2万人。原则上,上述四个指标应当同时满足才能确定为资源型城市。[2]美国学者Harris则认为,资源型城市是指从事资源型产业的职工人数占城市全部职工总数的15%以上,或资源型产业的产值占城市总产值10%以上的城市。

概括以上各种观点,我们可以看出,资源开发是这类城市形成的首要原因,也是这类城市区别于其他城市的一个标志性特征,因此,现实中只要一个城市由于资源型产业的衰退而陷入困境,研究其经济转型就具有理论和现实意义。本章把资源型城市初步界定为因资源的开采或开发而兴起,且资源型产业在城市经济中占重要地位,城市经济发展主要依靠资源型产业支持的一种具有强烈资源指向性的特殊城市类型。

资源型产业是指以能源和矿产资源开发为主的产业,包括采掘业和制造业中的资源加工度在30%—40%之间的产业。资源型产业最突出的特征是自然资源对产业的贡献大,产业对自然资源的依赖性强。资源型产业是资源型城市的主导产业,是地区产业链条展开和延伸的源头。

2. 资源枯竭型城市

本章所指的资源枯竭型城市,主要就是矿产资源枯竭型城市。矿产资源枯竭型城市与资源型城市不同,与一般城市更不同。从定性角度看,它是指煤炭、石油、铁矿等资源型城市经过数十年的发展,面临资源枯竭、技术手段落后、经济条件和城市区位不占优势等一系列问题,无法继续扩大开采范围,导致支柱产业倒塌的一类资源型城市。从定量的角度看,它是指资源开采总计超过已探明资源储量的70%,保有可采储量的服务年限已不足15年,资源型产业的销售额、利税率和就业人数开始出现连续且非周期性的下降,资源型产业对城市发展的支撑能力不足的一种特殊类型的城市。[3]

# 第十二章 陕西资源枯竭型城市产业转型中接续性支柱产业发展研究

就矿产资源枯竭型城市的特征来看,矿产资源枯竭型城市普遍存在经济结构单一(包括产业结构、就业结构、所有制结构等),产业以上游产业为主,工资水平较低且失业率高,城市形成具有突发性,城市布局具有分散性,城市管理条块分割等六大特征。本章在借鉴有关专家学者研究成果的基础上,概括出矿产资源枯竭型城市具有以下基本特征:一是对矿产资源的高度依赖性。城市一般是在以矿产资源为主的采掘业的基础上发展起来的,因而经济发展具有明显的依赖矿产资源的特征,城市中的其他产业也都依附和服务于资源型产业。资源到了开采后期,如果不实施转型,则会"矿竭城衰"。二是对环境的破坏性。城市的生存和发展过度依赖于对自然资源的开采,自然资源的开采对大气、水质、生物、自然景观以及人类的生产生活都带来了灾难性影响,也严重制约了资源枯竭型城市可持续发展。三是企业功能与城市功能高度混合性。大企业小社会,政企不分,企业负担重,城市服务功能缺失。四是社会矛盾集中。矿产资源枯竭导致经济萎缩,财政收入锐减,失业人员骤增,职工生活困难,社会保障投入甚微,社会事业整体发展滞后等一系列问题,社会矛盾随之加剧,社会稳定也受到了一定的负面影响。

上述基本特征决定了矿产资源枯竭型城市必须进行经济转型,只有进行经济转型,才能实现可持续发展。

(二)资源枯竭型城市产业转型的实质

资源枯竭型城市选择和培育新的接续性支柱产业,使城市支柱产业由现存的不可再生资源的开采和加工产业转向其它产业,使城市发展摆脱对资源型产业的依赖,从而规避经济社会发展的"陷阱",达到城市系统与自然生态系统及其他系统之间的和谐共生,实现可持续发展,这是产业转型的实质和主要任务。资源枯竭型城市原有支柱产业在资源枯竭之后,由朝阳产业转变为夕阳产业,由支柱产业甚至主导产业转变为一般产业,并导致城市经济大规模衰退和停滞,这是资源枯竭型城市衰落的根源。因此,资源枯竭型城市要实现转型发展,就必须选择、培育新的接续性支柱产业,用一种新的充满生机活力的接续产业替代原有的资源型产业,才能实现城市产业结构、就业结构、技术结构、产品结构、所有制结构的优化,并带动城市经济的全面发展与复兴。离开产业转换,离开接替支柱产业的选择培育,产业转型便无从谈起。所以,选择、培育和发展新兴接续性支柱产业,是资源枯竭型城市产业转型的本质和核心问题,也是其转型必须解决好的首要问题。

矿产资源枯竭型城市产业转型的内涵主要包括资源结构调整和资源取向的转化,即主导产业、支柱产业、优势产业的再选择、再配置等。矿产资源枯竭型城市产业转型的本质就是要用新型的接替产业替代已经衰落的资源型产业的发展过程。

## 二、支柱产业选择理论

### (一)支柱产业的概念

支柱产业,顾名思义,是指在整个国民经济中起支撑和推动作用的产业。支柱产业具有较强的连锁效应,它诱导新产业的崛起,并对为其提供生产资料的各部门以及所处地区的经济结构和发展变化有着深刻而广泛的影响。有资料证明,产业的增加值占所处地区 GDP 的 5% 以上的,可以叫做支柱产业。主导产业是指在区域经济中起主导作用的产业,它是指那些产值占较大比重,采用先进技术,且增长率高,产业关联度强,对其它产业和整个区域经济发展有较强带动作用的产业。[4]

作为不同时期经济发展阶段标志的支柱产业,必定是带动国民经济发展的主要产业或骨骼产业。支柱产业可能是主导产业,也可能不是。支柱产业和主导产业都是政府为实现国民经济发展目标而重点支持的产业。从动态上看,两者之间存在着发展中的替代现象,它们既有联系又有区别,两者的关系可从以下四个方面加以理解:(1)支柱产业着重强调产业的净产出占国民经济或地区经济的比重,比重大的,则可称为支柱产

# 第十二章 陕西资源枯竭型城市产业转型中接续性支柱产业发展研究

业,它是对国民经济的发展有重要作用并能够提供大部分国民收入的产业。主导产业不是固定不变的,随着科技发展和时间推移,原先的主导产业就会被新兴的主导产业所替代,而原先的主导产业,很可能成为新时期的支柱产业。从产业演变的历史看,大多数支柱产业都是由过去的主导产业演变而来的。(2)支柱产业强调现在,现在比重大的产业就是支柱产业,即便其比重呈下降的趋势,只要比重还较大,仍可称为支柱产业。主导产业代表着产业发展的未来趋势,主要着眼于未来长期国民经济增长点的培育和未来产业结构的塑造和产业发展优势,是产业结构演变的突破口和切入点,更强调前瞻性。(3)主导产业的选择主要侧重于国民经济和产业结构的中长期目标,而支柱产业则注重近期或中期,在于培育国民经济增长的主力产业。(4)支柱产业中的传统产业通常是前一时期的主导产业,支柱产业中的新兴产业通常就是现在的主导产业;主导产业中比重大的产业是现在的支柱产业,主导产业中比重较小的产业是未来的支柱产业。

## (二)支柱产业选择的原则

作为资源枯竭型城市,它的支柱产业的选择除了要考虑通常意义上支柱产业选择的原则外,还应重视城市自身的特点,因此矿产资源枯竭型城市支柱产业选择的原则为:(1)经济效益好,发展速度快原则。经济效益是衡量产业对资源合理使用的程度,即产出与投入比。支柱产业的选择应该有利于工业经济效益的提高,因此,只有那些投入少、产出高,发展速度快,有广阔的市场的产业才可能作为支柱产业。(2)关联效应强原则。产业关联有两种形式:前向关联和后向关联。产业关联度越强,说明通过产业间的联系,该产业的发展对其他产业的增长有更大的带动作用,产业间的相互带动促进城市经济更快地发展。(3)前景光明,优势明显原则。规模原则反映的是产业的支柱性地位,选择的支柱产业必须具有一定的经济规模、雄厚的经济实力和先进的技术设备,如此一来,选择的支柱产业才能够充分发挥带头和促进作用。(4)吸纳就业原则。根据资源枯竭型城市的特点,要选择那些可持续发展能力强,能吸纳大量就业,有出口创汇能力的产业为支柱产业。

### (三)支柱产业的选择基准

支柱产业在区域经济发展中具有重要的地位,它是资源枯竭型城市产业转型的重中之重,故支柱产业的选择和建立,必须按照一定的标准进行,而对基准的确定首先有两个理论前提:

1. 产业结构成长的基准并不是一个具有普遍性的标准。确定这个标准,实质上是根据本地区经济发展的具体情况,按轻重缓急的次序做出取舍的过程。因此,所谓基准,也就是一种倾斜式的产业发展战略。由于不可能面面俱到,所以对基准问题就不能从绝对均衡的意义上去理解。

2. 产业结构成长的基准并不是一个规范产业发展的永恒标准。随着产业结构的成长以及地区经济所经历的不同阶段的变化,作为基准也应该要求超前发生变化,但是这种运动规律的绝对变化并不影响在一定时期内基准稳定作用的发挥。在经济发展过程中,产业结构的演进是有规律可循的。以此为理论依据,各国或地区有可能对支柱产业进行选择,尤其是发展中国家可以借鉴发达国家的经验、吸取教训,选择应该优先发展的产业并对其加以扶持。一般而言,选择支柱产业的基准,主要有以下几个方面:

(1)产业关联强度基准。美国发展经济学家赫希曼在其名著《经济发展战略》一书中,提出了产业关联效应,即前向关联效应和后向关联效应。他认为发展中国家首先应当发展那些关联强度较大的产业,因为关联强度较大的产业首先获得发展后,通过前后向带动效应,可以影响和带动其他产业的发展。此后,罗斯托又提出了旁侧关联效应。这一基准的含义是,选择能对较多产业产生带动和推动作用的产业,即前向关联、后向关联和旁侧关联度较高的产业,作为政府重点支持的优先发展产业。在利用关联强度基准选择主导产业时,可以利用感应度系数和影响力系

# 第十二章　陕西资源枯竭型城市产业转型中接续性支柱产业发展研究

数对各产业进行选择。一般地,感应度系数和影响力系数较大的产业,可通过产业间的波及效应,对其他产业产生较大的综合影响。

(2)收入弹性基准。收入弹性基准是筱原三代平在《产业结构与投资分配》一文中首先提出来的。他认为,选择那些收入弹性较大的产业作为支柱产业,随着经济的发展和国民收入的增加,该产业在未来的产业结构中可以创造较大的市场需求。收入弹性是指某种产品的需求增长率与国民收入增长率之比,收入弹性大于1的产品和行业,其增长速度将高于国民收入的增长,收入弹性小于1的产品和行业,增长速度将低于国民收入的增长。由于新增收入往往会较为集中地用于少数商品的消费,因此这些行业能够有较快增长的市场需求,随着经济的发展和国民收入的增长,这些行业能够以更快的速度发展。所以,应选择、支持收入弹性高的产品和行业作为支柱产业。

(3)生产率上升率基准。与收入弹性基准一起,筱原三代平还提出了生产率上升率基准。这个基准表明应当选择技术进步速度较快的产业作为支柱产业。因为一个产业只有具有较快的技术进步速度,才能不断地降低生产成本,取得竞争优势,从而吸引生产要素流入,使产业本身获得更快的发展。生产率上升率是指某一产业的要素生产率与其他产业的要素生产率的比率,一般用全要素生产率进行比较。全要素生产率的上升主要取决于技术进步,因此,生产率上升率基准实际上强调了技术进步在产业发展中的作用,按该基准选择支柱产业,就是选择技术进步快、技术要素密集的产业。

(4)比较优势基准。支柱产业必须建立在地区经济优势的基础上,因为支柱产业首先是专业化产业,即输出大的产业。这种经济优势是同其他地区的比较而言的,即比较经济优势。许多发展中国家和中国中西部地区选择传统产业作为支柱产业,并非放弃筱原三代平的两个基准,而是因为这些传统产业具有比较优势。通常,一个地区的自然资源禀赋、劳动力数量、原有产业基础、自然地理环境、文化历史等都可以构成比较优势。

## 三、旅游业的产业特征及选为支柱产业的可能性

### (一)旅游业的概念

旅游业的综合性特点使人们很难给它下一个确切的定义,人们对旅游业的认识也不尽相同。旅游是人们暂时在异地的特殊生活方式,它必须借助相应的服务才能进行,因此,从本质上说,旅游业属于服务行业。我们将其概念可定义为:借助设备、设施、工具或环境,通过提供服务促成人们短期在异地从事消遣的赢利性企业的综合。

### (二)旅游业的产业特征

1. 较强的综合性和整体性。旅游业是一个产业关联性很强的产业,它是由行、住、吃、游、购、娱六大要素组成的行业整体。对旅游者来说,他们需要购买和消费的是在一次旅游活动中得到的整体感受。因此,在旅游全过程中,任何一个行业、一个环节上供给不足,服务不好,不能满足旅游者的需求,都会被认为旅游服务质量不高,从而影响到整个旅游业的声誉。相反,旅游行业之间的良好衔接,可以扩大销售,降低成本,提高服务质量,增加经济效益,促进旅游业发展。

2. 服务性。旅游业是一个以提供服务产品为主的行业。现代旅游业是随着生产力高度发展而不断发展的,游客参加旅游活动,需要高质量的服务,以达到精神与物质上的满足与享受。同时,服务劳动的实现又是生产过程与消费过程在时间上与空间上的统一。

3. 文化性。旅游业不仅仅是一种经济事业,它还具有浓厚的文化内涵。旅游者去各地观光游览,无论在西安参观兵马俑,还是去桂林游览漓江山水,无不是一种文化活动,无不是为了满足其文化生活的需求。在我国现阶段,旅游业是一种经济—文化事业。随着生产力水平的不断提高,

# 第十二章 陕西资源枯竭型城市产业转型中接续性支柱产业发展研究

旅游业还可能进一步调整为以文化为主,并成为一种文化—经济事业。

(三)旅游业成为支柱产业的可能性分析

在矿产资源枯竭型城市经济转型中,把旅游业作为一个重要的接续性支柱产业,绝不是偶然的。从根本上讲,这种选择与旅游业的产业作用、人们的需求变动趋势和旅游业的发展趋势是密不可分的。

1. 旅游业的产业特性使其具有成为支柱产业的可能

旅游业是一种劳动密集型、资金密集型和知识密集型相结合的新兴产业与朝阳产业。旅游业作为劳动密集型产业,对不同层次技能的劳动力都具有很强的吸纳能力,其产业关联度高,带动效果明显。据分析,与旅游业直接相关的产业有24个,间接相关的产业高达124个。按照国际经验,旅游业每增加1个直接从业人员,全社会就会产生5个就业机会,因此,发展旅游业可以有效地解决资源枯竭型城市的就业问题。旅游业的发展还能完善城市环境(基础设施和人文环境),提高城市的知名度,增加人员、信息、技术的流动。在以旅游业为指向的产业转型中,旅游业不仅仅是主体,还可以起到中枢的作用,并带动社会其他产业的综合发展。因此,旅游业对资源枯竭型城市的产业转型具有特殊的意义。

2. 人们对旅游产品和服务的需求日益增多

在当今世界,人们的需求日益多元化,开发的旅游产品也多样化,工业旅游作为一种全新的旅游产品不断受到各方关注。国内外的相关调查表明,在工业旅游产品中,消费者对于和自己生活密切相关的产品以及和自己平日根本接触不到的产品或者领域具有强烈的兴趣,资源枯竭型城市的工业遗产就属于这种类型。一般而言,资源枯竭型城市拥有的旅游资源具有垄断性和独特性,那么将其开发成旅游产品时,将更具有竞争优势。同时,这些城市的大型工矿企业在全国有一定知名度,将其开发为旅游产品,品牌优势明显,已经开发成功的有阜新市的海州露天煤矿、发电厂等工矿企业。

资源枯竭型城市的旅游市场规模巨大,前景广阔。据世界旅游组织统计:当一个国家人均国内生产总值达到800—1000美元时,居民就将普遍产生国内旅游动机。2014年,我国人均GDP已超过7500美元,人们的自由休闲时间也日益增多,因此我国拥有巨大的潜在的旅游市场。随着人们自由支配时间和收入的增加,生活方式的改变以及旅游经历的增多,人们的旅游倾向和品味正在发生变化,参与性、求知性和怀旧性旅游产品受到欢迎。同时,资源枯竭型城市开发工业遗产旅游这一特色旅游产品,并开发相关的游憩活动项目,这些项目集猎奇性、观光性、知识性、教育性、科学性于一身,对不同层次的游客都具有较大的吸引力。由此可见,资源枯竭型城市具有稳定且出游能力高的客源市场。同时,资源枯竭型城市人口众多,本身也是一个规模巨大的市场;依托矿区、工厂企业开发的旅游产品、旅游景点大都位于郊区或城乡结合部,便于市民节假日开展短途旅游。

3. 旅游业发展是人类文明发展的必然趋势

旅游业是新兴的第三产业,其产生和发展是人类物质文明、精神文明发展的必然趋势。首先,旅游业是在社会经济水平较高的基础上,为满足人们的高层次需要而发展起来的,它已成为国民经济的一个重要组成部分。其次,旅游活动已经成为人类的一种高层次的消费方式,对提高人的素质、增进身心健康有重要作用。再次,旅游业已经成为世界经济体系中一个越来越重要的组成部分,是参与世界市场分工的新兴产业。正因为如此,1992年旅游业就已经超过汽车、钢铁、石油等传统产业成为世界第一大产业,并且成为许多国家或地区主要的创汇产业。据世界旅游组织预测,到2020年,中国将成为世界第一旅游目的地国,每年接待国际游客人数达到1.3亿人次,超过第一位的法国,每年将有1亿人次的中国游客出境旅游,居世界第四位。因此,矿产资源枯竭型城市选择旅游业为接续型支柱产业是具有客观必然性的。

# 第十二章 陕西资源枯竭型城市产业转型中接续性支柱产业发展研究

## 第二节 铜川市产业转型中旅游业成为接续性支柱产业的条件分析

### 一、铜川市概况

铜川市位于陕西省中部,处于关中平原向陕北黄土高原的过渡地带,是关中经济带的重要组成部分,介于东经108°34′~109°29′、北纬34°50′~35°34′之间,是陕西省省辖市。铜川市交通便利,是通往人文始祖黄帝陵及革命圣地延安的必经之地,距西安市区68公里,距咸阳国际机场72公里,西安至黄陵高速公路穿境而过,咸铜、梅七两条支线铁路与陇海大动脉相连。截至2014年,铜川市常住人口为84.51万人,其中城镇人口52.58万人,农村人口31.93万人,年末城镇化率达到62.22%。[5] 全市下辖宜君县、王益区、印台区、耀州区和省级经济技术开发区——新区。铜川属暖温带大陆性季风气候,由西北到东南可分为两个气候区:山地温凉湿润气候区和台原温暖半干旱气候区。地貌复杂多样,山、川、塬、梁、沟、谷均有分布,资源价值和影响力具有一定的区际意义。境内煤炭和石灰石资源丰富,有"煤城""渭北黑腰带上的一颗明珠"之称。铜川历史悠久,名胜古迹众多,境内有文物景点675处,其中全国重点文物保护单位4处、省级重点文物保护单位18处,特别是耀州窑遗址、唐初三代帝王的避暑行宫和唐代高僧玄奘法师译经圆寂之地玉华宫、隋唐伟大的医药学家孙思邈隐居行医之地药王山、佛教圣地大香山寺院等人文景观闻名于世。铜川拥有以煤炭、建材、陶瓷、铝冶炼、纺织、机电、医药、食品、化工等为骨干的30多个工业门类。铜川新区规划区面积45平方公里,这里交通便捷,地势开阔平坦,城市基础设施日臻完善,正在成为铜川的政治、经济、文化中心。

铜川市在计划经济时期,形成了以煤炭、水泥、陶瓷为主的工业结构,

打造丝绸之路经济带上的战略高地

曾为国家贡献了5亿多吨煤炭和5000多万吨水泥,成为陕西和西北地区煤炭和建材工业基地。随着整个国家经济转型和市场经济的迅猛发展,再加上对煤炭资源的粗放式开采以及国家对资源开发与利用政策的不完善,目前,铜川市正面临着煤炭资源退减、接续产业弱小、生态环境恶化、基础设施落后和就业压力大等一系列经济、社会和环境问题,其发展前景不容乐观。2009年3月5日,国务院确定了第二批资源枯竭城市,铜川市名列9个地级市之一,连续五年获得了国家近1亿元的财力性转移支付资金支持,并享受国家一系列优惠政策,这是继国家实施8.4亿元铜川采煤沉陷区综合治理项目后的又一重大项目,该项目对铜川加快产业转型,实现可持续发展必将起到重要的推动作用。铜川正抓住陕西作为丝绸之路经济带新高地打造的大好机遇,大力实施项目带动和可持续发展战略,努力实现经济社会的全面、协调、可持续发展。

## 二、铜川市产业转型中发展旅游业的基础和条件

### (一)铜川具有丰富的旅游资源禀赋

铜川历史悠久,文化底蕴深厚,自然景观、人文景观和历史遗迹独特而丰富,具有发展旅游业的潜力。

#### 1.人文旅游资源十分丰富

药王山风景区位于铜川市耀州区城东1.5公里处,由瑞应、起云、升仙、显化、齐天五峰组成,峰顶平地如台,亦称五台山,海拔1000米。药王山是唐代医学家孙思邈长期隐居之处,因民间尊奉孙思邈为"药王"而得名,并成为著名的"医宗"圣地。石刻遍及全山,是研究书法及雕塑艺术的珍贵资料,其中以宋徽宗题"褚慧龙章云篆诗文碑"最为有名,被列为第一批国家重点文物保护单位。药王山又被称为我国医学史古迹之一,石刻《千金宝要》和海上仙方碑,将孙思邈所著《千金方》中的重要部分摘

# 第十二章 陕西资源枯竭型城市产业转型中接续性支柱产业发展研究

录下来,价值无比。

耀州窑遗址号称"十里窑场",是迄今中国发现的保存最为完好的一座集唐、五代、宋、金、元各个朝代窑炉之精华于一地的古遗址,堪称当代中国最大的地下陶瓷博物馆;"三山天作堑,两峡石为关"的金锁关,是历来兵家必争之地;因孟姜女哭长城的民间传说而得名的哭泉和姜女祠,更为铜川增添了许多幽古色彩。

铜川人杰地灵,先后有西晋著名哲学家傅玄、唐代大书法家柳公权、史学家令狐德棻和北宋著名画家范宽等古代先贤出生于此。照金地区是陕甘边区革命根据地,习仲勋、刘志丹、谢子长、贺龙等老一辈无产阶级革命家都先后在这里从事过革命活动。

2. 自然风光秀美

玉华宫景区位于陕西铜川市西北郊玉华镇(原焦坪煤矿),距铜川市37公里,属桥山山系,海拔2401.67米,总面积2482公顷,森林覆盖率90.4%。玉华宫是盛唐帝王的行宫,唐高祖李渊建仁智宫,唐太宗李世民扩建为五门九殿,改称玉华宫。景区天然植被保存完好,生物种类繁多,具有较高的观赏价值。景区平均气温比西安低摄氏10~12度,素有"夏有寒泉地无大暑"之美称,是避暑、度假、疗养的好去处。唐代玄奘法师在此译经四载,完成了20万字的《大般若经》巨著,于公元664年2月5日圆寂于此。现有速成院玄奘手制石雕佛足印、石雕金刚佛座等珍贵文物收藏于中国历史博物馆。珊瑚谷(西宫)、郭玉沟(东宫)佛龛石窟及佛雕石刻遗址保存完好,具有极其重要的科研价值。这里集自然景观、人文景观于一体,具有旅游观光、避暑度假、佛事活动三大功能,是陕西北线旅游的一颗璀璨明珠。

香山曾与普陀山、五台山、九华山、峨眉山并称天下五大佛教名山,自苻秦起就成为中国佛教名刹。它位于铜川市耀州区西北45公里处,平均海拔1414.3米,山脉东西走向,主峰东峰、中峰、西峰依次排列,酷似一个巨大的笔架,又像一个巨大的香炉,东峰、中峰、西峰尤如三根顶天香柱插入炉中。山的周围,万顷林海、青翠欲滴、云雾缭绕,山中泉、溪、瀑、潭、湖、河等水景形态多样,有山泉近百处,小溪近50多条,山水相依,秀丽异常。更有多处天然溶洞,钟乳石形态各异,奇秀无比。

3. 开发工业遗产旅游资源潜力巨大

从1983年开始,铜川市的焦坪、王家河、三里洞等煤矿相继关闭,这些煤矿的关闭和正在运营的乌金矿是铜川"煤文化"特色游的基础。在已关闭的史家河煤矿、三里洞煤矿和桃园煤矿,蒸汽机火车仍在三个矿井之间往返行使,这种情景能够引起人们对蒸汽机时代工业文明的怀旧之感。三里洞煤矿废弃后,矿井系统和配套的通风、排水、供电、运输系统以及地面辅助设施,已经成为矿山遗迹。这些煤矿自始建到废弃,历经数十年的不断改造和完善,凝聚了工人、管理干部和科技工作者的汗水和智慧,是一部爱国主义和科学精神的教科书,其中所蕴藏的丰富的科技和文化内涵具有较高的开发价值。但目前为止,人们对它们的认识远远不够。随着矿井的关闭,这些珍贵的历史文物有可能将遭到破坏或永远深埋地下,其代表的工业文明也将不复存在。其实,矿山遗产作为人文景观和有形资产的一部分,完全可以开发出一系列很有市场前景的工业遗产旅游产品,发挥其特色,为发展接续产业开拓出一条崭新的途径。矿山遗址旅游产品的开发不仅有利于资源枯竭型城市的产业转型和区域可持续发展,而且有着重要的教育和社会公益价值。

(二)铜川发展旅游业的其他基础和条件

铜川市素有"煤城"之称,是我国西部典型的资源枯竭型城市。在资源枯竭型城市转型的过程中,铜川市从自身的资源优势出发,审时度势,把发展旅游业作为城市新的经济增长点和战略产业。近二十年来,铜川

# 第十二章　陕西资源枯竭型城市产业转型中接续性支柱产业发展研究

市加强市内重点旅游景点的建设和主题旅游活动的开展,旅游业已成为铜川经济产业门类中的一支重要力量,铜川市也因此成为陕西北部一个重要的新型旅游区。

1. 相对区位优势

铜川市处于关中与陕北旅游圈内,位于西安与延安两大热点旅游城市之间,自身又有浓郁的乡土气息和神秘的特色文化底蕴,而且还是西北红色革命根据地照金所在地,因此,铜川具有发展旅游业的独特优势。如果铜川市按照"突出大产业,打造大景区,形成大容量,构建大循环"和尽快"融入西安旅游大都市圈"的战略,积极把自身与西安、延安等旅游热点城市"捆绑"起来,那么铜川发展旅游业的潜力是巨大的。就与西安旅游的合作而言,西安可以充分利用铜川鲜明的旅游特色,增加旅游景点和精品线路;铜川可以利用西安旅游的品牌效应,把铜川旅游业融入西安大旅游格局,扩大铜川旅游的影响力及知名度。如两市可以利用交通便捷的优势,依托一脉相承的佛教、道教文化资源,共同推介世界文化名人玄奘、药王孙思邈的名人文化旅游;推出玉华宫、药王山、香山等精品旅游景区和线路,做到客源共享,互惠互利,合力开发旅游市场,打造旅游品牌,开创两地旅游业联动发展的新局面。就与延安旅游的合作而言,铜川可以依托照金革命根据地旧址,与延安共同打造高水平、高密度的红色旅游,重点开发一批有特色、有影响、有市场、有效益的精品旅游线路。

2. 旅游基础设施日益改善

从"九五"开始,铜川市把旅游业作为全市国民经济新的增长点来抓。"九五"期间,共投资7000余万元,对玉华宫、药王山、耀州窑、姜女祠等旅游景区进行了开发建设。经过近年来的努力,铜川市的基础设施明显改善,特别是在交通方面,除了陇海铁路重要专线咸铜、梅七两条铁路纵贯南北,包茂高速公路纵贯全境外,西安市行政中心北移和地铁二号线、铁路新客站、机场高速二号线、北三环以及西黄第二条高速公路等项目的建设,使铜川与西安的联系将更加紧密,区位优势更加凸显。铜川交通大厦、铜川饭店、铜川宾馆等星级饭店积极按照《旅游饭店星级的划分与评定》标准,强化管理,提升了服务水平;正阳国际酒店、煤业宾馆、印台商务酒店等积极努力,已完成星级酒店建设工作。

3.政府发展旅游业的鼓励政策明确

近年来,铜川市政府已经充分认识到,随着经济的发展和人民生活水平的不断提高,人民群众旅游消费需求的大幅度增长将会形成巨大的旅游消费市场,旅游业面临着十分难得的历史机遇。因此,铜川市政府高度重视旅游工作,已把旅游业纳入全市五大新兴产业之中,各级旅游行政管理部门全面加强和规范旅游行业管理,市文物旅游局协调组织卫生防疫、公安消防等部门对全市景区、星级饭店等进行专项检查,以此促使其提高旅游业的综合服务水平。

总之,铜川南邻西安,北接延安,交通发达,区位优势明显,旅游业与西安、延安有很强的互补性。

## 第三节 铜川市产业转型中旅游业作为接续性支柱产业的可行性分析

铜川市是第二批被国家列入资源枯竭型城市转型试点城市,通过产业结构的调整,着力培育了电力电源、装备制造、食品、医药、旅游五大新兴产业。由于旅游业具备劳动密集型、产业关联程度高、符合新市场需要等特点,因而铜川市在产业结构调整中将旅游业作为其产业结构中的重要组成部分,并依据自身资源条件进行开发。近年来,铜川市的旅游开发也取得了显著效果[6]。

# 第十二章 陕西资源枯竭型城市产业转型中接续性支柱产业发展研究

## 一、铜川市旅游业发展现状

### (一)旅游经济效益持续增长,并成为国民经济新的增长点

旅游业作为综合产业,对经济的贡献,不仅包括门票、餐饮、住宿等直接收入,而且包括带动其他行业的发展和拉动整个国民经济的增长。铜川市旅游业虽然起步较晚,但进入21世纪后发展迅猛,已经成为地区经济的重要产业。表12-1统计了2000年到2014年铜川市旅游业的收入情况,并计算了旅游业收入占GDP的比重。

表12-1 铜川市2000—2014年旅游业收入及占GDP比重情况[7]

| 年份 | 旅游业收入(亿元) | GDP(亿元) | 旅游业占GDP比重 |
| --- | --- | --- | --- |
| 2000 | 1.31 | 40.43 | 3.24% |
| 2001 | 1.74 | 37.08 | 4.69% |
| 2002 | 2.09 | 40.9 | 5.11% |
| 2003 | 2.42 | 48.69 | 4.97% |
| 2004 | 2.74 | 58.9 | 4.65% |
| 2005 | 3.15 | 69.52 | 4.53% |
| 2006 | 3.46 | 83.63 | 4.14% |
| 2007 | 4.2 | 102.27 | 4.11% |
| 2008 | 5.2 | 125 | 4.16% |
| 2009 | 6.5 | 155.86 | 4.17% |
| 2010 | 10.5 | 187.73 | 5.59% |
| 2011 | 19.11 | 234.53 | 8.15% |
| 2012 | 30.8 | 282.92 | 10.89% |
| 2013 | 43.98 | 321.98 | 16.66% |
| 2014 | 53.6 | 340.42 | 15.75% |

通过表12-1可以看出,铜川市的旅游业发展呈上升趋势。特别是《关中—天水经济区发展规划》颁布实施以来,铜川市的旅游业发展迅

速,从2009年的旅游业收入6.5亿元,占GDP的4.17%,到2014年的旅游业收入53.6亿元,占GDP的15.75%,旅游业收入占GDP的比重上升明显,旅游业整体持续发展。2015年"五一"小长假,铜川市旅游总收入2.67亿元,比2014年同期增长71%,旅游综合收入创出新高。2015年国庆期间铜川市旅游总收入6.59亿元,较2014年同期增长32.3%。[8]

(二)旅游业发展速度明显加快,接待游客数量增长迅速

作为一座旅游资源较为丰富的城市,铜川正以面向世界的胸襟日渐成为陕西有名的旅游胜地,旅游业已经成为铜川市第三产业中发展最快的行业之一。2000年到2014年铜川接待国外游客的年平均增长率为14.65%,接待国内游客的年平均增长率为12.76%。其中,在接待国内外游客总量上增长率最高的时间段为2012年到2013年,年增长率为30.60%。国外游客增长最快的年份是2008年,年增长率高达45.45%,而国内游客增长最快的年份是2013年,年增长率为30.64%。

表12-2 2000—2014年铜川市接待国内外游客数量、增长率统计表[9]

| 年份 | 游客数量总计(人) | 总游客数量增长率 | 国外游客数量(人) | 国外游客数量增长率 | 国内游客数量(人) | 国内游客数量增长率 |
|---|---|---|---|---|---|---|
| 2000 | 1638000 | — | 4479 | — | 1633521 | — |
| 2001 | 1948000 | 18.93% | 5076 | 13.33% | 1942924 | 18.94% |
| 2002 | 2123000 | 8.98% | 5800 | 14.26% | 2117200 | 8.97% |
| 2003 | 2401000 | 13.09% | 7002 | 20.72% | 2393998 | 13.07% |
| 2004 | 2641000 | 10.00% | 8200 | 17.11% | 2632800 | 9.98% |
| 2005 | 2906000 | 10.03% | 9068 | 10.59% | 2896932 | 10.03% |
| 2006 | 3200000 | 10.12% | 10066 | 11.01% | 3189934 | 10.11% |
| 2007 | 3460000 | 8.13% | 11000 | 9.28% | 3449000 | 8.12% |
| 2008 | 3670000 | 6.07% | 16000 | 45.45% | 3654000 | 5.94% |
| 2009 | 4300000 | 17.17% | 19000 | 18.75% | 4281000 | 17.16% |
| 2010 | 4950000 | 15.12% | 22400 | 17.89% | 4927600 | 15.10% |

## 第十二章　陕西资源枯竭型城市产业转型中接续性支柱产业发展研究

续表

| 年份 | 游客数量总计（人） | 总游客数量增长率 | 国外游客数量（人） | 国外游客数量增长率 | 国内游客数量（人） | 国内游客数量增长率 |
|---|---|---|---|---|---|---|
| 2011 | 5600000 | 13.13% | 24500 | 9.38% | 5575500 | 13.15% |
| 2012 | 6805000 | 21.52% | 26000 | 6.12% | 6779000 | 21.59% |
| 2013 | 8887300 | 30.60% | 31008 | 19.26% | 8856292 | 30.64% |
| 2014 | 9929000 | 11.72% | 34800 | 12.23% | 9894200 | 11.72% |

据统计，2015年"五一"和"十一"期间，铜川市接待游客总量有大幅度提升。2015年"五一"小长假，铜川市共接待游客49.64万人次，比去年同期增长59%。2015年国庆期间铜川市共接待游客148.16万人次，较去年同期增长31.5%。[10]

（三）旅游产业体系日益完善，基本形成产业格局

2015年铜川市结合全域旅游发展需要，确定了39个重点旅游建设项目，涉及投资11.6亿元，计划全年完成投资10亿元，截至2015年9月底已完成9.27亿元，预计将超额完成年度任务目标。截至2015年，铜川市共有博物馆5个，文物点675处，其中全国重点文物保护单位4处，省级18处，市级14处；有国家3A级旅游景区2处，2A级旅游景区1处，省级风景名胜区3处。铜川市的旅游胜地主要有玉华宫、药王山、耀州窑、香山和孟姜女传说系列；还有反映革命传统文化的照金革命根据地和"三个代表"忠实实践者郭秀明的故乡惠家沟等。配套的服务设施中，国内旅行社6家，四星级旅游饭店1家，三星级旅游饭店5家，二星级旅游饭店6家，旅游汽车公司1家，旅游纪念品生产厂家21家，旅游从业单位60多个。为进一步推进旅游服务环境的优化，铜川市各景点深入推进旅游行业"厕所革命"，满足游客出行需求，截至9月底已新建、改建旅游公厕67座，完成40座，预计全年将开展90余座旅游公厕的新建、改建工作。同时，铜川以"美丽乡村"建设为抓手，加快推进乡村旅游发展，实现了县域旅游、乡村旅游与景区的优势互补。截至2015年11月，铜川市已创建省

级特色旅游名镇 4 个(陈炉镇、照金镇、孙塬镇、五里镇),文化旅游古镇 2 个,省级乡村旅游示范村 12 个,市级乡村旅游示范村 20 个,陕西"一村一品"明星村 2 个(塬畔村、崾先村),星级农家乐 173 户,从业人员达到 15963 人,旅游经济形势不断向好。全市旅游市场持续升温,主要经济指标保持较快增长,2015 年前三季度全市接待国内外游客 976.64 万人次,实现旅游总收入 52.68 亿元,分别同比增长 28% 和 25.4%。[11]

## 二、铜川市旅游业作为地区支柱产业的可行性分析

### (一)从区位熵看旅游业成为铜川支柱产业的可行性

#### 1. 区位熵及其计算公式

在区域经济学中,通常用区位熵(又称区域规模优势指数或区域专门化率)来判定一个产业是否构成地区专业化部门(即支柱型产业)及其专业化水平。区位熵是指一个地区特定部门的产值在地区工业总产值中所占的比重与全国该部门产值在全国工业总产值中所占的比重之间的比值。其计算公式是:

$$Q_{ij} = \frac{\frac{e_{ij}}{e_i}}{\frac{E_j}{E}}$$

式中,$Q_{ij}$ 表示 $i$ 地区 $j$ 部门的区位熵;$e_{ij}$ 表示 $i$ 地区 $j$ 部门的产值;$e_i$ 表示 $i$ 地区的工业总产值;$E_j$ 表示全国 $j$ 部门的总产值;$E$ 表示全国工业总产值。当 $Q_{ij}>1$,可以认为 $j$ 产业是 $i$ 地区的专业化部门,$Q_{ij}$ 值越大,专业化水平越高;当 $Q_{ij} \leqslant 1$ 时,则认为 $j$ 产业是 $i$ 地区的自给性部门。

本章采用区位熵的计算公式为:

$$Q = \frac{\frac{e_j}{e_i}}{\frac{E_j}{E}}$$

# 第十二章 陕西资源枯竭型城市产业转型中接续性支柱产业发展研究

式中,$Q$ 表示铜川地区旅游业的区位熵;$e_i$ 表示铜川地区旅游业的产值;$e_j$ 表示铜川地区的总产值;$E_j$ 表示全国旅游业的总产值;$E$ 表示全国总产值。

2. 铜川市旅游业的区位熵计算

考虑到数据的可得性,铜川市工业总产值和全国工业总产值均是以规模以上工业企业的总产值来计算的。全国的旅游业总产值是国际旅游(外汇)收入与国内旅游收入之和,其中汇率是以每年的 6 月 1 日公布的汇率为准进行换算。经过计算得到表 12 – 3。

表 12 – 3　2000—2014 年铜川市旅游业区位熵计算结果表[12]

| 年份 | 旅游业总产值(亿元) | 铜川市 GDP（亿元） | 全国旅游业总产值(亿元) | 全国 GDP（亿元） | 铜川市旅游业的区位熵 |
|---|---|---|---|---|---|
| 2000 | 1.31 | 40.43 | 4518.63 | 98562.20 | 0.71 |
| 2001 | 1.74 | 37.08 | 4995.00 | 108683.40 | 1.02 |
| 2002 | 2.09 | 40.90 | 5565.63 | 119765.00 | 1.10 |
| 2003 | 2.42 | 48.69 | 4883.03 | 135718.90 | 1.38 |
| 2004 | 2.74 | 58.90 | 6841.38 | 160289.70 | 1.09 |
| 2005 | 3.01 | 69.52 | 7659.22 | 184575.80 | 1.04 |
| 2006 | 3.46 | 83.63 | 8880.72 | 217246.60 | 1.01 |
| 2007 | 4.20 | 102.27 | 10867.26 | 268631.00 | 1.02 |
| 2008 | 5.20 | 125.00 | 11547.05 | 318736.70 | 1.15 |
| 2009 | 6.50 | 155.86 | 12885.56 | 345046.40 | 1.12 |
| 2010 | 10.50 | 187.73 | 15613.57 | 407137.80 | 1.46 |
| 2011 | 19.11 | 234.53 | 22447.31 | 479576.10 | 1.74 |
| 2012 | 30.80 | 282.92 | 25892.50 | 532872.10 | 2.24 |
| 2013 | 43.98 | 321.98 | 29443.64 | 583196.70 | 2.71 |
| 2014 | 53.60 | 340.42 | 33867.22 | 634043.40 | 2.95 |

从表 12 – 3 中可以看出,2000 年到 2014 年铜川市旅游业的发展大致可以分为两个阶段。第一阶段是 2000 年到 2009 年,铜川市的旅游业总

产值从 2000 年的 1.31 亿元增长到 2009 年的 6.50 亿元,年平均增长率是 19.48%,高于同时期全国旅游业 12.35% 的年平均增长率。第二阶段是从 2009 年到 2014 年,即《关中—天水经济区发展规划》颁布实施以来,铜川市的旅游业总产值从 2009 年的 6.50 亿元迅速攀升到 2014 年的 53.6 亿元,年平均增长率为 52.49%,远远高于同时期全国旅游业 21.32% 的年平均增长水平。

根据表 12-3 我们可以做出图 12-1。

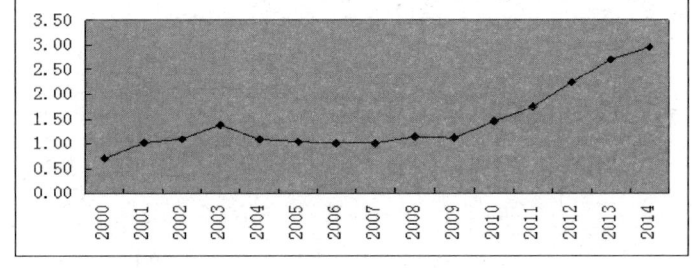

**图 12-1 2000—2014 年铜川市旅游业区位熵折线图**

图 12-1 显示,从 2000 年到 2014 年铜川市旅游业的区位熵除 2000 年外均大于 1;从 2000 年到 2014 年铜川市旅游业的区位熵总体呈明显的上升趋势。2000 年到 2014 年铜川市旅游业区位熵的变化大致分为三个阶段。第一阶段是从 2000 年到 2003 年,铜川市旅游业的区位熵从 0.71 上升到 1.38。第二阶段从 2003 年到 2006 年,区位熵一直处于下降趋势,从 2003 年的 1.38 下降到 2006 年的 1.01。第三阶段从 2006 年到 2014 年,铜川市的旅游业区位熵从 2006 年的 1.01 迅速攀升到 2014 年的 2.95,尽管 2009 年比 2008 年略有下降,但是总体呈增长趋势,年平均增长 14.34 个百分点。

3. 铜川市旅游业较高的区位熵使旅游业能够成为地区支柱产业

概括来看,由于区位熵表示一个地区某一行业的规模水平和专业化程度,区位熵越大,该地区产业优势越大。从表 12-3 和图 12-1 显示的铜川市旅游业的区位熵情况可以看出,从 2000 年到 2014 年,铜川市旅游

# 第十二章 陕西资源枯竭型城市产业转型中接续性支柱产业发展研究

业的区位熵均大于1(2000年除外),我们可以认为旅游产业是铜川市的专业化支柱产业,旅游业在铜川优势明显,可以向区域外进行产品或服务的输出,是铜川市的优势产业。特别是从2012年开始,铜川市旅游业的区位熵已经突破2,这就说明,铜川市的旅游业已经达到一个地区的专业化支柱产业向地区主导产业发展的条件。

(二)从产业集聚看旅游业成为铜川市支柱产业的可行性

从表12-3中选取2000年和2014年时间截面的$Q$值作为参考,根据下面公式来计算旅游产业集聚度增长指数$P$值。

$$P = (\frac{Q_{14} - Q_{00}}{Q_{00}}) \times 100\%$$

其中,$Q_{00}$取2000年为基期的铜川市旅游产业区位熵,$Q_{14}$取2014年为末期的铜川市旅游产业区位熵。集聚度增长指数$P$值的大小体现在时间维度上,给定的两个时间之间集聚度变动的趋势,若$P$为正值,则铜川市旅游产业的集聚程度正在加大,产业集聚能力正在增加,竞争优势逐步增强;若$P$为负值,则其集聚竞争优势不明显。[13]经过测算,铜川市2000年到2014年旅游业的集聚度增长指数为3.15,这说明铜川市旅游产业的集聚程度正在加大,集聚能力正在增强。旅游产业的集聚可以产生创新效益和竞争效益,从而使企业不断降低成本,改进产品及提高服务质量,追赶技术变革的浪潮,不断提高生产率。而旅游业这一新兴产业,作为发展最快的朝阳产业,具有高度的集聚效应是其成为地区支柱产业必不可少的条件。

(三)从可持续发展的需要来看铜川市旅游业成为地区支柱产业的可行性

旅游业是集游、行、住、吃、购、娱等服务为一体的综合性大产业,产业关联性强,收入弹性大。根据世界旅游组织的统计测算,旅游业每创造1元收入,就会带来4.3元的综合收入;每创造1个劳动岗位,就会为社会带来6-7个就业岗位。[14]在2015年的巴黎气候大会上,中国表示预计在2030年之前碳排放达到峰值,单位GDP碳排放相比2005年下降60%—65%。[15]由此可见,碳排放将会成为制约我国经济发展的主要因素。旅游业是低碳产业,是应对节能减排压力的重要产业。因此,在铜川产业转型的过程中,有必要把旅游业作为战略性支柱产业来抓,以拉动内需,扩大就业,推动经济持续、快速发展。

**(四)从铜川市的自身资源优势看旅游业成为其支柱产业的可行性**

铜川市旅游资源丰富,地理位置优越,交通便利,靠近旅游消费群体。铜川是西安通往延安、榆林及内蒙古的必经之地。近年来随着交通设施的快速发展,包茂高速、西安至铜川第二条高速的建成,西安至铜川仅需40分钟,铜川已处于西安一小时通勤圈内。咸铜、梅七两条支线铁路与陇海大动脉相连,连接关天经济区和另一重要次级核心城市宝鸡。优越的区位条件,便利的外部交通,将使西安、关中城市群成为铜川旅游休闲客源地。[16]旅游业成为铜川市的支柱产业具有得天独厚的优势条件。目前,铜川市已初步形成了具有当地特色的旅游体系,以玉华宫为中心的避暑休闲游,以药王山为中心的医药保健游,以耀州窑为中心的陶瓷文化游,以香山为中心的佛事文化游等一系列主题旅游正在逐步完善。另外,矿山探秘游、蒸汽机车怀旧游、农家休闲游和果园采摘游也成为丰富的旅游资源。可以说,旅游业已经成为铜川市国民经济中的支柱产业。

## 第四节　铜川市发展旅游业的思路和对策措施

为了进一步彰显铜川旅游业作为地区接续性支柱产业的角色和作用,我们建议明确以下思路和措施。

**一、走旅游业综合发展之路**

**(一)大力开发利用丰富的人文旅游资源**

铜川旅游业应突出唐宋文化特色和浓郁的宗教文化特色,打响玉华

# 第十二章　陕西资源枯竭型城市产业转型中接续性支柱产业发展研究

宫、药王山、耀州瓷、香山等旅游品牌,把铜川建成陕西北线旅游重镇,推动城市的产业转型。

1. 以玉华宫为核心,打造休闲避暑游产业链

玉华宫是唐三藏整理佛经和圆寂之圣地,也是避暑胜地。但由于宣传不够,许多人还不知道玉华宫的历史渊源。因此,铜川应进一步加强宣传并加快推进玉华宫佛教文化景区开发建设项目的整体步伐,提升旅游服务功能,建设享誉全国甚至享誉世界的玉华山佛教文化景区和休闲娱乐度假目的地。玉华宫景区应建成玉华宫游乐中心,建设东宫旅游区,在开发冬季冰雪旅游资源的基础上,建成标准化滑雪、滑草场和冰雪馆,举办可以供游客观赏的冰雕艺术作品展,增加射击、滑雪(滑草)、湖上划船和垂钓等一批娱乐性项目。冰雕作品应以宗教文化为主题,如冰佛、冰塔等冰雕作品;建设唐风旅游纪念品市场、上元花灯街、梨园艺场(歌舞表演)、仿唐宫殿式博物馆以及仿唐马术场等;在原有资源的基础上,建设狩猎打靶场、跑马场、玉华寺及以餐饮、娱乐为主的民族风情园等项目。

2. 以药王山为核心,打造医药保健游产业链

药王山是我国隋唐时期伟大的医药学家、养生学家孙思邈晚年归隐行医的福地洞天,从宋代至今一直是人民群众纪念药王的圣地。2008年6月国务院公布药王山庙会列入全国第二批《非物质文化遗产保护名录》。药王山在国内外有着很大的影响力和吸引力,是铜川市最重要的历史人文资源。在药王山可以建设医疗中心、药品销售中心、康乐中心、药王故里药用植物园等医药保健游乐项目,开发以经营药浴、药膳、中医、书画、风味小吃为主的千金方工程项目;开发以中医诊断、针灸、按摩、理疗为主的药酒、单方、验方及各种保健品和中药材经营的康复医疗中心;开发以药膳为特色的餐饮经营的药王食村项目;开发集吃、住、娱为一体的起云山庄项目;开发以药浴、茶饮、休闲为内容的药王山温泉建设项目;开发集观赏、实用和进行药物种植、研究、加工为一体的药用植物园项目;开发以宗教文化为特色的宝云寺及崇福阁项目;开发建设药王广场,使其成

为铜川的一个标志性文化广场;把孙思邈的事迹制作成影视片等。将药王山建设成为一座名符其实的医药保健名山,满足人们对健康生活的追求,尤其是满足亚健康人群疗养旅游活动的需求。

3. 以耀州窑遗址为核心,打造陶瓷文化游产业链

耀州窑遗址是极具旅游开发价值的古陶瓷文化旅游景区,现已建成国内规模最大的耀州窑博物馆和耀州窑遗址保护厅。建设艺术陶瓷商城、培训交流中心和陶艺村,为游客提供耀州窑系列艺术陶瓷旅游纪念品;建设集古陶瓷研究、保护、鉴定、培训、资料存放等功能为一体的综合大楼,把其打造成全国重要的古陶瓷研究培训基地;陶艺村恢复古代陶瓷制作的手工作坊、陶瓷店铺、茶社、饭馆等民俗文化遗风,为游客提供古陶瓷制作参与项目。耀州窑陶瓷文化园区应建设接待中心、培训中心,并建设"陶吧"体验区,让游客体验获得自己劳动果实的喜悦。除此之外,还可以创新开发富有现代气息的"神佛情趣产品系列",创新开发姜太公、玄奘、哪吒、鸠摩罗什、日本求法高僧、朝鲜入华名僧、老子、王重阳等情趣瓷像以供应各景点。

铜川名胜古迹众多,人文资源富集,除上所述外,陈炉古镇陶瓷文化游、香山开发佛事文化游、照金革命旧址红色旅游及金锁关城遗址、姜女祠等都是重要的旅游开发项目。

(二)大力开发利用独特的自然景观旅游资源

1. 生态旅游大有可为

生态旅游是一种常规的旅游项目,游客在欣赏古今文化遗产的同时,置身于相对古朴、原始的自然区域,尽情欣赏野生动植物及原始的自然风光。铜川位于黄土高原与关中平原的衔接地带,横亘铜川的子午岭是一道绿色风景线。玉华宫、香山、照金、金锁关、福地湖、云梦山等自然景观都有独特的自然风光。锦阳湖左岸有一片千余亩的果园,栽植了苹果、酥梨、冬枣等果木,还可以在此钓鱼、抓螃蟹,游客可以提着篮筐采果子,围着篝火享受自然风光。湖对面的植物园内有玉兰、牡丹、金桂、金丝桃、连

## 第十二章　陕西资源枯竭型城市产业转型中接续性支柱产业发展研究

翘、白皮松等各种乔木、灌木及草本花卉108个品种,植株达68 000余株,是一个集休闲、观赏与科普为一体的理想境地。玉华山风景区自然景观优美,森林覆盖率高,天然植被完好,有天然"氧吧"之称。因此,铜川要充分发挥宜君、玉华山、新区牡丹樱桃园以及福地湖、锦阳湖、香山等自然资源优势,打造生态旅游,为广大群众提供休闲、度假、娱乐的良好场所。

2.乡村旅游前景无限

乡村旅游是指以乡村环境为依托的一种乡村开发经济活动。大体有以下几种模式:(1)观光购物农园模式。新区牡丹园有牡丹品种近百个,100万余株,占地200多亩,是陕西境内最大的牡丹繁殖、观赏基地,该基地可以发展成为人们观赏休闲的好去处。新区陈坪村樱桃园占地1 600多亩,该村的欧美大樱桃色艳、果大、肉厚、上市早,远近闻名。在开发乡村旅游时,可以开放这些成熟的果园、菜园、花圃、茶园等,让游客入园采果、摘菜、赏花,享受田园乐趣。(2)租赁农园模式。在新区,农民可以将土地出租给游客种植粮食、花草、瓜、果、蔬菜等。其主要目的是让市民体验农业生产过程,享受耕作乐趣,以休闲体验为主,而不是以生产经营为目标。多数租用者只能利用节假日到农园作业,平时则由农地提供者代管。(3)休闲农场模式。它是一种供游客观光、度假、游憩、娱乐、采果、农作、垂钓、烧烤、食宿、体验农民生活、了解乡土风情的综合性农业区。在宜君等偏远的乡村地区适宜开发乡村田园观光旅游项目,城市近郊地区距离城市较近,交通便利,适合开发"农家乐"旅游项目。

### (三)工业遗产遗迹的开发利用

工业遗产是集历史学、社会学、建筑学和技术、审美启智、科研价值于一体的工业文化遗存,它包括建筑物、工厂车间、磨坊、矿山和机械,以及相关的加工冶炼场地、仓库、店铺、能源生产和传输及使用场所、交通设施、工业生产相关的社会活动场,以及工艺流程、数据记录、企业档案等。[17]工业遗产虽然不像其他文化遗产那么历史久远,但却以其独特的内涵逐渐成为现代社会文明不可或缺的历史见证。对工业遗产的重视与

打造丝绸之路经济带上的战略高地

开发利用是从英国、德国等西方国家开始的。这些西方工业化国家的工业遗产主要是指18世纪后半叶工业革命开始形成的各类遗存,它反映了人类社会从农业文明走向工业文明过程中,社会发展的各个阶段所体现出的经济、文化、产业、社会结构、工业技术等各个方面的历史信息。而中国工业遗产主要指鸦片战争以后的近代作坊、近代民族工业、国外资本工业以及新中国诞生后的社会主义工业等,如实业家张謇于1895年创办的中国近代著名纺织工厂江苏南通大生纱厂,1903年由英国和德国商人出资创办的原名"日耳曼啤酒股份公司青岛公司"的青岛啤酒厂,以及新中国大庆油田第一口油井和青海省中国第一个核武器研制基地,等等。它们见证并展现了近现代中国社会的变革与发展轨迹,也给所在城市增加了独特的文化特质。

  铜川市可以开发煤矿遗迹探险游。在开发过程中,可以选择一些废弃的矿井,加以简单地整理和改造,使废弃矿井恢复其原有面貌,并借助光电等手段,模拟工人在数百米地下深处的劳动场面和工作环境,让游客亲身感受矿工的实际工作环境。对于像三里洞煤矿这样保存较完整的矿山基础设施,可以改造成煤炭历史博物馆,并开设不同内容的展厅。如在霸王窑展厅,展示霸王窑时期的生产用具、生产过程及矿工的生活状况,让人们牢记这段血泪史,以鉴后人;在现代化煤炭展厅,展现新中国成立后我国煤炭行业发展的历程,宣传矿山的发展历史和感人故事;在煤炭系列展厅,展示煤炭的种类、用途等,展示矿山采运工作过程,展示地质构造、地下水形成模型和矿井知识,增加游客的煤炭专业知识,满足游客的求知欲和猎奇心理。并在此基础上,建设区域性乃至全国性的工业遗产博物馆。铜川还可以利用废弃的厂房、车间、矿坑等建筑物和周围环境,建设具有工矿文化特色的主题餐馆、宾馆、游乐场所等,这些场所至少可以满足当地群众日常的度假休闲需求。如焦作市在城市经济转型中,将煤矿的礼堂改造成游泳池,锅炉房改造成娱乐广场,洗煤楼则脱胎换骨变成了豪华气派的洗浴中心。

# 第十二章 陕西资源枯竭型城市产业转型中接续性支柱产业发展研究

当然,以上每一个旅游区(点)就是一个旅游板块,各个板块要形成互补,构成一个有机整体。旅游业作为铜川市的一个重要的支柱产业,只有把所有的旅游板块组成铜川旅游的大板块,并在更大的范围内与西安、黄陵等地结合起来,作为关中旅游区的一部分,形成更大的规模和竞争力,才能使旅游业发挥更大的效益。

## 二、发展旅游业的各项具体措施

### (一)加强政府相关法律法规和政策引导

改革开放三十多年来,旅游业快速发展的重要经验之一,就是实施政府引导型旅游发展战略,只有政府引导,旅游业才能强力推进,快速发展。各级政府要树立政府引导旅游的发展观念,实施政府"一把手"工程,加快相应的旅游产业政策、旅游法律法规、旅游企业规章制度的制定,还要制定促进资源枯竭型城市旅游业开发的产业政策,鼓励相关部门、单位和企业积极参与旅游业开发,培养、壮大旅游业。如工业、林业、水利、农业、文物、文化、环保等部门及大中小企业,应寻找本部门和本企业与旅游业的最佳结合点,形成旅游产业链。根据铜川市颁布的《关于进一步加快旅游产业发展的决定》精神,在借鉴河南焦作、宝鸡凤县经验的基础上,铜川市应充分利用各种资源和优势,真正在全市形成发展旅游的合力,使政府引导型旅游发展战略成为助推铜川旅游发展的主旋律。

### (二)开发特色旅游产品

特色旅游商品是指旅游目的地特有的旅游纪念品、旅游工艺品、土特产及中药保健品等。在铜川,旅游商品可以包括以下四大系列:一是纪念品系列,设计以铜川主要旅游景点的建筑为内容的金属、石材、水晶质地的佩戴牌、纪念章及日用纪念品等;二是陶瓷系列,以耀州青瓷为主,开发各种规格的药王像、玄奘像、千手观音像等;三是医疗保健品系列,开发药王保健品,如保健枕、保健帽、中成药、药用荷包等;四是开发地方风味特色食品系列,如苹果、核桃、耀州窝窝面等。

打造丝绸之路经济带上的战略高地

**(三)拓宽融资渠道,提升基础设施水平**

资金匮乏是制约资源枯竭型城市发展旅游业的主要障碍。铜川市在其旅游产品的开发中,一方面要积极争取各级政府和各有关部门的财政导向性投入,将这些财政投入主要用于重点项目规划、旅游基础设施建设、旅游市场促销、旅游人才培训、旅游环境治理、旅游安全保障等基础性工作;另一方面要加大招商力度,勇于创新投资机制,吸纳民间资金和外部资本参与旅游资源开发和经营管理。加快建设旅游基础设施,满足不同层次游客的消费需求,搞好各种档次的旅游住宿、餐饮、交通、游乐等服务设施的配套建设,完善其服务功能。近几年来,铜川市个体经济投资旅游业势头加快,孙思邈故里、新世纪酒店、福地湖景区开发都是典型的实例。

**(四)积极做好旅游的宣传推荐**

托马斯·达文波特和约翰·贝克合著的《注意力经济》,让人们明白吸引注意力对于商业运作的重要性。旅游业也具有"注意力经济"的特点,无论多么好的旅游资源,如果仅仅是"养在深闺人不知",也不能发挥效益。所以,铜川应积极做好旅游的宣传工作,具体地可以以下方面着手:(1)建立宣传营销保障机制,财政预算要逐年有所增加。促销宣传方面铜川可以制定铜川旅游指南,所需经费政府出资一部分、广告赞助一部分、旅游从业单位投入一部分,使其成为铜川市旅游对外宣传的载体。(2)开展旅游宣传品进景区、旅行社、星级饭店、娱乐中心区等活动,不断创新促销手段和促销方式,扩大影响,吸引游客来铜川旅游。(3)宣传促销的过程中,要突出铜川市地域文化特色,结合《陈炉古镇》、《药王孙思邈》的拍摄,扩大铜川旅游的知名度和美誉度,拓展市场影响力。(4)加强调查研究,启动铜川市旅游景点年票销售工作,以此积极扩大境外旅游客源量,增加消费,促进铜川市旅游综合收入的稳步提高。

**(五)大力开发旅游人力资源**

具体措施包括:(1)以优厚的条件和良好的工作环境,招聘和引进旅游高级管理人才,吸引旅游及其他专业毕业生前来工作。(2)采取自行培训与委托培训相结合的方法,为旅游从业人员创造更多的培训、进修机会。(3)邀请国内旅游院校的专家、教师,讲授旅游专业课程。(4)与国内旅游大中专学校联合创办旅游分院和分校,也可以与本地教育部门合办旅游职业学校,或在普通高中增设旅游职业班。(5)改革用人制度,引进竞争机制,实行全员竞争、竞聘上岗制度,建立旅游人才资源信息库,并与全国联网。

## 注 释

[1]张米尔、武春友:《资源型城市产业转型障碍与对策研究》,《经济理论与经济管理》,2001年第2期。

[2]王青云:《资源型城市经济转型研究》,中国经济出版社,2003。

[3]路卓铭,于蕾,沈桂龙:《我国资源型城市经济转型的理论时机选择和现实操作模式》,《财经理论与实践》,2007年第9期,第103—104页。

[4]龚仰军:《产业结构研究》,上海财经大学出版社,2002年,第139—142页。

[5]数据来源:《铜川市2014年国民经济和社会发展公报》。

[6]丁华,陈乾:《资源枯竭型城市发展旅游业面临的困境及破解———以铜川市为例》,《城市建设与发展》,2013年第3期,第38—41页。

[7]数据来源:《铜川市统计年鉴》

[8]数据来源:陕西旅游政务网 http://toutiao.com/i6204017741528515073

[9]数据来源:根据铜川市国民经济和社会发展统计公报和铜川市旅游局相关数据计算求得。

[10]数据来源:http://toutiao.com/i6204017741528515073 http://www.sxdaily.com.cn/n/2015/0504/c508-5675246.html

[11]数据来源:陕西省人民政府网站(http://www.shaanxi.gov.cn/)、铜川市人民政府网站(http://www.tongchuan.gov.cn/)和和谐陕西网(http://www.hexie-shaanxi.com/)

[12]数据来源:《铜川市统计年鉴》《中国工业经济统计年鉴》《中国统计年鉴》和政府工作报告相关数据计算得出。

[13]张河清,王蕾蕾,田晓辉:《区域旅游产业集聚绩效及竞争态势比较研究———基于广东省21个城市的实证分析》,《经济地理》,2010年第12期,第2116—2121页。

[14]吴殿廷,王丽华:《把旅游业建设成为战略性支柱产业的必要性、可能性及战略对策》,《中国软科学》,2010年第9期,第1—7页。

[15]数据来源:中国新闻网 http://finance.chinanews.com/ny/2015/12-01/7649970.shtml

[16]叶欢,李瑛:《资源枯竭型城市文化遗产旅游资源的开发研究———以铜川市为例》,《经济论坛》,2014年第8期,第33—35页。

[17]李跃军,吴相利:《英国工业旅游景点开发管理案例研究》,《社会科学家》,2003年第11期,第109—115页。

# 第十三章　秦岭南麓生态旅游与农民增收互动关系研究
## ——以安康市为例

当今中国,如何实现环境与经济的双赢和协调发展,无疑是一个极其困难而又重要的现实问题,也是理论探讨的前沿问题。在自然生态条件较好的秦岭南麓山区如安康地区,经济发展较为落后,农民收入水平普遍较低,但那里的生态旅游资源十分丰富,所以安康地区是国家"十三五"规划确定的国家主体生态功能区。在保护好生态环境的前提下,为了实现当地农民的增收致富,就要大力发展绿色经济,把发展生态旅游业作为兼容环境保护与农民增收的可行路径。以生态旅游业为切入点发展当地经济,是可以在有效增加农民收入的同时保护生态环境的,因为发展生态旅游业能够带动相关产业发展,促进产业结构优化升级;可以改善基础设施,节约生产成本,方便农民生活;可以增加农民就业,转移农业剩余劳动力;还可以促进生态保护和经济的可持续发展,是实现经济与生态良好协调发展的有效途径,也是打造绿色陕西、绿色丝绸之路经济带的必由之路。

## 第一节　秦岭南麓生态旅游与农民增收互动关系的理论分析

### 一、相关概念界定

#### (一)生态旅游

1. 概念

迄今为止,国内外学者对生态旅游的概念和定义众说纷纭。我国目前关于生态旅游的定义和概念就多达 100 余种,但所研究的出发点基本是一致的:生态旅游是保护自然环境的一种旅游模式,通过生态旅游,游客可以在享受自然风光和了解旅游地自然背景和文化背景的同时,热爱和保护自然、保护生态环境。

生态旅游的定义或概念大体包含三个核心标准:第一,对生态旅游者有吸引力的生态旅游要素主要有自然环境及其相关的构成元素,生态旅游地的自然背景及文化背景;第二,生态旅游者参加生态旅游活动的动机或目的主要是欣赏或享受自然风光,学习与考察当地自然或文化特征、调研或教育体验等;第三,生态旅游应该体现出经济、社会、文化、生态环境的可持续发展,应让旅游地取得综合效益。[1]

总结以上观点,本文给生态旅游下的定义是:生态旅游是指以生态环境保护为基本准则,以可持续发展为基本原则,在组织和参加生态旅游活动的各个环节,均采用生态友好的方式,依托当地自然生态系统和人文生态系统,为生态旅游者提供高质量生态旅游体验,为当地带来综合效益的一种旅游模式。

2. 内涵

生态旅游的内涵主要概括为:(1)生态旅游不破坏环境或对环境的影响很小;(2)生态旅游地多为生态环境良好、自然资源或生物资源丰富、文化底蕴深厚的地区;(3)生态旅游者、当地居民、当地管理者都有一

# 第十三章　秦岭南麓生态旅游与农民增收互动关系研究

定责任来保护生态环境,以使生态旅游成为可持续发展的自然旅游;(4)在生态旅游活动中,旅行者、当地居民、当地管理者各有所获,比如,生态旅游者获得了愉悦的体验,加深了对自然环境和文化的理解,旅游地居民和旅游地管理者获得了收益。

3. 特点

生态旅游的特点,实质上是生态旅游定义和内涵的延伸。概括起来,生态旅游的基本特点如下:

(1)自然性。生态旅游的目的地大多在远离都市的风景名胜区或自然保护区,在那里存在着一些保护完整的自然和文化生态系统,旅游者能够从大自然的神奇中获得与众不同的经历,这种经历具有原始性、独特性的特点。

(2)形式的多样性。生态旅游是随着现代科技的飞速发展以及人们差异化的旅游需求而不断发展的,这就决定生态旅游活动的形式必须是多种多样的。在很多发达国家和地区,生态旅游除了观光、娱乐、度假等旅游活动方式以外,还有科考、探险、滑雪等一系列的方式。随着生态旅游的发展,其活动的形式将更加丰富多彩。

(3)开发利用的可持续性。生态环境和生态旅游资源是生态旅游开发的物质基础,是生态旅游业持续不断发展的必要条件。生态旅游地是生态旅游的载体,这就要求管理者、经营者、旅游者和当地居民必须提高资源与环境的保护意识,以实现旅游资源与环境的可持续利用。

(4)保护性。生态旅游保护资源与环境的性质,决定其活动具有保护性要求。生态旅游的保护性应体现在生态旅游开发的各个环节。生态旅游活动的开展需要以一定的自然地域为基础,也要以不破坏生态环境为前提。从生态旅游规划者角度来讲,生态旅游的保护性要求体现在产品开发与产品设计的过程中就是遵循自然界的生态规律;从生态旅游开发商角度来讲,保护性要求就是在科学规划的基础上,将生态旅游资源的综合价值纳入成本核算当中,谋求持续稳定的投资收益;从管理者角度来讲,生态旅游的保护性就是在生态环境可承载能力范围之内,进行生态旅游开发,杜绝资源浪费、环境破坏,谋求生态旅游业的持续稳定发展;从游客角度来讲,生态旅游的保护性体现在游客不断提高自己的环保意识,珍惜和保护旅游地生态环境,不搞人为破坏或损害,并使其成为一种习惯或自觉行为。

(5)参与性。参与性既包括参与体验旅游,也包括参与旅游决策和管理。从一方面来说,生态旅游可以让旅游者亲自到自然区域感受、体验、领会生态旅游的神奇与奥妙,培养生态旅游者探索自然、热爱自然、保护自然的情操;从另一方面来说,公众参与旅游决策和管理,生态旅游要求生态旅游管理者、经营者、游客、研究者、社会组织等广泛参与,从而改善和提高生态旅游决策和管理的科学性和可行性。

(6)产业关联性。生态旅游业的发展,一是会带动建筑业及其相关产业的发展。在生态旅游开发之初或开发之前,各生态旅游景点景区必然要加大基础设施建设,如修缮、完善景点,修缮或修建道路桥梁等,以符合旅游主题和旅游地文化要求,并提高生态旅游地吸引力,这必然会带动建筑业的发展。同时,饭店、旅社等的修建,也带动了建筑业的发展。建筑业的发展不仅会带动与之配套的水、电、暖气、煤气、家电、邮电通讯等的发展,也会带动装潢、广告、五金、机械制造、油漆、家具、轻纺、洁具、电子产品、交通、物流、医疗、保险、金融等产业的共同发展。二是生态旅游者在旅游期间的吃、住、行、游、购、娱活动,必然会带动生态旅游地文化、零售、餐饮、住宿、娱乐、公关、服装、土特产加工、纪念品加工、民族特色产品加工、汽车、绿色农产品[2]、教育[3]、环保和旅游咨询等产业的发展。生态旅游带动的这一系列相关产业,又会带动与之相关的一系列产业的发展。

(二)农民增收

农民增收是指农民收入的增加,在我国特指农民纯收入,尤其是农民人均纯收入的增加,农民纯收入是指当年农村居民从各个收入来源渠道

## 第十三章　秦岭南麓生态旅游与农民增收互动关系研究

得到的所有收入,扣除相应费用之后的收入总和。农民人均纯收入是按农村人口平均的农民纯收入,它反映了一个国家或地区农民收入的平均水平。农民纯收入的主要来源项目有家庭经营性收入、工资性收入、财产性收入和转移收入。

## 二、生态旅游与农民增收互动关系的理论分析

### (一)基于激励相容理论的分析

1. 激励相容理论的基本思想

激励相容理论是 2007 年诺贝尔经济学奖得主、美国经济学家哈维茨(Leonid Hurwiez)创立的机制设计理论的基本思想:如果个人在为了实现自身利益的同时,其所处的集体也要求利益能达到最大化,能实现这两种利益最大化的平衡路径是通过一种制度安排,那么这样的制度安排我们就称之为激励相容。

现代经济学理论与实践表明,贯彻激励相容原则,能够有效地解决个人利益与集体利益之间的矛盾冲突,使行为人的行为方式、结果符合集体价值最大化的目标,即个人价值与集体价值的两个目标函数实现一致化。参与者理性实现个体利益最大化的策略,与机制设计者所期望的策略一致,从而使参与者自愿按照机制设计者所期望的策略采取行动。[4]

2. 秦岭南麓发展生态旅游与当地农民增收能够实现激励相容

在本章中,如果政府关于秦岭南麓发展生态旅游、村民自办农家乐等制度安排能激励秦岭南麓的村民在追求个人利益,即收入增长的同时,也可对当地农民在保护家乡的山水等生态环境工作方面形成有效激励,那么发展生态旅游的制度安排和政策设计就不仅能实现与农民增收的激励相容,而且还可实现与环境保护的激励相容。

(1)生态旅游区的农民保护好家乡的优美生态环境与他们筹办农家乐等生态旅游项目,实现增收致富是一致的。旅游者参与生态旅游的目的是希望通过观赏优美的自然风景和独特的历史人文景观来放松身心。

因此越是优美的自然风光,越是独特的历史人文景观,旅游者越是希望能够身临其境地参与。旅游者这种希望进行生态旅游的意愿就促使生态旅游资源富集的地区发展起了生态旅游业,当越来越多远道而来的旅游者不能在一天之内往返生态旅游区与住所之间时,生态旅游区当地的农民就可以根据旅游者这一需求经营旅馆,随后与之相配套的餐饮、风俗体验、农副产品经营、民俗手工艺品等也就都应运而生了。农民从个人利益角度出发,他们希望参与当地生态旅游的游客越来越多,这样才有充足的客源,他们才能增收致富。但是,游客怎样才能被源源不断地吸引来?那些依靠生态旅游发家致富的农民应明白保护环境是他们发展生态旅游的基石。生态保护区的环境越优美,保护区对外地游客的吸引力就越大。当农民将环境保护视为他们生存致富的保障和造福子孙的责任的时候,就会从开始的关注环境保护转变为后来的亲力亲为保护环境,从被动保护环境转变为主动爱护环境。如此一来,发展经济与保护大自然必定会进入一个良性循环,经济会得到发展,环境会越变越好。

(2)生态旅游区农民参与发展绿色产业链与保护生态环境是一致的。比起繁重的体力劳动,从事生态旅游相关服务业的劳动强度要小得多,获得的收益却丰厚得多。除了向旅游者提供住宿、餐饮外,向来到当地的旅游者销售农副产品也成为当地农民获得收入的一种手段。在城市污染越来越严重的情况下,在食品安全越来越令人担忧的情况下,追求生活品质的人们也越来越讲究吃得环保,吃得健康。当地农民可以依靠得天独厚的生态环境,选择野生放养家禽和培育种植药材、菌类,为前来进行生态旅游的游客出售安全有保障的食品,并为自己赚得利润。同时,生态旅游无形当中也为村庄的招商引资做了一个很好的广告,生态旅游蕴藏的巨大财富可以吸引企业家,商人进行投资。企业家与商人可以在这里建立大型的养殖种植基地,教给当地农民专业化的养殖种植技术;可以建立集中化民俗手工艺工厂,提高农民制作民俗手工艺品的效率和水平。

## 第十三章 秦岭南麓生态旅游与农民增收互动关系研究

无论是农民、企业家还是商人在赚取利润的同时,一定会注意到家禽、药材和菌类对环境的挑剔。在利益的驱动下,动植物对环境的挑剔也要求农户们提高环境保护意识,督促着农户们保护环境。此外,经营旅店餐饮、养殖种植、销售农副产品等获得的经济补偿,减少了农民希望通过乱砍乱伐或者违法捕猎获得经济收益的依赖,在实现增收的同时也达到了保护环境的目的。

生态旅游区农民保护生态环境、筹办农家乐等生态旅游项目能大量吸纳当地农民就业,增加收入。影响农民收入的最重要因素就是就业率,当农民就业率提高时,农民的平均收入也会提高。因此,想让农民增收,我们就应该从增加农民就业率入手。在生态资源富集的秦岭南麓山区,有大量中青年闲置劳动力,这一部分人受家庭经济条件或当地社会条件的影响,接受的教育十分有限,无法进城从事技术含量较高的工作;同时,又因为这些地区自响应国家退耕还林的号召以来,家中只有少量或完全没有耕地,许多农民也无地可种。而根据劳动地域分工[5]理论,秦岭南麓地区发展生态旅游与增加农民收入是一致的,因为生态旅游能够带动山区一系列相关产业,这些产业基本以服务业为主,当地农民不需要进城就可以就业,实现收入增加。同时,农民收入通过发展生态旅游业持续增长以后,农民意识到如此靠山吃山的好处,就会主动进行生态环境的保护和修复。可见,通过发展生态旅游产业链,就能够把秦岭南麓地区的闲置劳动力很好地利用起来,促进当地农民增收,并保护生态环境。

当然,要达到以上兼容互动效果,生态旅游激励相容制度安排,就应该坚持以下原则:第一,控制好来秦岭南麓进行生态旅游的游客数量,使其规模适度。第二,让村民及其组织成为秦岭南麓各峪、沟、口生态旅游业的主力军,成为环境保护的直接管理者和第一责任人。第三,加强游客的环保意识和知识教育,加大破坏秦岭南麓生态环境行为的惩罚力度。第四,严格控制秦岭南麓进山车辆的数量和排污标准。第五,各村农家乐要严把卫生质量关,实施严格的卫生管理制度,确保提供给游客新鲜、卫生、安全的食品和饮水,处理好餐饮垃圾等。

只有不断完善秦岭南麓生态旅游的各项制度,并严格实施,才能在为游客提供高品质的生态旅游服务的同时,保证当地农民的增收和生态环境的保护,实现激励相容。

(二)基于部门增长极理论的分析

1.部门增长极理论的内容

部门增长极理论最先是由法国经济学家佛朗索瓦·佩鲁(F. Perrour)于20世纪50年代提出来的,他发表了多篇论文,论证了经济增长不是遵循均衡路径,而是始于一个"推动型单位",它属于一个经济部门,该部门超过平均水平的强劲增长对与之相关联的部门产生影响,进而推动整个经济发展。[6]该理论认为经济增长通常是从一个或数个"增长中心(部门)"逐步向其他部门传导的。主导产业不仅本身能快速发展,而且能通过乘数效应,联动其他相关产业、相关部门的发展。[7]部门增长极理论要求根据经济发展地区自身的资源禀赋、社会经济条件、市场变动趋势、对外开放程度等条件来确定适合本区域发展的主导部门及其发展规模。

2.生态旅游业是秦岭南麓的一个理想部门增长极,可以优化产业结构,带动农民增收

秦岭南麓生态旅游资源非常富集,发展生态旅游的条件得天独厚,而且在我国人均GDP达到中等偏上收入水平以后,生态旅游的需求大幅度上升。同时,生态旅游业具有很强的产业关联性,可以把生态旅游业作为拉动秦岭南麓贫困山区多种行业发展的一个部门增长极来进行培育和发展,以带动其他产业发展,优化产业结构,增加农民收入。

根据部门增长极理论,生态旅游业作为秦岭南麓地区的一个部门增长极和主导产业,它的发展能够带动当地商业、餐饮业、住宿行业、文化产

## 第十三章 秦岭南麓生态旅游与农民增收互动关系研究

业、休闲娱乐、交通运输业、建筑业、旅游纪念品加工业、特色产品加工业、绿色农产品、教育培训、环保产业、物流和旅游咨询业等相关产业的发展,对当地经济的发展有很强的极化效应和扩散效应,对经济发展的辐射力特别大。生态旅游业的发展带动了许多产业的发展,也为当地农民提供了就业机会,使当地农民实现增收。

另外,生态旅游业的发展可以促使秦岭南麓地区在本地优势资源的基础上发展第二产业。利用山区优质的茶叶(如紫阳的富硒茶)、果林(如汉中的柑橘)发展农副产品加工业;利用山区丰富的中药材资源(如汉中的天麻、杜仲、山茱萸、苦参等),发展药材加工业;利用山区丰富的优质水资源,发展矿泉水、饮料加工业;利用山区富硒桑蚕资源发展桑蚕产业链等。特色产业的再加工和深加工可以为生态旅游者提供销售、赠与等服务,这不仅发展了特色农产品加工业,而且把农业与生态旅游业结合起来,既方便了游客,又富裕了农民。

## 第二节 安康市生态旅游与农民增收相关性的实证分析

### 一、安康市生态旅游发展和农民收入增长状况

（一）安康市生态旅游资源简介

安康市地处陕西南部,与鄂、渝、川接壤,北依秦岭,南靠巴山,处在南北过渡地带,是西北地区少有的亚热带生物资源多样性地区。安康地区水资源丰富,是国家南水北调中线工程水源涵养地。安康市现已查明景区32处,景点78个,其中国家级森林公园5个(南宫山国家森林公园、鬼谷岭国家森林公园、千家坪国家森林公园、天华山国家森林公园、上坝河国家森林公园),省级森林公园多处(擂鼓台森林公园等),国家级自然保护区2个,省级风景名胜区2个,现已开发的景区景点29处[8]。安康旅

游资源门类齐全,分布相对密集,具有自然生态优美、水体景观丰富、文化内涵厚重等特点。安康地区既是观光游览、回归自然的好去处,也是体验民俗、寻文访古的好地方,更是休闲度假、养生保健的天然氧吧,具有发展生态旅游的明显优势。[9]具体景观如表13-1所示。

表13-1 安康市具体景观表

| 分 类 | 景 点 |
| --- | --- |
| 自然生态旅游资源 | 凤凰山庄<br>龙寨沟奇石景区<br>任河漂流<br>正阳大草原 |
| 人文(人与自然共同营造)生态旅游资源 | 子午栈道遗迹<br>观音河水库<br>白帝神洞<br>烟波湖<br>两合崖圣景<br>擂鼓揽胜 |
| 保护性生态旅游资源 | 大木坝森林公园<br>熨斗燕子洞<br>国家级公园千家坪<br>南宫山国家森林公园 |

(二)安康市生态旅游发展概况

安康生态旅游资源极其丰富,[10]但在2000年以前,由于发展战略和发展思路的局限,丰富的生态旅游资源并没有得到重视和开发利用,更没有成为当地人民的致富路径。2000年实施西部大开发战略以来,尤其是"十一五"以来,安康市立足自身优势资源,积极调整发展战略,以岚皋大南宫山、石泉汉江明珠、宁陕秦岭景区旅游综合开发为重点,着力打造"一山一湖一城"核心景区。燕翔洞成功创建为国家4A级景区,子午银滩、

## 第十三章　秦岭南麓生态旅游与农民增收互动关系研究

千层河景区建成并开园,天书峡、上坝河、蒿沟、县河等一批旅游景点建设正在实施。安康市大力发展农家乐,积极举办汉江龙舟节、生态旅游节、民歌暨茶文化节等极具特色的生态旅游项目,坚定不移地把生态旅游业作为其主导产业,目前,安康市的生态旅游进入了蓬勃发展的新阶段,农民收入也得到了明显提高。2010年,安康市全年接待游客达1219.47万人次,生态旅游综合收入达到47.68亿元,农民人均纯收入也由2000年的1324元增加到了3976元。[11]

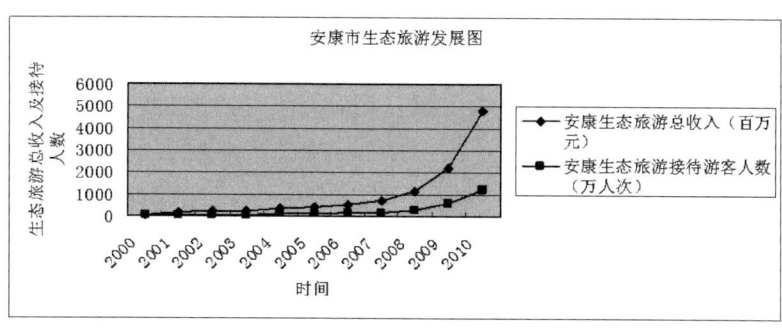

图13-1　2000年—2010年安康市生态旅游发展图[12]

由图13-1可以看出,安康市生态旅游总收入和旅客人数都是逐年增长的,2005年增长速度开始放快,2010年生态旅游总收入已经达到47.68亿元,比上年增长了1.2倍,全年接待游客人数达到了1219.47万人次,比上年增长1.0倍。[13]近几年,在全国公务旅游萎缩、商务旅游低迷的情况下,2013年安康旅游逆势而上,保持了平稳增长的态势。据统计,全年接待游客2166万人次,同比增长17.9%,实现旅游综合收入95.3亿元,同比增长25%。[14]整个"十二五"期间,安康旅游业以打造国内一流生态旅游目的地和休闲旅游度假胜地为目标,创新旅游发展体制机制,倾力打造"一山(南宫山)一湖(瀛湖)一城(安康中心城区)"核心景区,推进乡村旅游建设,加快县域旅游发展,唱响"秦巴明珠、生态安康"旅游之歌,带动安康市经济社会的快速发展。"十二五"期间共接待游客10945万人次,是"十一五"的4.4倍;过夜游客2127.27万人次,是"十一五"的 5.5 倍,实现旅游综合收入 499.7 亿元,是"十一五"的 5 倍;旅游业已经成为安康市国民经济战略性支柱产业和第三产业的龙头。[15]

在生态旅游业得到极大发展的同时,安康市的生态环境也更加良好。2014 年,全市中心城区空气质量达到和好于二级以上天数 359 天,空气质量优良天数占全年天数比重达 98.36%;全市城市集中式饮用水源地水质状况安全良好,水质达标 100%,汉江出陕断面水质保持在国家地表水环境质量 II 类标准。2014 年,全市化学需氧量排放总量比上年消减 3.1%;氨氮排放总量比上年消减 3.46%;二氧化硫排放总量比上年消减 0.31%;氮氧化物排放总量比上年消减 4.28%。

(三)安康市农民增收概况

1. 发展生态旅游业前的收入状况

安康生态旅游资源极其丰富,但在 2000 年以前,由于发展战略和发展思路的局限,丰富的生态旅游资源并没有给安康农民带来较高的经济收入。相反,山大沟深甚至成为他们致富的障碍。截至 2000 年,安康市的年人均 GDP 只有 2673 元,距当年陕西省人均 GDP 和全国人均 GDP 分别差 1885 元和 4381 元,有国家级贫困县 8 个,省级贫困县 2 个。[16]

2. 发展生态旅游业以后的收入状况

国家实施西部大开发战略以来,随着生态旅游业的发展,安康市的农民收入不断提高,尤其是"十一五"以来,安康市立足自身优势资源,积极调整发展战略,大力发展农家乐,积极举办汉江龙舟节、生态旅游节、民歌暨茶文化节等极具特色的生态旅游项目,坚定不移地把生态旅游业作为其主导产业,安康地区的生态旅游业进入了蓬勃发展的新阶段,农民收入也得到了明显提高。2010 年,安康市全年接待游客达 1219.47 万人次,生态旅游综合收入达到 47.68 亿元;农民人均纯收入也增加到了 3976 元,比上年增长 20%。[17]

# 第十三章　秦岭南麓生态旅游与农民增收互动关系研究

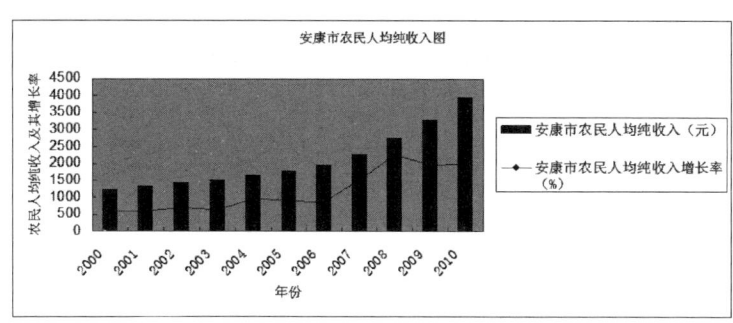

图 13-2　2000 年—2010 年安康市农民人均纯收入图[18]

由图 13-2 我们可以看出,安康市农民人均纯收入每年在不断增长,"十一五"期间绝对数额增长趋势较为明显,如图 13-3 所示。

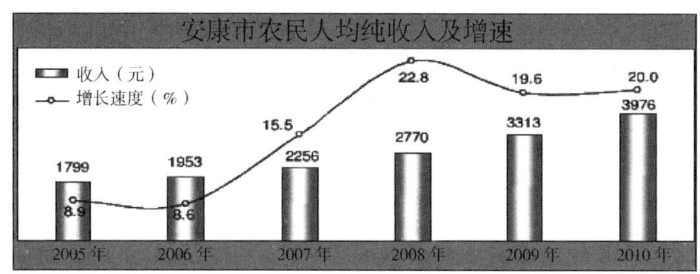

图 13-3　2005 年—2010 年安康农民人均纯收入变化情况图[19]

近几年,伴随着生态旅游业的发展安康地区农民纯收入进一步提高。2014 年安康市国民经济和社会发展统计公报显示:2014 年,全市全年实现生产总值 689.44 亿元,比上年增长 11.7%。其中,第一产业增加值 93.01 亿元,比上年增长 5.5%;第二产业增加值 380.00 亿元,比上年增长 15.7%;第三产业增加值 216.43 亿元,比上年增长 9.1%。一、二、三产业占生产总值的比重为 13.5∶55.1∶31.4。人均生产总值 26117 元,比上年增长 11.6%。2014 年全年城镇居民人均可支配收入 25011 元,比上年增加 2478 元,增长 11.0%。全年农村居民人均纯收入 7468 元,比上年增加 844 元,增长 12.7%。

## 二、安康市生态旅游发展与农民增收相关性的实证分析

### (一)变量设计

本章以安康市生态旅游和农民人均纯收入为研究对象,分析安康市生态旅游发展与农民收入增加之间是否存在显著联系。在研究过程中,我们采用安康市生态旅游业年总收入(设定为 $X_1$)、生态旅游业总收入年环比增长率(设定为 $X_2$)作为衡量该市生态旅游业发展水平的指标;采用安康市农民人均纯收入(设定为 $Y_1$)、农民人均纯收入年环比增长率(设定为 $Y_2$)作为衡量该市农民收入的指标,如表13-2所示。

表13-2 变量设计

| 变量标识 | 变量名称 | 变量说明 | 研究目的 |
|---|---|---|---|
| $X_1$ | 生态旅游业总收入 | | 生态旅游业发展水平 |
| $X_2$ | 生态旅游业总收入增长率 | $X_1$ 为环比增长率 | 生态旅游业发展水平 |
| $Y_1$ | 农民人均纯收入 | | 农民收入水平 |
| $Y_2$ | 农民人均纯收入增长率 | 为 $Y_1$ 环比增长率 | 农民收入水平 |

### (二)相关性检验

1. 数据说明与描述性统计分析

选取2000—2010年安康市生态旅游总收入和农民纯收入数据进行分析,相关数据均来自安康市统计年鉴,数据可靠。分析软件为 Eviews 6.0。主要描述性统计量见表13-2。

2. Pearson 相关性检验和 Spearman 相关性检验

表13-3和表13-4中,Pearson 相关性检验和 Spearman 相关性检验显示2000—2010年安康农民人均纯收入与生态旅游总收入之间存在显著的正相关关系。Pearson 系数达到0.96,Spearman 系数达到0.989,均通过了1%的显著性水平检验,说明两者之间存在强正相关关系。2000—2010年安康生态旅游总收入增长率与农民纯收入增长率没有通过显著性水平检验,两者之间的相关关系不显著,不具有统计意义。

# 第十三章 秦岭南麓生态旅游与农民增收互动关系研究

表13-3 Pearson 相关性检验

| | | 安康农民人均纯收入 | 安康生态旅游总收入 | 安康农民人均纯收入增长率 | 安康生态旅游总收入增长率 |
|---|---|---|---|---|---|
| 安康农民人均纯收入 | Pearson Correlation | 1 | .960(**) | .529 | -.313 |
| | Sig.（2-tailed） | . | .000 | .143 | .412 |
| | N | 11 | 11 | 10 | 10 |
| 安康生态旅游总收入 | Pearson Correlation | .960(**) | 1 | .443 | -.208 |
| | Sig.（2-tailed） | .000 | . | .232 | .592 |
| | N | 11 | 11 | 10 | 10 |
| 安康农民人均纯收入增长率 | Pearson Correlation | .529 | .443 | 1 | .302 |
| | Sig.（2-tailed） | .143 | .232 | . | .429 |
| | N | 10 | 10 | 10 | 10 |
| 安康生态旅游总收入增长率 | Pearson Correlation | .313 | .208 | .302 | 1 |
| | Sig.（2-tailed） | .412 | .592 | .429 | . |
| | N | 10 | 10 | 10 | 10 |

Correlation is significant at the 0.01 level (2-tailed).

表13-4 Spearman 相关性检验

| | | 安康农民人均纯收入 | 安康生态旅游总收入 | 安康农民人均纯收入增长率 | 安康生态旅游总收入增长率 |
|---|---|---|---|---|---|
| 安康农民人均纯收入 | Correlation Coefficient | 1.000 | .989(**) | .734(*) | .432 |
| | Sig.（2-tailed） | . | .000 | .026 | .243 |
| | N | 11 | 11 | 10 | 10 |
| 安康生态旅游总收入 | Correlation Coefficient | .989(**) | 1.000 | .735(*) | .432 |
| | Sig.（2-tailed） | .000 | . | .026 | .243 |
| | N | 11 | 11 | 10 | 10 |
| 安康农民 | Correlation Coefficient | .734(*) | .734(*) | 1.000 | .302 |

续表

|  |  | 安康农民人均纯收入 | 安康生态旅游总收入 | 安康农民人均纯收入增长率 | 安康生态旅游总收入增长率 |
|---|---|---|---|---|---|
| 增长率人均纯收入 | Sig. (2-tailed) | .026 | .026 | . | .669 |
|  | N | 10 | 10 | 10 | 10 |
| 安康生态旅游总收入增长率 | Correlation Coefficient | .432 | .432 | .167 | 1.000 |
|  | Sig. (2-tailed) | .243 | .243 | .669 | . |
|  | N | 10 | 10 | 10 | 10 |

\*\* Correlation is significant at the 0.01 level (2-tailed).

\* Correlation is significant at the 0.05 level (2-tailed).

(三)Granger 因果关系检验

Granger 因果关系概念和格兰杰(Granger)因果关系检验的提出,均是为了避免虚假回归。对 $X_1$ 和 $Y_1$ 进行 Granger 因果关系检验。

表 13-5 格兰杰检验结果

(a)滞后 1 期 Granger 检验结果

(a) The results of a lag Granger test

Pairwise Granger Causality Tests

Date:11/16/11 Time:20:37

Spample:2000 2010

Lags:1

| Null Hypothesis: | obs | F-Statistic | Prob. |
|---|---|---|---|
| $Y_1$ does not Granger Cause $X_1$ | 10 | 7.05970 | 0.0326 |
| $X_1$ does not Granger Cause $Y_1$ |  | 1.61057 | 0.2450 |

(b)滞后 2 期 Granger 检验结果

(b) The lag of two Granger test results

Pairwise Granger Causality Tests

# 第十三章　秦岭南麓生态旅游与农民增收互动关系研究

Date:11/16/11　Time:20:37

Spample:2000 2010

Lags:2

| Null Hypothesis: | obs | F-Statistic | Prob. |
|---|---|---|---|
| $Y_1$ does not Granger Cause $X_1$ | 9 | 2.20009 | 0.2267 |
| $X_1$ does not Granger Cause $Y_1$ | | 0.77688 | 0.5187 |

由表 13-5 可以看出,不管是滞后 1 期还是滞后 2 期,$X_1$ 和 $Y_1$ 之间都不存在因果关系,即格兰杰因果检验的结果在统计上是不显著的。

(四)数据平稳性检验

本章所用的数据均为时间序列数据,对时间序列数据必须要进行平稳性检验,因为非平稳时间序列直接回归可能会导致伪回归问题。因 ADF 检验不能完全解决随机干扰项的异方差和自相关性问题,在小样本情况下,为检验结果的准确可靠,本章用 ADF 检验、PP 检验联合进行检验。进行单位根检验的序列顺序为 $\Delta^2 X_1, \Delta X_1, X_1, \Delta^2 Y_1, \Delta Y_1$ 和 $Y_1$。

运用 ADF 检验和 PP 检验,我们得出了相同的结论,2000—2010 年安康生态旅游总收入和农民人均纯收入数据在 5% 的显著性水平下都是 2 阶单整的非平稳时间序列。

表 13-6　安康市生态旅游总收入与农民人均纯收入的单位根检验结果

(a)生态旅游总收入 $X_1$ 的 ADF 和 PP 单位根检验结果

(a)The eco-tourism revenue $X_1$ ADF and PP unit root test results

| 检验序列 | ADF 检验 | | | PP 检验 |
|---|---|---|---|---|
| | 检验式(u, t) | 滞后阶数 | τ 统计量值 | PP 统计量值 |
| $\Delta^2 X_1$ | (u, t) | 1 | -5.347915 | -18.88902 |
| | -3.635423 | 3 | | -3.846084 |
| | none | 3 | -3.86925 | -3.556543 |

续表

| 检验序列 | 检验式(u, t) | ADF 检验 | | PP 检验 |
|---|---|---|---|---|
| | | 滞后阶数 | τ 统计量值 | PP 统计量值 |
| $\Delta X_1$ | (u, t) | 2 | -1.717525 | -1.801334 |
| | u | 2 | -1.113457 | -1.114114 |
| | none | 2 | 0.151404 | 0.141823 |
| $X_1$ | (u, t) | 2 | 0.357836 | 1.208219 |
| | u | 0 | 2.981324 | 4.318671 |
| | none | 0 | 5.957681 | 8.761327 |

(b) 农民人均纯收入的 ADF 和 PP 单位根检验结果

(b) Farmers' per capita net income ADF and PP unit root test results

| 检验序列 | 检验式(u, t) | ADF 检验 | | PP 检验 |
|---|---|---|---|---|
| | | 滞后阶数 | τ 统计量值 | PP 统计量值 |
| $\Delta^2 Y_1$ | (u, t) | 1 | -2.879012 | -3.215761 |
| | u | 3 | -2.785045 | -4.127604 |
| | none | 3 | -2.650289 | -2.698921 |
| $\Delta Y_1$ | (u, t) | 2 | -2.354323 | -2.567225 |
| | u | 2 | -1.54842 | -1.209564 |
| | none | 2 | -0.21638 | -0.182081 |
| $Y_1$ | (u, t) | 2 | -1.527436 | -2.301743 |
| | u | 0 | 2.107467 | 2.513941 |
| | none | 0 | 4.614692 | 4.134658 |

说明:(1) 在上两个表中:"…"、"··"、"·"的含义是在 10%、5%、1% 的显著性水平下拒绝原假设。(2) $X_1$ 和 $Y_1$ 代表水平数据,$\Delta X_1$ 和 $\Delta Y_1$ 代表一阶差分数据,$\Delta^2 X_1$ 和 $\Delta^2 Y_1$ 代表二阶差分数据。(3)(u,t),u,none 表示含截距项与趋势项、只含截距项、不含截距项与趋势项的检验式。(4) ADF 检验的滞后阶数由 BIC 来确定。

# 第十三章　秦岭南麓生态旅游与农民增收互动关系研究

(五)散点图及模型设定

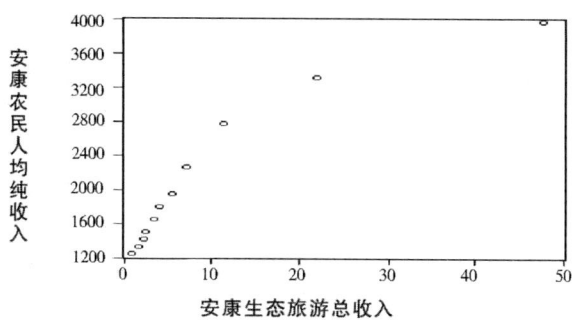

**图 13-4　安康生态旅游与农民人均收入的散点图**[22]

由图 13-4 可以看出,安康市 2000—2010 年生态旅游总收入与农民人均纯收入拟合得很好,呈现线性正相关。不妨假设:安康市生态旅游总收入与农民人均纯收入有函数关系:$Y_1 + \beta_0 = \beta_1 X_1 + \mu$。其中 $\beta_0, \beta_1$ 为未知常数,$\mu$ 为随机误差项,$X_1$ 为生态旅游总收入,$Y_1$ 为农民人均纯收入。下面我们对这个假设进行检验。

(六)协整关系检验

经过数据的平稳性分析,我们发现 $X_1$ 和 $Y_1$ 是同阶单整时间序列,可以进行协整关系检验。格兰杰因果关系检验结果说明 $X_1$ 与 $Y_1$ 之间不存在显著的双向因果关系,下面我们用 AEG 两步法来检验协整关系是否成立。一元线性回归模型建立后,运用 OLS 即最小二乘法对参数进行估计。我们得到模型的一元线性回归结果是:$Y_1 = 1524.338 + 59.33790 X_1$

**表 13-7　一元线性回归模型回归结果**

Dependent Varlabel Y₁

Llethod Least Squares

Date 11/15/11 Time 20:39

Sample 2000 2010

Included observations 11

| Vanable | Coefficient | Std Error | t – statistic | prob |
|---|---|---|---|---|
| C | 1524 338 | 130 9534 | 11 64031 | 0 0000 |
| $X_1$ | 59 33790 | 7 912940 | 7 498844 | 0 0000 |
| R – squared | 0 862032 | ean dependentvar | | 2110 273 |
| Adjusted R – squared | 0 846703 | SD decendentvar | | 890 1870 |
| S E of regression | 348 5358 | | | 14 78058 |
| Sum squared res | 1093301 | Schwa | | 14 78068 |
| Log | – 78 89582 | Hannan – Quinn criter | | 14 55273 |
| F – statistic | 5623266 | Durbin – Watson stat | | 0 822340 |
| Prob：F – statistic： | 0 000037 | | | |

表 13 – 8　AEG 检验结果

Null Hypothesis：R has a unit root

Exogenous：Constant

Lag Length：1( Autiomatic based on AIC. MAXLAG = 1 )

| | | t – Statistic | prob * |
|---|---|---|---|
| Augmented Dickey – Fuller test statistic | | – 4.230180 | 0.0129 |
| Test critical values： | 1% level | – 4.420595 | |
| | 5% level | – 3.259808 | |
| | 10% level | – 2.771129 | |

表 13 – 9　双变量协整 AEG 检验临界值表[21]

| 样本容量 | 显著性水平 | | |
|---|---|---|---|
| | 1% | 5% | 10% |
| 25 | – 4.37 | – 3.59 | – 3.22 |
| 50 | – 4.12 | – 3.46 | – 3.13 |
| 100 | – 4.01 | – 3.39 | – 3.09 |
| ∞ | – 3.90 | – 3.33 | – 3.05 |

# 第十三章 秦岭南麓生态旅游与农民增收互动关系研究

检验结果显示,在5%的显著水平下,我们认为生态旅游总收入与农民人均纯收入之间具有协整关系,即二者具有长期均衡变动的协整关系。二者的关系为 $Y_1 = 1524.338 + 59.33790X_1$。

生态旅游总收入以亿元为单位,农民人均纯收入以元为单位,那么本式的意义是生态旅游总收入每增长1亿元人民币,农民人均纯收入会增长近60元人民币。就2010年而言,安康总人口有853.6万,那么生态旅游总收入每增长1亿元,安康农民总收入就增长了5.1216亿元。

## 三、实证结论及分析

通过以上实证分析,得出以下结论:

1. 安康市生态旅游与农民增收是兼容互动的

(1)安康生态旅游总收入和农民人均纯收入之间存在着内在稳定的联系。

(2)生态旅游业总收入是影响农民人均纯收入的显著因素,生态旅游业的发展对增加农民收入发挥着重要的作用,这充分验证了我们在理论部分推导的结果。

(3)研究发现,平均而言,生态旅游每增长1亿元,安康农民人均纯收入增长60元(同期汉中65元,商洛49元)。生态旅游的开展在一定程度上促进了当地农民收入的提高。

(4)尽管安康生态旅游业发展对促进农民增收有显著影响,但影响力度还不够。

(5)安康生态旅游业的发展与农民人均纯收入增加之间存在线性关系,但并不存在几何增长关系,农民从生态旅游业发展中获取的利益较少,通过生态旅游业发展实现农民增收的有效机制尚需进一步完善。

(6)通过生态旅游业发展来增加农民收入尚具有较大潜力。

2. 通过发展生态旅游业,能够实现安康生态环境效益与经济效益的双赢

打造丝绸之路经济带上的战略高地

我们还在另外的一项研究中[22],对安康发展生态旅游前后的生态环境效益与经济效益的协调度进行了计算,结果如表13-10所示。

表13-10 安康地区各项指标的计算结果

| 安康 | F(X) | G(Y) | T | C | D |
|---|---|---|---|---|---|
| 发展生态旅游前 | 0.86 | 0.71 | 0.79 | 0.95 | 0.85 |
| 发展生态旅游后 | 0.89 | 0.77 | 0.84 | 0.99 | 0.91 |

注明:F(X):生态环境效益

G(Y):经济效益

T:环境与经济发展水平的综合评价指数

C:环境与经济的协调度

D:环境与经济的协调发展度

表13-10显示,安康市发展生态旅游业以后,环境和经济状况都有所改善,这说明发展生态旅游业实现了经济效益和生态环境效益的双赢。

## 第三节 提升安康市生态旅游发展水平的对策建议

通过安康市生态旅游业发展与农民增收相关性的实证分析结果,我们看到,要发展生态旅游来促进农民增收,主要应从两个方面入手:一是加强生态旅游业发展与农民增收之间相互作用的联动机制;二是进一步推动生态旅游业的健康发展。具体的对策建议如下:

### 一、大力发展各具特色的"农家乐"等乡村生态旅游服务业

安康市发展生态旅游业的目的,是要在保护好当地生态环境的同时,让当地农民增收致富。因此,以当地农民为生态旅游业的主体,大力发展以农家乐为主要形式的多样化的乡村生态旅游业就是安康市的首要选择。农家乐不仅为农民提供了大量的就业岗位,带动了农村各种副业如乡村旅游、生态农业、生态工业、农副产品加工业等的发展,增加了农民的

## 第十三章 秦岭南麓生态旅游与农民增收互动关系研究

收入,还在一定程度上有利于农民生活水平的提高和农村文化的传承。因此,安康地区应该充分利用本地生态旅游资源,大力发展以农家乐为主体的各类生态旅游业,在保证游客安全的基础上,开展丰富多样的生态旅游农家乐项目,除了品民俗、摘农家果、吃农家饭、住农家店等常规农家乐服务项目外,还应开发如徒步旅游、骑马、滑翔、登山、漂流、参加农事活动等[23]具有地方特色的游玩项目。

## 二、全方位提高"农家乐"从业人员的素质

既然我们主张安康市的生态旅游业应该以农家乐为主体,那么在安康市发展生态旅游业的过程中,提高当地农民的素质和参与能力,增加服务的附加值,就成为重中之重。具体地,可以从以下几方面来进行:

### (一)思想意识方面

第一,通过教育和培训,使农民对生态旅游有足够的认识,从而以主人翁的姿态积极主动地参与到当地生态旅游业的发展行列中。第二,要让他们意识到,发展生态旅游业是一条可以持续性致富的有效路径。要教育他们避免急功近利,要让他们明白并处理好短期利益与长期利益的辩证关系,要让他们在追求经济利益的同时,保证生态旅游资源和生态环境的可持续发展。第三,要尽力让当地农民认识到,只有丰富的生态旅游产品、优质化专业化的服务、美好的生态旅游环境、多种方式的形象宣传,才能使他们稳定持续地从生态旅游业的发展中获得实惠,提高收入。第四,还要引导同一个村、同一个地方的农民注意分工协作、互补互连,打造特色旅游产品和服务的产业链,坚决规避农户之间低水平、低层次的雷同服务和无序竞争。

### (二)技能技术方面

以农家乐为主要形式的乡村旅游服务需要从业农民具备相应的技能和技术,如管理技能、烹饪技能等。因此,生态旅游地政府可以通过多种

途径,对当地农民进行生态环境保护、经营方式、生态旅游商品开发、食宿服务等方面的生态旅游知识、技能、技术的教育和培训,使每一个从事乡村生态旅游服务的农民都能够具备相应的技能技术和素质。

**(三)经营管理人才方面**

农家乐等生态旅游业,不但要求生态旅游提供者能够提供物美价廉的产品和服务,而且要求生态旅游提供者懂管理、会经营,能够大胆创新,不断提供新产品、新服务。这就需要大批经营和管理农家乐等乡村生态旅游项目的经营管理人才。而对于长期处于大山深处的小农户家庭来说,无疑是一个难题。因此,政府应该针对农家乐等乡村生态旅游业,举办专门的经营人才培训班。通过教育培训,从当地农民中发现一批较高素质的人才,并重点培养,使其成为经营管理农家乐的能人。另外,也可以向社会广纳英才,为安康生态旅游的发展提供充足的人才储备。

## 三、发挥好政府的规划引导和监管作用

在安康这样的国家主体生态功能区和重要水源地,发展以农家乐为主要形式的生态旅游业,如果没有政府的规划和监管,仅凭市场机制引导农户的行为,将不可避免地会产生混乱无序的竞争和生态环境的破坏。因此,必须发挥好政府的规划引导和监管作用:第一,搞好规划,加强区域合作。比如安康可以与汉中、商洛等陕南其他城市相互合作,共同开发旅游精品,实现强强联合和优势互补。同时,要避免同类旅游产品的无序竞争,并且注意相互学习经验,特色产业做到优势互补。第二,加大基础设施建设投入,科学开发"不完全开发"的生态旅游资源。提供良好的生态旅游公共服务,积极发挥生态旅游对相关产业的带动作用。改变生态旅游项目单一的现状,引导生态旅游项目多样化,如开发一些针对科普、科考、野营、探险、体闲、度假、会议等专题性生态旅游项目。第三,引导生态旅游从业人员按照市场要求,以满足生态旅游者的消费需求为目标来提供相关服务。第四,正确处理政府、项目开发公司和当地农民这三者在生

## 第十三章 秦岭南麓生态旅游与农民增收互动关系研究

态旅游产业中的经济收益分配关系,要保证当地农民得大头。政府要做好生态旅游既得利益的分配,对农民实施激励政策,使利益分配向山区的农民倾斜,促进农民增收。第五,政府应积极引导绿色生产和绿色消费,发展生态农业,培育生态工业,防止"三废"污染。第六,加大政策扶持力度,切实减轻农民负担,鼓励科教兴农。第七,建立有利于经济和环境协调发展的有效制度安排,健全生态旅游相关法律法规,加快生态补偿制度的建设。第八,理顺公共卫生管理体制,景点环卫实行村包干制。

### 四、明确以生态旅游业作为部门增长极带动产业结构调整

安康市应以国家主体生态功能区建设为目标,以生态旅游业发展为引擎和部门增长极,对当地三次产业发展作出总体性产业规划。安康地区要围绕特色生态旅游资源、生态环境和当地自然、文化的特点,开发与生态旅游相关的产业,实现生态旅游及相关产业发展的产业化、规范化和专业化。与生态旅游相关的服务和产品供给行业包括邮电通讯、交通运输、旅游向导、医疗保障、休闲娱乐、餐饮住宿、经济林产品加工业、环保产业、药材加工业、茶叶和桑蚕等特色农副产品及加工业、旅游纪念品工业等,政府要扶持发展这些行业,发挥生态旅游"一业促百业"的作用。地方政府应当加强生态旅游相关基础设施建设,比如道路交通、停车场、通讯、水、电等设施建设,完善生态旅游地的卫生医疗、环境监测、垃圾处理等公共事业。另外,要改变生态旅游项目结构单一的现状,开发多种生态旅游项目和活动,以带动不同产业的发展。

### 五、通过构建网络系统实施信息化管理

今天,旅游需求日益复杂化、高质化和多样化,生态旅游者对生态旅游信息的需求迅速增加,生态旅游管理对信息共享也提出了迫切的要求。安康山区的生态旅游业要实现跨越式发展,真正成为当地经济发展的支柱产业,就必须正视信息化、网络化发展的趋势,正视生态旅游信息的积

极作用,改变目前陈旧的管理模式,实现信息化管理。

(一)建立开放式信息集散系统

生态旅游信息集散系统应主要由政府行业主管部门来建立并维护。开放式生态旅游信息集散系统应随时发布生态旅游资源信息、生态旅游服务接待设施信息、生态旅游服务机构信息、生态旅游交通信息、娱乐休闲信息、生态旅游管理机构信息、自然社会信息等,并应设立专门的生态旅游或旅游网站,方便消费者随时随地查询。

(二)尽快掌握和运用信息技术

为使生态旅游信息能快速服务于安康贫困山区的生态旅游业,并尽快转变为经济效益,生态旅游的从业人员,尤其是开发者、经营者、管理者、农家乐的农户,都要尽快学习、掌握和运用信息技术。从业人员要从生态旅游信息的获取、分析、加工、制作、运用和传递等环节入手,系统地掌握信息技术。我们可以预见,信息化运作以后,每个环节都将融入电子系统,届时,整个工作过程将会被大大简化,工作效率也会得到大幅度提高。

## 六、处理好保护和开发利用的关系

安康等生态资源富集地区,必须兼顾生态环境效益与经济效益,实现开发与保护相结合。在开发过程中,安康地区应当合理规划,谨慎实施,处理好发展与控制的关系,注意规模适度,抛弃"生态旅游是解决贫困山区农村问题的万灵药"的观念,对待山区生态旅游应该有一个科学、理性的态度,在开发的同时,必须要注意保护,将绿色、生态理念注入到贫困山区生态旅游的发展当中,努力实现经济发展与环境、资源和生态保护的双赢,实现人与自然、人与社会和谐共处,实现贫困山区经济增长、农民增收、社会和谐;必须要加强山区生态旅游的规划,促使山区生态旅游组织化,促进山区生态旅游本地化,强化山区生态旅游监督管理;必须树立生态旅游理念,处理好保护与开发的关系。

## 第十三章　秦岭南麓生态旅游与农民增收互动关系研究

### 注　释

[1]印开蒲,都和琳:《生态旅游与可持续发展》,四川大学出版社,2003年。

[2]如瓜果蔬菜等,生态旅游者在旅游的同时,也会在一定程度上促进当地特色水果、绿色蔬菜的消费。

[3]对生态旅游从业人员,如导游、经营者、管理者、当地居民的教育培训,必然会促进教育产业的发展。

[4]吴军,何自云:《金融制度的激励功能与激励相容度标准》,《金融研究》,2005年第6期,第42—44页。

[5]劳动地域分工是指人类经济活动按地域或地区进行的分工,各个地域或地区根据自身的自然、经济、社会条件和优势,重点发展有资源禀赋优势的经济部门,与其他地方进行交换的经济活动。

[6]周起业:《区域经济学》,中国人民大学出版社,1989年,第120页。

[7]陈秀山,张可云:《区域经济理论》,商务印书馆出版社,2009年,第197页。

[8]数据来源于安康市旅游局。

[9]来自安康政府网站:http://www.ak.gov.cn/Index.shtml。

[10]详见第三章第一节。

[11]数据来自2011年《安康统计年鉴》。

[12]数据来自2001—2011年《安康统计年鉴》。

[13]数据来自2011年《安康统计年鉴》。

[14]陕西传媒网－陕西日报讯(记者 叶林斌 通讯员 周自力)。

[15]叶林斌:《安康旅游业"十二五"综合收入近500亿》,陕西传媒网,2016年1月14日。

[16]数据来自2001年《安康统计年鉴》。

[17]数据来自2011年《安康统计年鉴》。

[18]数据说明:数据来自《2001—2011年安康统计年鉴》。

[19]来源:安康政府网站 http://www.ak.gov.cn/Index.shtml。

[20]数据来源:《数据来自2001—2011年安康统计年鉴》。

[21]徐晓亮,曹燕,廖敏:《张家界生态旅游发展现状、问题及对策》,《中小企业管理与科技》,2009年第2期。

[22]王琴梅,李娟:《环境与经济协调视角下安康生态旅游发展研究》,《西安邮电学院学报》,2011年第6期。

[23]王琴梅,李娟:《经济与环境协调视角下西部贫困山区生态旅游发展研究》,《西安建筑科技大学学报》,2011年第12期。

# 第十四章 秦岭北麓生态旅游与环境保护及农民增收关系研究

工业化、城市化、市场化是一个国家或地区发展经济的必由之路。但随着西安工业化、城市化、市场化进程的推进,秦岭北麓却面临着越来越大的生态环境压力。而保护好秦岭,无疑又是西安市、陕西省甚至全国可持续发展的必然选择。因此,选择走新型工业化、新型城镇化道路,找到一条能够把秦岭北麓的生态环境保护工程与当地经济发展、农民增收工程有机兼容起来的路径,就是解决所有问题的关键。我们运用发展经济学、人口资源环境经济学、旅游经济学等学科的基本理论和知识,借鉴国内外成功的实践经验,在对秦岭北麓的生态环境资源和当地经济发展、农民增收的实际状况进行了深入的田野调研和官方统计资料的搜集分析后发现,走生态旅游之路,大力发展符合当地资源特色的以"农家乐"为主要形式的生态旅游业,是秦岭北麓实现环境保护和农民增收双赢,甚至是多赢的有效路径。

## 第一节 生态旅游与环境保护及农民增收兼容互动的关系机理分析

### 一、生态旅游、环境保护和农民增收的概念及形式

#### (一)生态旅游

生态旅游概念的提出与环境保护紧密相关。1983年墨西哥专家、国际自然保护联盟(IUCN)的特别顾问谢贝洛斯·拉斯喀瑞(Ceballos-lascurain)最早把生态旅游定义为在"保护环境的同时,所从事的游乐活动。"1986年,在墨西哥召开的国际环境会议上,生态旅游被作为专门话题进行了深入讨论。1987年,世界自然基金会(WWF)对厄瓜多尔等五国进行了专门研究,并发表了《生态旅游:潜能和陷阱》的研究报告。1990年,世界自然基金会的研究人员伊丽莎白·布(Elizabeth Boo)认为,生态旅游是以自然环境为基础,"为了特定目的(如学习、探险、享受自然风光等)而去受人类活动影响较小的自然区域所进行的旅游活动"。我国学者郭来喜(1992)认为,生态旅游是"以大自然为舞台,以生态学思想为指导,以娱乐休闲、求知、度假、探索、保健、研究为载体,既能使旅游者锻炼身体、增益知识,又能提高生态旅游者生态资源和生态环境的保护意识,进而实现生态旅游体系的可持续发展"。唐锡阳(1994)则明确指出"生态旅游是一种保护自然的自然旅游"。

  由上可见,虽然国内外学者对生态旅游的概念和定义众说纷纭,但基本观点是一致的:生态旅游是保护自然环境的一种旅游模式,通过生态旅游,游客可以在享受自然风光和了解旅游地自然背景和文化背景的同时,热爱和保护自然、保护生态环境。参考各方观点,本章给生态旅游下的定义是:生态旅游是指以生态环境保护为基本准则,以可持续发展为基本原则,在组织和参加生态旅游活动的各个环节,均采用生态友好的方式,依托当地自然生态系统和人文生态系统,为生态旅游者提供高质量生态旅游体验,为当地带来综合效益的一种旅游模式。生态旅游的主要内涵是:第一,生态旅游不破坏环境或对环境的影响很小;第二,生态旅游地多为生态环境良好、自然资源或生物资源丰富、文化底蕴深厚的地区;第三,生态旅游者、旅游地居民、旅游地管理者都有一定责任来保护生态环境,以使生态旅游成为可持续发展的自然旅游;第四,在生态旅游活动中,旅行者、旅游地居民、旅游地管理者各有所获[1],比如,生态旅游者获得了愉悦的体验,加深了对自然环境和文化的理解,旅游地居民和旅游地管理者获得了经济和社会收益。本章在下面的实证分析中将以"游客接待人数"等表示生态旅游指标。

2. 形式

按照生态旅游的内容,中国的生态旅游可以分为风景名胜观光旅游、红色旅游、民俗旅游、体育旅游、考察探险旅游、观光农业旅游、湖泊湿地旅游、山(岳)地旅游、草原旅游、森林旅游等十大类[2]。每一类都有自己独特的旅游形式。就本章研究的以秦岭为代表的山(岳)地旅游来说,其基本形式有5种:第一种,山(岳)地森林公园生态旅游,包括森林风景型生态旅游、山水风景型生态旅游、人文景物型生态旅游、综合型生态旅游。第二种,山(岳)地地质地貌公园生态旅游,主要是地质地貌景观游览。第三种,山(岳)地生态主题公园旅游,包括植物园林游览、珍禽异兽游览、原始丛林及峡谷历险。第四种,山(岳)地乡村生态旅游,包括田园山水观光、生态农业观光和农事体验、传统文化和民俗风情体验。第五种,山(岳)地旅游度假,包括山地森林度假、高山滑雪度假、温泉度假、山地乡村度假等。

(二)环境保护、农民增收和秦岭北麓

1. 环境保护

所谓环境,是指人类和其他生物赖以生存的客观物质和生态系统所组成的一个整体。根据《中华人民共和国环境保护法》[3]的定义,环境"是指影响人类生存和发展的各种天然的和经过人工改造的自然因素的总和,包括大气、水、海洋、土地、矿藏、森林、草原、野生动物、自然遗迹、人文遗迹、自然保护区、风景名胜区、城市和乡村等。"

"环境保护"这一术语是1972年联合国人类环境会议以后被世界各地广泛采用的一个概念。根据《中华人民共和国环境保护法》的规定,环境保护的内容包括保护自然环境和防治污染两个方面。也就是说,要运用现代环境科学的理论和方法,在更好地利用资源的同时,深入认识、掌握污染和破坏环境的根源和危害,有计划地保护环境,恢复生态,预防环境质量的恶化,控制环境污染,促进人类与环境的协调发展。概括地说,环境保护是人类为解决现实的或潜在的环境问题,协调人类与环境的关系,保障经济社会的持续发展而采取的各种行动的总称。其方法和手段有工程技术的、行政管理的,也有法律的、经济的、宣传教育的等等[4]。本章在下面的实证分析中将以森林覆盖率等表示环境保护指标。

2. 农民增收

农民增收是指农民收入的增加,在我国特指农民纯收入、尤其是农民人均纯收入的增加。农民纯收入是指当年农村居民从各个收入来源渠道得到的所有收入在扣除相应费用之后的收入总和。农民人均纯收入是按农村人口平均的农民纯收入,它反映了一个国家或地区农民收入的平均水平。

关于农民收入的分类有很多,如按其实现形式可分为物质性收入和货币性收入;按收入的性质,可分为生产性收入和非生产性收入;按收入与产业的关系,可分为农业生产收入和非农业生产收入。一般认为,现阶段我国农民收入结构主要有农业生产经营收入、非农业生产经营收入、工资性收入、转移性收入和财产性收入[5]。

3. 秦岭北麓

本章研究对象所指的秦岭,是指位于北纬32°–34°之间,东经106°–111°之间,介于关中平原和南面的汉江谷地之间的渭河、嘉陵江、洛河、汉江四条河流的分水岭的狭义的秦岭[6],南北宽达100公里—150公里,东西绵延四五百公里。秦岭北麓即这一范围的北部,本章主要是指秦岭北麓西安段,即从东到西包括蓝田县、长安区、户县和周至县四县区所辖范围内环山公路以南的区域。不过,在运用官方统计数据时,由于无法把该四县区的整体数据与以上区域的数据分开,就只能用该四县区的整体数据代替秦岭北麓(西安段)的数据。

第十四章　秦岭北麓生态旅游与环境保护及农民增收关系研究

## 二、生态旅游与环境保护及农民增收兼容互动的关系机理分析

### (一)生态旅游与环境保护的关系——基于环境承载力理论的分析

环境承载力理论能够很好地解释环境保护与生态旅游之间的兼容互动关系。

1.环境承载力理论的基本内容

(1)环境承载力的概念。环境承载力的概念是由环境科学的环境容量与生态学意义上的承载力相结合而产生的。环境容量由日本学者提出,表示一定区域环境对人类活动影响的最大容纳量。承载力是一个力学概念,表示地基对建筑物的承载能力,之后这一概念运用于生态学,最初表示环境对种群增长的限制作用,现在扩大为生态系统对人类活动的全面承载能力。环境承载力本质上体现的是人类活动与环境之间的辩证关系。环境系统提供人类活动所需要的特定能量和物质,同时环境系统接收人类活动所排放的各种物质和能量。人类活动对环境系统有压力,同时环境系统对人类活动进行有限的支持。人类活动对环境系统物质和能量的需求只能限定在环境系统所能提供的范围内。为了保证环境系统的整体结构不发生质的改变,人类活动向环境系统排放的物质和能量也必须被控制在环境系统所能够接纳的范围之内。因此,环境承载力的概念是指某一环境区域在保证结构不发生明显改变的前提下对人类活动作用支持能力的阈值[7]。

(2)环境承载力的特点。环境承载力具有以下几个特点:

第一,客观性。区域环境作为一个开放的系统,其结构和功能相对稳定,短期内不会发生本质变化,是客观存在的。联系到本章的研究,秦岭北麓的生态环境承载能力是客观存在的,是可以量化研究的,不能借口环境保护而人为降低其环境承载能力,也不能为了盲目发展生态旅游而人

为夸大其环境承载能力。

第二,区域性。通常以区域为对象来研究环境对人类活动作用的支持能力。环境区域是一个开放系统,与邻近区域不断发生能量和物质的交换,这些交换对区域环境的承载能力有着深刻的影响,因此必须明确研究的空间范围。本章研究的范围即为秦岭北麓,更准确地说,主要是研究秦岭北麓和西安市区的相互影响。

第三,动态性与相对稳定性相结合。本质上环境承载力是由环境系统所决定的物质、能量及信息的输入输出能力,而环境系统的结构会因为自身系统的运动变化和人类活动对环境所施加的作用而发生变动。因此环境承载力具有绝对的变动性。然而环境承载力在一定时期内又是相对稳定的。

第四,有限的可控性。人类在掌握环境系统的客观运行规律及社会系统和环境系统之间的相互关系基础上,可以根据生产和生活的实际需要,对环境系统有目的地进行改造,从而提高环境的承载力。但是人类对环境所施加的作用,必须有一定的限度,而不能无限制地奢求。因此,环境承载力的可控性是有限度的[8]。

准确理解环境承载力的概念,正确把握环境承载力的特点,并正确运用于人类社会经济发展的实践,有利于人类社会的可持续发展。将环境承载力理论运用于生态旅游,有利于生态旅游的良性发展,有利于环境承载力与生态环境保护一致起来,最终获得双赢,取得成功。

(3)环境承载力理论的DPCSIR模型。随着学者们对环境承载力的研究,量化研究成为最新的发展方向,量化研究致力于构建一个评价区域可持续发展的指标体系。其中DPCSIR模型运用最为广泛,如图14-1。

# 第十四章 秦岭北麓生态旅游与环境保护及农民增收关系研究

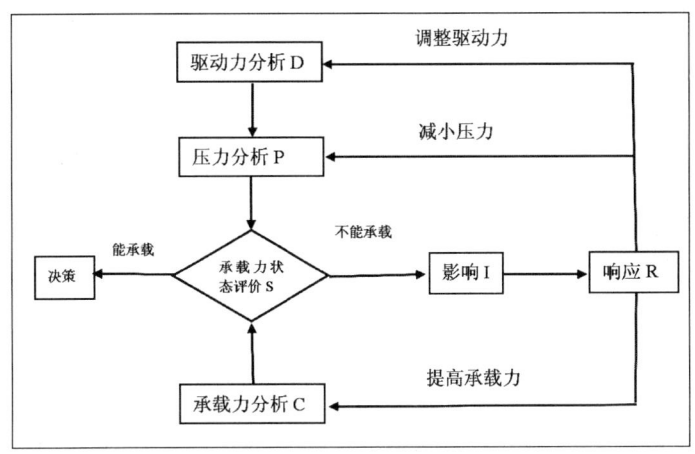

图 14-1 环境承载力理论的 DPCSIR 模型

在图 14-1 中：

D(drive force)：人类活动造成环境变化的潜在原因，本章指生态旅游开发。

P(pressure)：人类活动对其所处环境或紧邻环境区域的直接影响，是环境的直接压力因子。本章指生态旅游发展对区域环境的资源需求压力、对区域环境的污染排放压力。

C(carrying capacity)：环境系统以自己的复杂结构对人类活动的承载能力。本章具体指秦岭北麓的资源供给能力，对排放污染物的净化能力。

S(state)：区域环境可持续发展和动态变化能力的因子。本章指秦岭北麓的环境质量状况和资源的供需平衡状况。

I(impact)：环境系统的状况对分类活动的影响，是前四个因子作用的必然结果。

R(response)：系统变化的响应措施，有提高承载力、减小压力和调整驱动力的作用。本章指合理发展生态旅游的新思路与对策措施。

环境承载力模型采用了因果分析的思路，可以指导区域经济的发展。D 和 P 分别是使环境状态发生变化的根本原因和直接原因，C 为环境系统抵抗 D 和 P 的作用而维持特定状态的根本所在,P 和 C 的对应关系使环境系统处于某种状态 S,环境系统的特定状态 S 对人类活动产生相应的影响 I,最后,人类根据环境系统所处的特定状态 S 及其对人类的影响 I 而做出各种响应 R[9]。

2. 基于环境承载力理论的环境保护与生态旅游的互动关系分析

根据环境承载力理论,环境保护与生态旅游的关系既有一致的方面,又有矛盾的方面。二者具有一致的方面,是因为根据环境承载力理论,经济的大规模发展,人民生活特别是城市居民生活水平迅速提高,在物质生活欲望得到满足的前提下,广大市民开始追求精神的享受,旅游需求便是其中的一种,这就产生了 DPCSIR 模型中的驱动力(D),开始有生态旅游。同时在本章中,秦岭北麓和大都市西安位于同一区域,直线距离不超过 50 公里。西安市庞大的市民阶层构成了秦岭北麓生态旅游的众多需求者。市民生态旅游愿望转化为实际行动便构成了 DPCSIR 模型中的压力 P。秦岭北麓作为承载体,承载了众多的生态旅游活动,其自身存在承载力 C,当承载力 C 大于压力 P 时,生态旅游的发展并不对环境造成破坏,因为处于承载力范围之内,环境系统本身有修复功能。当旅游活动处于一定的可控规模时,当地的生态环境可以承载西安市民的生态旅游活动。

环境保护与生态旅游二者的关系又具有矛盾的方面,这是因为当承载力 C 小于压力 P 时,旅游活动的进行已经影响环境系统的自身运转,人类活动将对环境系统造成巨大的破坏,环境系统已经无法承载过多人类活动,这时就会产生环境问题。可见,环境保护和生态旅游是既统一又矛盾的。环境问题产生的根源是社会经济的发展施加给环境的压力与环境自身的承载能力不匹配造成的,对此可以从三方面做出响应,第一,调整驱动力;第二,减小压力;第三,提高环境的承载力。具体到本章,生态旅游活动的压力超出秦岭北麓环境的承载力时,可以采取两方面的措施:一是对旅游人数进行控制,限制旅游活动的进行;二是提高秦岭北麓的环境

# 第十四章　秦岭北麓生态旅游与环境保护及农民增收关系研究

承载力,进行植树造林等活动。因此,只要做好以上两方面的工作,环境保护与生态旅游的兼容是可以实现的。

(二)生态旅游与农民增收的关系——基于劳动地域分工理论的分析

1.劳动地域分工理论的基本内容

劳动的地域分工理论可以很好地解释秦岭北麓的农民在生态旅游发展中的作用和地位。劳动地域分工理论是在经济学鼻祖亚当·斯密的地域分工理论和瑞典经济学家俄林的域际分工学说的基础上形成的。

分工是人类社会发展过程中的固有规律,分工极大地促进了生产力的发展和人类社会的进步。常用的分工概念有自然分工和社会分工,劳动地域分工对这两种分工进行了发展,是指人类经济活动按地域或地区进行的分工,即各个地域或地区根据自身的自然、经济、社会条件和优势,重点发展有优势的经济部门,在此条件下形成的分工称为劳动地域分工。生产要素分布的不平衡导致了地域之间的分工和贸易,这是劳动地域分工的自然基础,它由经济过程中的内在机制所决定。劳动地域分工的经济性表现在以下几个方面:第一,劳动的地域分工促使各地区将生产、经营活动集中到本地区在自然资源、技术、资本、人力等方面具有比较优势的行业,以使各种资源得到充分利用,提高劳动效率;第二,劳动地域分工可以共享社会生产条件,降低对基础设施的复杂性要求,从而节约基础设施的费用;第三,劳动地域分工的发展,可以形成较为高效的地方劳动力市场,也利于集中培训专业的技术人员;第四,劳动地域分工可以共享辅助行业提供的专门服务[10]。

2.基于劳动地域分工理论的生态旅游与农民增收的互动关系分析

生态旅游的发展与农民增收是一致的。因为按照劳动地域分工理论,秦岭北麓地处生态资源富集的山区,当地的农民生活贫困,与秦岭北麓形成鲜明对比的是西安市区的繁华,在秦岭北麓和西安市区组成的地域格局中,发展生态旅游能够加强秦岭北麓与西安市区经济的联系。对于旅游经济行为,秦岭北麓提供旅游的供给,西安市民则是旅游的需求方,双方形成城乡空间旅游互动关系。生态旅游能够带动山区一系列相关产业,这些产业基本以服务业为主,当地农民不需要进城就可以在各个门类的服务中实现,增加收入。由此形成劳动分工。农民从事各种门类的生态旅游业服务能够保护山区生态环境,促进生态建设,保证农民收入的可持续增长。反过来,农民收入的持续增长,能够提高农民参加生态旅游项目的积极性,能够使农民认识到生态旅游的发展与自己的切身利益相关,因而农民就会自觉参与到对生态旅游资源和设施的保护中,促进生态旅游的健康发展。可见,农民增收与生态旅游的发展是相互促进的关系。

生态旅游不但能增加当地农民的收入,而且还能激发当地农民保护环境的积极性。生态旅游的兴起是人们环保意识提高的结果,可持续发展思想在旅游界的实践便是生态旅游。但是,发展生态旅游并不意味着就万无一失了。生态旅游的开发如果出现失误,发生偏差,对当地环境所造成的干扰与破坏要超过传统的大众旅游。因为大众旅游的目的地往往是发展成熟的人工创造的景点,而生态旅游则多开展于生态环境需要高度保护的水源地、国家森林公园或自然保护区。怎样才能成功地发展生态旅游,总结全球各地生态旅游发展的规律和经验,我们发现当地居民对生态旅游的态度和参与程度与生态旅游的成功与否有着十分密切的关系。要提高当地居民对生态旅游的参与程度,就必须要足够重视他们的利益,要真正了解他们对生态旅游项目的看法和认识。让村民及其组织成为秦岭北麓各峪、沟、口生态旅游业的主力军,成为环境保护的直接管理者和第一责任人。大力发展符合当地资源特色的以"农家乐"为主要形式的生态旅游业,是秦岭北麓实现环境保护和农民增收的有效路径。

# 第十四章 秦岭北麓生态旅游与环境保护及农民增收关系研究

## 第二节 秦岭北麓生态旅游与环境保护及农民增收的现状分析——以西安市南部四县区为例

### 一、秦岭北麓生态旅游的良好条件及发展现状

#### (一)秦岭北麓生态旅游的良好条件

发展生态旅游需要良好的生态旅游资源和其他条件,而秦岭北麓就具备发展生态旅游业的良好条件。

1. 秦岭北麓生态旅游资源得天独厚

生态旅游资源,是指以生态美(自然生态、人文生态)吸引游客前来进行生态旅游活动,能够产生可持续的生态旅游综合效益,具有较高观光、欣赏价值的生态旅游活动对象物。[11]生态旅游资源既包括自然生态旅游资源,也包括人文生态旅游资源。其他条件包括生态旅游目的地距离大中城市的远近、交通通讯等基础设施的便利程度以及经济发展和人们收入的水平等。

秦岭北麓具有发展生态旅游各方面的良好条件。除了距离西安市、咸阳市、渭南市等人口众多的大中城市较近,城市经济发展水平和人们的收入水平较高,交通通讯便利外,秦岭北麓的生态旅游资源也极其丰富。首先,生态旅游资源类型多样。秦岭特殊的地理位置及其复杂的地质构造及岩性,加上构造运动的抬升及外营力的侵蚀剥蚀,秦岭形成了多种山地自然景观,除海洋外,几乎所有的旅游资源景观类型在秦岭都能找到。其次,气象气候及生物景观旅游资源丰富多彩。秦岭山地高大,相对高度达3000米以上,加之受纬度地带性的影响,从山麓到山顶,山地气候复杂多变,形成了丰富的气象气候风光资源,华山日出、太白积雪、骊山晚照、高山云海等都是对秦岭山地气象气候旅游资源的生动写照。同时,受山

地高度以及南北坡不同气候的影响,秦岭孕育了丰富多彩的生物景观旅游资源。据初步统计,秦岭山地有种子植物2931种,占全国种子植物总数的12%,占陕西省的77%;兽类144种,占全国的29%;有鸟类399种,占全国鸟类总种数的34%。秦岭生物多样性中,稀有和特有的类型较多,有128种动物和56种植物被列入国家和省重点保护对象。[12]再次,历史文化深厚,自然与人文景观浑然一体。秦岭山地悠久的开发利用历史,使其渗透了深厚的文化历史底蕴。深厚的文化积淀使山地自然景观与人文景观和谐融洽、相得益彰,给游客以更丰富、更深刻的旅游体验。

2. 各级政府高度重视,基础设施不断改善

近年来秦岭北麓生态旅游的基础设施有了较大改善。西安市秦岭办加强主城区与环山路的联系,加快长安大道的建设、西沣路升级改造,完善西太路道路功能。在长安、户县段设置停车场5处,保证400个停车位。打造城市慢行系统,在西沣路、长安大道、环山路及沣河两侧建设"绿道",总长约140公里。拓宽改造老环山路,将老环山公路打造成为联通各峪、沟、口的旅游专用线路。改善进山旅游线路,对环山路与耿峪、太平峪、沣峪、祥峪、汤峪五处重点峪口的连接道路进行升级改造。同时西安市秦岭办还发挥环山路164公里景观大道、交通大道、旅游大道功能,联合区县政府,美化提升沿山两侧、直观坡面,从树种选择、花卉片区选型、农作物种植、四季色彩搭配、地段地貌特点等入手,打造四季迷人、层次分明、色彩丰富、特色鲜明的164公里景观长廊[13]。

3. 各区县发展生态旅游业的条件各具特色和优势

从长安区来看,秦岭长安段全长52公里,从西向东主要分布着东大、滦镇、子午、五台、太乙、王莽、引镇、杨庄八个街办,约占全区总面积的47%。秦岭山雄峰险,重峦叠嶂,主要分布有太兴山、人头山、嘉午台、翠华山、南五台、小五台、青华山、万华山、光头山、观音山等十大名山。秦岭在山地与川塬接壤部形成有大小不等的沟壑,自东向西有库峪、大峪、小

## 第十四章 秦岭北麓生态旅游与环境保护及农民增收关系研究

峪、太乙宫峪、石砭峪、抱龙峪、沣峪、祥峪、高冠峪等,这些谷峪凭借山地水源涵养,常年川流不息,在长安境内形成了沣、浐、潏、滈等主要河流,水资源丰富,年平均径流量达到4.71亿立方米。生机盎然的自然生态环境和风光,成为西安市民首选的休闲度假和生态旅游目的地。同时,长安区经济近年来一直保持着相对稳定的增长率,综合实力从全市第九名跃居到全市五强,这对长安区秦岭北麓生态旅游业的发展提供了较好的经济基础。在公路交通方面,环山公路、210国道、包茂高速均穿境而过。在公共交通方面,长安区目前已开通通往野生动物园、翠华山、东大等旅游区的多条公交线路和旅游专线,交通转换非常方便。客源的核心地为关中都市圈,除陕西省内,山西、河南、四川等周边省份一直是客源较为集中的地方。由于长安区内有众多历史悠久的宗教寺庙,这些宗教寺庙吸引了不少东南亚国家和日本的游人,因而,长安区入境游具有很大的市场开发潜力。长安区秦岭北麓发展生态旅游具有资源优势、区位优势、政策导向和良好的开发条件,且能够平衡西安市旅游产品人文与自然失衡,促进人文生态与自然生态协调发展。

户县地处西安市辖域西南部,县城距西安市中心36公里。秦岭户县段东起长安,西至周至,南起宁陕,北至环山旅游路以北1公里处,涉及草堂镇、庞光镇、石井镇、蒋村镇、天桥镇及景区管理局,共有高冠峪、紫阁峪、太平峪、黄柏峪、化羊峪、烧柴峪、曲峪、潭峪、粟裕、涝峪及甘峪等11个较大峪口。秦岭户县段东西长29公里,面积785.79平方公里,占户县总面积的62%,占西安市秦岭生态保护区面积的13%。秦岭是太平河、涝河、甘河等河流的发源地,森林密布,生态系统类型多样,动植物资源丰富。优越的地理条件和丰富的物产资源,使户县在13个王朝建都西安时就是畿辅重地,京都物产的重要来源,离宫和馆舍的分布地域。朝代的更替,人口的聚散和社会生产的发展使户县的生态环境深深地打上了人类活动的印痕,人文生态与自然生态相得益彰。

打造丝绸之路经济带上的战略高地

蓝田县城距西安城区24公里,全县国土面积1969平方公里,辖22个镇,64万人口。蓝田县地处秦岭北麓灞河源头,川、原、山、岭地貌皆有,四季景色独特,自然生态优美,文化底蕴厚重。蓝田县既秉承了孕育华夏文明的始祖文化基因,又具有承接大西安城市空间拓展的区位优势,因此,蓝田县发展与西安国际旅游目的地相适应的旅游产业的条件得天独厚。

周至县林区属秦岭北麓水源涵养地,主要处于黑河流域,天然林面积17.68万平方公里,森林蓄积量1899万立方米,森林覆盖率67.4%[14]。秦岭地处南北气候分界线,长江、黄河两大水系分水岭,动物区系古北界与东洋界线的特殊位置。林区植被茂密,生态系统复杂,生态环境多样,优越的自然条件孕育了周至林区极其丰富的野生动植物资源,秦岭周至段是具有世界意义的生物多样性的关键地区。林区分布着大熊猫、金丝猴等国家一级保护动物,和秦岭冷杉、水青树、水曲柳等珍稀野生植物。2014年,周至县已经被国家列为主体生态功能区试点县。

(二)秦岭北麓生态旅游发展现状

1.长安区生态旅游发展现状

近年来长安区旅游业发展迅速,客源市场不断扩大,是西安市生态旅游发展的重点区域。由于旅游资源开发较早,许多旅游景点已初具规模,有些景点已成为亮点,如长安区滦镇上王村农家乐已成为关中地区农家乐旅游的首选目的地。2005年以来长安区生态旅游的总体发展情况见表14-1所示。

表14-1　2005—2012年长安区接待游客人数及旅游收入情况[15]

| 年份 | 每年接待游客人数(万人次) | 增长率(%) | 每年旅游总收入(万元) | 增长率(%) |
|---|---|---|---|---|
| 2005 | 190 | — | 9600 | 12.94 |
| 2006 | 213.6 | 12.4 | 12110 | 26.1 |

# 第十四章 秦岭北麓生态旅游与环境保护及农民增收关系研究

续表

| 年份 | 每年接待游客人数(万人次) | 增长率(%) | 每年旅游总收入(万元) | 增长率(%) |
|---|---|---|---|---|
| 2007 | 353.43 | 65.5 | 16590 | 37.0 |
| 2008 | 290.5 | -17.8 | 17800 | 7.1 |
| 2009 | 364 | 25.3 | 20000 | 12.36 |
| 2010 | 448.47 | 23.2 | 26700 | 33.5 |
| 2011 | 581.4 | 29.6 | 40910 | 53.2 |

**2. 蓝田县生态旅游发展现状**

近年来蓝田县旅游业取得了很大成绩。截至2012年,蓝田县已经连续举办了九届汤峪温泉旅游节、七届龙头节,全球华人精英恭祭华胥氏大典、六届王顺山杜鹃花节以及每年一度的水陆庵、辋川溶洞古会节,成功举办了首届蓝田玉加工技能暨创意大赛,这些活动的成功举办进一步扩大了蓝田的知名度和影响力。目前全县共建成对外开放的旅游景区14处,其中,自然生态旅游景区5处,历史人文旅游景区7处,温泉特色旅游景区2处。2002年以来蓝田县生态旅游的总体发展情况如表14-2所示。

表14-2 2002—2012年蓝田县接待游客人数及旅游收入情况[16]

| 年份 | 每年接待游客人数(万人次) | 增长率(%) | 每年旅游总收入(万元) | 增长率(%) |
|---|---|---|---|---|
| 2002 | 69.1 | 54.9 | 3225 | 71.4 |
| 2003 | 64.5 | -6.7 | 4192 | 30.0 |
| 2004 | 93.3 | 44.7 | 7469 | 78.2 |
| 2005 | 98 | 5.03 | 8409 | 12.6 |
| 2006 | 121 | 23.52 | 10000 | 18.9 |
| 2007 | 118.6 | -2.0 | 12000 | 20 |

续表

| 年份 | 每年接待游客人数(万人次) | 增长率(%) | 每年旅游总收入(万元) | 增长率(%) |
|---|---|---|---|---|
| 2008 | 126.3 | 6.5 | 13100 | 9. |
| 2009 | 132.6 | 5 | 14000 | 6.8 |
| 2010 | 155.08 | 16.9 | 16100 | 14.7 |
| 2011 | 185 | 19.3 | 25000 | 35.0 |
| 2012 | 208 | 10.3 | 28000 | 12.0 |

3. 户县生态旅游发展现状

户县生态旅游国内外两大客源市场持续增长,根据2000—2006年统计资料,户县国内外旅游接待人数、旅游总收入和旅游外汇收入均呈现逐年递增的趋势,2006年已接待游客90.08万人次。[17]2006年以后户县生态旅游业继续稳步发展,总体发展情况见表14-3所示。

表14-3 2002—2012年户县接待游客人数及旅游收入变动情况[18]

| 年份 | 每年接待游客人数(万人次) | 增长率(%) | 每年旅游总收入(万元) | 增长率(%) |
|---|---|---|---|---|
| 2002 | 58.8 | 14.2 | 2890 | 13.3 |
| 2003 | 68.3 | 16.2 | 3435 | 18.9 |
| 2004 | 71.3 | 28.5 | 3613 | 33.8 |
| 2005 | 76.2 | 6.9 | 3879 | 7.4 |
| 2006 | 90.08 | 18.2 | 4861 | 25.3 |
| 2007 | 105.6 | 17.2 | 8010 | 64.8 |
| 2008 | 115.8 | 9.7 | 9284 | 15.9 |
| 2009 | 127.0 | 9.7 | 10228 | 10.2 |
| 2010 | 148.5 | 16.9 | 12200 | 19.2 |
| 2011 | 178.08 | 19.1 | 15000 | 24.5 |
| 2012 | 212.7 | 19.4 | 20200 | 32.7 |

## 第十四章 秦岭北麓生态旅游与环境保护及农民增收关系研究

**4. 周至县生态旅游发展现状**

比起长安区、户县和蓝田县,周至县的生态旅游在2010年以前发展相对落后和缓慢。但2010年以后,随着道家名观楼观台的重新扩建竣工,周至县以楼观台为龙头的生态人文旅游迅速崛起,并呈现突飞猛进的发展势头。总体情况如表14-4所示。

表14-4 2006—2012年周至县接待游客人数及旅游收入情况[19]

| 年份 | 每年接待游客人数(万人次) | 增长率(%) | 每年旅游总收入(万元) | 增长率(%) |
|---|---|---|---|---|
| 2006 | 23 | | 1680 | |
| 2007 | 30.2 | 31.3 | 1900 | 13.1 |
| 2008 | 34.1 | 13 | 2100 | 13 |
| 2009 | 58 | 70.6 | 3380 | 61 |
| 2010 | 61.7 | 6.3 | 3681.6 | 8.9 |
| 2011 | 63.9 | 3.6 | 8384.6 | 128 |
| 2012 | 179 | 180 | 21800 | 160 |

**5. 秦岭北麓四县区生态旅游发展比较**

从四县区年接待游客数量情况来看,2002—2005年户县和蓝田县接待旅游人数虽在逐年增加,但增长的幅度很小,从2006年开始,这两县接待旅游人数平稳增长,至2012年两县接待游客人数达到基本相同;长安区相对于其他三个县接待游客人数最多,增长幅度最大,但在2007年至2008年出现了一次比较明显的下降;周至县接待游客人数最少,增长速度最慢,但自2011年至2012年人数急剧增加。总之,长安区每年接待游客人数最多,增长速度最快,其他三县接待人数较少,增长速度相对较慢,所以长安区的旅游业发展最好(如图14-2所示)。

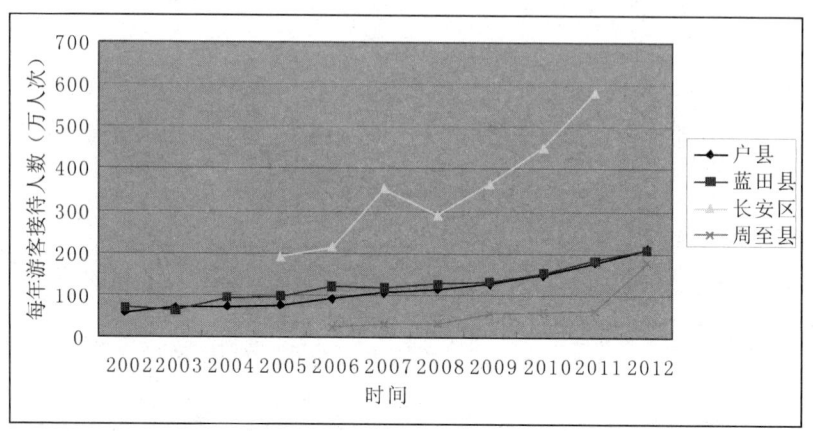

图14-2 2002—2012年四区县每年接待游客人数变化情况

从四县区年旅游总收入的情况来看,2002—2012年四区县每年的旅游总收入都呈现递增的趋势,且增长速度很快。其中,长安区旅游收入最高,收入增长速度最快,历年来都高于其他三县;蓝田县旅游收入次高,每年以较快速度增长;户县的旅游收入较蓝田县低,位居第三,每年以平稳的增长速度增加;周至县较其他三县区旅游收入最低,在2006至2009年增长很慢,但从2010年开始收入增加加快,在2012年超过户县达到2亿元以上(如图14-3所示)。

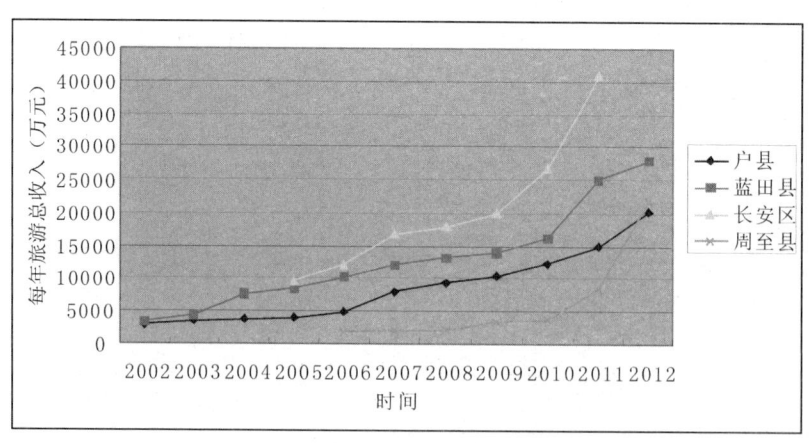

图14-3 2002—2012年四区县每年旅游总收入变化情况

第十四章 秦岭北麓生态旅游与环境保护及农民增收关系研究

## 二、秦岭北麓生态环境保护现状

### (一)生态环境保护成效显著,森林覆盖率不断提高

自2008年3月《陕西省秦岭生态保护条例》出台以来,西安市政府采取了一系列得力措施落实条例,秦岭北麓的生态环境得到了有效保护,这从四县区森林覆盖率就可看出(如表14-5所示)。

表14-5 长安区、蓝田县、周至县和户县森林覆盖率[20]　　　单位(%)

| 年份\区县 | 长安区 | 蓝田县 | 周至县 | 户县 |
| --- | --- | --- | --- | --- |
| 十五末(2005) | 33.8 | 35.2 | 25.2 | 27.2 |
| 十一五末(2010) | 33.98 | 50.1 | 40 | 55 |
| 2011 | 40 | 54.1 | 66.62 | 65 |
| 2012 | 46.30 | 58.1 | 67.4 | 70 |

从我们对三个村村民的问卷调查来看,村民们也大都认为近几年秦岭北麓的生态环境"明显变好"或"有一点变好"了(如表14-6所示)。

表14-6 三个村村民对近几年秦岭北麓生态环境状况的看法[21]　　　(%)

| 问答 | 您认为最近几年来当地的生态环境状况怎么样? | | | | | |
| --- | --- | --- | --- | --- | --- | --- |
| | 明显变好了 | 有一点变好 | 变化不明显 | 有一点变坏 | 明显变坏 | 不关心 |
| 上王村 | 46.75 | 11.69 | 23.38 | 6.49 | 6.49 | 0 |
| 抱龙峪村 | 87.64 | 8.99 | 2.25 | 1.12 | 0 | 0 |
| 台沟村 | 35.35 | 36.36 | 5.05 | 2.02 | 1.01 | 0 |

### (二)环境保护依法进行,措施有力

分析秦岭北麓环境保护的基本做法和收到的成效,主要在于以下几方面:

1. 制定法律法规,依法保护

近年来,陕西省加大了对秦岭北麓生态环境保护的力度,编制完成了

相关规划,严格控制秦岭北麓建设项目的开发利用,保护工作取得了一定的成效。2008年省政府出台《陕西省秦岭生态环境保护条例》,对保护秦岭提出了更为严格的要求。2013年8月《西安市秦岭生态环境保护条例》的公布和实施,使秦岭北麓的环境保护有了更加具体明细的规则,也为秦岭北麓生态环境保护提供了法律保障。

2. 制定科学的开发和保护规划,在保护中合理开发利用

针对以前秦岭北麓生态旅游资源利用中的无序和环境保护重点不明确等一系列问题,西安市制定了《大秦岭西安段保护与发展规划实施方案》,该实施方案指出,西安将打造166公里秦岭生态旅游观光带。秦岭西安段生态环境保护规划范围由环山路以北1000米至西安市东、西、南行政界线,东西长166公里,含48个峪口,规划总用地面积5852.67平方公里,占西安市域面积的58.6%。根据规划,西安将以生态保护为核心,发展旅游文化、研发创意、康体生命、生态观光等产业,其中建设用地共计147平方公里,占秦岭保护范围面积的2.5%。《方案》称,秦岭应以生态保护为核心,以文化传承为主导,以旅游发展为支撑,建设国家中央公园、国际生态保护示范区、国家一流旅游生态区,成为美丽中国的体验地。[22]

3. 采取"铁锤治理"专项行动,严禁滥采滥挖、乱搭乱建

近年来,西安市秦岭办针对前些年秦岭北麓违法采矿、项目违建、滥采砂石等突出问题,对重点区域开展"铁锤治理"专项行动,下大力气分期分批对秦岭生态保护区内的滥采滥挖、乱搭乱建、乱排乱放、乱砍滥伐等现象及一些档次低的项目进行了集中整治。对群众反映比较强烈的问题,如高冠河流域、大峪河流域农家乐占据河道、影响泄洪、生活垃圾及污水直排、污染水源等问题进行了整治,以确保秦岭北麓山清水秀,也给市民提供一个外出休闲的优美环境。

4. 加强秦岭北麓的山林、水源和空气的有效保护

近年来西安市及其所属县区,加大植树造林和护林力度,严格保护秦

## 第十四章 秦岭北麓生态旅游与环境保护及农民增收关系研究

岭水源地,治理空气污染。西安市林业用地面积508389公顷,占总面积的50.3%,活立木总蓄积量30992017.7立方米,全市森林覆盖率44.99%。[23]西安全市八大河流都源于秦岭北麓,秦岭北麓的森林在涵养水源、蓄水保土、净化大气、调节气候、保护生物多样性等方面发挥了巨大作用。为加快林业发展,建设生态文明,改善西安生态环境,发挥林业在建设人文西安、活力西安、和谐西安中的重要作用,西安市抓好平原造林绿化工作,加大对秦岭北麓生态环境的保护力度,采取了一系列保护森林的措施,提倡个人造林、合作造林,积极发展育林护林,并实施了一系列林业重点生态工程,森林资源得到了有效保护,秦岭北麓生态环境也得到了改善。

(三)秦岭北麓环境保护存在的问题

1. 混乱现象突出

2011年,秦岭西安段共有采矿点42个,毁山采石、开采矿产破坏了山体形态,导致地质灾害频发,山体滑坡屡有发生;乱搭乱建,项目突破规划,擅自扩大建设;村庄缺少总体规划,农家乐随意搭建;村组村民随意租赁和倒卖土地,违规建设场馆、小厂、住宅、鱼塘众多,尤其在秦岭脚下违规建设别墅的项目屡禁不止;大峪、高冠峪在河道上违规筑坝搭建娱乐就餐设施现象突出;历史文化资源得不到应有的保护,宗教人文资源得不到重视,古村古镇被任意进行了各种现代化改造,历史风貌荡然无存;休闲旅游人群在林区河道乱丢垃圾,生火搭灶现象时有发生;污水随意排放,污染河流;挖沙采石挤占河道;建筑物占压河床;山区居民随意大量砍伐山区树木,局部破坏严重,动植物生存环境恶化;个别区县村组违建,有令不行,有禁不止,愈演愈烈。

2. 项目开发遗留问题突出

由于行政改革的原因,2003年秦岭办专项整治之前,所有投资项目不论项目性质、资金来源、投资主体,一律实行按投资额度进行管理的政策。由于事权下放的改革要求以及经济发展的客观需要,区县有了相当大的项目投资主导权,加之新环山路西段和中段的开通,秦岭北麓地区出现了大量的农家乐、房地产项目。投资项目过多过滥,时至今日遗留问题依然突出。如尚未得到批准先行建设,不按规划进行建设,擅自变更土地用途、拖延工期囤积土体、"圈而不建"等问题。

### 三、秦岭北麓农民增收现状

2002年以来,在国家西部大开发战略和惠农政策的支持下,秦岭北麓四县区农民纯收入不断提高,总体情况如表14-7所示。

表14-7 四县区2002—2012年农村居民人均纯收入[24]　　　单位:元

| 区县<br>年份 | 长安区 | 蓝田县 | 周至县 | 户县 |
| --- | --- | --- | --- | --- |
| 2002 | 2667.45 | 1941.48 | 1821.69 | 2280.00 |
| 2003 | 2830.07 | 2019.66 | 1867.97 | 2457.85 |
| 2004 | 3098.36 | 2219.68 | 2098.29 | 2746.07 |
| 2005 | 3331.15 | 2430.25 | 2329.94 | 3018.82 |
| 2006 | 3592.26 | 2662.75 | 2601.04 | 3324.98 |
| 2007 | 4143.00 | 3121.00 | 3059.00 | 3833.00 |
| 2008 | 4926.13 | 3611.26 | 3537.09 | 4285.11 |
| 2009 | 5964.92 | 4315.22 | 4248.11 | 5307.00 |
| 2010 | 7389.00 | 5316.00 | 5238.00 | 6549.00 |
| 2011 | 9421.00 | 6704.00 | 6615.00 | 8265.00 |
| 2012 | 11107.00 | 7910.00 | 7872.00 | 9654.00 |

根据表14-7可做出图14-4。

# 第十四章 秦岭北麓生态旅游与环境保护及农民增收关系研究

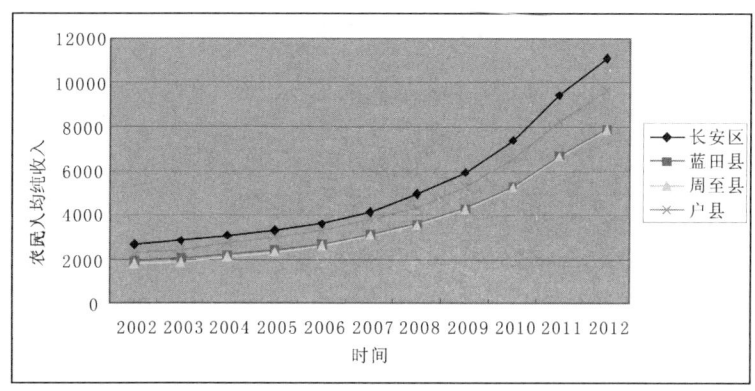

**图 14-4 四县区 2002—2012 年农民纯收入变化情况**

图 14-4 显示:在 2002—2012 年间长安区、蓝田县、周至县和户县的农民纯收入都呈现递增的趋势,且增长的速度越来越快。相对于其他三个县,长安区的农民纯收入最高,增长最快,周至县最低,增长速度最慢;户县的农民收入低于长安区,在 2002 年至 2007 年与长安区的农民收入相差比较小,2007 年以后,收入差距有扩大的趋势;蓝田县和周至县的农民收入变化基本保持一致,蓝田县的农民实际收入略高于周至县,但两者与长安区相比,差距还很大。

## 四、秦岭北麓四县区生态旅游、环境保护和农民增收状况对比分析

### (一)长安区农民纯收入、接待游客人数和森林覆盖率变动对比

长安区 2002—2012 年农民人均纯收入持续稳定增长,从 2002 年的 2000 多元增长到 2012 年的 11000 多元,增长速度快;每年接待游客人数逐年增加,从 2005 年的 190 万人次增加到 2011 年的 500 多万人次;随着人们对生态环境保护的日益重视,森林覆盖率呈现逐年提高的趋势。总体看,长安区 2002—2012 年每年农民纯收入、接待游客人数和森林覆盖率三者成正相关变化关系(如 14-5 所示)。

打造丝绸之路经济带上的战略高地

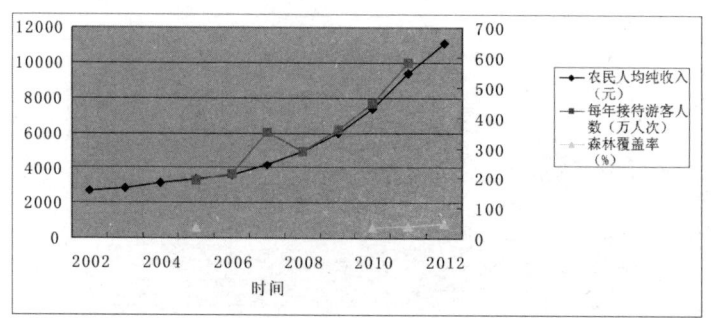

图14-5 长安区2002—2012年每年农民纯收入、接待游客人数和森林覆盖率变化情况

(二)蓝田县农民纯收入、接待游客人数和森林覆盖率变动对比

蓝田县农民人均纯收入以快速递增的势头变化,从2002年的不到2000元增加到2012年的接近8000元,近几年来增长速度加快;每年接待游客人数逐年增加,从2002年的接近70万人次增加到2012年的200多万人次,增加速度快;森林覆盖率呈现逐年提高的趋势,从2005年的35.2%增加到2012年的58.1%。总体看,蓝田县2002—2012年每年农民纯收入、接待游客人数和森林覆盖率三者成正相关变化关系(如图14-6所示)。

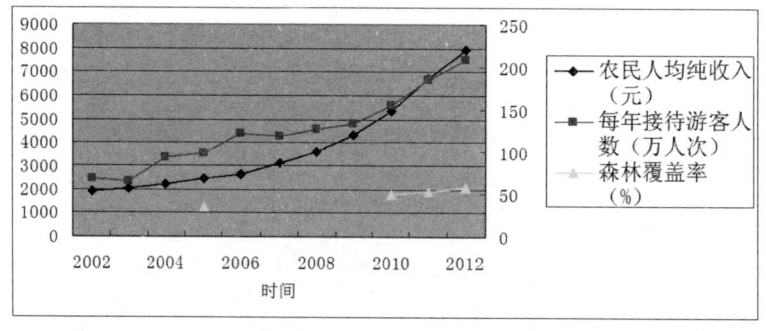

图14-6 蓝田县2002—2012年每年农民纯收入、接待游客人数和森林覆盖率变动情况

(三)周至县农民纯收入、接待游客人数和森林覆盖率变动对比

周至县农民人均纯收入持续增加,从2002年的1800多元增加到2012年的7800多元,增加速度快;接待游客人数从2006年的23万人次

# 第十四章 秦岭北麓生态旅游与环境保护及农民增收关系研究

增加到 2012 年的 179 万人次,增加幅度大;森林覆盖率从 2005 年的 25.2% 增加到 2012 年的 67.4%,增长幅度大,森林面积逐年增加。总体看,周至县 2002—2012 年每年农民纯收入、接待游客人数和森林覆盖率三者成正相关变化关系(如图 14-7 所示)。

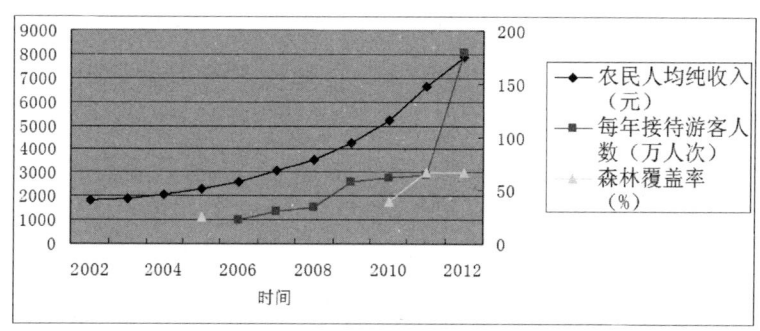

图 14-7 周至县 2002—2012 年每年农民纯收入、接待游客人数和森林覆盖率变化情况

(四)户县农民纯收入、接待游客人数和森林覆盖率变动对比

户县的农民人均纯收入十年内增加很快,从 2002 年的 2000 多元增加到 2012 年的 9600 多元,尤其近几年来增长速度加快;每年接待游客人数持续增加,从 2002 年的 58 万多人次增长到 2012 年的 200 多万人次,旅游业发展迅速;森林覆盖率随着绿化工程的建设,从 2010 年的 55% 提高到了 2012 年的 70%。总体看,户县 2002—2012 年每年农民纯收入、接待游客人数和森林覆盖率三者成正相关变化关系(如图 14-8 所示)。

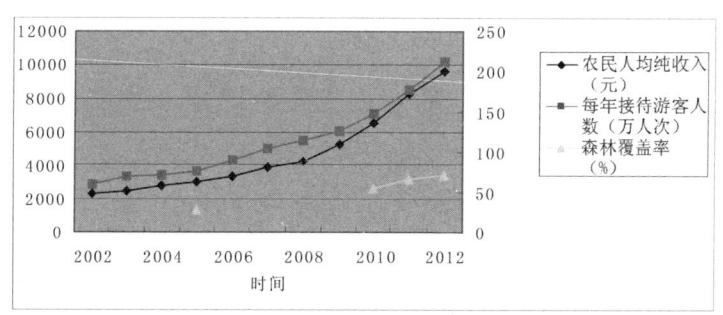

图 14-8 户县 2002—2012 年每年农民纯收入、接待游客人数和森林覆盖率变化情况

概括总结以上统计资料和数据,我们可以看到,长安区、蓝田县、周至县和户县这四县区 2002—2012 年每年的农民纯收入、接待游客人数和森林覆盖率三个变量都呈上升趋势,三者成同方向变化关系,这预示着三者有正向相互促进的良好关系。

## 第三节 秦岭北麓生态旅游与环境保护及农民增收相关性的实证分析

虽然我们已经从统计数据上观察到了"秦岭北麓四县区 2002—2012 年每年的农民纯收入、接待游客人数(代表生态旅游)和森林覆盖率(代表环境保护)三个变量都呈现上升趋势,三者成同方向变化关系"的情况,但我们还不能认为该四县区的这三个变量必然存在着正向的相互因果关系。因此,我们对秦岭北麓四县区近年来的农民纯收入、生态旅游和环境保护三者变动的相关度做出实证检验,并选择一些典型峪、沟、口的村庄做深度的问卷调查和访谈。

### 一、皮尔逊相关性实证检验

皮尔逊相关性分析是测度两个变量之间相关度的方法,相关度大小用皮尔逊相关系数表示。皮尔逊相关系数一般用 $r$ 表示,$r$ 描述的是两个变量间线性相关程度的强弱,$r$ 的绝对值越大表明相关程度越大。$r$ 的取值在 $-1$ 和 $1$ 之间,若 $r>0$,表明两个变量是正相关关系,即一个变量同另一个变量同方向变化;若 $r<0$,表明两个变量是负相关关系,即一个变量同另一个变量反方向变化;若 $r=0$,表明两个变量间不是线性相关关系。下面我们运用上述四县区 2002—2012 年每年农民人均纯收入、年接待游客人数和森林覆盖率的官方统计数据,分别对四县区三个变量间的相关度做出计算和分析。

# 第十四章 秦岭北麓生态旅游与环境保护及农民增收关系研究

(一)户县三个变量相关性分析

表14-8 户县农民年人均纯收入、年接待游客数量和森林覆盖率三者相关性分析

| | | 年农民人均纯收入 | 年接待游客数量 | 森林覆盖率 |
|---|---|---|---|---|
| 农民纯收入 | Pearson 相关性 | 1 | .993** | .992* |
| | 显著性(双侧) | | .000 | .082 |
| | N | 11 | 11 | 3 |
| 每年接待游客数量 | Pearson 相关性 | .993** | 1 | .972 |
| | 显著性(双侧) | .000 | | .150 |
| | N | 11 | 11 | 3 |
| 森林覆盖率 | Pearson 相关性 | .992* | .972 | 1 |
| | 显著性(双侧) | .882 | .150 | |
| | N | 3 | 3 | 3 |

**.在0.05水平(双侧)上显著相关。
*.在0.1水平(双侧)上显著相关。

备注:此表中,森林覆盖率与农民纯收入相关性分析、每年接待游客数量与森林覆盖率相关性分析数据采用2010—2012年数据进行分析,农民纯收入与每年接待游客数量采用2002—2012年数据进行分析。

表14-8显示,在0.05显著性水平(双侧)上,户县农民纯收入和每年接待游客数量显著相关,相关系数为0.993,相关性较高,接近于1。在0.1的显著性水平上,森林覆盖率与农民人均纯收入显著相关,相关系数为0.992。但由于森林覆盖率数据不连贯,森林覆盖率与每年接待游客数量无法通过显著性水平检验。总体看,户县农民增收、生态旅游和环境保护三者呈现出了良好的正向互动关系。

## (二)蓝田县三个变量相关性分析

**表 14-9 蓝田县农民年人均纯收入、年接待游客数量和森林覆盖率三者相关性分析**

|  |  | 年农民人均纯收入 | 年接待游客数量 | 森林覆盖率 |
|---|---|---|---|---|
| 农民纯收入 | Pearson 相关性 | 1 | .967** | .999* |
|  | 显著性(双侧) |  | .000 | .026 |
|  | N | 11 | 11 | 3 |
| 每年接待游客数量 | Pearson 相关性 | .967** | 1 | .997* |
|  | 显著性(双侧) | .000 |  | .048 |
|  | N | 11 | 11 | 3 |
| 森林覆盖率 | Pearson 相关性 | .999* | .997* | 1 |
|  | 显著性(双侧) | .026 | .048 |  |
|  | N | 3 | 3 | 3 |

**. 在 0.05 水平(双侧)上显著相关。
*. 在 0.1 水平(双侧)上显著相关。

表 14-9 显示,在 0.05(双侧)的显著性水平上,蓝田县每年农民人均纯收入和年接待游客数量显著相关,相关系数为 0.967,相关度很高;在 0.1(双侧)的显著性水平上,森林覆盖率和农民人均纯收入显著相关,相关系数为 0.999;每年接待游客数量和森林覆盖率相关,相关系数为 0.997,由此可知,蓝田县这三个变量相互之间存在高度相关性。相关性分析充分反映了蓝田县农民增收、生态旅游和环境保护三者间形成了良好的正向促进关系。

# 第十四章 秦岭北麓生态旅游与环境保护及农民增收关系研究

## (三)周至县三个变量相关性分析

**表 14-10 周至县农民年人均纯收入、年接待游客数量和森林覆盖率三者相关性分析**

| | | 年农民人均纯收入 | 年接待游客数量 | 森林覆盖率 |
|---|---|---|---|---|
| 农民纯收入 | Pearson 相关性 | 1 | .874* | .891 |
| | 显著性(双侧) | | .010 | .301 |
| | N | 7 | 7 | 3 |
| 每年接待游客数量 | Pearson 相关性 | .874* | 1 | .535 |
| | 显著性(双侧) | .010 | | .640 |
| | N | 7 | 7 | 3 |
| 森林覆盖率 | Pearson 相关性 | .891 | .535 | 1 |
| | 显著性(双侧) | .301 | .640 | |
| | N | 3 | 3 | 3 |

\*\*.在 0.05 水平(双侧)上显著相关。

\*.在 0.1 水平(双侧)上显著相关。

表 14-10 显示,在 0.05 或 0.1 的显著性水平上,周至县农民人均纯收入、每年接待游客数量、森林覆盖率三个变量只有农民人均纯收入与每年接待游客数量通过显著性水平检验,二者之间具有较高的相关性,相关系数为 0.874。这说明农民增收与生态旅游相互正向促进。而农民增收与环境保护、生态旅游与环境保护的相关性还不明显,正好也反映了周至县以农家乐为主要形式的生态旅游业发展不足。

### (四)长安区三个变量相关性分析

表 14-11　长安区农民年人均纯收入、年接待游客数量和森林覆盖率三者相关性分析

|  |  | 年农民人均纯收入 | 年接待游客数量 | 森林覆盖率 |
|---|---|---|---|---|
| 农民纯收入 | Pearson 相关性 | 1 | .956＊＊ | .998 |
|  | 显著性(双侧) |  | .001 | .043 |
|  | N | 7 | 7 | 3 |
| 每年接待游客数量 | Pearson 相关性 | .956＊＊ | 1 |  |
|  | 显著性(双侧) | .001 |  | —— |
|  | N | 7 | 7 |  |
| 森林覆盖率 | Pearson 相关性 | .998 |  | 1 |
|  | 显著性 | .043 | —— |  |
|  | N | 3 |  | 3 |

＊＊. 在 0.05 水平(双侧)上显著相关。

＊. 在 .01 水平(双侧)上显著相关。

注：此表中，因 2012 年每年接待游客人数缺失，故农民人均纯收入和每年接待游客数量采用 2005—2011 年数据进行分析，农民人均纯收入和森林覆盖率采用 2010—2012 年数据进行分析，因数据原因未对每年接待游客数量和森林覆盖率相关性进行分析。

表 14-11 显示，在 0.05 的显著性水平上，长安区农民人均纯收入与每年接待游客数量、农民人均纯收入与森林覆盖率都具有显著的正相关度，相关系数分别为 0.956 和 0.998，具有较高的相关性，这说明农民增收与生态旅游、农民增收与环境保护可以实现兼容互动发展。而生态旅游与环境保护的相关性因数据不全观察不出来。

总结以上情况，我们的结论是：秦岭北麓四县区农民增收与生态旅

# 第十四章 秦岭北麓生态旅游与环境保护及农民增收关系研究

游、农民增收与环境保护基本都具有显著的正相关性。生态旅游与环境保护的关系在蓝田县也呈现显著的正相关性,其他三县区因为这两个数据不全未能显示出正相关关系。

## 二、三个典型村的调查

为了进一步深入了解秦岭北麓环境保护、农民增收和生态旅游的发展状况及三者的相互关系,我们试图通过田野调查,了解生活在秦岭北麓的村民们的真实感受、看法和想法。我们设计了按户发放的调查问卷(见附录1),选择了长安区具有代表性的五个村(滦镇的上王村,子午镇的台沟村、抱龙峪村、子午西村和石砭峪口村),在2013年7—8月的暑假期间对这五个村的村干部、村民进行了个别深度访谈,并在四个村(上王村、台沟村、抱龙峪村和子午西村)各自发放100份农户调查问卷。上王村收回有效问卷77份,有效率达到77%;抱龙峪村收回有效问卷89份,有效率达到89%;台沟村收回有效问卷91份,有效率达到91%;子午西村收回问卷94份,收回率达到94%。经过详细分析后我们发现,子午西村问卷的真实性存在疑问,所以不打算做深入分析。下面我们结合个别深度访谈,只对抱龙峪村、台沟村和上王村的有效问卷做进一步的深度统计分析,这三个村也正好代表了秦岭北麓峪、沟、口三种典型的村庄类型。

### (一)农民对发展以农家乐为主要形式的生态旅游业能否成为增收主渠道的看法

从调查问卷统计结果来看,台沟村、抱龙峪村和上王村村民对农户筹办农家乐,发展生态旅游业能否成为他们增收主要渠道的看法,抱龙峪村民的看法最积极,有96.63%的农户认为"能"。上王村村民的认识也很积极,有72.73%的农户认为"能"。台沟村村民的认识相对消极,只有14.14%的农户认为"能",有高达68.69%的农户认为"有一点作用,但靠不住",对这一问题的看法反映了台沟村村民筹办农家乐、发展生态旅游业当中存在农户之间收入的不均衡和差距(如表14-12所示)。

## 打造丝绸之路经济带上的战略高地

**表14-12 三个村的农民对发展"农家乐"等生态旅游业与增加收入关系的看法(%)**

|  | 您认为发展生态旅游能成为当地村民增加收入的主要渠道吗 | | | |
|---|---|---|---|---|
|  | 不知道 | 能 | 不能 | 有一点作用,但靠不住 |
| 台沟村 | 14.14 | 12.12 | 68.69 | 5.05 |
| 抱龙峪村 | 96.63 | 0 | 3.37 | 0 |
| 上王村 | 72.73 | 0 | 22.08 | 2.6 |

(二)村民对发展生态旅游、农家乐是否有利于秦岭环境保护的看法

问卷显示,各村农户对发展生态旅游、农家乐是否有利于秦岭环境保护的看法非常积极,选择"非常有利"和"有促进作用"两者之和的人数比例在抱龙峪村、台沟村和上王村分别是91.01%、51.51%和37.67%,选择"既有有利的一面,也有不利的一面"的也不少,台沟村占23.23%,上王村占48.05%(如表14-13所示)。

**表14-13 村民对发展生态旅游、"农家乐"是否有利于秦岭环境保护的看法(%)**

|  | 发展生态旅游农家乐是否有利于秦岭的环境保护 | | | | |
|---|---|---|---|---|---|
|  | 非常有利 | 有促进作用 | 不利,很可能造成破坏 | 既有有利的一面,也有不利的一面 | 说不清楚 |
| 台沟村 | 6.06 | 45.45 | 15.15 | 23.23 | 1.01 |
| 抱龙峪村 | 84.27 | 6.74 | 3.37 | 2.25 | 1.12 |
| 上王村 | 23.38 | 14.29 | 3.90 | 48.05 | 3.90 |

注:表内有的村各选项百分比之和超过了100%是因为该问题是多项选择题。

总结以上问卷分析结果,我们可以得出的结论是筹办农家乐、发展生态旅游业与秦岭北麓农民的增收有明显的正相关关系,那些经营农家乐时间较长的农户都获得了很好的收益。无论是年均收入的增加,还是因为2012年经营农家乐增加的收入,甚或是对发展生态旅游业增加其收入这几个方面来讲,那些经营农家乐(特别是经营时间较长)的农户对通过

第十四章　秦岭北麓生态旅游与环境保护及农民增收关系研究

发展以农家乐为主的生态旅游业来增收致富的认识都是肯定的。当然，在生态旅游与环境保护的关系上，村民认识存在着很大的差异，这说明有些地方在生态旅游发展过程中，没有很好地去监管环境。

## 第四节　存在的问题、原因及相应的对策建议

### 一、秦岭北麓生态旅游与环境保护及农民增收中存在的问题及原因分析

**（一）存在的问题**

环境保护中存在的主要问题是开发商人为破坏森林资源现象依然存在；游客素质低，乱扔垃圾，甚至在山中烧火做饭；峪、沟内步行登山道路等基础设施较差，登山旅友砍林开道；村子的搬迁有一刀切的倾向，大拆大迁，污染环境。

生态旅游发展和农民增收中存在的主要问题是：第一，经营农家乐、发展生态旅游业在各县区、各村之间不均衡。一些生态旅游资源丰富的县和村还没有把经营农家乐、发展生态旅游业作为村民增收致富的最佳途径；第二，峪、沟、口内道路、通讯等基础设施仍然落后，秦岭北麓的村民经营农家乐，发展生态旅游业受到了限制；第三，各级政府对秦岭北麓农民参与生态旅游大项目和经营农家乐等生态旅游业的扶持力度不够。

**（二）存在问题的原因**

制约秦岭北麓农家乐等生态旅游业深入发展和农民增收的因素：第一，政府对农村公共设施的投入不足。秦岭北麓各峪、沟、口内的山村道路、通讯等基础设施落后。第二，基层领导重视不够，农民素质不高。根

据我们对农家乐发展状况较差的石砭峪口村主要领导的访谈,我们认为制约他们发展以农家乐为龙头的生态旅游业的主要因素是村委会成员思想不重视,认识不统一,合作不够;农户小农意识浓厚,目光短浅,常常想"刀下见菜",只愿做立竿见影的事;大多数农户不愿冒险尝试新事物,因循守旧,缺少创新精神,迈不开步子。第三,有些村缺乏人才,有些村客源不足,有些村同行竞争激烈等。这一点在我们对农家乐发展较好的三个村的问卷调查和个别访谈中得到了广泛的认同。

破坏秦岭北麓生态环境的主要因素如下:秦岭北麓生态环境最大的压力和威胁来自西安市摊大饼式的扩张发展。西安市在发展中过分强调土地财政和GDP政绩,而没有把当地农民筹办"农家乐"、发展生态旅游业放到足够重视的位置。根据我们对三个村农户的问卷调查和个别访谈,村民们的认识充分支持了这一观点。作为每天生活在秦岭北麓的最了解情况的当地农户,他们认为目前秦岭北麓生态环境面临的威胁和破坏程度由强到弱依次是秦岭北麓环线公路两侧建设的各类开发区、房地产商在秦岭山脚建别墅区、西安市区面积向秦岭扩展、有的景点上山游客太多、有的村民把自己承包的山头转让给他人开矿、缺乏规范的农家乐以及山体自然滑坡等。另外,景点环境卫生差的原因是除了游客素质低,更主要是由于现有环卫管理体制不健全,环卫工作没有收到应有的成效。

## 二、提升秦岭北麓生态旅游水平,促进环境保护和农民增收的思路和对策

### (一)提升思路

在保护好秦岭北麓生态环境的前提下,要实现当地农民的增收,就必须提高秦岭北麓生态旅游业的发展水平,而这是一个需要多方相互配合的系统工程。(1)让秦岭北麓的村民及其组织成为各峪、沟、口生态旅游业的主力军和环境保护的直接管理者和第一责任人。因为当地农民的保

# 第十四章 秦岭北麓生态旅游与环境保护及农民增收关系研究

护是对秦岭北麓生态环境最好、最有力的保护,当地农民的增收富裕也是秦岭北麓的自然环境对当地保护者最好、最直接的回馈。(2)各级政府发挥好规划引导、监督管理和服务扶持的职能。(3)重视发挥各种社会组织和社会团体的辅助作用。(4)积极倡导游客参与,落实游客责任。

## (二)对策建议

提升秦岭北麓生态旅游水平,促进环境保护和农民增收的对策建议如下:

1. 发挥好政府的规划引导和监管作用。第一,市考核办要将秦岭生态环境纳入年度目标责任考核体系。第二,加大秦岭北麓环境保护的宣传力度。第三,严格执行《西安市秦岭生态环境保护条例》中关于将秦岭保护划分为禁止开发区、限制开发区和适度开发区等三个区域的规定。第四,对西安市摊大饼式的扩张,尤其是要遏制秦岭北麓扩张的势头。第五,科学规划,对各峪、沟、口的村子是否搬迁不能搞一刀切。

2. 以农民为主体,大力发展各具特色的农家乐及生态旅游周边服务业。要允许和鼓励秦岭北麓各峪、沟、口内的各个村子,从自身所处生态环境的实际出发,在保证生态环境良好和游客安全的基础上,开发丰富多样的生态旅游农家乐项目及生态旅游周边服务业。

3. 全方位提高农民素质,提升农家乐及相关产业的服务水平。为此,各村必须对村民进行服务意识的提升培训、服务技术技能水平的培训以及对村干部等精英管理人才的培训。

4. 处理好开发与控制的关系,注意规模适度。第一,制定各峪口内生态旅游总容量的适度原则和标准。第二,政府相关部门要对个人和公司的生态旅游项目规模做出具体限定。第三,在确保生态旅游项目规模不超过当地生态环境承载范围的基础上,还要尽可能地将生态旅游对环境保护的促进作用发挥出来。

5. 建立以资金为主的对秦岭北麓偏僻峪口内村民的生态补偿机制。补偿的形式可以多种多样:第一,现金补偿。第二,技术、政策、实物补偿。

第三,对外出打工者进行技术培训。

6. 构建信息网络系统,实施生态旅游信息化管理。具体可从以下两方面着手:第一,建立开放式信息集散系统。第二,尽快学习、掌握和运用信息系统。

7. 正确处理政府、项目开发公司和当地农民这三者在生态旅游产业经济收益中的关系,要保证当地农民得大头。

8. 理顺公共卫生管理体制,景点环卫实行村包干制。

**注 释:**

[1] 杨通进:《生态旅游:理论辨析与案例研究》,社会科学文献出版社,2004年,第46页。

[2] 罗清:《中国生态旅游发展前景分析》,《消费导刊》,2008年第16期,第44—45页。

[3]《中华人民共和国环境保护法》,法律出版社,2003年。

[4] 百度百科。

[5] 汪远忠,孙少娟:《农民收入构成与农民增收的实证分析——以河北W村调查为基础》,《生产力研究》,2009年第12期,第42—44页。

[6] 广义的秦岭,西起甘肃临洮县,向东经天水南部的麦积山进入陕西,东到河南省的崤山、熊耳山—嵩山和伏牛山地区,主体位于陕西省中南部,是陕西省关中地区与陕南地区的分界线,呈东西走向,长1600公里,宽200公里—300公里,海拔2000米—4000米,为长江支流汉水、嘉陵江与黄河支流渭河的分水岭,秦岭—淮河线是中国地理上的南北分界线。狭义的秦岭是广义的秦岭山脉位于陕西的一段,限于渭河与汉江之间的山地,东以灞河与丹江河谷为界,西止于嘉陵江。

[7] 汪诚文,刘仁志,葛春风:《环境承载力理论研究及其实践》,中国环境科学出版社,2010年,第20—25页。

[8] 周学红:《嘉陵江流域人居环境建设研究》,重庆大学博士学位论文,2012年。

[9] Pillmann W, Geiger W, Voigt K:《Survey of environmental informatics in Europe》,载《Environment Modelling & Software》,2006,21(11):1519—1527.

## 第十四章　秦岭北麓生态旅游与环境保护及农民增收关系研究

[10]方创琳:《区域发展规划论》,科学出版社,2010年,第62—37页。

[11]张建萍:《生态旅游理论与实践》,中国旅游出版社,2003年,第114页。

[12]刘康,马乃喜等:《秦岭山地生态环境保护与建设》,《生态学杂志》,2004年第23卷第3期,第157—160页。

[13]《秦岭峪口内禁任何开发 老环山路将改造成景观长廊》,《西安晚报》,2012年8月30日。

[14]杨睿,蔡小录,胡亚平:《周至县林业发展问题与对策》,《陕西农业科学》,2013年第1期,第161页。

[15]表内数据来源于中国长安网站2005年至2012年统计数据、政府公文和区政府工作报告。

[16]表中数据来源于蓝田县人民政府网2008年至2012年统计公报和政府文件。

[17]乔轶佞:《户县秦岭北麓葡萄生态旅游景观带规划研究》,西北农林科技大学硕士学位论文,2011年。

[18]表中数据来源于西安市户县统计局网,2002年至2012年户县国民经济和社会发展统计公告。

[19]表中数据来源于中国周至县网站工作报告、政府文件和统计数据。

[20]表中数据来源于网上资料搜索和整理计算。

[21]在2013年7—8月的暑假期间,我们对几个村(上王村、台沟村、抱龙峪村等村)的村干部、村民进行了个别深度访谈,并在各村发放100份农户调查问卷。

[22]《大秦岭西安段规划方案披露 35个生态保护峪将封闭》,《华商报》,2012年11月27日。

[23]王红权,陈小利:《秦岭北麓生态环境保护现状、存在问题及对策》,《陕西林业》,2008年,第30页。

[24]表中数据来源于2003年至2013年《西安市统计年鉴》。

# 后 记

由于情系家乡西北地区的开发和发展,近十年来,我带领我的研究团队始终把西北地区资源、环境的可持续发展问题作为研究方向,我们尤其关注以关中地区为核心的陕西经济如何才能快速腾飞,使其真正成为带动整个西北地区甚至整个西部地区的一级增长极问题的研究,在研究过程中,我们积累了一定的研究成果,并曾多次想出一本关于陕西经济发展问题研究的书。

机会总是眷顾有准备的大脑! 2015 年底,受陕西师范大学"一带一路"智库专项资金项目资助,这个想法终于有了切实的推进器和发动机。在学校领导和相关部门的组织和关怀下,我拟定的《打造丝绸之路经济带上的战略高地——陕西经济发展研究》一书的写作工作全面展开。几个月来,我和我的研究团队振奋精神,努力拼搏,在不耽误日常教学、学习工作的前提下,牺牲所有的节假日(包括春节)和休息时间,夜以继日地研究和写作,今天终于将一部 30 多万字的著作呈现在了读者面前,也算是我们为丝绸之路经济带的建设和发展献上的一份小小礼物吧!作为丝绸之路经济带建设的主人,我们的这部书如果能为丝绸之路经济带建设起到一点参考作用,哪怕是抛砖引玉的作用,我们付出的所有心血和辛劳都将是十分有价值的。

在本书的研究和写作过程中,我所指导的硕士研究生们在我的带领和指导下,搜集相关资料,统计整理和处理数据,为本书的完成做出了很大贡献。具体来说,从前到后,顺次参与各章工作的研究生如下:谭翠娥、张少蓉、郭艺萌、刘海蓉、刘莉莉、张玉、陈琪、雷蕾、杨军鸽、方妮、刘茜、马媛、郭竞营、景英、李娟、张志民等。感谢同学们,也祝贺你们得到了锻炼

## 后　记

和成长！

感谢国家制定"一带一路"建设战略，感谢陕西师范大学专门设立"一带一路"智库专项资金项目。没有这个伟大战略的出台，没有这个专项资金项目的设立，也许这本书目前仍然只是一种想法。

衷心感谢我的丈夫和女儿对我一直以来的理解和支持。今年尤其要感谢我的父母，感谢二老对我的包容和理解，由于要写作这本书，2016年春节我未能赶赴兰州看望二老，而爸爸却带领弟弟、侄儿专程到西安来看我，并带着妈妈亲手做的美食。感恩亲人们对我深深的爱！

最后，特别要感谢陕西师范大学出版社的领导和本书的编辑刘定同志，是你们高效优质的工作和耐心细致的作风，才使得本书按时、保质出版。

王琴梅　2016年5月15日
于西安明德门